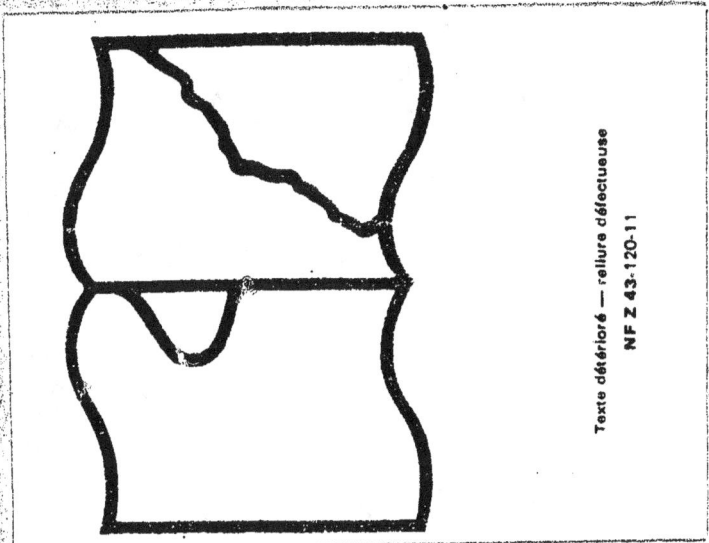

Texte détérioré — reliure défectueuse
NF Z 43-120-11

COUVERTURE INFERIEURE

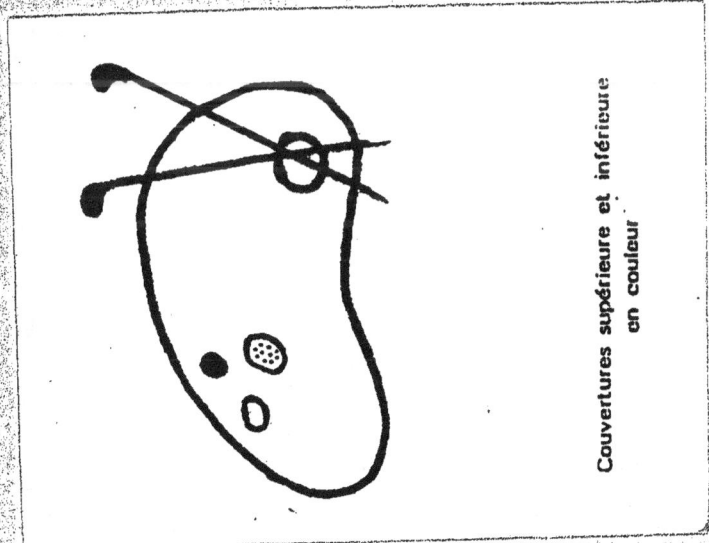

Couvertures supérieure et inférieure en couleur

COLLECTION
DES MÉMOIRES

RELATIFS

A LA RÉVOLUTION FRANÇAISE,

AVEC DES NOTICES SUR LEURS AUTEURS.

23ᵉ *Livraison.*

GUERRES
DES VENDÉENS ET DES CHOUANS

CONTRE

LA RÉPUBLIQUE FRANÇAISE.

PARIS.

BAUDOUIN FRÈRES, LIBRAIRES-ÉDITEURS,
RUE DE VAUGIRARD, Nº 36.

1825.

La Collection des Mémoires relatifs a la révolution française *comprend déjà ceux* :

— De Madame Roland ; 2 vol
— Du Marquis de Ferrières ; 3 vol.
— De Linguet (sur la Bastille) ; 1/2 vol.
— De Dusaulx, Membre de l'Institut (sur le 14 juillet) ; 1/2 vol.
— Du Marquis de Bouillé, Lieutenant-général ; 1 vol.
— De M. le (Comte Louis), marquis de Bouillé ; 1 vol.
— Du Baron de Besenval ; 2 vol.
— De Bailly, Maire de Paris ; 3 vol.
— De Weber, concernant la reine Marie-Antoinette ; 2 vol.
— De Barbaroux (sur la Révolution du 10 août ; *inédits*) ; 1/2 vol.
— Du Général Dumouriez, augmentés de morceaux inédits ; 4 vol.
— De M. le duc de Choiseul, pair de France (*inédits*) ; 1/2 vol.
— De Madame Campan (*inédits*) ; 3 vol.
— De l'Abbé Morellet ; 2 vol.
— De Riouffe ; 1 vol.
— De Madame la marquise de La Rochejaquelein ; 1 vol.
— De Madame la marquise de Bonchamps (*inédits*) ; 1 vol.
— De Louvet, Membre de la Convention ; 1 vol.
— De M. le baron de Goguelat (*inédits*) ; 1/2 vol.
— De Meillan ; 1 vol.
— De Madame de Sapinaud ; 1 vol.
— Sur les Prisons ; 1 vol.
— De M. l'abbé Guillon ; 3 vol.
— Du duc de Montpensier (Antoine-Philippe d'Orléans) *inédits* ; 1 vol.
— Du général Turreau ; 1 vol.
— De Fréron (sur la réaction du Midi) ; 1 vol.
— Du Général Doppet ; 1 vol.
— De A. C. Thibaudeau (*inédits*) ; 2 vol.
— Sur Carnot. 2 vol.
— De Madame du Hausset (*inédits*) ; 1 vol.
— De Cléry ; 2 vol.
— De Madame ; 1 vol.
— De Durand de Maillane (*inédits*) ; 1 vol. 1/2
— Du Comte Lanjuinais (*inédits*). 1/2 vol.
— Du comte d'Argenson (*inédits*) ; 1 vol.
— De Camille Desmoulins ; 1 vol. 1/2
— De Villate. 1/2 vol.

Sous presse : — Correspondance du Duc d'Orléans, Mémoires de Courtois, de Marceau, etc.

DEFET D'IMPRIMERIE TROUVE DANS LA RELIURE

les dessins de Deseune et Choquet. 18 vol. in-8°, imprimés avec des caractères neufs par Firmin Didot.
Prix de la souscription . . . . 108 fr.
    Cartonnés à la Bradel 126
    Les mêmes, papier fin satiné, br. 117
    Les mêmes, papier vélin, figures avant la lettre. . . . . . 216.
Ce bel ouvrage a obtenu les suffrages des gens de goût et de tous les hommes de lettres. Son exécution fait beaucoup d'honneur aux presses de M. Firmin Didot. Il en reste peu d'exemplaires.

OEUVRES POSTHUMES, du même, comprenant les poëmes de Polymnie et de la Neuvaine. 1 vol. in-8°, orné d'un beau portrait de Piccini, et de figures d'après les dessins de Bergeret, et formant le 19ᵉ et dernier des OEuvres de Marmontel. Prix . . . . 6 fr.
    Les mêmes, papier vélin, fig. avant la lettre 12

INCAS (les), ou la Destruction de l'empire du Pérou, par Marmontel, de l'Académie française. Nouvelle édition, imprimée sur beau papier et ornée de belles figures d'après M. Desenne. Paris, 1824. 1 vol. in-8°, broché. Prix. . . . . 5 fr. 50 c.
    Papier vélin, figures avant la lettre. . . . . 12 fr.

OEUVRES COMPLÈTES DE THOMAS, de l'Académie française; nouvelle édition, accompagnée d'un Eloge historique. 6 vol. in-8°, imprimés sur papier fin des Vosges, par Firmin Didot. Prix . . . . 30 fr.
    Papier fin satiné 33
    Grand papier vélin satiné et cartonné 120

OEUVRES COMPLÈTES DE DÉMOSTHÈNE ET D'ESCHINE, en grec et en français, traduction de l'abbé Auger; nouvelle édition, revue et corrigée par J. PLANCHE, professeur de rhétorique au collége royal de Bourbon, enrichie d'un beau portrait de Démosthène, gravé d'après l'antique, par M. Mécou. 10 v. in-8°, imprimés sur papier fin des Vosges. Prix . . . . 90 fr.
    Les mêmes, reliés en basane racine 105
    Papier vélin. 180

OEUVRES COMPLÈTES DE RACINE, avec les Commentaires de La Harpe, avec des notes et observations de M. le comte GARNIER. 7 vol. in-8°, ornés de figures d'après les dessins de Moreau. Prix . . . . 30 fr.

THÉATRE COMPLET DE RACINE, avec le Commentaire de La Harpe. 5 vol in-8°, ornés d'un portrait de Racine, et de figures d'après Moreau. Prix des 5 vol. brochés . . . . 15 fr.
    Reliés en basane 21

OEUVRES COMPLÈTES DE MOLIÈRE, nouvelle édition. 7 vol. in-18, imprimés par P. Didot aîné. Prix . . . . 16 fr.
    Papier fin satiné 18

RÉPERTOIRE DU THÉATRE FRANÇAIS, composé de comédies, tragédies et drames des auteurs du premier et du second ordre, restés au théâtre. 68 vol. in-18, imprimés sur papier fin, par Didot l'aîné. Prix, le volume : 2 fr. 25 c.; papier fin satiné : 2 fr. 50 c.; papier vélin satiné : 4 fr. 50 c. On peut souscrire pour le premier ou le second ordre.
Il paraît 48 vol. de cette jolie édition, dédiée aux amateurs de la typographie.

OEUVRES COMPLÈTES DE ROLLIN, nouvelle édition, accompagnée d'ob-

COLLECTION
DES MÉMOIRES
RELATIFS
A LA RÉVOLUTION FRANÇAISE.

GUERRES
DES VENDÉENS ET DES CHOUANS
CONTRE
LA RÉPUBLIQUE FRANÇAISE.

CET OUVRAGE SE TROUVE

Leipsig............	{ Bossange frères, Reichs-Strasse. Zirgès.
Manheim...........	Artaria et Fontaine.
Francfort..........	Jugel.
Berlin............	Schlesinger.
Bruxelles..........	Tarlier.
Genève.	Paschoud.

PARIS. — IMPRIMERIE DE FAIN, RUE RACINE, N°. 4,
PLACE DE L'ODÉON.

GUERRES
DES
VENDÉENS ET DES CHOUANS
CONTRE
LA RÉPUBLIQUE FRANÇAISE,
OU
ANNALES DES DÉPARTEMENS DE L'OUEST

PENDANT CES GUERRES,

D'après les Actes et la Correspondance du comité de Salut public, des Ministres, des Représentans du peuple en mission, des Agens du gouvernement, des Autorités constituées; des généraux Berruyer, Biron, Canclaux, Rossignol, Santerre, L'Échelle, Kleber, Marceau, Turreau, Moulin, Hoche, etc., et d'après les Règlemens, Proclamations et Bulletins du conseil supérieur et des chefs des Vendéens et des Chouans;

PAR UN OFFICIER SUPÉRIEUR
DES ARMÉES DE LA RÉPUBLIQUE
HABITANT DANS LA VENDÉE AVANT LES TROUBLES.

> Domestica mala tristitiâ operienda.
> Tacite.

TOME QUATRIÈME.

PARIS.
BAUDOUIN FRÈRES, LIBRAIRES-ÉDITEURS,
RUE DE VAUGIRARD, N°. 36.

1825.

GUERRES

DES

VENDÉENS ET DES CHOUANS.

CHAPITRE XVII.

Juillet 1794.   Du 13 messidor au 13 thermidor } An II.

§ Ier. Arrêté du comité de salut public relatif aux mouvemens et aux opérations des armées.—Rapports du général Caffin; affaire près de Bressuire, les Vendéens en fuite; du général Ferrand, de Crouzat, de Huché. — Le représentant Bo adresse au comité de salut public deux proclamations des chefs vendéens. — Rapports de Caffin, le poste de Thouarcé repris; de Bonnaire, de Guillaume, de Huché. — Compte rendu par le représentant Bo au comité de salut public. — Rapports des généraux Legros, Bonnaire, Caffin, Aubertin, Grignon, Crouzat, Dutruy. — Proclamation du conseil militaire de l'armée d'Anjou et Haut-Poitou. — Vimeux demande qu'il lui soit adressé chaque jour un compte détaillé. — Il blâme Dutruy d'avoir fait une proclamation qui contrarie celle de la commission. — Beaupuy adresse à la neuvième commission le résultat de la situation de l'armée. — Avis du général Vimeux; le comité de salut public veut que la troupe soit campée et non baraquée; mouvement fixé au 19. — Ordre à Ferrand de fouiller la forêt de Gralas. — Adresse des chefs des armées catholiques et royales aux Bretons. — Le représentant Ingrand prévient le comité de salut public que l'état-major-général de l'armée va se porter à Fontenay. — Rapports de Caffin, de Bonnaire; son expédition sur Chanteloup; de Crouzat, de Bonnaire; le camp de la Châtaigneraie attaqué par les Vendéens, sans succès de leur part; mort d'un prétendu La Rochejaquelin. — Avis de cette attaque donné à la neuvième commission de la guerre par le président du tribunal de la Châtaigneraie. — Compte rendu au comité de salut public par le représentant Bo. — Rapports de Dutruy, de l'adjudant-général Deviau (Saint-Sauveur). — Instruction du général en chef sur la défense et la police des camps.

Suite des événemens dans la Vendée.

Les pourparlers des républicains avec les Vendéens, les proclamations des commissaires du gouvernement et du général en chef, le changement de système dans la direction des hostilités, la modération et l'indulgence qui semblaient remplacer l'atroce barbarie, éveillèrent bientôt l'attention des chefs vendéens; ils craignirent de perdre leur influence et leur autorité sur l'esprit du peuple vendéen, et ils firent de leur côté des proclamations qui furent répandues avec profusion dans le pays, ainsi qu'on le verra bientôt (1).

Du 1er. = *Arrêté du comité de salut public.*

« Le comité voulant connaître dans le plus grand détail l'état de situation, les mouvemens et les opérations des armées, arrête :

---

(1) Le 28 juin, Stofflet et son conseil avaient arrêté un règlement militaire que l'on trouvera à la date du 18 août.

Article premier. Le général en chef nommera, dans chaque division ou corps détaché, des officiers chargés spécialement :

1°. D'exprimer, sous forme de tableaux, les forces actives des corps de troupes auxquels ils sont attachés respectivement, ainsi que les mouvemens et les opérations de ces corps pendant chaque décade ;

2°. De former des tableaux semblables des forces, mouvemens et opérations correspondantes de l'ennemi, d'après les divers rapports qui en auront été faits au général ;

» 3°. De dessiner un croquis, sur des cartes ou plans d'une échelle convenable, des marches, positions et actions qui auront eu lieu pendant la décade, avec une légende explicative.

» Art. II. Pour rendre ce travail uniforme, les généraux feront remplir ces tableaux de la manière indiquée par l'instruction et les modèles joints au présent arrêté.

» Art. III. Les tableaux, rapports ou dessins seront envoyés régulièrement au comité de salut public, par chaque général de division, à commencer du 18 juillet.

» Art. IV. Le chef de l'état-major est chargé particulièrement de faire passer au comité de salut public, tous les décadis, la relation raisonnée et circonstanciée de toutes les actions qui auront eu lieu pendant la décade. Cette relation sera signée du général commandant l'action, et accompagnée d'un dessin croquis figurant tous les mouvemens et positions de troupes.

» Art. V. Indépendamment de ces renseignemens, les généraux et les chefs des états-majors sont chargés de fournir au comité de salut public tous ceux qu'ils peuvent avoir concernant les événemens antérieurs de la guerre actuelle, depuis son principe, notamment la correspondance des généraux ; ils feront, à cet égard, toutes les recherches nécessaires et indiqueront celles qui pourraient être utiles pour rassembier les notions propres à éclairer sur les opérations militaires de la campagne actuelle et des précédentes (1). »

Signé au registre. ROBESPIERRE, CARNOT, R. LINDET, B. BARÈRE, C. A. PRIEUR, BILLAUD-VARENNE, COLLOT-D'HERBOIS.

Du 1er. = *Le général Caffin, au général Vimeux.* (Doué.)

« J'ai reçu vingt-cinq exemplaires de ta proclamation à l'armée, je les ferai répandre avec la proclamation des agens de la commission d'agriculture et des arts.

» Nos patrouilles se sont rencontrées avec celles des brigands à Faye ; on leur a proposé de mettre bas les armes, on a fait lecture des proclamations. Ils ont répondu que ces proclamations n'étaient pas signées des représentans du peuple ; qu'ils vivraient en frères, mais qu'ils ne déposeraient pas les armes ; que leurs camarades, qui avaient eu cette confiance, avaient été conduits à la boucherie ; enfin, que leur chef, qui devait arriver, s'entretiendrait avec le commandant de la patrouille. Ce commandant n'a pas jugé convenable d'attendre, il s'est retiré.

» Le commandant du camp de Chiché, s'étant porté au-dessus de Bressuire, a été attaqué, l'affaire a été vive, les brigands ont été mis en fuite et poursuivis jusqu'à proximité de Chanteloup, avec perte d'une trentaine d'hommes.

» Dans l'incursion des brigands, le 27 juin, ils ont coupé et brûlé le pont de Thouarcé, arrêté l'étang de Beaurepaire qui fournissait la plus grande quantité d'eau au Layon, enfin détruit les écluses ; de sorte que la rivière est guéable dans beaucoup d'endroits, et qu'il faudrait quinze cents hommes pour en empêcher le passage aux brigands.

---

(1) L'exécution des dispositions de cet arrêté aurait pu procurer de grands avantages pour écrire l'histoire des guerres de la révolution ; mais la plupart de ces dispositions étaient inexécutables, à cette époque, aux armées de l'Ouest surtout.

» L'adjudant-général Liébaut est, avec sa troupe, à Brissac pour entretenir la communication d'Angers et des ponts de Cé avec Doué. »

Du 1er. = *Le général Ferrand, au général Vimeux..*
(*Fontenay.*)

« J'ai vu hier au pont Charon les adjudans-généraux Delaage et Deviau (Saint-Sauveur). Leurs troupes ont le plus grand besoin de souliers et d'effets de campement. Je me suis concerté avec eux et avec les généraux Bonnaire et Guillaume pour former une ligne depuis la Châtaigneraie jusqu'à la hauteur où la colonne des Sables pourra étendre sa droite ; et, par la communication qui existera entre ces différens postes, tous les derrières de cette ligne seront couverts et beaucoup plus tranquilles.

» Luçon fournira désormais pain, eau-de-vie, vinaigre, etc.

» Les commissaires nommés pour la correspondance vont se fixer, ainsi que moi, à Luçon, comme point central. »

Du 2. = *Le général Crouzat, au général Vimeux.* (*Camp de la Roullière.*)

« Je crois qu'il serait utile de rapprocher le camp de Nantes et de le porter à la lande Ragon ou aux Sorinières. Je pense aussi qu'il serait à propos d'établir un camp de douze à quinze cents hommes à la Plée, et de jeter un pont devant Vertou pour la communication entre les deux camps (1).

» Un brigand vient de se rendre avec son fusil et cinq cartouches. »

Le général Boussard, au général Vimeux. (*Challans.*)

« Ma troupe étant sans souliers, j'ai été obligé de laisser

---

(1) L'établissement du camp de la Plée fut autorisé. Il avait pour objet de favoriser la récolte sur les derrières; mais on ne put l'établir faute de troupes.

le tiers de chaque bataillon au bivouac sur les hauteurs de Challans. J'ai demandé à Nantes des tentes pour mes deux camps de gauche.

» Les chaleurs, la fatigue et les mauvaises eaux occasionent beaucoup de maladies parmi la troupe. »

Du 3. = *Le général Crouzat, au général Vimeux. (Camp de la Roullière.)*

« Les brigands de Vertou, excités par quelques prêtres et quelques nobles qui leur restent, sont devenus plus insolens.

» Deux colonnes de trois cents hommes chacune sont sorties du camp pour aller fouiller la forêt de la Freudière. Six ou huit brigands ont été tués en se défendant ; trente-huit individus, hommes, femmes et enfans ont été conduits à Nantes. Un vieillard prisonnier a été relâché et renvoyé dans ses foyers. La proclamation a été affichée sur le passage des colonnes. J'ai recommandé les plus grands ménagemens pour les prisonniers. »

Le général Huché, au général Vimeux. (Montaigu.)

« J'ai reçu les proclamations que tu m'as adressées, j'en ai fait faire la lecture aux troupes, elles vont être affichées et répandues, ainsi que tu me le prescris. »

Du 4. = *Le représentant du peuple Bo, au comité de salut public.(Nantes).*

« Je vous adresse deux pièces en original, remises par les brigands à un officier commandant une reconnaissance. Vous jugerez par là l'effet de la proclamation des agens de la commission et du général Vimeux, et vous vous hâterez d'ordonner l'extermination prompte de ces scélérats. Je ne me suis pas trompé dans mes réflexions sur ce projet de composition. »

Première pièce.

Républicains !

» De bonne foi, avez-vous cru nous séduire par la proclamation dont vous nous avez laissé copie le 29 juin dernier ? Avez-vous cru que nous n'apercevrions pas le piége que vous nous tendez ? Croyez-vous parler à des hommes intimidés, à des hommes lassés de lutter contre vos efforts destructeurs ? Si cela est, détrompez-vous. Pouviez-vous croire que nous encenserions jamais le monstre républicain qui dévasté la France, et qui a rendu le plus brillant des royaumes en horreur à toutes les nations ? Détrompez-vous encore. Un roi, la religion catholique, apostolique et romaine, et l'anéantissement de votre prétendue république, sont les cris que vous nous entendrez toujours proférer ; ce sont les motifs qui nous ont fait prendre les armes, et nous vous jurons que nous ne les quitterons qu'à ce prix.

» Vous nous engagez à rentrer dans nos foyers..... où les prendrions-nous ? Vous avez incendié nos maisons et égorgé nos femmes et nos enfans. Vous voudriez maintenant avoir nos récoltes et nos armes, ce serait assurément le moyen de parvenir au but auquel vous n'avez pu atteindre jusqu'ici.

» Hommes égarés ! revenez plutôt de votre erreur : cessez d'être les esclaves de ces êtres pervers qui ont juré la perte entière de la France, et qui vous excitent à vous couper la gorge pour de prétendues *liberté* et *égalité* qui ne sont et ne peuvent être que des fantômes.......

» Réfléchissez un moment, et comparez la malheureuse position de notre patrie avec celle où elle se trouvait en 89, et dites-nous où sont le bonheur et la félicité qu'on nous promettait. Ils sont dégénérés dans les plus grands malheurs. Vous le sentez comme nous, républicains, et nous espérons que bientôt vous vous dégagerez de ces chaînes déshonorantes, et anéantirez cette horde de factieux qui a usurpé une autorité qui n'était pas faite pour elle. C'est alors que nous vous ouvrirons les bras, mais jusque-là recevez notre profession de foi.

» Nous vous déclarons, en notre nom et en celui de tous les soldats de notre armée, que nous ne pouvons vous reconnaître ni traiter avec vous, tant que vous nous parlerez d'une république. Nous sommes Français-royalistes, et nous le serons toujours. Vivre et mourir pour notre religion et notre roi, voilà notre devise, prenez-la pour constante.

» Au camp de Saint-Philbert de Grand-Lieu, le 1er. juillet, l'an 2 du règne de Louis XVII, 1794.

» *Signé* DE COUETUS, chevalier de Saint-Louis, commandant la division de Saint-Philbert, armée du chevalier Charette; BOUSSEAU, capitaine; RANDON BOISTAILLÉ, officier; LEBRETON, officier; DEGRAS SAINT-SAUVEUR, commandant en second la division de Beaulieu. »

Deuxième pièce.

A tous les Français servant contre leur gré la République française.

« Frères et amis !

» Quoique vous ayez les armes levées contre nous, nous savons que c'est la force qui vous les fait tenir, parce que nous ne doutons pas que nos sentimens ne soient les vôtres. Ceux de vos camarades qui ont déserté des armées républicaines, de ces camarades que vous croyez peut-être morts et qui sont contens et bien portans parmi nous, nous ont instruits, nous ont assuré que vous aviez autant de répugnance qu'eux pour une constitution monstrueuse qui n'enfante que vols, incendies, profanation de ce qu'il y a de plus sacré dans la religion de nos pères, massacre horrible de filles, femmes, vieillards, infirmes et enfans parfaitement libres de tous crimes.

» Enlevés du sein de vos familles par des réquisitions inventées par la *soi-disant* convention nationale, par des réquisitions mille fois plus impérieuses, plus tyranniques, plus cruelles que ne fut jamais le tirage au sort, vous vous trouvez exposés dans les combats à essuyer nos coups meurtriers que nous ne voudrions faire tomber que sur les ennemis de l'autel et du trône.

» Ennuyés, comme vous devez l'être, de vivre avec des gens dont la façon de penser est si contraire à la vôtre, vous désirez sans doute trouver un asile parmi nous; nous vous l'offrons cet asile pour être à lieu de faire éclater avec assurance les sentimens de catholicisme et de royalisme que vous portez dans votre cœur et que vous êtes contraints d'étouffer, vivant avec des républicains..... Venez avec confiance vous réunir à nous. Convaincus de la sincérité de vos démarches, nous vous promettons d'avance sûreté pour votre vie et amitié fraternelle pour toujours.

» Au camp de Saint-Philbert de Grand-Lieu, le 1er. juillet 1794, etc.

» *Signé* DECOUETUS, etc. »

Du 4. = *Le général Caffin, au général Vimeux.* (*Doué.*)

« Cinq cents hommes d'infanterie et cinquante de cavalerie ont repris le poste de Thouarcé et sont campés sur les hauteurs entre Chavagne et Thouarcé, sous les ordres de l'adjudant-général Liébaut.

» Il y a eu de nouveaux entretiens avec les brigands sur les bords du Layon; je les ai défendus pour l'avenir, jusqu'à ce que tu les autorises.

» Cinq brigands se sont rendus sans armes aux ponts de Cé. »

Du 5. = *Le général Bonnaire, au général Vimeux.*
(*Fontenay.*)

« Il paraît, par les réponses des brigands aux proclamations répandues dans les campagnes, qu'ils ne sont pas très-disposés à se rendre.

» Une patrouille qui s'était portée sur Réaumur, a été attaquée. Un gendarme a été tué et un chasseur démonté. Je pars pour aller reconnaître les dispositions de l'ennemi et ses intentions. »

Du 5. = Le général Guillaume, au général Vimeux.
(Luçon.)

« Borde, commandant du poste d'Avrillé, m'annonce que Charette est à une lieue et demie de lui, et qu'il fait de grands rassemblemens, avec le projet de faire une descente dans la plaine pour égorger les postes. Je n'ai sous mes ordres que quatorze cents hommes, dont cinq cents sans fusils, tu vois que j'ai besoin de secours pour garantir la plaine des incursions de l'ennemi. »

Le général Huché, au général Vimeux. (Montaigu.)

« L'ennemi rôde, enlève, pille aux environs de Montaigu et se retranche dans les bois. Je ne puis faire aucune sortie, vu la faiblesse du poste et le défaut d'armes; je suis obligé de me tenir sur la défensive.

» Charette recrute et tâche d'empêcher l'effet des proclamations qui ont eu des résultats avantageux à Challans et à Machecoul. Dans ce dernier endroit, les brigands ont fait des réjouissances. On voit presque tous les soirs leurs feux, cependant les espions ont dit que c'étaient des piéges. »

Du 6. = Le représentant du peuple Bo, au comité de salut public. (Nantes.)

« Delaage a battu Charette et Stofflet (1); il pense que la proclamation des agens de la commission d'agriculture arrête les opérations les plus salutaires. Elle ne ramènera que les vieillards ou les voisins de nos camps; elle favorise l'espionnage; Charette en profite pour faire faire les récoltes. Il a divisé les brigands en pelotons de deux cents, dont la moitié travaille pendant que l'autre veille. Ce serait le moment d'at-

---

(1) Voir ses rapports au général Vimeux, 29 juin.

taquer, car, après la récolte, Charette pourra réunir encore plus de douze mille hommes.

» Tout me confirme dans mon opinion sur l'inutilité ou même le danger de la proclamation. Je pense qu'il faudrait mettre en marche toutes les colonnes et fondre vigoureusement et promptement sur des brigands qui ne prendront que la peau du mouton, pour conserver la rage du loup. »

Du 6. = *Le général Legros, au général Vimeux.*
(*Parthenay.*)

« Une reconnaissance, partie du camp de Chiché, s'est portée jusqu'au-dessus de Boëmé. Elle n'a rencontré que des familles désolées qui ont promis de se rendre et de se conformer aux dispositions qui leur sont prescrites par la proclamation. »

Le général Bonnaire, au général Vimeux. (*Fontenay.*)

« Les brigands, au nombre de trois cents hommes d'infanterie et trente à quarante cavaliers, se sont portés dans la commune de l'Absie. Les habitans se sont sauvés sans aucune résistance. Je pense qu'il serait à propos d'y envoyer trois cents soldats et quarante cavaliers pour se réunir aux habitans et les protéger au besoin. »

Du 7. = *Le général Bonnaire, au général Vimeux.*
(*Fontenay.*)

« Un exprès m'annonce que la commune de l'Absie a été attaquée la nuit dernière par huit à neuf cents brigands. Les habitans se sont repliés sur Champdeniers. Je n'ai point encore de détails.

» Je donne ordre au commandant Lapierre à la Châtaignerai d'envoyer un fort détachement au secours de cette commune pour observer les mouvemens de l'ennemi et rassurer les habitans.

» J'apprends qu'il existe un rassemblement à Chanteloup. On pourrait faire sur ce point une attaque concertée avec les troupes de Thouars, du camp de Chiché et de la Châtaigneraie. La marche et l'heure du rendez-vous seraient indiquées. J'attends tes ordres à ce sujet. »

Du 7. = *Le général Caffin, au général Vimeux.* (*Doué.*)

« Hier, à deux heures du matin, deux cents brigands ont passé par Saint-Pierre-à-Champ où ils ont pillé et tué cinq habitans; ils se sont portés ensuite vers Argenton. Ils disent hautement partout qu'on ne propose de leur faire grâce que parce que nous sommes battus de tous côtés; c'est encore une preuve de l'égarement où les retient la scélératesse de leurs chefs.

» Le maire de la commune de Mozé a été enlevé et plusieurs citoyens égorgés. »

L'adjudant-général Aubertin, au général Vimeux.
(*Machecoul.*)

« Des rapports m'annoncent que Charette fait fabriquer de la poudre dans la forêt de Gralas, et qu'il a des pièces de canon en fer du calibre de douze. J'ignore si ces rapports ont quelque fondement : on dit Charette en marche du côté de Saint-Christophe du Ligneron.

» Le 5, une colonne s'est portée sur Saint-Philbert et dans les environs du lac de Grand-Lieu où l'on a trouvé un rassemblement de six à sept cents brigands et à peu près quatre-vingts cavaliers commandés par Couetus, La Robrie, etc. Ils ont été attaqués, mis en fuite et poursuivis. On leur a enlevé un drapeau tricolore qu'ils avaient pris à la commune de Bouaye.

» Deux colonnes, aux ordres de Crouzat, opérant sur la rive droite de la Logne, n'ont pas eu moins de succès. »

Du 8. = *Le général Grignon, au général Vimeux.* (*Thouars*).

« On m'annonce que les brigands menacent d'attaquer mes avant-postes; je suis réduit à me tenir sur la défensive, n'ayant que six cent vingt-deux hommes dont un tiers n'est pas armé.

Les brigands se sont portés vers Argenton ; ils ont tué cinq habitans de Cersay. Ils disent que l'amnistie qu'on leur offre ne leur servirait pas plus que celle de l'an dernier ; que l'on agissait ainsi pour les tromper, et qu'après avoir rendu leurs armes, on les mettrait en prison et on les fusillerait, comme on avait fait à leurs camarades l'année dernière. »

Du 8. = *Le général Bonnaire, au général Vimeux.*
(*Fontenay.*)

« Hier, à dix heures du soir, environ quarante brigands sont entrés dans le village de Bourneau, à une lieue de Fontenay, sur la route de la Châtaigneraie, et y ont égorgé quatre républicains. »

Le général Crouzat, au général Vimeux. (*Camp de la Roullière.*)

« Je ne compte plus sur la rentrée des brigands par les moyens de douceur.

» Le 5, j'ai fait une sortie de concert avec l'adjudant-général Aubertin, vers le lac de Grand-Lieu. Elle a coûté aux brigands vingt-cinq à trente hommes surpris les armes à la main, et beaucoup de bestiaux envoyés à Nantes.

» J'ai détaché du camp, d'après l'ordre du général Huché, trois cents hommes pour aller prendre poste à Bouaye, afin de protéger les récoltes de cette commune et de celle de Saint-Aignan. »

Du 9. = *Le général Bonnaire, au général Vimeux.*
(*Fontenay.*)

« La légion du Nord est partie du camp de Chiché, par ordre du représentant du peuple Bourbotte. Demain, l'attaque sur Chanteloup aura lieu. »

Le général Dutruy, au général Vimeux. (*Sables d'Olonne.*)

« La côte est en assez bon état, mais je t'engage à couvrir Saint-Gilles qui se trouve exposé, surtout depuis qu'il se fait un rassemblement à la Blisière. Je crains que ce poste ne soit attaqué et envahi par les brigands. »

Proclamation du conseil militaire de l'armée d'Anjou et haut Poitou, au peuple français (1).

« Habitans des cités voisines de cette fameuse et impérissable Vendée, habitans trop faibles et trop crédules des campagnes, ouvrez donc enfin les yeux...

» Quoi ! vos malheurs, votre misère, votre esclavage, vos villes désertes, vos maris, vos enfans qu'un ordre barbare arrache de vos bras, ne feront-ils aucune impression sur vos esprits aveuglés? et qui vous donne cet ordre barbare? une poignée d'hommes connus par leur scélératesse, qui ne sont pas même vos élus, et qui n'ont pour titre à votre représentation que les crimes dont ils sont souillés.

» C'est donc vous, ô malheureux habitans des campagnes ! que l'on va de nouveau conduire à la boucherie, comme un troupeau de brebis. Nous ne vous parlons pas à vous, habitans des villes, car vous n'avez plus de jeunesse dans votre sein. Officiers municipaux, faites le recensement de vos habitans, voyez quel vide dans les familles et frémissez d'horreur.... Où est donc allée cette brillante jeunesse? qu'est-elle devenue? tout est dans le tombeau.

» Eh bien ! c'est à votre tour, habitans des campagnes, à aller chercher la mort pour prolonger pendant quelque temps les jours d'une poignée de factieux. L'horreur des massacres vous avait *dégoûtés*, vous n'étiez pas nés pour le sang, c'était le breuvage de la lie du peuple, aussi emploie-t-on un autre moyen ; on vous parle de douceur, de *générosité* de la convention, on vous dit qu'il n'y a plus de jacobins et qu'un

---

(1) Cette proclamation fut faite dans le même but que celle des chefs de la basse Vendée. On verra bientôt les chefs de l'Anjou et du Poitou réunis pour faire une adresse au peuple breton.

parti modéré va enfin vous faire goûter les douceurs d'un nouveau gouvernement. Ah! hommes crédules, mettez vous en garde contre ce piége, d'autant plus dangereux pour vous, qu'il est *analogue à vos cœurs*. Ce fut l'assemblée prétendue nationale qui décréta la liberté des opinions, et ce décret fut suivi du massacre des prisons, c'est-à-dire de ceux qui avaient cru pouvoir s'en fier à eux. Ce fut la prétendue assemblée législative qui décréta la garde du roi, et ce décret fut suivi de l'égorgement d'une grande partie de cette même garde et de ceux qui eurent le courage de se montrer attachés à lui.

» C'est la prétendue convention qui, après notre déroute du Mans, a envoyé des hommes pour accorder la grâce à tous les braves Vendéens, et c'est cette convention infâme qui a fait noyer et fusiller tous ceux qui ont eu la faiblesse de l'en croire.

» Nous ne vous parlons pas de tous les partis qui se sont succédés les uns aux autres, et qui se sont égorgés les uns par les autres; mais nous vous parlons de ce parti de modérés qui semble dominer aujourd'hui. Ah! prenez-y garde, malheureuses victimes de votre crédulité, il en est un autre tout formé, qui existe dans les comités secrets, et qui doit punir un jour ceux qui auront donné dans le piége.

» C'est pour vous armer qu'on vous parle de modérantisme. Lorsque vous serez hors de vos foyers, que vous aurez perdu de vue vos femmes, vos enfans, c'est alors qu'on vous parlera de cruautés. Leur parti est pris, à ces scélérats, celui de faire de la France un vaste désert, dans l'espérance de pouvoir mieux s'y cacher, et échapper à la juste punition qui les attend.

» Voulez-vous donc vous-mêmes contribuer à la destruction de votre pays, au massacre de vos pères, de vos femmes et de vos enfans? Insensés que vous êtes, espérez-vous jamais subjuguer toute l'Europe armée contre vous et ayant plus de la moitié de vos ennemis parmi vous? La France était *nombreuse* sans doute, mais elle ne l'est plus, elle a perdu toute sa jeunesse.

» Qu'espérez vous, habitans des campagnes, contre toutes les couronnes de la terre, qui sont intéressées à vous écraser, si vous ne voulez vous rendre à la raison.

» C'est contre nous que l'on va d'abord vous mener, pour ensuite vous conduire, lorsque vous serez un peu plus aguerris, aux frontières. Ne vous y trompez pas, vous trouverez votre tombeau dans la Vendée, comme sur les frontières. La Vendée est plus forte que jamais, nos malheurs nous ont rendus intrépides ; partout vous êtes entourés d'ennemis ; en Bretagne, ce sont les armées des Puisaye et des La Bourdonnaye ; en Normandie, ce sont celles des Boulainvilliers et des Botidoux ; dans le pays, de Retz ce sont celles des Charette ; dans le Poitou, ce sont celles des Fleuriot et des Sapinaud; dans l'Anjou, celles des Stofflet : nous ne vous parlons point de tant d'autres qui sont dans le midi et dans toutes les parties de ce malheureux royaume, et surtout d'une infinité de petites armées dans la Bretagne, dans la Normandie et l'Anjou, d'autant plus dangereuses qu'elles sont *divisées*.

» O vous, que nous appelons encore nos amis, malgré vos cruautés à notre égard, mais que nous savons avoir été trompés ; vous, habitans des campagnes, qu'on veut sacrifier, ouvrez les yeux, voyez ce que l'on vous demande, voyez qui vous conduit. Oui, armez-vous contre les villes infâmes où respirent le libertinage et le crime. Elles seules ont fait votre malheur, elles seules méritent votre vengeance. Appelez-nous et nous irons vous porter du secours ; nous y porterons nos gardes et nous mettrons vos femmes et vos enfans sous l'œil bienveillant de la divine Providence, et sous la protection de nos bras tant de fois vainqueurs.

» Peut-être que quelqu'un vous parlera de liberté : eh bien ! voyez quels effets elle vous a produits. Vous vous dites libres, on vous enlève vos grains ; vous vous dites libres, et vous n'avez pas de pain ; vous vous dites libres, et le républicain vous enlève vos meubles et vos bestiaux ; vous vous dites libres, et vous ne pouvez pas adorer votre Dieu ; vous vous dites libres, et vous manquez des choses de première nécessité ; vous vous dites libres, et vous ne pouvez mettre au jour votre façon de penser ; enfin vous vous dites libres, et on vous enrôle malgré vous. Malheureux que vous êtes, allez vous réunir à ces six millions d'hommes qui sont morts pour conserver leur liberté ; quel aveuglement !

» Les scélérats iront sans doute dans vos campagnes vous engager à vous armer pour détruire la tyrannie. Insensés que vous êtes ! n'étiez-vous pas mille fois plus heureux, plus libres que vous ne l'êtes maintenant ? hélas ! vous labouriez alors tranquillement vos champs, sans craindre les dénonciations, sans craindre la mort ; enfin, nous vous le demandons, en est-il un seul, de ces six millions d'hommes morts à la guerre, qui y eût péri par l'ordre du prétendu tyran dont ils ont fait tomber la tête ? eh bien ! voilà six millions d'hommes morts, parce qu'on leur a persuadé qu'un roi bon, qu'un roi vertueux pouvait les faire périr individuellement.

» Ah ! ne vous y trompez pas, il faut un centre où tout se rapporte. L'exemple des factions, se succédant les unes aux autres, vous a fait voir qu'il est impossible que la prétendue république se soutienne. La France est trop grande, il faut un point d'unité, et le point d'unité, c'est un monarque sage, vertueux, juste, éclairé par les malheurs de ses infortunés parens, par les siens ; enfin, le noble rejeton de cette race si chère des Bourbons.

» C'est pour lui que nous combattons ; c'est pour établir les autels d'un Dieu vrai, d'un Dieu juste ; c'est pour rétablir le trône de saint Louis et de Henri IV, que nous exposons volontairement nos jours.

» Si quelquefois nous avons porté le fer et la flamme dans vos contrées, c'est que nous y avons été forcés par vos menaces. Nous vous avons fait voir qu'elles ne faisaient aucune impression sur des âmes comme les nôtres. Nous sommes bons et humains quand on nous respecte, mais nous sommes fiers et méchans quand on nous menace. Invoquez notre appui, nous vous ouvrirons les bras ; si vous menacez, nous vous égorgerons.

» Nous ne voulons plus vous regarder que comme nos amis ou comme nos ennemis. Cette perplexité fait depuis long-temps le malheur de la France ; venez avec nous ou rangez-vous au nombre de nos ennemis, nous ne les craignons plus. N'hésitez donc plus, vous que l'on veut immoler à un fantôme de république : restez fidèles à vos femmes, chers à vos enfans. Votre absence, quand vous échapperiez à une mort certaine, serait un sujet qui empoisonnerait le reste de vos jours. En effet, avez-vous vu ces monstres respecter les moindres devoirs ? Vos femmes violées, vos fortunes dilapidées seraient les fruits que vous recueilleriez de votre absence.

» Non, nous vous le répétons, il est temps encore ; nous oublions tout ressentiment : nous savons que vous avez été égarés, nous vous ouvrons nos bras, nous vous appelons nos amis et nos frères, nous prendrons vos femmes et vos enfans sous notre protection, et nous porterons ensemble, de concert avec tous les rois de l'Europe, la terreur dans ces horribles cités encore fumantes du sang le plus juste.

» N'allez pas croire que ce soit la peur qui nous détermine à en agir ainsi : la vertu de l'honnête homme, la religion de nos pères nous en fait un devoir sacré ; la Vendée, l'illustre Vendée peut être affaiblie, mais elle est impérissable. Il n'est point d'armée qui puisse la subjuguer, et malheur au républicain qui tentera de souiller de ses pieds cette terre promise. Nos ressources y sont encore considérables, on peut les diminuer, mais jamais nous en priver en entier.

» Vos déserteurs, en grand nombre, se regardent dans la Vendée comme les plus heureux habitans de la terre ; interrogez, pour vous en convaincre, des habitans de Mauzé, de Saint-Varent, de Passavant et de plusieurs autres cantons, tous malheureux pères de famille entraînés par vous aux combats et à qui nous avons rendu la liberté.

» Venez donc, sans balancer, vous réunir sous les drapeaux du parti le plus juste; suivez l'exemple de ces braves Bretons qui viennent de s'insurger de nouveau, et croyez-en des hommes vertueux qui, loin de vouloir tomber dans l'esclavage, veulent être véritablement libres sous l'œil bienfaisant d'un Dieu et l'appui des lois sages dictées par l'humanité et la justice du plus malheureux des rois.

» *Signé* STOFFLET, BÉRARD, etc. »

Du 9. = *Le général en chef, aux généraux de l'armée.* (*Niort.*)

« Le représentant du peuple à Niort a arrêté qu'il lui serait rendu journellement un compte détaillé de tout ce qui se passerait dans l'armée de l'Ouest. Le général en chef compte sur les soins des généraux pour l'exécution de cet arrêté. »

.... *Au général Dutruy.* (*Niort.*)

« Tu as fait, sans mon aveu, une proclamation qui contrarie celle de la commission d'agriculture et des arts ; tu voudras bien la retirer sur-le-champ et m'en rendre compte. »

Du 10. = *Beaupuy, chef de l'état-major, à la neuvième commission de la guerre.* (*Niort.*)

Voici le résultat de la situation de l'armée de l'Ouest :

Cette armée était composée de. . . . . 56,223 hommes.
Il en est parti pour différentes armées. . . 25,500

Reste à l'armée de l'Ouest. . 30,723

Observation. Il manque aux vieilles troupes, savoir (1):

---

(1) On avait désarmé une partie des troupes qui restaient, pour compléter l'armement de celles qui partaient; les chefs vendéens ne l'ignoraient pas : aussi ont-ils pris dans leurs proclamations le ton de la menace.

Fusils, plus de. 10,000
Baïonnettes. 12,000
Sabres. 3,000
Pistolets. 3,000

Du 10. = *Le général Vimeux, aux généraux Boussard, Huché, Guillaume, Bonnaire, Dutruy et Grignon. (Niort.)*

« Le comité de salut public veut que la troupe soit campée et non baraquée.

» Le 19, tout doit se mettre en mouvement; ce mouvement sera subordonné aux opérations de la récolte. »

. . . . . . *Au général Ferrand.*

« Ordre de fouiller la forêt de Gralas où l'on dit que Charette fait fabriquer de la poudre, et qu'il a du canon. »

Adresse des généraux des armées catholiques et royales d'Anjou et du Poitou, aux Bretons restés fidèles à leur religion et à leur roi.

« Habitans de la Bretagne! victimes malheureuses d'une poignée de factieux, quand reviendrez-vous donc de votre erreur? Vous êtes depuis trois ans asservis, au nom de la liberté, sous la servitude la plus honteuse. Vos soi-disant représentans, les chefs du parti républicain, vous ont réduits, au nom de l'égalité, à la misère la plus affreuse, tandis qu'ils foulent le tapis et qu'ils vivent dans la plus grande aisance. Ils ont détruit la religion de vos pères, ils ont fait mourir votre roi sur l'échafaud, ils disposent arbitrairement de vos biens, de vos personnes, en établissant, comme base de la société, le respect dû aux propriétés. Il n'est point, en un mot, de moyens qu'ils n'emploient pour vous entraîner dans l'abîme qu'ils se sont creusé. Tantôt ils vous gouvernent avec la verge de fer, tantôt ils semblent vous caresser pour vous tromper plus aisément. Ils font et répandent des nouvelles qu'ils accommodent aux circonstances; ils vous disent leurs armées victorieuses, lorsqu'ils savent bien, les fourbes, qu'ils ne peuvent plus opposer qu'une résistance momentanée aux forces combinées qui les pressent de toutes parts.

» Réveillez-vous donc, braves Bretons, levez-vous en masse, secouez le joug qui vous opprime, et montrez-vous, comme les habitans de la Vendée, les défenseurs du trône et de l'autel. Ne vous laissez point aller aux suggestions perfides des tyrans qui vous oppriment. Ils viennent inutilement de tenter nos braves soldats par l'appât d'une prétendue amnistie; ils n'auront pas manqué de la publier chez vous, et vous aurez peut-être cru qu'un grand nombre en a déjà profité; détrompez-vous, chers amis, pas un seul soldat n'a donné dans le piége. Les habitans de la Vendée tiennent plus fermement à leur opinion, rien au monde ne peut l'ébranler, et ils défendront jusqu'au dernier moment de leur vie la cause pour laquelle ils ont combattu jusqu'ici; elle est celle de tout bon Français, c'est la vôtre, braves Bretons; joignez-vous donc à nous pour la défendre et faites de votre côté tous vos efforts pour terrasser le monstre qui cherche à vous dévorer.

» Assurez aussi, en notre nom, tous ceux d'entre vous que la force a obligés de servir dans les armées républicaines, qu'ils trouveront chez nous des amis et des frères; dites-leur que nous ne punissons que les traîtres, et que nous traiterons toujours en frères ceux qui se joindront à nous pour la défense du trône et de l'autel.

» Au quartier-général, le 10 juillet 1794, l'an 2 du règne de Louis XVII (1).

» *Signé* chevalier de FLEURIOT, le chevalier CHARETTE, BERARD, STOFFLET. »

---

(1) Alors commencèrent à s'établir des relations entre la Vendée et la Chouannerie.

Du 11. = *Le représentant du peuple Ingrand, au comité
de salut public. (Niort.)*

« Je vous préviens que l'état-major-général de l'armée de
l'Ouest va se porter à Fontenay. Les divisions vont devenir
agissantes.

» Je vous envoie l'extrait de la correspondance du général
en chef avec les généraux sous ses ordres. »

Le général Caffin, au général Vimeux. (Doué.)

« J'ai visité hier le camp de Thouarcé, j'ai trouvé la
troupe dénuée de tout et excédée de fatigues.

» J'ai cru devoir réitérer la défense d'avoir avec les brigands
aucun entretien : ils ne cherchent qu'à séduire nos troupes. »

Le général Bonnaire, au général Vimeux. (Fontenay.)

« Je te dois compte de ma marche sur Chanteloup. — Je
suis parti hier à une heure de la Châtaigneraie, sans rencontrer aucun obstacle jusque près de Chanteloup. Deux vedettes
ont été tués à l'arme blanche. Mille à douze cents brigands
armés occupaient le village. Avertis de notre approche, ils se
se sont embusqués hors du village, et ont fait un feu de file
si vif, que l'avant-garde, infanterie et cavalerie, a été repoussée
et s'est repliée en désordre ; j'ai eu quelque peine à les rallier.
Alors je me suis mis à la tête de la troupe ; l'attaque a été
vive et les brigands ont été mis en fuite, laissant une soixantaine d'hommes sur la place, parmi lesquels étaient deux
chefs, l'un *La Rochejacquelin*, et l'autre un curé revêtu de
ses habits sacerdotaux.

» Ce prétendu *La Rochejacquelin* était un jeune homme
à qui on avait donné ce nom et sur lequel on a trouvé une lettre
adressée, *à Monsieur de La Rochejacquelin, adjudant-major
de l'armée du Poitou, commandant la garde à Chanteloup.*
— signé *Richard, le chevalier de Beaurepaire.*

» J'ai perdu quatre hommes, dix ont été légèrement
blessés.

» Le général Legros ne s'est pas trouvé au rendez-vous, attendu que l'ordre lui est parvenu trop tard. »

Du 12. = *Le général Crouzat, au général Vimeux.*
(*Camp de la Roullière.*)

« Un détachement de trois cents hommes, sorti du camp la nuit, s'est dirigé par le pont Rousseau et Saint-Jacques, pour aller fouiller tout le terrain compris entre les deux rivières, jusqu'à Vertou d'un côté et Basse-Goulaine de l'autre. Il n'a rencontré aucune résistance. Les brigands se sont sauvés de tous côtés. Trois ont été tués et douze pris, la plupart dans leurs lits. »

Le général Bonnaire, au général Vimeux.
(*La Châtaigneraie.*)

« Le camp de la Châtaigneraie a été attaqué aujourd'hui par les brigands. Au premier avis que j'en ai reçu, je m'y suis transporté de suite, et à mon arrivée, les attaquans étaient en pleine déroute. Un des principaux chefs a été tué, on assure que c'est *Mistouflet* (1). Une colonne les poursuit encore. Les brigands s'étaient rassemblés de plusieurs points pour l'attaque de la Châtaigneraie. Les braves chasseurs qui les ont poursuivis à trois lieues viennent de rentrer avec un drapeau blanc.

« Voici quelques détails de cette affaire. Une colonne sortie du camp, qui s'était avancée à environ une lieue, a été attaquée à son retour par un grand nombre de brigands. Elle s'est bien battue, mais elle a été forcée de se replier précipitamment. Cette retraite a jeté l'alarme; une partie du camp a pris l'épouvante, et est allée annoncer à Fontenay et à Niort que l'ennemi était maître de la Châtaigneraie. La moitié du camp est restée à son poste qu'elle a défendu opiniâtrément, et a donné une chasse complète aux brigands qui, dans leur dé-

---

(1) On ignore à qui s'appliquait ce nom de guerre.

route, ont perdu au moins cinq cents hommes. Le succès de cette affaire est dû aux commandans des bataillons du Bec-d'Ambez et deuxième de Paris, qui, à l'aide du troisième de chasseurs à cheval et d'une partie de la gendarmerie, ont chargé impétueusement l'ennemi. Le camp s'est trouvé enveloppé par quatre mille hommes. Cent républicains ont été tués ou blessés dans cette affaire.

» Six volontaires, prisonniers depuis trois semaines, sont rentrés. Ils confirment la mort de *La Rochejacquelin*, à Chanteloup, et celle de Marigny, fusillé par ordre de Stofflet, le lendemain de la précédente attaque de la Châtaigneraie (1). »

Du 13. = *Le tribunal du district, à la neuvième commission de la guerre.* (*La Châtaigneraie.*)

« Pour la quatrième fois, les brigands au nombre de quatre mille sont venus nous attaquer le 12; ils ont encore été repoussés par nos braves soldats, quoique les généraux fussent absens et que les adjudans se soient repliés à quatre lieues. Ce n'a pas été sans une perte assez considérable, qui aurait sans doute été moindre, si un commandant central eût fait porter du secours à la partie de notre armée la plus faible relativement aux forces de l'ennemi. Il y a lieu de croire que l'ennemi avait réuni toutes ses forces qui, comme vous le voyez, ne sont plus considérables. »

Signé SOULLARD, président.

---

(1) Cette attaque avait eu lieu le 2 mai 1794, ce qui fixerait la mort de Marigny au 3 mai.

Voici ce que dit à ce sujet M. Gibert, secrétaire du conseil de l'armée d'Anjou :

« Les ennemis de l'abbé Bernier lui ont attribué la mort de M. de
» Marigny, c'est une calomnie. Il n'était pas dans ce moment à l'ar-
» mée, et n'arriva que plus de six heures après pour assister à un
» conseil qui était indiqué à Cerizais. »

Du 13. = *Le représentant du peuple Bo, au comité de salut public. (Nantes.)*

« Les généraux de l'armée ont bonne volonté, mais leurs moyens sont faibles. L'adjudant-général Aubertin mérite de l'avancement. L'armée de l'Ouest est mal disciplinée, elle a besoin d'être renouvelée. Les soldats sont si accoutumés au pillage, qu'ils ne respectent rien; les punitions ne les corrigent pas. Le grand mal de cette armée est d'être composée de détachemens et non de bataillons complets. Il est prouvé que les brigands se servent habituellement de nos cartouches. On va protéger la récolte par des colonnes agissantes. »

Le général Dutruy, au général Vimeux.
(Sables d'Olonne.)

« Une colonne s'est portée hier jusque sur la droite de Venansault où l'on a trouvé un poste de quinze cavaliers brigands; un seul a été pris avec son cheval. Les campagnes sont couvertes d'habitans qui travaillent paisiblement.

» Le général Boussard annonce qu'il fait un dernier mouvement nécessaire dans le Marais. »

L'adjudant-général Deviau (Saint-Sauveur), au général Vimeux. (Camp du Pont-Charon.)

« J'ai fait les dispositions nécessaires pour protéger les moissons dans la plaine de Chantonnay et Saint-Vincent d'Esterlange.

» Le général Ferrand a emmené hier avec lui quatre mille hommes.

» J'ai fait hier une promenade militaire dans les communes de Puybeliard, Chassais, Sigournay, etc.; la proclamation y était ignorée; trente habitans ont été amenés au camp et renvoyés avec des exemplaires de cette proclamation.

» Il paraît, d'après plusieurs rapports, que les brigands ont formé le projet d'attaquer de nouveau la Châtaigneraie.

» La maladie fait des progrès parmi la troupe ; beaucoup de soldats sont attaqués de la dyssenterie. »

Du 13. =*Instruction du général en chef sur la défense, la police et la composition des camps, adressée aux généraux.* (*Niort.*)

« L'établissement des camps, en ramenant la discipline dans l'armée, contribuera beaucoup à hâter le terme de la guerre de la Vendée; mais, pour parvenir à ce but tant désiré, il faut que mes ordres soient scrupuleusement exécutés, et je déclare à l'armée entière la résolution dans laquelle je suis de punir sévèrement ceux qui y contreviendront.

» Il est impossible de suivre exactement un plan contre un ennemi qui n'en a point. Pour parer à cet inconvénient, il faut des camps retranchés; en conséquence, tous les camps environnans seront enclos sur le front et sur les flancs d'un fossé large de huit pieds et de 5 pieds de profondeur, dont la terre jetée en-dedans formera une espèce de parapet. Des chemins assez larges, pour que la cavalerie puisse défiler par quatre, seront pratiqués sur les flancs de chaque camp et fermés, autant que faire se pourra, par des chevaux de frise ou par des abattis. »

» Le fossé sera ouvert à cent cinquante toises du front de bandière, distance qui cependant pourra être augmentée ou diminuée suivant le terrain où le camp sera placé. Son développement devra toujours avoir assez d'étendue pour couvrir trois à quatre mille hommes.

» A cette fortification simple, mais suffisante pour garantir d'une surprise, les officiers-généraux commandant les camps pourront en ajouter d'autres, si la localité ou le peu de troupes qu'ils auraient à commander l'exigent.

» Je recommande particulièrement aux soins et à la surveillance des généraux l'exécution du règlement sur le campement des troupes.

» Les grandes gardes, les gardes du camp doivent former une ceinture de sentinelles autour du camp, et qui que ce soit, officiers ou soldats, ne doit les dépasser sans une permission expresse de l'officier-général qui commandera.

» Les troupes campées doivent être dans une activité continuelle. De forts détachemens sortiront journellement pour fourrager, dissiper les rassemblemens partiels qui pourraient se former dans les environs, et protéger particulièrement les travaux des sapeurs qui seront occupés à découvrir le pays en avant et sur les flancs du camp, ainsi que sur les bords des grandes routes qui peuvent se trouver à sa proximité.

» Les troupes campées, qui ne seront pas de service ou de piquet, seront exercées au moins une fois par jour. Les généraux veilleront assidûment à l'instruction et la simplifieront, en n'exigeant que ce qui peut s'appliquer à ce genre de guerre.

» L'avantage de l'établissement des camps tient principalement à l'activité et à l'ordre du service qui s'y fera. On doit s'attacher surtout à établir par de fortes et fréquentes patrouilles la communication avec les camps de droite et de gauche, de manière à connaître les mouvemens que l'ennemi pourrait faire dans les intervalles.

» Les communications étant bien établies entre les camps, les généraux pourront concerter des mouvemens combinés sur l'ennemi. Ils auront soin, dans ce cas, de prévenir de leur marche et de leur attaque les camps qui correspondront au point où ils se porteront.

» Jamais le commandant d'un camp ne changera de position sans mon autorisation, et il ne me le proposera qu'après s'être assuré par lui-même de tous les avantages que pourrait procurer une nouvelle position, et il n'ira l'occuper qu'après l'avoir fait découvrir par les sapeurs.

» Je borne ici cette instruction, elle suffit à des militaires français dévoués à la cause de la liberté et à leur patrie. »

§ II. Guillaume propose au comité de salut public un plan pour terminer la guerre de la Vendée. — Rapport de Caffin; expédition sur Soulaine. — Déclaration de Prudhomme sur l'armée de Charette. — Formation de compagnies de citoyens agriculteurs; avis de la neuvième commission de la guerre.— Rapports de Ferrand sur sa marche du 10 au 14. — Du général Dutruy sur les entreprises des Vendéens. — Du général Caffin; projet d'établir la chouannerie dans la Vendée. — Du général Bonnaire, de l'adjudant-général Lefaivre; fouille dans la forêt de Princé. — De Crouzat, de Grignon. — De Caffin; le maire, et deux habitans de Saint-Pierre-à-Champ égorgés. — De Dutruy, Bonnaire, Guillaume. — Compte rendu par Huché au représentant Bo de son expédition contre Charette. — Plaintes adressées par Boussard au comité de salut public contre la conduite de Huché. — Rapport de Ferrand au général Vimeux sur la suite de son expédition sous les ordres de Huché. — Dénonciation des maires et officiers municipaux de Sainte-Cécile et des Essarts contre le général Huché, adressée au représentant Ingrand. — Rapports des généraux Guillaume et Huché. — Le comité de salut public aux représentans à Niort, explications relatives à la proclamation des agens de la commission d'agriculture et des arts. — Rapports des généraux Dutruy, Caffin, Bonnaire. — Chadau désigné pour remplacer Aubertin dans le commandement de Machecoul. — Rapports de Mangen, Dutruy, Caffin, Bonnaire. — Beaupuy à Bonnaire; l'intention du général en chef est qu'il soit établi des signaux par le feu. — Rapports de Crouzat; il remet le commandement du camp de la Rouillière au général Jacob. — De Charlery; expédition sur Vertou. — Vimeux au représentant Ingrand; compte de ses opérations.—Rapports de Dutruy; expédition contre Saint-Pal et Delaunay. — De Caffin; expédition dans les bois de la Frapinière. — De Grignon; détachement envoyé à Coulonge, repoussé par les Vendéens. — De Caffin; retraite des travailleurs à la récolte du côté de Tigné et d'Aubigné. — De Grignon; l'échec de Coulonge réparé. — De Bonnaire; rassemblement dissipé par un détachement du camp de Chiché. — De Dutruy; épidémie des marais qui rend la quantité de malades prodigieuse.

Suite des événemens dans la Vendée.

Depuis le commencement de la guerre, il était parvenu au comité de salut public une foule prodigieuse de mémoires, de projets, de plans, la plupart ridicules, sur la guerre de la Vendée. *Le général Guillaume lui adressa le projet suivant :*

Du 14. = « Le républicain, écrivait-il de Luçon, doit compte à sa patrie de ses lumières et de son expérience ; c'est sous ce rapport que je vous propose les moyens de terminer promptement la guerre de la Vendée; les voici :

» 1°. Formation de douze colonnes ayant chacune à leur tête un représentant du peuple et un général, revêtus de leurs marques distinctives.

» 2°. Marche des colonnes dans l'intérieur pendant huit jours avec des proclamations.

» 3°. Réunion d'un tiers de chaque colonne le neuvième jour, avec les représentans et les généraux, aux Quatre-Chemins près Saint-Fulgent, où se trouvera le général en chef. Le surplus des colonnes sera stationné.

» 4°. Le dixième jour, élévation d'une pyramide carrée, où l'on écrira les droits de l'homme, la constitution, le pardon accordé aux brigands, les noms des hommes célèbres dans la révolution, et qui sera surmontée du bonnet de la liberté. Le quartier-général sera placé au point central où l'on campera.

» Des commissaires enregistreront les habitans qui se présenteront et leur délivreront des cartes de sûreté.

» Il sera bâti aux Quatre-Chemins une ville qui prendra le nom de Commune libre ou de l'Union. Elle aura des foires et des marchés. On y construira des casernes pour six mille hommes.

» Quarante-huit mille hommes suffiront pour les colonnes agissantes (1). Il reste encore vingt mille brigands à combattre.

» Si depuis long-temps on n'eût pas trompé le comité, sans doute il aurait pris des mesures différentes de celles qui ont été employées. »

Du 14. = *Le général Caffin, au général Vimeux.* (*Doué.*)

« Les troupes de Thouarcé se sont portées hier sur deux colonnes vers Soulaine où elles ont rencontré les brigands qui, après quelque résistance, ont été mis en fuite. Ils ont perdu cinq à six hommes. »

Déclaration de Prudhomme, venant de l'armée de Charette.
(*Fontenay.*)

« Les chefs se sont rassemblés dernièrement pour nommer un général en chef. Toutes les voix se sont réunies en faveur de Charette.

» Les chefs de la partie de Charette sont : Jolly, Delaunay, de Couetus, commandant de Saint-Philbert; Lescot, commandant de la Copechagnère; Cailleau à Sainte-Cécile; Saint-Pal, commandant quinze cents hommes à la Roche; La Robrie, Pajot, Quely, commandant dans le marais de Soulans; Guerin, Debirse.

---

(1) Ces douze colonnes, de quatre mille hommes chacune, supposaien une armée de quatre-vingt mille hommes au moins pour occuper en même temps tous les postes ; et, à cette époque, la force de l'armée se réduisait à trente mille hommes, dont dix mille sans armes. On ne rappelle ce projet que pour en faire connaître la bizarrerie.

» Toutes leurs forces réunies pourraient former vingt mille hommes au moins et douze à quinze cents cavaliers.

Du 15. = *La neuvième commission de la guerre, au général Vimeux. (Paris.)*

« La commission te prévient que le comité de salut public vient de prendre un arrêté pour la formation des compagnies de citoyens agriculteurs. »

Le général Grignon, au général Vimeux. (Thouars.)

« On vient de m'assurer qu'une quarantaine de brigands, parmi lesquels se trouve Bernier, ci-devant curé de Saint-Laud d'Angers, sont rentrés dans la Vendée, venant des chouans (1).

» Neuf cents hommes, sortis hier du camp de Concourson sous les ordres de Travot, ont mis en fuite des rassemblemens de brigands.

» Quatre cents brigands occupent encore Noirlieu avec quarante cavaliers qui parcourent les communes pour empêcher l'effet des proclamations. »

Du 16. = *Le général Ferrand, au général Vimeux. (Montaigu.)*

« Le 10, conformément à tes ordres, j'ai fait assembler tous les régimens campés au Pont-Charon. J'ai répété au centre de chacun d'eux ce qui est prescrit dans les proclamations : *Respect aux hommes paisibles, aux femmes, aux enfans et aux propriétés.* Après avoir défendu, sous les peines les plus rigoureuses, tout trait d'inhumanité, je suis parti à dix heures du soir, à la tête d'une colonne de trois mille six cents hommes, me dirigeant sur Sainte-Cécile où j'avais connaissance qu'il existait un rassemblement de rebelles.

---

(1) Il y avait déjà quelque temps que le curé de Saint-Laud était revenu près de Stofflet.

» Arrivé le 11, à trois heures du matin, dans ce village, on n'y a trouvé que quelques habitans occupés dans leurs foyers. Je les ai rassurés sur nos intentions.

» Ayant appris que deux cents brigands, dont partie à cheval, étaient en bataille, au-dessus du village; j'ai marché sur eux avec le corps de bataille, tandis que l'avant-garde, commandée par l'adjudant-général Verpot, se portait sur leurs flancs. Ils ont pris la fuite avec perte d'une cinquantaine d'hommes.

» Je me suis ensuite dirigé sur le bourg des Essarts que j'ai traversé sans rencontrer aucun habitant, et j'ai établi mon bivouac dans une lande, entre les Essarts et la forêt de Gralas.

» Le 12, je me suis mis en marche à deux heures et demie du matin, traversant le bourg de Chauché où je n'ai pas aperçu un seul habitant, quoique les maisons, en assez bon état, indiquassent que ce lieu devait être habité.

» Arrivé près de la forêt, j'ai détaché cinq cents hommes pour côtoyer la droite, et huit cents pour longer la gauche. J'y ai ensuite pénétré avec mes bataillons de chasseurs et le reste des troupes. Nous avons trouvé des cases ou baraques pour loger près de deux mille personnes. Dans quelques-unes étaient des porte-feuilles, pelottes et reliquaires nouvellement faits; dans d'autres, des moulins à bras, des mortiers pour écraser le grain; dans une, près de laquelle étaient deux forges bien garnies, on a découvert une trentaine de bois de fusils, des batteries, des canons de fusils, les outils nécessaires pour réparer les armes; enfin, tout ce qui annonce un petit atelier en ce genre. Dans toutes, on a trouvé du lait et des matelas ou lits de plumes. Deux ou trois personnes seulement ont été rencontrées, et nous ont dit que cette forêt était habitée par des gens de campagne du voisinage, qui s'y étaient retirés depuis qu'on avait brûlé leurs maisons; qu'il y avait parmi eux quelques religieuses et des prêtres, entre autres un prieur qui disait la messe les fêtes et dimanches, et que tous ces individus ayant eu connaissance que nous avions bivouaqué à quelque distance de là, et craignant notre visite, s'étaient sûrement retirés, pendant la nuit, dans les forêts voisines.

» Cette fouille dans la forêt de Gralas avait employé une grande partie de la journée. J'ai renvoyé ceux que nous avions rencontrés, après leur avoir remis des proclamations, et je suis allé établir mon bivouac dans une lande, à une lieue de la forêt et deux petites lieues de Montaigu.

» Dans toute cette partie, j'ai remarqué de distance en distance, sur les plus grands arbres, des échelles attachées aux branches les plus élevées. De là, ceux qui *sonnent de la corne*, et qui se font un siége avec des planches, découvrent ce qui se passe au loin et avertissent du danger.

» Après avoir placé mes postes, j'ai remis le commandement au chef de brigade Spithal, avec l'ordre de venir le lendemain camper près de Montaigu où je me suis rendu pour procurer des vivres à ma troupe.

» Le général Huché était absent. Il avait été mandé à Nantes par le représentant du peuple Bo.

» Le 13, la colonne vint camper près de Montaigu, et je reçus, sur les deux heures après midi, l'ordre du général Huché de me rendre à Nantes. Je partis accompagné de dix hommes à cheval. Nous essuyâmes, entre Aigrefeuille et le camp de la Roullière, le feu de plus de quatre-vingts brigands cachés dans un champ de blé, derrière une haie. Nous perdîmes un dragon du neuvième régiment, deux chevaux furent tués et quatre blessés.

» Je trouvai à Nantes Boussard et Aubertin qui, comme moi, avaient été demandés pour arrêter un plan d'après lequel on pût rendre la Loire navigable. Le rendez-vous fut fixé au lendemain.

» Le 14, un plan fut proposé et approuvé par le représentant Bo. Le départ de la colonne fut fixé au 17; le général Huché prévint qu'il se mettrait à la tête.

» Je suis revenu, aujourd'hui 16, de Nantes à Montaigu avec le général Huché; demain la colonne se mettra en marche. »

Du 16. = *Le général Dutruy, au général Vimeux. (Sables d'Olonne.)*

« Les brigands sont du côté d'Aubigny, Nesmy, Chauché, Dompierre, Le Tablier, et Château-Fromage. Ils attaquent toutes les nuits Talmont et Avrillé. »

Du 17. = *Le général Caffin au général Vimeux. (Doué.)*

« La patrouille envoyée hier à Montillé a été accueillie par des coups de fusil. De douze cavaliers, trois ont été tués et trois blessés; on attribue cet événement à un déserteur du onzième de hussards.

» Le bourg des Cerqueux et plusieurs pièces de grains ont été incendiés par les brigands.

» Un prisonnier rentré rapporte que les rebelles de la Vendée ont le projet d'établir chez eux le système de guerre des chouans et de ne plus se réunir en grand nombre (1). Ils croient tous les soldats partis pour les frontières. »

Du 18. = *Le général Bonnaire, au général Vimeux. (Fontenay.)*

« Lapierre, commandant à la Châtaigneraie, s'attendait à être attaqué de nouveau; l'ennemi n'a pas paru.

» De fréquentes patrouilles se portent jusqu'à Saint-Philbert-de-Pont-Charaud et Bazoges. »

L'adjudant-général Lefaivre, au général Vimeux. (Paimbœuf.)

« La forêt de Princé a été fouillée le 14; soixante brigands ont péri. On a trouvé une pièce de huit cachée sous terre. Les

---

(1) En effet, la Chouannerie ne tarda pas à s'introduire dans la Vendée.

brigands volent toutes les nuits des chevaux qu'ils font passer à Charette. »

Du 19. = Le général Crouzat, au général Vimeux. (Camp de la Roullière.)

« L'adjudant-général Levasseur est en expédition depuis le 14 du côté de Legé avec quatre cents hommes, pour une attaque concertée avec le général Huché. »

Le général Grignon, au général Vimeux. (Thouars.)

« Je n'ai que sept cents hommes armés; il me faudrait au moins deux mille hommes pour seconder et protéger les opérations de la commission d'agriculture et des arts; cependant je ferai tout ce qui dépendra de moi pour cela. »

Du 20. = Le général Caffin, au général Vimeux. (Doué.)

« Le maire et deux habitans de Saint-Pierre-à-champ ont été égorgés par quinze cavaliers brigands.

La colonne de Thouarcé a bivouaqué la nuit dernière aux environs de Brissac, après avoir fouillé la forêt où l'on n'a rien trouvé.

Les brigands paraissent méditer une tentative sur les bords de la Loire. »

Le général Dutruy, au général Vimeux. (Sables d'Olonne.

« Mon camp de Nesmy est tracé; je n'attends plus que des troupes pour l'occuper. Je désirerais qu'il fût placé à la Roche où il semble qu'il serait plus utile. »

Du 21. = Le général Bonnaire, au général Vimeux. (La Châtaigneraie.)

« Une patrouille, sortie du Pont-Charon pour la correspondance, a été attaquée par un détachement de brigands; un gendarme a été tué et un guide blessé. »

Du 22. = *Le général Guillaume, au général Vimeux.*
(*Luçon.*)

« Dans le nombre des troupes sous mes ordres, il se trouve trois mille hommes sans armes. Il sera bien difficile, par cette raison, de former le camp de Bournezeau. »

Le général Dutruy, au général Vimeux. (*Sables d'Olonne.*)

« J'ai formé un petit camp pour l'instruction de la troupe.

Le 16, les brigands avaient quitté Le Tablier, La Roche et Dompierre, pour se porter au grand Luc. Saint-Pal était resté à Aubigny avec quatorze cents hommes. Leur intention était d'attaquer le soir la Roullière pour avoir des armes, tandis que Saint-Pal aurait attaqué Avrillé et Saint-Cyr. Huché a fait échouer ce projet. Je me propose de faire attaquer Saint-Pal cette nuit à Aubigny. »

Le général Huché, au représentant du peuple Bo. (*Nantes.*)

« Je m'empresse de te rendre le compte suivant de l'expédition que je viens de faire contre les brigands.

» Le 16, quatre colonnes ont été mises en mouvement, la première commandée par le général Ferrand, sous mes ordres, est sortie de Montaigu le 17, et a pris poste à Roche-Servière.

» La seconde, de la garnison de Machecoul, commandée par l'adjudant-général Aubertin, s'est rendue le 16 à Fréligné.

» La troisième, venant de Challans, commandée par l'adjudant-général Chadau, s'est réunie à celle de Machecoul à Fréligné.

» La quatrième, aux ordres de l'adjudant-général Levasseur, partie du camp de la Roullière, a fait sa jonction à Legé, le 17 à cinq heures du soir, avec les deux colonnes de Machecoul et de Challans.

» Le poste de Legé, occupé par les brigands, a été emporté par les colonnes d'Aubertin et de Chadau, et l'armée de Charette, évaluée à trois mille hommes, infanterie et cavalerie, a été attaquée à six heures du soir, à un quart de lieue de Legé, sur la gauche de la route de Palluau ; le combat a duré jusqu'à la nuit, et les brigands ont été mis en déroute, avec perte de soixante à quatre-vingts hommes restés sur le champ de bataille. Nous avons perdu de notre côté deux officiers, et nous avons eu quinze blessés.

» Le 18, la colonne de Ferrand et celles réunies à Legé ont marché sur la Besillère, où l'on croyait Charette établi. On n'y a rencontré aucune résistance. A deux heures après midi, la troupe de Légé est restée en observation pendant que la colonne de Ferrand se portait au grand et petit Luc.

» Le 19, je me suis dirigé avec Ferrand sur Belleville, en passant par Saint-Denis : les forges de Charette ont été détruites ; un repas splendide préparé au château de Boulogne, dans la forêt de Dompierre, des habits brodés et galonnés, des barriques de vin et d'eau-de-vie, voilà ce que nous avons trouvé.

» Le 20, nous avons pris position au moulin de Palluau. L'avant-garde a surpris au Poiré les brigands qui prenaient la fuite, abandonnant vingt-neuf voitures attelées de quatre bœufs, et chargées de blé, farines, armes de toute espèce, moules à balles, ballots contenant des effets en tout genre.

» Charette a pris la route de la Roche-sur-Yon. J'ai cessé de le poursuivre faute de vivres, et j'ai donné l'ordre aux trois colonnes de Machecoul, Challans et la Roullière de rentrer à leurs postes. J'ai en même temps ordonné à Ferrand d'aller bivouaquer aux landes de Bouaine, et de prendre poste le lendemain pour deux jours à Aigrefeuille. La colonne était suivie de cinq cents têtes de bestiaux superbes ; avec du soin, les agens de la commission civile auraient pu en enlever plus de quatre mille.

» *Résumé.* L'armée de Charette, forte d'environ trois mille hommes, mise deux fois en déroute ; vingt-neuf voitures prises ; châteaux, moulins, fours, incendiés et détruits ; plus de trois cents individus des deux sexes trouvés çà et là, portant des preuves de conviction de leur brigandage, tués; découverte faite par l'adjudant-général Content, aux environs de Saint-Philbert, d'un magasin de salpêtre gardé avec soin par les brigands qu'il a débusqués, détruit faute de voitures pour l'enlever (1). »

Du 22. = *Le général Boussard, au comité de salut public.*
(*Challans.*)

« Je m'appliquais à rétablir l'ordre et la discipline parmi les troupes, lorsqu'une colonne sortie de Montaigu, sous les ordres du général Huché, pour se porter à la Besillère près Legé, vient de faire la guerre en pillant, brûlant et égorgeant. Je ne puis croire que Huché ait reçu des ordres contraires à vos arrêtés; cependant je le connais bon patriote, et ne sais à quoi attribuer cette conduite de sa part.

» Je ne vois que vous pour rendre à l'unité d'action et de principes les généraux qui ont à terminer la singulière guerre de la Vendée. »

Du 23. = *Le général Ferrand, au général Vimeux.*
(*Luçon.*)

« Le 17, la colonne partit de Montaigu à cinq heures du soir, sous les ordres du général Huché, passa par Vieille-Vigne, et arriva sur les dix heures à Roche-Servière. L'avant-garde rencontra à l'entrée du village une forte patrouille de brigands qui fut repoussée avec perte de huit hommes, et la colonne établit son bivouac à une lieue au delà.

» Le 18, elle se mit en marche à trois heures du matin, et arriva sur les cinq heures à la Besillère. Tout annonçait que les brigands en sortaient. Un homme très-malade, qui n'avait pu suivre, nous dit que Charette en était parti la veille, et

---

(1) Le général Huché ne rendit aucun compte de cette expédition au général Vimeux. Sa conduite donna lieu à des plaintes graves.

que sa troupe s'était retirée deux heures avant notre arrivée. Nous prîmes une position militaire. Les adjudans-généraux Chadau, Aubertin et Levasseur vinrent nous visiter, et nous apprirent qu'ils avaient eu la veille une affaire dans laquelle ils avaient battu Charette. De là, nous allâmes bivouaquer dans les plaines du Luc.

» Le 19, après avoir fait fouiller les villages du grand et petit Luc, la colonne se porta sur Belleville, une des maisons de plaisance de Charette, où tout nous prouva, ce que nous dirent plusieurs personnes, qu'une demi-heure avant notre arrivée les brigands y étaient encore en assez grand nombre. On y trouva eau-de-vie, pain, vin, viande, une pharmacie complète et beaucoup de linge. Nous visitâmes Saligny et Saint-Denis où l'on trouva plusieurs barriques d'eau-de-vie, des fosses remplies de cuirs, quelques armes réparées et à réparer. La colonne se porta ensuite sur Boulogne dont le château fut fouillé sur-le-champ. Il renfermait des provisions immenses en tout genre, eau-de-vie et vin en barriques, quinze cents bouteilles de vin de Bordeaux et d'Espagne, quantité d'habits, vestes, linge de table et de lit, etc., et soixante matelats. On nous dit qu'il y avait un hôpital dans ce château. Notre bivouac fut établi à cinq cents toises de là.

» Le 20, après avoir fait fouiller les environs à une lieue et demie, la colonne se mit en marche à une heure après-midi, et se dirigea sur le Poiré. Nous en étions à près de cinq cents toises, lorsque nous eûmes connaissance d'une troupe de brigands qui suivaient la route de la Roche-sur-Yon. L'avant-garde se mit à leur poursuite, et sur deux cents dont pouvait être composée cette troupe, quatre-vingt-dix périrent : vingt voitures qu'ils escortaient restèrent en notre pouvoir. Chacune d'elles était attelée de quatre bœufs et chargée de blé. On y trouva dix-sept caisses en cuivre, quelques sabres, de mauvais fusils, quatre ou cinq quintaux de balles : quatre-vingts femmes et enfans étaient sur ces voitures. La colonne traversa le

Poiré, et arriva à minuit au moulin de Palluau où elle bivouaqua.

» Le 21, un convoi de pain, parti de Challans, était arrivé à quatre heures du matin, et la distribution en fut faite pour un jour. On en donna une livre à chaque femme et enfant pris sur les voitures; on renvoya dans leurs foyers les femmes qui parurent le désirer, et cinq à six se rendirent à Challans avec le convoi.

» A cette époque, des douleurs très-aiguës m'ont forcé, d'après les ordres du général Huché, à quitter la colonne dont j'ai remis le commandement à l'adjudant-général Spithal qui a dû aller bivouaquer à trois lieues de Palluau, pour se rendre le 22 au camp de la Roullière et y attendre de nouveaux ordres. Le général Huché est parti de suite pour Nantes.

» *Observations.* Je pense que, politiquement, la guerre de la Vendée n'est plus d'aucun danger pour la république; mais la nature du pays, les forêts, les haies qui le couvrent, tout me fait craindre qu'elle ne se prolonge encore long-temps, d'autant plus que les brigands, qui connaissent parfaitement tous les sentiers de ce labyrinthe, échapperont, tant qu'ils le voudront, aux colonnes agissantes.

» Une grande partie des moulins qui avaient été brûlés dans l'intérieur du Bocage, est rétablie et en état de moudre. La récolte se faisait partout, elle est presque achevée. On bat le blé à mesure qu'on le récolte. »

Du 23. = *Dénonciation des citoyens Louis Motay, maire; Jean Durand; Pierre Vinet, officiers municipaux de la commune de Sainte-Cécile; et Jacques Pinochon, maire de la commune des Essarts, adressée au représentant du peuple Ingrand. (Luçon.) (1).*

« Le 16 à quatre heures du soir, on est parti de Montaigu

---

(1) Cette dénonciation fut transmise au comité de salut public. Les

avec la colonne, alors commandée par le général Huché, marchant à l'avant-garde. On s'est porté sur Vieillevigne et de là sur Roche-Servière. Les plaignans ont remarqué sur leur passage une vingtaine d'individus des deux sexes pris à leur ouvrage et tués sur le chemin, sans compter ceux que les tirailleurs tuaient à droite et à gauche, au mépris des proclamations dont ils étaient porteurs, et sans doute par les ordres de Huché; car, ayant observé au général Ferrand que la proclamation des agens de la commission d'agriculture et des arts invitait à respecter les personnes qui n'étaient pas armées, et que celle du général en chef en faisait un devoir aux soldats, le général Ferrand répondit que cela était vrai; que la colonne s'était bien comportée tant qu'elle avait été sous ses ordres; qu'il voyait bien que cela allait se passer fort mal, mais qu'il ne pouvait pas l'empêcher, n'ayant plus le commandement.

» Le 17, à quatre heures du matin, on se met en marche, on arrive au village de la Besillère, commune de Legé, où l'on s'arrête quatre à cinq heures. Tous les hommes et les femmes même, trouvés sans armes dans les champs, occupés à leurs ouvrages, y sont égorgés et fusillés. Le village est entièrement incendié. Deux pièces de terre ensemencées en froment sont livrées aux flammes. On va bivouaquer dans les Landes du Grand-Luc; on ne rencontre qu'un homme et une femme fuyant, ils sont fusillés.

» Le 18, on se porte au bourg de Saligny où l'on ne trouve personne. On se rend aux Landes des Jouinaux; un village voisin de Saligny est incendié, des moutons sont brûlés dans leurs *toits*; on entend tirer beaucoup de coups de fusil à droite et à gauche. On se porte au bourg de Saint-Denis-la-Chevasse; on n'y trouve personne; Huché y fait mettre le feu, ainsi qu'aux métairies qui l'environnent.

---

plaignans accompagnaient, en qualité de guides, la colonne du général Ferrand.

» Le 19, on campe dans les Landes de la Marquière près Boulogne. Plusieurs cultivateurs trouvés cachés et sans armes, les uns en chemise, les autres en gilet, presque tous à leurs travaux, sont amenés au général Huché et fusillés sur-le-champ par ses ordres. Le général Ferrand, témoin de ces massacres, fait des représentations à Huché qui répond : *Je le veux, moi ;* cependant plusieurs femmes et deux hommes seulement furent épargnés.

» Le 20, on passe par le village de l'Orsière, où un homme et une femme sont tués dans leur maison ; on se rend au Poiré où l'on rencontre les brigands. Ceux qui escortaient vingt-cinq voitures chargées de grains, farines et effets sont tués. Soixante-quatre femmes et enfans sont conduits à Palluau et mis en liberté par le général Ferrand.

» Le 21, les plaignans ont quitté la colonne et se sont rendus à Luçon avec le général Ferrand. Ils ont remarqué que depuis Montaigu jusqu'à Palluau, on a horriblement pillé, et que les bestiaux ont été enlevés par ordre de Huché. »

Du 23. — *Le général Guillaume, au général Vimeux. (Luçon.)*

« Le complot formé d'une invasion dans Luçon vient d'être découvert ; les chefs sont arrêtés, j'en ai instruit le représentant du peuple Ingrand. Charette est à Nesmy et dans les environs. »

Le général Huché, au général Vimeux. (Nantes.)

« Le représentant du peuple Bo m'ayant requis de balayer la rive gauche de la Loire jusqu'à Saint-Florent pour faciliter la navigation et le transport des farines, je te préviens que je vais employer à cette expédition la colonne du général Ferrand. »

Le comité de salut public, section de la guerre, aux représentans du peuple à Niort. (Paris.)

« Nous vous renvoyons, chers collègues, une lettre des membres de la commission militaire séante à l'île de Noirmoutier, par laquelle vous verrez à quel excès de malveillance est porté l'abus d'une proclamation faite par les agens préposés à la surveillance des récoltes. Où donc a-t-on pris que le gouvernement voulait faire grâce aux auteurs, fauteurs et instigateurs des outrages faits à la souveraineté du peuple dans la Vendée? Hâtez-vous au contraire, chers collègues, de livrer au glaive vengeur tous les promoteurs et chefs de cette guerre cruelle, et que les scélérats qui ont déchiré si long-temps les entrailles de leur patrie, reçoivent enfin le prix de leurs forfaits. Les femmes, les enfans, les vieillards, les individus entraînés par violence, ne méritent pas sans doute le même sort que les monstres qui ont ourdi la révolte, qui l'ont servie de leur volonté comme de leurs bras; et l'on peut prendre à leur égard des mesures de sûreté moins rigoureuses; mais ce serait abandonner ce pays aux horreurs d'une guerre nouvelle et la vie des patriotes à la merci des brigands, que d'user envers ceux-ci d'une indulgence absurde et meurtrière. Vous voudrez donc bien, sans perdre un moment, ordonner que la justice révolutionnaire reprenne son cours, et ne pas perdre de vue que nous n'avons qu'un seul but, celui de terminer enfin l'horrible guerre de la Vendée, objet dont on s'écarte également, soit par une lâche indulgence, soit par des exécutions qui, en frappant sur la faiblesse, ne pourraient que révolter la justice et l'humanité (1). »

Signé CARNOT.

Du 24. = *Le général Dutruy, au général Vimeux.*
(*Sables d'Olonne.*)

« L'expédition contre Saint-Pal à Aubigny n'a pas eu tout le succès que j'en attendais. Saint-Pal et les siens ont pris la fuite; cependant on en a surpris une trentaine couchés tous

---

(1) Le représentant Ingrand prit un arrêté conforme aux intentions du comité.

ensemble dans un grenier, ayant leurs armes à côté d'eux. »

Du 24. = *Le général Caffin, au général Vimeux*. (*Doué.*)

« La colonne de Thouarcé s'est portée le 22 sur les hauteurs de Beaulieu, où elle n'a rien rencontré. Hier elle s'est portée au Pont-Barré. Elle a vu des brigands armés qui protégeaient les moissonneurs. Elle est revenue sur les hauteurs de Thouarcé, où les brigands avaient pénétré; ils ont été mis en fuite. Cinq, dont quatre armés de fusils, et le cinquième d'un bâton, ont été arrêtés. »

Du 25. = *Le général Bonnaire, au général Vimeux.*
(*La Châtaigneraie.*)

« Je suis informé qu'il se fait un rassemblement de brigands à Cerizais. Les habitants des campagnes sont requis de s'y rendre avec des charrettes et des vivres. Je me tiens sur mes gardes. »

Le général Vimeux, au général Dutruy. (*Fontenay.*)

« J'apprends que le représentant du peuple donne l'ordre à l'adjudant-général Aubertin de se rendre à l'armée de la Moselle; j'ai désigné Chadau pour le remplacer dans le commandement de Machecoul. »

Du 26. = *L'adjudant-général Mangen, au général Vimeux.*
(*Montaigu.*)

« Tu me demandes où est maintenant le général Huché dont tu te plains de n'avoir pas reçu de nouvelles depuis long-temps. Il est en expédition avec sa colonne agissante sur la rive gauche de la Loire. Il a levé son camp d'Aigrefeuille le 25 au matin. »

Le général Dutruy, au général Vimeux. (*Sables d'Olonne.*)

« Les ordonnances ont été attaquées cette nuit au Pont-Rouge, entre Avrillé et la Claye; un cavalier a été dangereusement blessé. Une forte patrouille du poste d'Avrillé s'est portée sur les brigands qu'elle a enveloppés, et en a pris huit armés d'excellens fusils. »

Du 27. = *Le général Caffin, au général Vimeux.* (*Doué.*)

» Une sortie faite hier sur Cleré n'a rien produit. Quatre à cinq cents brigands ont parcouru les Cerqueux, Passavant, Cleré et les environs, pillant, brûlant et massacrant comme de coutume.

» La colonne du Layon a vu hier, des hauteurs de Beaulieu, grand nombre de brigands de l'autre côté de la rivière; il n'y a point eu d'attaque.

» Les cinq prisonniers faits le 24 à Thouarcé ont été relâchés. Ils ont annoncé qu'il se faisait un rassemblement à Chemillé et Chollet pour aller attaquer le camp de Chiché.

» Les îles de Chalonnes et Rochefort sont menacées de l'incursion des brigands. »

Le général Bonnaire, au général Vimeux.
(*La Châtaigneraie.*)

« Le général Legros m'annonce du camp de Chiché qu'un détachement sorti le 25, se dirigeant par Boëmé et Clisson, a essuyé une vive fusillade à laquelle il a riposté plus vivement encore. Il est rentré avec seize personnes trouvées sans armes et soixante-seize pièces de bétail. »

Le général Guillaume, au général Vimeux. (*Luçon.*)

« Les hôpitaux de Luçon s'encombrent de malades arrivant de tous les camps environnans; ces hôpitaux sont mal administrés.

» Il y a toujours des rassemblemens à Nesmy, les Cerisiers, le Tablier et la Chaise. »

Le général Beaupuy, chef de l'état-major, au général Bonnaire. (*Fontenay.*)

« L'intention du général en chef est qu'il soit établi des signaux par le feu, sur les hauteurs de Bourneau, à l'arbre du Gué. Demain à six heures du matin on en fera l'essai.

» Tu voudras bien établir de semblables signaux entre la Châtaigneraie et le camp de Chiché. Ce moyen de correspondance peut être d'une grande utilité au besoin. Tu concerteras les mesures à prendre à cet égard avec le général Legros qui commande le camp de Chiché..»

Du 28. = *Le général Crouzat, au général Vimeux.*
(*Nantes.*)

« Je te préviens que les généraux Jacob et Charlery sont arrivés hier au camp de la Roullière dont j'ai remis le commandement au général Jacob. Je me dispose à partir pour ma nouvelle destination.»

Le général Charlery, au général Vimeux.
(*Camp de la Roullière.*)

« Je suis arrivé au camp avec le général Jacob qui remplace le général Crouzat. Le camp est assez en ordre, mais le tiers des militaires est sans armes. Beaucoup de brigands circulent autour du camp, ce qui nécessite un service multiplié et beaucoup de fatigue.

» Le chef du dixième bataillon du Var vient de me remettre le rapport d'une expédition qu'il a faite sur Vertou, Laloué et Basse-Goulaine, en voici l'historique:

» Sorti du camp le 25, il a rencontré, à un quart de lieue de Saint-Jacques, un avant-poste de brigands qu'il a forcé. Un autre poste à Haute-Goulaine a eu le même sort. Les brigands se sont retirés sur la route de Clisson, où ils ont une force armée. Il n'a rencontré ensuite dans les cantons qu'il a parcourus que des fuyards, des maisons abandonnées à son approche, les grains, les fourrages récoltés par les brigands qui ont de leur côté créé une commission des subsistances. Il est venu prendre poste à trois quarts de lieue de Nantes où il a fait conduire les bestiaux trouvés dans les repaires des brigands. Il n'a pu se saisir des deux chefs, *Lesimple* et *Lebeaupin.* »

Du 29. = *Le général Vimeux, au représentant du peuple Ingrand. (Fontenay.)*

« Je regrette de ne pouvoir plus établir à Largeasse le camp que je m'étais proposé d'y fixer ; il ne reste pas assez de forces à ma disposition pour cela. Après avoir fourni vingt-quatre bataillons à Bourbotte, huit à Garrau et cinq restés sur la rive droite de la Loire, il faut encore que j'envoie quinze cadres à l'armée des Pyrénées et huit à celle de Cherbourg.

» La colonne du général Ferrand a été dirigée, par ordre du représentant du peuple Bo, sur la rive gauche de la Loire, tandis que, d'après mes ordres, elle devait couvrir Luçon, la Châtaigneraie et Chiché, surtout protéger les récoltes.

» J'informe le général Huché de la dénonciation qui t'a été adressée contre lui pour sa conduite à la Besillère. »

Le général Dutruy, au général Vimeux.
(Sables d'Olonne.)

« Onze cents hommes, divisés en deux colonnes, se sont portés la nuit dernière sur Nesmy où se tenait Saint-Pal, qui s'est retiré avec perte de soixante hommes, quelques bons fusils et deux pistolets. Il avait avec lui sept cents fantassins et une soixantaine de cavaliers. On a trouvé dans leur camp deux bœufs tués et beaucoup de pain. Les métayers, qui étaient occupés à travailler dans leurs champs, se sont prêtés de bonne grâce à transporter les farines.

» La troupe s'est portée à Beaulieu où était Delaunay qui remplace Jolly. Il a fui dans la forêt d'Aizenay. On lui a pris deux hommes à cheval. Il a avec lui neuf cents hommes d'infanterie et cent cinquante de cavalerie.

» Les paysans travaillent dans leurs champs à Nieul et Sainte-Flaive. »

Du 29. = *Le général Caffin, au général Vimeux.* (*Doué.*)

« La colonne du Layon s'est portée hier sur Gonord. Un poste de brigands a pris la fuite dans les bois de la Frapinière, où il y avait un rassemblement qui a été dispersé, laissant une quarantaine de morts et trois prisonniers.

» Tous les jours il se fait des sorties de trois cents hommes pour protéger les récoltes. »

Le général Grignon, au général Vimeux. (*Thouars.*)

« Deux cents hommes du contingent avec des faucilles, soutenus par deux cents hommes armés du vingt-troisième régiment de chasseurs à pied et cinquante cavaliers, sont partis ce matin à trois heures pour aller ramasser du grain à Coulonges. Je m'y suis porté moi-même avec vingt-cinq cavaliers. Les brigands ont attaqué, les chasseurs n'ont pas soutenu le feu, il y a eu du désordre. J'ai cherché à rallier la troupe, et j'ai chargé les brigands avec mes aides-de-camp et mon escorte. Le cheval d'une ordonnance a été tué, le mien et celui de mon aide-de-camp ont été blessés. Je suis parvenu à rallier la troupe à une demi-lieue de là. Nous avons perdu vingt hommes et les voitures.

» Les brigands ont barricadé les portes d'Argenton. »

Du 30. = *Le général Caffin, au général Vimeux.* (*Doué.*)

« Deux cents travailleurs employés à la récolte dans les environs de Tigné et d'Aubigné se sont retirés à l'approche des brigands. La colonne du Layon a poursuivi un rassemblement jusqu'à Saint-Lambert. Le clocher de Rablay a été détruit, par ce que les cloches qui s'y trouvaient servaient aux rassemblemens. »

Du 31. = *Le général Grignon, au général Vimeux.*
(*Thouars.*)

« Je viens de réparer l'échec du 29. Je suis sorti à la tête de quatre cents hommes d'infanterie et cent cinquante de cavalerie pour aller à Coulonges faire la récolte. Mon avant-garde a été attaquée par les brigands qui ont été repoussés avec perte de quinze hommes. Les voitures ont été reprises et conduites chargées à Thouars. Il ne manque à l'appel de la dernière affaire que neuf hommes. Les autres sont rentrés, ainsi que l'agent de la commission que l'on croyait perdu. Ces quatre cents hommes d'infanterie forment la seule force armée de mon camp, le reste est sans fusils. »

Du 31. = *Le général Bonnaire, au général Vimeux.*
(*La Châtaigneraie.*)

« Un détachement, sorti de Chiché, a dissipé un rassemblement qui se tenait dans un château, et ramené trois cents pièces de bestiaux.

» J'ai donné l'ordre au général Legros de pousser de fréquentes patrouilles du côté de Secondigny où les brigands commettent de fréquens assassinats.

» Les maladies diminuent considérablement les colonnes. »

Le général Dutruy, au général Vimeux.
(*Sables-d'Olonne.*)

« La quantité de malades est prodigieuse : c'est une épidémie de marais ; je fais changer la position de mon camp.

» Le général Boussard a découvert deux hôpitaux de Charette avec une cinquantaine de malades des deux sexes qui ont été respectés. Boussard ajoute que les paysans rentrent en grand nombre sur la droite, mais que du côté de Fréligné on ne voit personne. »

Chouannerie.

§ III. Le général Moulin, au comité de salut public ; ordres donnés pour la marche de quinze mille hommes sur Saint-Malo ; inquiétudes sur les entreprises des chouans.—Savary, à Charlery ; terreur que répandent les chouans.—Moulin, au comité de salut public ; les chouans répandus dans cinq départemens ; les patriotes égorgés.—Le représentant Prieur, au comité de salut public; arrivée prochaine de cinquante à soixante bâtimens américains chargés de farines. — Le comité de salut public approuve les propositions de Moulin. — Mesures que va prendre le général Moulin. — Arrêté du conseil royal du Morbihan. — Moulin, à la neuvième commission; embarras de sa position. — Savary, au général Vachot; avis de son départ pour Niort. — L'administration de Ségré, au général Moulin; tableau de sa triste position. — Compte rendu par le représentant Prieur au comité de salut public. — Rapport du général Moulin au comité de salut public; manœuvres des chouans dans divers départemens à la fois. — Proclamation des généraux et chefs de l'armée catholique et royale de Bretagne, aux Français.

Du 1er. = *Le général Moulin, au Comité de salut public.*
(*Rennes.*)

« Comptant sur des troupes de l'armée de Cherbourg, j'ai donné des ordres pour la marche de quinze mille hommes sur Saint-Malo; mais je ne suis pas sans inquiétude sur le pays exposé à la fureur des chouans, au moment d'une aussi belle récolte. »

Du 3. = *Le même, au même.*

« Le représentant Laignelot a, comme moi, des inquiétudes sur les entreprises des chouans; il voit avec peine qu'on enlève des troupes à Vachot, lorsque de tous côtés on réclame des secours. Le général Boucret, qui commande à Nantes, me demande de la troupe. »

L'adjudant-général Savary, au général Charlery.
(*Châteaubriand.*)

« Il s'en faut bien que l'armée du général Vachot nous ait délivrés des chouans. Ils sont répandus par petites bandes sur un grand nombre de communes où ils pillent et égorgent les patriotes des campagnes. A chaque instant on apprend de nouvelles horreurs commises par eux. Il paraît que leur projet est d'empêcher les travaux de la récolte; car ils tirent sur tous ceux qu'ils voient occupés à ce travail. Les habitans de la campagne sont tellement effrayés qu'ils fuient de toutes parts pour venir se réfugier auprès de la force armée. Tu sens comme moi la nécessité de protéger les travaux de la récolte; l'intérêt de la république l'exige; c'est dans ce moment l'objet de tous mes soins, avec le peu de moyens que j'ai à ma disposition. Quinze communes réclament des secours. »

Du 5. = *Le général Moulin, au Comité de salut public.*
(*Rennes.*)

« D'après la position actuelle des chouans répandus, par bandes de trente à cinquante, dans cinq départemens, marchant continuellement, allant de hameau en hameau égorger les patriotes, je pense qu'il serait prudent de différer l'expédition maritime.

» Je propose d'employer une ruse de guerre, en établissant sur la côte de Saint-Malo un camp propre à contenir vingt-cinq mille hommes, dans lequel on ne ferait passer que des détachemens, ce qui fixerait l'attention des Anglais; et au moment de l'expédition on y ferait arriver rapidement les troupes. »

Du 8. = *Le représentant Prieur, au Comité de salut public.*
(*Brest.*)

« Quinze frégates sont en rade, en état de partir. Il serait bien à désirer qu'elles reçussent des ordres pour aller faire une nouvelle récolte des vaisseaux anglais, hollandais et autres.

» L'arrivée de cinquante à soixante bâtimens américains, chargés de farines et de salaisons, est annoncée comme prochaine par Doge, capitaine de l'*Astrée*, entré dans le port après une traversée de vingt-quatre jours. Il serait bien utile d'envoyer quelques bâtimens légers pour protéger ce convoi. »

Du 9.=*Le comité de salut public, au général Moulin. (Paris.)*

« Le Comité juge, d'après tes observations et les circonstances où se trouve Vachot, que l'expédition projetée doit être remise, et que la première chose à faire est de hâter la destruction des brigands et de pourvoir à la sûreté des côtes. Tu donneras donc tes ordres pour remplir ces vues, sans cesser cependant d'inquiéter l'ennemi par des apparences de préparatifs.

» *Signé*, Carnot. »

Du 10. = *Le général Moulin, au Comité de salut public.* (*Saint-Malo.*)

« Toutes les troupes sont cantonnées dans les environs de Saint-Malo. L'amiral Cornic m'a dit qu'il n'avait pas de matelots en ce moment pour les transports, et qu'il avait donné des détails à cet égard à la commission de la marine. »

Du 12. = *Le même, au même.*

« Conformément à votre lettre du 9, je vais établir trois camps sur la côte, et présenter une apparence de forces considérables.

» J'apprends dans l'instant qu'on a demandé 2600 hommes pour embarquer à Brest.

» Plusieurs pièces saisies sur les chouans prouvent leur correspondance avec l'Angleterre. La pièce suivante annonce leur organisation dans le Morbihan :

Arrêté du conseil royal du Morbihan.

» Étant assemblés en conseil de guerre, avons arrêté ce qui suit :

» 1º. Il sera sur-le-champ envoyé pour agens dans les cantons ci-après désignés, les personnes qui seront ci-dessous nommées, pour y rassembler les capitaines des paroisses dont les noms seront remis avec les listes des compagnies, s'entendre avec eux pour la plus prompte réunion de force possible, et prendre le commandement des hommes rassemblés dans l'endroit qu'ils auront indiqué, pour les conduire au lieu du rassemblement général.

» Pour faciliter leurs opérations, ils feront en sorte de retenir auprès d'eux un ou plusieurs capitaines de chacune des paroisses, et dans le cas où les listes n'en indiqueraient aucun, ils consulteront les personnes connues pour jouir de la confiance du canton, d'après le vœu desquelles ils en nommeront de provisoires.

» 2°. Il sera envoyé des courriers partout où besoin sera pour s'assurer de la marche du général (1). Il est, jusqu'à leur retour, sursis à tout mouvement définitif.

» 3°. Il sera adressé à M. Desilz une somme de 7500 livres pour ses besoins, avec invitation de resserrer la correspondance, et au sieur Robineau, une somme de 5000 livres.

» 4°. Il a été nommé un comité central, composé des sieurs Guillemot, La Bourdonnaye et Boulainvilliers.

» 5°. Ont été nommés agens pour les cantons de Bignan et Plumelec, excepté Buléon, le sieur Guillemot; pour celui de Gueroc, y joint Bubry, le sieur Turon; pour celui de Baud, Pluméliau, Guenin et Quistinic, le sieur Jean-Jan; pour le canton de Noyal, le sieur de Leyssegues; à celui de Locminé, le sieur de Lantivy; le sieur Berthelot, pour le canton de Grandchamp, Plaudren et Elven; à celui de Lantillac, Buléon, Reguiny, Radenac, le sieur Bellevue; pour celui de Lisiaux, Guégou, Cruguel, le sieur.....; pour celui de.. , etc.; à chacun desquels il a été compté une somme de mille livres pour le besoin du service, hormis le sieur Guillemot, qui a reçu mille francs de plus.

» Fait et arrêté au conseil.

» *Signé*, de LEYSSEGUES fils; GUILLEMOT; GUIGNARD, officier de la Vendée; de LANTIVY, KERVENO, officier au régiment de Languedoc; BERTHELOT, officier de l'armée; BOTIDOUX, secrétaire du conseil. »

---

(1) Puisaye. — Voir la lettre du représentant Brue au comité de salut public, du 27 janvier 1795.

Du 14. = Le général Moulin, à la commission de la guerre.
(Saint-Malo.)

« Des six mille hommes qui devaient rester de l'armée de l'Ouest sur la rive droite de la Loire, il ne s'en trouve pas trois mille six cents, d'après les ordres de départ donnés par le général Vimeux à différens corps de troupes.

» Le général Charlery, qui commande à Ancenis, m'écrit, à la date du 10, que les postes sont dégarnis depuis Ingrande jusqu'à Oudon, et qu'ils ont été attaqués dans la nuit sur toute la ligne. »

Du 15. = L'adjudant-général Savary, au général Vachot.
(Châteaubriand.)

« Je t'annonce, général, que j'ai reçu l'ordre de rentrer à l'armée de l'Ouest. Je compte partir le 17 ou le 18 pour me rendre à Niort où se tient le quartier-général. Le général Moulin est instruit de ma destination. »

L'administration, au général Moulin. (Ségré.)

« Nous t'instruisons aujourd'hui du massacre de nos frères, et demain peut-être tu apprendras le nôtre. Nos désastres se multiplient, et nous n'en apercevons pas le terme. Le district de Ségré n'est bientôt plus qu'un cimetière. Des veuves, des orphelins, des officiers municipaux en fuite ou égorgés, les cadavres de nos frères mutilés, des laboureurs abandonnant avec leur famille le champ qui les a vus naître, qui doit nous nourrir avec eux, voilà les objets qui s'offrent sans cesse à nos regards. Les récoltes ne sont pas faites, et si des secours ne viennent, nos terres ne seront pas ensemencées. Aurait-on résolu d'abandonner les républicains du district de Ségré à la rage des brigands ? Ne faisons-nous pas partie de la république ? Nos fils, nos frères, nos pères, nos époux, ne nous les a-t-on enlevés que pour nous livrer au fer de nos ennemis ? La république partout triomphante sera-t-elle ici avilie ? Nous avons au milieu de nous l'adjudant-général Decaen, brave, intelligent, qui a fait partie de l'armée de Mayence; il bat les brigands partout où il les trouve; mais il n'a que quinze cents soldats pour protéger quarante-sept communes dont neuf ont plus de sept lieues de circonférence; et les brigands, partout dispersés, exécutant la nuit les forfaits qu'ils méditent le jour, menacent à la fois tous les points du district. Les patriotes se présentent pour la défense commune, mais nous n'avons pas d'armes à leur offrir; nos malheureux concitoyens se pressent autour de nous, et nous n'avons que des espérances à leur donner. Voilà notre position.... »

Du 22. = *Le représentant Prieur, au Comité de salut public.*
(*Brest.*)

« Le navire américain l'*Aigle* vient d'arriver, chargé de quinze cents barils de farine pour le compte de la république. Il annonce un convoi de cent cinquante voiles, tant françaises qu'américaines, sous l'escorte de la frégate française *la Concorde* et une corvette. Trois frégates, deux corvettes, croisant depuis Ouessant jusqu'aux Sorlingues, et les autres croisières, peuvent protéger le convoi. Le général de l'armée navale craint qu'en faisant sortir des vaisseaux, cela ne donne l'éveil aux Anglais. Il a été convenu que l'on fera sortir demain cinq frégates pour aller à la rencontre du convoi, avec ordre de le faire atterrer sur Belle-Ile. Nous établirons une ligne de correspondance de Belle-Ile à Brest, et dans le cas où les Anglais se présenteraient pour attaquer le convoi, nous ne serons pas arrêtés par le déficit momentané de nos équipages: la valeur de nos braves marins y suppléera, et nous irons avec le général précipiter les infâmes Anglais dans le fond des mers. »

Du 24. = *Le général Moulin, au Comité de salut public.*
(*Rennes.*)

« J'ai reçu des administrateurs du district de Rochetrenen l'avis qu'il se formait dans ce district et dans ceux de Loudéac et de Guingamp des rassemblemens de sept à huit cents hommes, sous le nom de rassemblemens religieux. J'ai de suite fait partir un général de brigade avec deux bataillons pour dissoudre ces rassemblemens.

» Pendant ce temps, les chouans parcourent le district de Fougères; j'y ai envoyé un adjudant-général avec deux bataillons.

» Du côté de Sablé et de Château-Gontier, les chouans commettent des atrocités sans nombre.

» Ces mouvemens simultanés, à de grandes distances, annoncent l'exécution des plans concertés avec l'Angleterre, plans dont on a trouvé des copies sur plusieurs brigands arrêtés et exécutés.

» Ayant été informé qu'une escadre anglaise croise sur nos côtes, j'ai donné l'ordre au général qui commande dans le Morbihan, ainsi qu'à Turreau, à Belle-Ile, de redoubler de surveillance. »

Du 26. = *Proclamation des généraux et chefs de l'armée catholique et royale de Bretagne, aux Français* (1).

« Le moment de secouer vos fers est arrivé, Français! Osez vouloir être libres, et vous le serez. N'est-ce pas avec votre propre puissance que vos tyrans vous ont opprimés? Ressaisissez vos droits qu'ils ont méconnus, vos pouvoirs dont ils ont si indignement abusé; relevez vos autels, rappelez vos pasteurs, serrez-vous autour du trône sur lequel vous aurez replacé le jeune prince que la providence éternelle a destiné à régner sur vous; que vos églises trop long-temps désertes se remplissent; que les vœux des fidèles réunis invoquent la protection du ciel sur une si sainte entreprise; alors la vengeance divine, qui a dû punir l'insouciance avec laquelle vous

---

(1) Après avoir organisé dans le silence la chouannerie, Puisaye, qui voulait faire considérer son parti comme une puissance, crut qu'il fallait se prononcer ouvertement.

avez été spectateurs tranquilles des forfaits inouis dont une plus longue indifférence vous rendrait les complices, s'étendra sur vos lâches ennemis ; alors le Dieu qui veille sur cet empire secondera vos desseins, et vous verrez reluire encore sur vos familles désolées les jours de votre antique gloire et de votre première prospérité.

» Les généraux et chefs de l'armée catholique et royale de Bretagne, tant en leurs noms qu'aux noms des fidèles sujets du roi, qui les ont honorés de leur confiance, déclarent :

« ARTICLE PREMIER. Qu'ils sont armés pour le rétablissement de la religion catholique, apostolique et romaine ; pour le maintien de la monarchie ; pour la libération et le soulagement des peuples ; pour le retour de la paix, de l'ordre et de la tranquillité publique ; qu'ils ne poseront les armes qu'après avoir réduit les factieux et puni les rebelles qu'un retour sincère n'aura pu faire rentrer dans le devoir.

» II. Ils font un appel général et solennel à tous les Français, et particulièrement à tous les Bretons et habitans des provinces voisines, afin qu'ils aient à se réunir sous les drapeaux de la religion et du roi, à peine d'être réputés rebelles et traités comme tels.

» III. Seront aussi réputés rebelles et traités comme tels :

» 1°. Le petit nombre de nobles qui, oubliant ce qu'ils sont, ne rougiraient pas de sacrifier à un vil intérêt, à la conservation de quelques propriétés, ou à leur sûreté personnelle, les devoirs que la religion, l'honneur et leur naissance leur imposent ;

» 2°. Tous ceux qui, flottant entre deux partis, oseraient espérer de garder une infâme neutralité, ou qui, par leurs propos pusillanimes, tendraient à détourner les fidèles sujets du roi de rejoindre l'armée ;

» 3°. Ceux qui, exerçant des fonctions à eux confiées par les usurpateurs, refuseraient d'en cesser l'exercice, à la première sommation qui leur serait faite, ou les reprendraient après les avoir quittées;

» 4°. Ceux qui auraient la lâcheté de se refuser aux fonctions qui leur seraient confiées au nom du roi;

» 5°. Tous ceux des sujets du roi, en état de porter les armes, qui ne marcheront pas au premier ordre qui leur sera intimé par les officiers chargés des commissions des généraux et chefs de l'armée catholique et royale;

» 6°. Ceux qui ne prêteront pas les secours de tous genres qui seront en leur pouvoir, lorsqu'ils en seront requis;

» 7°. Ceux qui continueront de porter les couleurs nationales, qui seront convaincus d'avoir prêté leur ministère pour replanter les arbres, signes de la rébellion, ou pour enlever les couleurs royales des lieux où elles auront été placées;

» 8. Toute ville, bourg ou village dont les habitans, à l'approche de l'armée, quitteraient leurs foyers, cacheraient leurs vivres, ou marcheraient contre elle, sans considération des principes qu'ils auraient professés, des services qu'ils auraient rendus, ou même de la violence qu'on aurait employée pour les y contraindre;

» 9°. Toute personne convaincue d'avoir exercé des dénonciations, de mauvais traitemens, ou des voies de fait envers les fidèles sujets du roi.

» IV. La peine de la rébellion est la peine de mort et la confiscation, au profit du roi, de toutes les propriétés mobilières et immobilières (1).

» V. Tous ceux qui désirent de secouer le joug de la tyrannie, et qui auront le courage de le manifester, trouveront auprès de l'armée catholique et royale sûreté, amitié et protection.

» VI. Toute personne qui, n'étant pas en état de porter les

---

(1) D'après ce code, tout ce qui n'était pas chouan était rebelle, et conséquemment voué à la mort. Les chouans n'ont pas eu d'autre règle de leur conduite.

armes, en aura une ou plusieurs en sa possession, sera tenue de les remettre, ainsi que les munitions de tout genre qu'elle pourrait avoir, ès-mains des officiers commissaires, lesquels délivreront des bons de la valeur convenue à l'amiable, signés d'eux, qui seront acquittés dans le plus court délai.

» VII. Lesdits commissaires sont autorisés à ouvrir des emprunts pour l'armement, équipement et subsistance des hommes qui se réuniront à eux. — Tous les fidèles sujets du roi sont invités à contribuer, suivant leurs moyens, pour remplir ces emprunts. Il leur sera pareillement délivré des bons qui seront acquittés incessamment avec l'intérêt, s'ils l'exigent.

» VIII. Tous les receveurs et payeurs des soi-disant municipalités, districts, départemens, et autres détenteurs de deniers publics, sous quelque dénomination que ce soit, sont tenus de continuer leurs fonctions jusqu'à nouvel ordre. — Il leur est défendu, à peine de rébellion, de se dessaisir des sommes qui sont entre leurs mains, et de les verser en d'autres qu'en celles des trésoriers ou commissaires de l'armée, dûment autorisés, lesquels leur donneront des récépissés qui leur seront passés en compte.

» Fait et arrêté au conseil, le 26 juillet 1794. »

Signé le comte de Puisaye, général en chef; le comte de La Bourdonnaye, le comte de Boulainvilliers, le chevalier de Silz, le comte de Bellevue, le chevalier de Chantreau, Jarry, le chevalier de Casqueray, Forestier, Duperat, Leroy, Berthelot, Trommelin, Bédée, le chevalier de Busnel, Perschais, Guignard, Brechard, de La Haye, Guillemot, Lethieis, Floust, Mercier, Maudet, le chevalier de Thorou, Fabre, de Boisguy, le chevalier de Boisguy, le chevalier de Rahier, le chevalier de Bois-Hardy, de Lantivy, de Saint-Regent, de Lantivy-du-Restant, de Thuolais, Lefèvre, Rossignol, d'Argentières, Pinson, Goupil, Boiton, Mercier, Oleron, le chevalier de Bédée, de la Forest.

CHAPITRE XVIII.

Août 1794.   Du 14 thermidor } an II.
au 14 fructidor

§ Ier. Rapports du général Grignon; son camp menacé; il est forcé de se tenir sur la défensive; de Guillaume; les insurgés méditent un coup de vive force sur un des camps. — Ordre du général en chef à Huché, de faire partir pour le pont Charon la brigade de Ferrand. — Rapports de Grignon; il n'a pas assez de forces pour protéger les communes environnantes; de Huché; expédition de la colonne de Ferrand sur la rive gauche de la Loire. — Arrêté des représentans, portant que les arbres, haies, genêts, et même les talus seront abattus à cent cinquante toises des routes de communication entre les camps. — Ordre au général Descloseaux de prendre le commandement du général Dutruy. — Rapports de Chadau, de Grignon; expédition sur Noirlieu; l'ennemi en fuite; de Legros; même expédition; de Bonnaire l'expédition sur Cerizais; succès de Caffin; mouvemens de troupes; de Dutruy; Charette médite une grande entreprise; son départ pour l'armée des Pyrénées-Occidentales. — Le général Amey passe à l'armée des Alpes. — Beaupuy, à Guillaume; ordre d'établir des signaux. — Rapports des généraux Caffin, Grignon, Jacob, Charlery, Bonnaire; réflexions sur le peu de troupes qui restent à leur disposition. — Expédition de Charlery sur Saint-Florent. — Adresse de l'administration du district de Chollet à la Convention nationale, sur les événemens de la Vendée. — Destitution du général Huché par le Comité de salut public. — L'adjudant-général Cordellier employé auprès du général Boussard. — Rapport de Grignon; rassemblement ordonné par Stofflet à Cerizais.—Invasion de l'île de Rochefort annoncée par l'adjudant-général Soupe. — Secours réclamé par la commune de Coulonges. — Arrêté du comité de salut public relatif à la formation de compagnies de batteurs; avis de la neuvième commission au général Vimeux. — Expédition de l'adjudant-général Guérin sur le moulin de la Tessonnière.—La tranquillité rétablie dans l'arrondissement de Paimbœuf. — Rapport de Charlery; reconnaissance des Vendéens sur le camp du pont Charon; le maire de Chantonnay assassiné. — Ordre à Travot et au commandant de Fontenay de faire porter des troupes sur le pont Charon et La Châtaigneraie. — Vimeux, au général Caffin; il n'a pas le droit d'autoriser les communes de la rive droite du Layon à s'armer, même à leurs frais.—Ordre à Charlery d'aller prendre le commandement du général Grignon qui part pour les Pyrénées, et à Verpot de se rendre près de Charlery.—Ordre aux généraux d'établir des signaux par le feu. — Déclaration de *Basty la Foi*, de Cerizais, sur la force des armées de Stofflet et de Sapinaud.

Suite des événemens dans la Vendée.

L'armée s'affaiblissait chaque jour de plus en plus par les maladies; les nouvelles levées arrivaient sans armes et dénuées de tout; les hostilités se bornaient à se disputer les récoltes.

Du 1er. = *Le général Grignon, au général Vimeux.*
(*Thouars.*)

« Les brigands paraissaient vouloir attaquer le camp sur plusieurs points. Ils se sont présentés aux avant-postes; ils ont été repoussés par quatre-vingts hommes de cavalerie et trois cents hommes du bataillon de l'Eure. Avec plus de forces à ma disposition, j'irais les attaquer à Noirlieu, un de leurs repaires; mais je suis forcé de me tenir sur la défensive. »

Du 1ᵉʳ. = *Le général Guillaume, au général Vimeux.*
(*Saint.-Cyr.*)

« Aujourd'hui, sur les neuf heures du matin, une colonne de brigands est sortie du champ Saint-Père, et s'est portée au moulin Saint-Vincent, où elle s'est mise en bataille; leur cavalerie s'est répandue dans la plaine en-deçà du moulin, a égorgé plusieurs moissonneurs, et s'est ensuite dirigée vers Chaillé. Le nombre des brigands est au moins de trois mille hommes d'infanterie et cinq à six cents de cavalerie. Suivant le rapport d'un espion, ils méditent un coup de vive force sur un de nos camps. Ils sont bien armés, mais on leur soupçonne peu de munitions.

» Dans la nuit, deux ordonnances ont essuyé plusieurs coups de fusil aux quatre chemins de Luçon à Fontenay.

» Le nombre des malades augmente considérablement. J'attribue cette contagion au pain. La troupe est très-fatiguée. »

Du 2. = *Le général en chef, au général Huché.* (*Fontenay.*)

« Ordre de faire partir de suite pour le pont Charon la colonne de Ferrand, commandée par le chef de brigade Spithal, et de lui faire prendre la route la plus courte. »

Le général Grignon, au général Vimeux. (*Thouars.*)

« Il est bien difficile de garder trois lieues de long sur le Thouet et de protéger les communes environnantes avec si peu de monde. Je présume que c'est la faction de Robespierre qui dégarnit ainsi l'armée de l'Ouest par l'enlèvement successif des meilleurs bataillons pour donner de nouvelles forces aux brigands. »

Du 3. = *Le général Huché, au général Vimeux.* (*Nantes.*)

« Voici le rapport de la colonne de Ferrand sur la rive gauche de la Loire :

» La colonne est partie du camp de la Roullière, le 25 juillet, à trois heures du matin, pour se rendre au Loroux. Une fusillade s'est fait entendre sur la gauche; les chasseurs francs et de Cassel s'y sont portés de suite, et ont mis les brigands en déroute. Environ deux cents hommes et plusieurs femmes ont été tués. On a trouvé à la Moinerie, sur le bord de la côte, quantité de boulets, obus, mitraille et vieux fers que trente voitures eussent à peine emportés. Le village, dans lequel il y avait des forges et armureries, a été brûlé par les traîneurs ; il avait déjà été incendié. Cinquante tirailleurs ont enlevé un drapeau flottant le long du marais, à une demi-lieue du Loroux ; les brigands ont pris la fuite. La nuit approchant, je me suis rendu au Loroux.

» Le 26, la colonne s'est dirigée sur Chantoceaux que l'ennemi a évacué à notre approche ; il a été poursuivi. Le boucher de l'armée royaliste a été fusillé.

» Le 27, la colonne s'est rendue à Lyré, vis-à-vis Ancenis. On a trouvé la récolte des brigands ramassée. L'adjudant-général Content, à la tête de cent cinquante hommes, a détruit environ vingt brigands.

» Le 28, deux femmes, dont une était l'épouse d'un des principaux chefs de brigands, et les cavaliers qui les escortaient, ont été tués, parce qu'ils ont refusé de se rendre.

« Le 29, le camp a été attaqué sur deux points ; l'avant-garde a mis les brigands en déroute, leur a tué au moins cent cinquante hommes, au nombre desquels est un de leurs chefs décoré de la croix de Saint-Louis.

» L'ennemi paraît s'être retiré du côté de Saint-Florent. Obligé de me rendre à l'hôpital à Nantes pour soigner ma santé délabrée, j'ai donné l'ordre, le 31, au général Charlery de prendre le commandement de la colonne et d'attaquer la place de Saint-Florent (1).

» J'envoie l'ordre à la colonne de Saint-Florent de se porter sur-le-champ au pont Charon, conformément à tes inten-

---

(1) Voir le rapport de Charlery à la date du 7 août, ci-après.

tions. Mon quartier-général restera à Montaigu jusqu'à ce que je reçoive de nouveaux ordres. »

Du 4. = *Le général en chef, aux généraux de l'armée.*
(*Fontenay.*)

« Vous trouverez ci-joint un arrêté des représentans du peuple, portant que les arbres, haies, genêts et même les talus des fossés seront abattus à cent toises au moins des chemins qui doivent servir de communication d'un camp à l'autre. Je vous en recommande l'exécution. »

ORDRES.

Au général Bonnaire, « de faire découvrir, conformément à l'arrêté du représentant du peuple Ingrand, de ce jour, la route de La Châtaigneraie à Fontenay, à cent cinquante toises de chaque côté, à partir du milieu de la route, en suivant les sinuosités. »

Au général Descloseaux, commandant à La Rochelle, « de se rendre aux Sables pour y prendre le commandement du général Dutruy, sous les ordres du général Huché. »

L'adjudant-général Chadau, au général Vimeux.
(*Machecoul.*)

« J'ai si peu de monde à ma disposition, que je ne peux faire sortir aucun détachement. Les brigands font leurs récoltes et leurs eaux-de-vie à Saint-Philbert et environs. Les malades arrivent des camps par soixantaines. »

Le général Grignon, au général Vimeux. (*Thouars.*)

« Je suis parti le 2, à onze heures du soir, avec une colonne de huit cents hommes armés qui composent la force de mon camp, et je suis venu prendre position sur les hauteurs de Coulonges. Hier matin, la colonne a marché sur Noirlieu. J'ai fait reconnaître une colonne aux ordres de l'adjudant-général Bernardel, venant du camp de Chiché. J'ai donné l'ordre à Bernardel de se diriger sur la gauche de Noirlieu, tandis que je me porterais sur la droite pour cerner les brigands qui étaient en bataille devant le village. Ils ont été attaqués et mis en fuite vers Saint-Clementin et Bressuire. Un drapeau a été enlevé par un chasseur du vingt-troisième régiment d'infanterie légère; ils ont perdu environ deux cents hommes. On leur a pris quarante fusils et un grand nombre de bestiaux.

» Les récoltes sont faites partout et les grains cachés. »

Du 4. = *Le général Legros, au général Vimeux.*
(*Camp de Chiché.*)

« Une colonne de huit cents hommes d'infanterie et cent de cavalerie, aux ordres de l'adjudant-général Bernadel, est partie du camp le 2 à dix heures du soir, pour se porter sur Noirlieu, de concert avec le général Grignon qui avait l'ordre d'attaquer les brigands. Hier, l'attaque s'est faite sur deux points. Les brigands ont été mis en déroute et ont perdu beaucoup de monde. Ils étaient, au rapport des prisonniers, au moins douze cents. »

Le général Bonnaire, au général Vimeux.
(*La Châtaigneraie.*)

« Les deux colonnes du camp de Fontenay, aux ordres de l'adjudant-général Travot, et du pont Charon, aux ordres de l'adjudant-général Saint-Sauveur, ont exécuté hier le mouvement qui leur était ordonné sur Pouzauge et Cerizais. L'ennemi réuni en grand nombre a été attaqué à Cerizais, et a perdu près de quinze cents hommes. Le général Beaupuy, qui a dirigé l'attaque en personne, peut rendre un compte satisfaisant de la bravoure de la troupe. »

Le général Caffin, au général Vimeux. (*Doué.*)

« Informé du mouvement de différens corps sur Cerizais, j'ai fait sortir du camp de Concourson trois cents hommes d'infanterie et cinquante de cavalerie pour inquiéter l'ennemi. A Cléré, les brigands ont pris la fuite et sont allés se réfugier à Beaurepaire ; on les a poursuivis. Il ne s'est passé aucune action.

» La colonne du Layon s'est portée hier sur Gonnord et Chanzeau ; partout les brigands ont pris la fuite.

» Grignon m'annonce qu'il a complétement battu les brigands hier à Noirlieu. Je me concerterai avec lui pour faire un mouvement sur la Fougereuse. »

Du 5. = Le général Caffin, au général Vimeux. (Doué.)

« Deux postes de brigands ont été chargés, mis en fuite et poursuivis par quatorze cavaliers jusqu'à Gonnord. Plusieurs moissonneurs armés ont été tués ; une femme a été prise et relâchée.

» La colonne du Layon s'est portée du côté de Faveraye où l'ennemi a fait ses incursions en pillant et massacrant. Elle a poursuivi sur Machel les brigands qui s'étaient réunis en assez grand nombre à Rablay. »

Le général Dutruy, au général Vimeux. (Sables d'Olonne.)

« Les brigands, dans trois escarmouches assez vives, ont été mis en fuite avec perte d'une centaine d'hommes. Trois prisonniers ont déclaré que Charette fait un grand rassemblement et qu'il médite une grande entreprise.

» Je vais partir pour Bayonne avec le grade de général de division à l'armée des Pyrénées-Occidentales. »

Du 6. = Ordre du général Vimeux, au général Charlery,

« de se rendre de suite au quartier-général, où il recevra de nouveaux ordres.

» Le général Amey passe à l'armée des Alpes. »

Le général Beaupuy, chef de l'état-major, au général Guillaume. (Fontenay.)

« Tes forces ne sont pas considérables...; établis des signaux ; dans peu de temps on se porte mutuellement des secours. Je t'envoie un officier d'artillerie pour raccorder les feux avec Fontenay, pont Charon et les Sables. »

Du 6. = *Le général Caffin, au général Vimeux.* (*Doué.*)

« J'ai reçu l'arrêté du représentant du peuple Ingrand, en date du 30 juillet dernier, portant que, conformément aux intentions du comité de salut public, les Vendéens arrêtés sans armes ou qui les auraient remises, ne seront pas inquiétés et pourront être employés à des travaux, sous la surveillance des administrations; mais que ceux qui seront reconnus pour avoir pris une part active à la rébellion, et en avoir été les auteurs ou instigateurs, seront traduits à la commission militaire. Je m'y conformerai.

» J'ai à peine deux mille cinq cents hommes pour garder les ponts de Cé, Rochefort, Chalonnes, les bords du Layon et le camp de Concourson. Je ne peux rien entreprendre avec si peu de forces.

» L'ordre que tu me donnes de retirer à l'adjudant-général Liebaut le commandement de la colonne du Layon sera exécuté. »

Le général Grignon, au général Vimeux. (*Thouars.*)

« Depuis l'affaire de Noirlieu, les communes en avant du camp sont menacées du pillage et de l'incendie. Je suis obligé de tenir sur pied nuit et jour des patrouilles pour les protéger. Je n'ai que huit cents hommes armés à ma disposition, et tous les jours j'ai trois cents hommes de garde. Il existe trois rassemblemens de brigands qui donnent de l'inquiétude, l'un à la Fougereuse, l'autre aux Cerqueux, et le troisième à Noirlieu.

» Voici la copie d'un ordre trouvé sur un brigand tué à Noirlieu :

De par le Roi.

« Nous, généraux des armées catholiques et royales, ordonnons aux commissaires de la paroisse de Noirterre de faire rendre sur-le-champ à Noirlieu les deux compagnies de cavaliers. Ils y feront aussi suivre du pain pour la troupe.

» A Noirlieu, le 27 juillet 1794.

» *Signé*, Stofflet et Renou. »

Du 7. = *Le général Jacob, au général Vimeux.*
(*Camp de la Roullière.*)

« Il ne me reste au camp que cinq cents hommes pour toute force disponible et peu d'armes en bon état. Tu sens qu'avec ce peu de moyens il me serait difficile de protéger la récolte et d'entreprendre des expéditions au loin. »

Le général Charlery, au général Vimeux.
(*Camp du Pont-Charon.*)

« Je suis venu en trois jours de Saint-Florent au camp du Pont-Charon avec la colonne du général Huché, qui est extrêmement fatiguée et diminuée par les maladies. Je n'ai rencontré sur ma route qu'un seul poste de brigands d'environ cinquante hommes d'infanterie et douze de cavalerie, dans un moulin près de la Regripière; quinze ont été tués.

» A mon arrivée à Saint-Florent où je n'ai éprouvé aucune résistance, les deux tiers de la colonne étaient sans habits, couverts de gale et exténués de fatigue. Dans trois jours, deux cents sont entrés aux hôpitaux. La colonne est maintenant réduite à trois mille hommes, dont dix-huit à dix-neuf cents seulement ont des armes. Depuis quatre mois, elle ne cesse de parcourir la Vendée.

» Dans la marche de Saint-Florent au Pont-Charon, on a arrêté plusieurs paysans, dont un jeune homme de quinze ans porteur d'une lettre signée *Sapinaud*, en date du 6 août, adressée à M. *Boisson, tanneur au Noyer, paroisse de Saint-Paul*, relative à la préparation de quantité de cuirs appartenant à l'armée.

» Un autre billet du 1er. juillet 1794, par ordre de MM. les commandans, signé, *Robin, commandant*, et *Rondeau, com-*

missaire, donnant permission à *Badereau* de prendre le bois qui lui sera nécessaire pour son moulin dans la Gîte du Plessis près le bourg de Saint-Fulgent.

» Un enfant a rapporté que les brigands conduisaient avec eux deux pièces de canon, une de quatre, l'autre de huit, avec leurs affûts. Un détachement de cavalerie s'est mis à leur poursuite sans pouvoir les joindre.

» De tous les côtés, les moulins sont montés et tournent à force. »

Du 7. = *Le général Bonnaire, au général Vimeux.*
(*La Châtaigneraie.*)

« Les sapeurs sont employés à ouvrir les communications mais les outils manquent.

» Les troupes de La Châtaigneraie sont toujours en mouvement. Sur deux mille hommes présens, cinq cent trente-deux sont de service et trois cents employés journellement à faire des découvertes à deux et trois lieues devant le front du camp. Ce service est indispensable. »

Les administrateurs du directoire du district de Chollet, réfugiés à Angers, à la Convention nationale (Angers.) (1).

« Le jour où l'on ne peut plus prêter à la vérité les couleurs de la malveillance est arrivé ; vous l'entendrez, et vous regretterez que si long-temps on ait eu l'art perfide de vous la taire.

» Dans les mois d'octobre et novembre 93, la brave garnison de Mayence battit, chassa les brigands de la Vendée. Rentrés à notre poste, près de trente communes de notre arrondissement accoururent rendre les armes, s'empressèrent d'obéir aux réquisitions du service des armées, d'ensemencer les terres et de donner tous les renseignemens sur les chefs et

---

(1) Voir les dénonciations portées contre le général Turreau et les généraux chargés de la direction des colonnes incendiaires, du 28 mars.

membres des comités d'insurrection que la crainte du passage de la Loire avait retenus chez eux. A cette époque, nos armées d'outre Loire anéantissaient au Mans et à Savenay les hordes fanatiques et royalistes ; c'en était fait, la guerre était finie. Une des plus fertiles contrées de la république était conservée, les deux tiers de sa population existaient, et bientôt l'agriculture et le commerce eussent repris leur activité. Dans les districts de Bressuire, La Châtaigneraie, Vihiers, Saint-Florent, Montaigu, la Roche-sur-Yon, Clisson, etc., la même conduite, les mêmes résultats eurent lieu.

» Un plan affreux de conspiration ne tarda pas de s'exécuter. La désorganisation, l'insubordination des troupes, le pillage, le meurtre et le viol précédèrent un incendie général. Douze colonnes commandées par Turreau, général en chef, incendièrent d'abord des communes qui ne s'étaient jamais insurgées et où les brigands ne s'étaient jamais tenus. Ces colonnes s'attachèrent particulièrement à brûler les subsistances et les fourrages. Plus de cent mille tonneaux de grains furent la proie des flammes. Toutes les villes, bourgs et villages sur les grandes routes devinrent les premiers autant de monceaux de ruines et de cendres; les communes situées près et au milieu des bois furent les dernières conservées. Il en existe encore quelques-unes laissées pour servir de repaire aux brigands. A cette époque, les cris des administrations et de tous les vrais patriotes furent étouffés; ils ne purent parvenir jusqu'à vous. A cette époque, il ne resta plus à l'habitant des campagnes qu'à s'insurger de nouveau. S'il tenta de se réunir à nous, il trouva une mort certaine; s'il resta chez lui, il la trouva également. Les laboureurs en charrois pour l'armée ne furent pas épargnés. Enfin, tous les crimes capables d'assouvir l'ambition, l'intrigue et la cupidité des chefs des armées et des soldats, à leur exemple, furent employés. C'est ainsi que la guerre de la Vendée fut renouvelée ; c'est ainsi que cette malheureuse contrée, devenue un vaste champ de ruines, fut entièrement abandonnée à nos nouveaux ennemis qui, par la conduite barbare exercée sur eux, acquirent toute la fureur et la rage du désespoir.

» Représentans, la faction liberticide que vous avez déjouée empêcha long-temps qu'il vous fût dit qu'il existait une Vendée; le traître Robespierre fit incarcérer ceux qui osèrent l'avouer à Paris. Un système cruellement injuste s'étendit sur tous les patriotes éprouvés de ces malheureuses contrées. Maintenant que vos regards s'étendent sur la république entière, extirpez de son sein ce cancer rongeur, l'espoir de nos ennemis extérieurs et intérieurs. Plus de Vendée, plus de chouans, et il n'y aura plus de factions; plus de Vendée, et les tyrans coalisés contre nous perdront tout espoir. De bonnes troupes, des généraux républicains et des représentans qui voient par eux-mêmes, voilà le remède à nos maux.

» L'administration de Chollet avait, depuis sa rentrée dans le pays, monté un hôpital militaire de deux cents lits complets, de tout le linge et ustensiles nécessaires à son établissement. Tout a été brûlé, ainsi que les magasins considérables qu'elle avait formés. L'évacuation précipitée, ordonnée par les chefs de l'armée, sans se concerter avec les autorités constituées, ne leur laissa aucun moyen pour sauver les effets appartenant à la république. »

Du 8. = *Le général Vimeux, au général Huché à Nantes.*
(*Fontenay.*)

« Tu trouveras ci-joint un arrêté du comité de salut public du 4 de ce mois, qui prononce ta destitution et t'enjoint de te rendre sur-le-champ près de lui pour rendre compte de ta conduite; je t'invite à t'y conformer. »

. . . . *à l'adjudant-général Cordellier.*

« Ordre de se rendre de suite auprès du général Boussard, commandant le camp de Fréligné, pour y remplir les fonctions de son grade. »

Du 8. — *Le général Grignon, au général Vimeux.*
(*Thouars.*)

« Une colonne de cinq cents hommes d'infanterie et cinquante de cavalerie, aux ordres de l'adjudant-général Maillefer, vient de faire une marche de deux jours. Elle a parcouru les communes de Cersay, Genneton, Massais, Argenton, Sanzais. On n'a rencontré que deux brigands, l'un monté sur un arbre et l'autre se sauvant à travers les blés. Ils ont été arrêtés et envoyés au comité révolutionnaire. Cette sortie a procuré la rentrée de trois républicains qui se sont sauvés de Maulevrier, sur huit emmenés des environs de Thouars. Ils annoncent que les brigands ont une vingtaine de prisonniers.

» Stofflet a donné des ordres aux communes de fournir leur contingent pour un rassemblement à Cerizais, ce qui a été exécuté. »

L'adjudant-général Soupe, à Billaud-Varenne et Collot-d'Herbois, membres du comité de salut public. (*Angers.*)

« L'île de Rochefort a été attaquée la nuit précédente, à trois heures du matin, par mille à douze cents brigands. Les postes avancés ont été surpris et égorgés. Le cinquième bataillon de Paris, dit l'*Unité*, a pris la fuite. Soixante hommes, volontaires et réfugiés, ont été taillés en pièces. Plus de mille bêtes à cornes, chevaux, etc., ont été enlevés. Les brigands ont incendié et se sont livrés à toutes les horreurs, ensuite ils ont évacué l'île. »

Le général Bonnaire, au général Vimeux.
(*La Châtaigneraie.*)

« La commune de Coulonges demande avec instance le rétablissement du poste de l'Absie. Je sens toute l'importance de ce poste; mais la faiblesse du camp me met dans l'impossibilité de faire ce que l'on désire. J'aurai soin d'envoyer sur ce point de fréquentes patrouilles, voilà tout ce que je puis faire. »

Du 8. = *La neuvième commission de la guerre, au général*
Vimeux. (*Paris.*)

« Le comité de salut public vient de prendre un arrêté relatif à la formation des compagnies de batteurs pour accélérer le *battage* des grains, tant des pays conquis que de ceux destinés à approvisionner les magasins militaires; tu voudras bien t'y conformer. »

Du 10. = *L'adjudant-général Guérin, au général Vimeux.*
(*Bourgneuf.*)

« Instruit par des renseignemens positifs que des brigands occupaient de nouveau le poste du moulin de la Tessonnière, sur la route de Beaulieu, je suis parti hier à deux heures du matin, avec neuf cents hommes d'infanterie et quarante de cavalerie, seule troupe disponible. Arrivé à la Mothe-Achard, j'ai formé trois colonnes, la droite se dirigeant par la Brochetière, la Giboulière, la Bodinière et la Richardière, pour cerner le moulin; celle de gauche par la Guérinière et la Rochette, pour couper la retraite à l'ennemi dans un bois sur la grande route; celle du centre suivant la grande route.

» L'ennemi, qui était au moulin, a pris la fuite à la vue de l'avant-garde; il était au nombre de huit cents hommes d'infanterie et quatre-vingts de cavalerie. On l'a poursuivi; il a perdu quarante hommes, huit ont été pris. Un ancien déserteur se trouve parmi les prisonniers; ils ont déclaré que Charette était toujours à Belleville. »

L'adjudant-général Lefaivre, au général Vimeux.
(*Paimbœuf.*)

« Il n'y a plus de rassemblement dans mon arrondissement : les brigands sont tous dispersés. Je fais faire tous les jours des sorties pour les empêcher de se réunir; ces sorties nous ont valu quelques fusils, de la poudre et des balles. La tranquillité se maintient dans nos environs. »

Du 10. = *Le général Bonnaire, au général Vimeux.*
(*La Châtaigneraie.*)

« La patrouille sortie ce matin a pris un grand nombre de bestiaux de toute espèce. Quatre individus fuyant sans armes ont été arrêtés ; l'un d'eux est accusé de plusieurs crimes. »

Du 11. = *Le général Charlery, au général Vimeux.*
(*Camp du Pont-Charon.*)

« Cent cinquante cavaliers brigands sont venus plutôt pour observer le camp que pour l'attaquer ; ils étaient soutenus de soixante fantassins. Cette cavalerie s'est approchée assez près du camp ; un poste de cinquante hommes a pris la fuite ; l'officier seul est resté avec cinq à six hommes. Cependant les brigands se sont retirés et ont disparu en un clin d'œil : ils ont assassiné le maire de Chantonnay et enlevé quelques femmes. »

Du 12. = *Ordres du général Vimeux.* (*Fontenay.*)

Au général Travot, « De faire partir sur-le-champ du camp de Pissote le plus fort bataillon pour se rendre au Pont-Charon. »

Au commandant de Fontenay, « De faire partir pour la Châtaigneraie toute la cavalerie disponible et d'envoyer au camp de Pissote cinq à six cents hommes. »

Du 13. = *Le général Vimeux, au général Caffin.*
(*Fontenay.*)

« D'après l'arrêté du comité de salut public qui a ordonné le désarmement des communes des pays révoltés, je n'ai pas le droit d'autoriser la commune de Brissac et autres de la rive droite du Layon à s'armer à leurs frais. Cette demande doit être adressée au comité de salut public ou aux représentans du peuple près l'armée de l'Ouest.

» Tu pourras profiter incessamment du congé de deux mois que tu as obtenu. »

Du 14. = *Ordres du général Vimeux.* (*Fontenay.*)

Au général Charlery, « De se rendre à Thouars pour y prendre le commandement confié au général Grignon qui part pour l'armée des Pyrénées-Occidentales. »

A l'adjudant-général Verpot, « De se rendre auprès du général Charlery pour y remplir les fonctions de son grade. »

Aux généraux des première, deuxième et troisième divisions de l'armée, « D'établir des signaux par le feu, sur les lignes de correspondance des camps. Des officiers intelligens seront envoyés pour reconnaître les hauteurs et les sites destinés à établir des feux et des postes pour les garder. Chaque signal aura deux feux. »

Du 15. = *Déclaration du citoyen Basty la Foi, de Cerizais.* (*Fontenay.*)

« L'armée de Stofflet est composée d'environ deux mille hommes assez bien armés et organisés par divisions. Stofflet se tient ordinairement à Maulevrier et Isernay ; il commande en chef lorsque les divisions sont réunies.

» Celle de Sapinaud, forte de deux à trois mille hommes d'infanterie et environ deux cents hommes de cavalerie non organisée, se tient à Saint-Paul en Pareds et dans les environs.

» Celle de Richard, d'environ deux mille hommes, peu de cavalerie, se tient ordinairement à Cerizais.

» Richard est de la commune de Cirière ; sa maison se nomme la Brechatière, à une demi-lieue de Cerizais. Il était ci-devant marchand de vaches ; il a cinq pieds six à sept pouces, assez bien proportionné, visage gravé de petite vérole, brun, habillé ordinairement d'une veste bleu-céleste, portant une ceinture.

» Le déclarant a ouï dire que Stofflet avait deux pièces de canon ; il ignore où elles sont, il ne les a pas vues. C'est Stofflet qui procure de la poudre à Richard ; mais ils n'ont pas beaucoup de munitions, et il ne pense pas qu'ils en fabriquent.

» Il a été plusieurs fois question d'attaquer le camp de la

Châtaigneraie et celui de Chiché; on a convoqué plusieurs fois les communes pour cet effet.

» Les Vendéens ne se gardent pas ordinairement la nuit; ils se répandent dans les bourgs et les villages environnans. »

§ II. Règlement du conseil militaire de l'armée catholique de l'Anjou et Haut-Poitou, adressé au représentant Ingrand par le général Vimeux. — Instruction militaire pour faire suite au règlement. — Nomination de représentans près l'armée de l'Ouest, et du général Dumas au commandement de cette armée. —Arrêté du comité de salut public, qui détermine les opérations des représentans et des généraux. — Autre arrêté qui autorise le séjour des réfugiés de la Vendée à la distance de deux lieues de Paris et dix lieues des frontières. —Compte rendu au comité de salut public par le général Vimeux, résultat de ses opérations. —Rapport du général à la neuvième commission, emplacement des camps.

Suite des événemens dans la Vendée.

L'évacuation des postes de Saint-Florent et de Mortagne laissant les chefs de la haute Vendée sans inquiétude, ils s'occupèrent de l'organisation militaire de leur pays. Le conseil militaire de l'armée catholique et royale arrêta en conséquence, le 28 juin, un règlement qui fut trouvé à Cerizais, dans la demeure de *Richard*, l'un des chefs de division de l'armée vendéenne, et qui mérite d'être connu.

Du 18. = *Le général Vimeux, au représentant du peuple Ingrand. (Fontenay.)*

« Tu trouveras ci-joint un règlement du conseil militaire de l'armée catholique, que l'on a pris dans l'expédition de Cerizais du trois de ce mois. »

RÈGLEMENT DU CONSEIL MILITAIRE.

TITRE PREMIER.

Du costume des officiers de l'armée et des employés près d'elle.

« ARTICLE PREMIER. Le général en chef portera sur l'habit la ceinture blanche avec le nœud de taffetas rouge.

» Art. II. Les officiers-généraux porteront sur l'habit la ceinture blanche avec le nœud de taffetas blanc.

» Art. III. Le lieutenant-général portera sur l'habit la ceinture blanche avec le nœud de taffetas violet.

» Art. IV. Le major portera sur l'habit la ceinture blanche avec le nœud de taffetas noir.

» Art. V. Il sera nommé un inspecteur-général et un lieutenant-général, inspecteurs des différens postes de la Loire et pays conquis. Ils porteront sur l'habit la ceinture blanche et le nœud de taffetas noir.

» Art. VI. Les commandans en chef des divisions porteront sur l'habit ou veste la ceinture blanche attachée d'un ruban blanc.

» Art. VII. Les commandans en second ou lieutenans divisionnaires porteront sur le bras gauche la ceinture blanche avec le nœud blanc.

» Art. VIII. Les majors des divisions porteront sur les deux bras la ceinture blanche attachée d'un ruban noir.

» Art. IX. Les aides-de-camp du général porteront au bras gauche la ceinture blanche attachée d'un ruban rouge.

» Art. X. L'aide major portera au bras gauche la ceinture blanche attachée d'un ruban noir; les secrétaires aides majors porteront au bras droit la ceinture blanche attachée d'un ruban noir.

» Art. XI. Les adjudans des divisions porteront au bras gauche deux rubans blancs avec un flot; les adjudans majors les porteront aux deux bras.

» Art. XII. Les capitaines des paroisses porteront au chapeau deux rubans blancs.

» Art. XIII. Les lieutenans des paroisses porteront au chapeau un ruban blanc.

» Art. XIV. Les commandans des postes au bord de la Loire et aux frontières des pays conquis porteront au bras la ceinture blanche attachée d'un ruban vert.

» Art. XV. L'inspecteur-général des vivres et munitions portera au bras gauche la ceinture blanche attachée d'un ruban jaune.

» Art. XVI. Les secrétaires porteront au bras gauche la ceinture violette attachée d'un ruban blanc.

» Art. XVII. Les trésoriers porteront au bras la ceinture violette attachée d'un ruban violet.

» Art. XVIII. Les chirurgiens des divisions porteront au bras gauche la ceinture noire attachée d'un ruban noir; le chirurgien major la portera aux deux bras.

» Art. XIX. Les aumôniers porteront à leur chapeau un ruban violet.

» Art. XX. Les commissaires aux vivres auront cousu autour du bras gauche un ruban blanc; le commissaire général le portera à chaque bras.

» Art. XXI. Les vaguemestres auront cousu autour du bras gauche un ruban blanc; le commissaire général le portera à chaque bras.

» Art. XXII. Les bouchers et boulangers auront cousu autour du bras gauche un ruban rouge; ils seront sous l'inspection du commissaire général.

» Art. XXIII. Les courriers des paroisses porteront sur le bras gauche trois fleurs de lys en drap écarlate; ils seront payés à raison de dix sous par jour. »

TITRE II.

Du conseil militaire.

« ARTICLE PREMIER. Le conseil d'administration, soit civil,

soit militaire, sera composé du général, des officiers-généraux, du lieutenant-général et du major qui en sera le rapporteur.

» Art. II. Lorsqu'il manquera un des officiers-généraux ou que les membres du conseil seront en nombre pair et que les voix seront partagées, il sera appelé un des divisionnaires ou un officier, suivant son grade.

» Art. III. Lorsqu'il s'agira d'opérations militaires, MM. les chefs des divisions, en leur absence, les lieutenans; M. le commandant de la cavalerie, en son absence, son lieutenant, seront appelés au conseil et y auront voix consultative seulement. »

TITRE III.

De la division de l'armée.

« ARTICLE PREMIER. Toutes les paroisses du pays conquis d'Anjou et du Haut-Poitou jusqu'à la rive droite de la Sèvre seront partagées en huit divisions.

» Art. II. Les divisions porteront le nom d'une des villes qui se trouvent dans l'étendue de son territoire.

» Art. III. Chaque division aura son état-major qui sera composé:

  D'un commandant en chef,
  Un lieutenant-commandant,
  Un sous-lieutenant-commandant,
  Un major,
  Un adjudant-major,
  Un adjudant,
  Un porte-drapeau,
  Deux chirurgiens,
  Un aumônier,
  Un secrétaire,
  Un trésorier,

Et des officiers de cavalerie qui seront attachés aux escouades de dragons et cavaliers dont il sera parlé au titre XI du présent règlement.

» Art. IV. Il sera formé par division une compagnie de chasseurs composée de quarante-deux hommes, un sergent major, deux sergens, quatre caporaux, un sous-lieutenant, un capitaine; *total*, cinquante-un hommes.

» Art. V. Il sera formé en outre une première compagnie de chasseurs de quatre-vingt-seize hommes, un sergent major, quatre sergens, huit caporaux, un sous-lieutenant, un lieutenant, un capitaine; total, cent douze hommes.

» Art. VI. Tous les étrangers sans domicile seront tenus de se faire inscrire dans cette première compagnie.

» Art. VII. Tous les commissaires des paroisses seront tenus d'envoyer au commandant de division de leur arrondissement la liste desdits étrangers sans domicile.

» Art. VIII. Tous les chasseurs porteront sur leur veste deux épaulettes vertes.

» Art. IX. Les chasseurs seront payés à raison de dix sous par jour.

» Art. X. Lors du rassemblement, soit qu'il soit général, soit qu'il ne le soit pas, les compagnies de chasseurs des huit divisions seront tenus de se joindre, lorsqu'ils seront arrivés au lieu du rassemblement, à la première compagnie, suivant le numéro de leur division. »

TITRE IV.

Du service des chasseurs.

« ARTICLE PREMIER. Les chasseurs, tant de la première compagnie que des huit divisions, feront leur service séparément.

» Art. II. Ils marcheront en tête en allant à l'armée, et en queue à la retraite. Ils feront les détachemens et ne feront pas de corvées lorsque les divisions seront assemblées.

» Art. III. Les neuf compagnies réunies auront leurs drapeaux et leurs tambours.

» Art. IV. La première compagnie de chasseurs restera toujours en activité auprès du général et montera la garde à son drapeau.

» Art. V. Les compagnies de chasseurs de chaque division seront toujours en activité dans leur division et monteront la garde chez le commandant en chef, chez lequel sera déposé le drapeau de la division, et, en son absence, chez l'officier qui le représentera. »

TITRE V.
Du service en général.

« ARTICLE PREMIER. MM. les officiers-généraux, lieutenant-général et major feront de jour et de nuit le service qu'ils jugeront convenable au bien de l'armée.

» Art. II. MM. les officiers divisionnaires, leurs lieutenans, adjudans-majors et adjudans, monteront la garde, feront les rondes de jour et de nuit, feront les visites des prisons et hôpitaux, marcheront en avant et aux arrière-gardes, et feront tout autre service qui leur sera ordonné.

» Art. III. Chaque divisionnaire aura son drapeau qui portera le numéro et le nom de la division.

Art. IV. Il sera attaché à chaque division trois tambours et un fifre, dont deux et le fifre se rendront dans tous les cas à l'armée avec le rassemblement, soit qu'il soit entier, soit qu'il ne le soit pas. Le troisième restera pour faire le service de ce qui ne sera pas parti.

Il pourra en outre y avoir un tambour à chaque poste, soit au bord de la Loire, soit aux frontières du pays conquis.

» Art. V. Il y aura cinq sapeurs et quatre garde-drapeaux dans chaque division. Les sapeurs et les garde-drapeaux recevront la même paie que les chasseurs, à partir du jour où le rassemblement sera convoqué, jusqu'à celui où les drapeaux rentreront à leur garnison.

» Les garde-drapeaux porteront une épaulette noire. Les sapeurs marcheront toujours en tête de leur division et se rassembleront en masse lors du rassemblement; ils porteront sur leur bras gauche deux haches rouges.

» Art. VI. Au moyen de cette organisation, les divisions marcheront et camperont séparément.

» Art. VII. Le service sera ordonné par le major de l'armée, lorsqu'une ou plusieurs divisions seront réunies, et commandé par l'aide-major, les sous-aides-majors, et, en leur absence, par un adjudant.

» Art. VIII. Les aides-majors, sous-aides-majors et adjudans d'infanterie ou de cavalerie en seront crus à leur parole, lorsqu'ils affirmeront avoir commandé MM. les officiers pour le service.

» Art. IX. MM. les colonels et lieutenans-colonels feront le même service que MM. les commandans et lieutenans-commandans des divisions.

» Art. X. MM. les majors d'infanterie feront des rondes de jour et de nuit et la visite des prisons et des hôpitaux.

» Art. XI. Aucun officier à l'armée ne pourra s'absenter sans la permission du général ou de l'officier qui commandera à sa place; et les adjudans, capitaines, lieutenans et soldats, sans celle des commandans de division.

» Art. XII. Lorsque les divisions s'en retourneront, après le licenciement ou la dispersion de l'armée, le commandant en chef de la division sera tenu de remmener son drapeau, de le faire escorter par ses garde-drapeaux et le plus d'hommes possible, et par ses tambours et fifres; et, s'il ne peut y être en personne, de se faire représenter par son lieutenant ou un officier.

» Art XIII. Toutes les contestations qui pourraient s'élever entre MM. les officiers seront renvoyées devant le conseil militaire qui prononcera à cet effet; elles seront adressées sous cachet au major de l'armée pour en faire le rapport. »

TITRE VI.

Du chirurgien-major et des autres chirurgiens.

ARTICLE PREMIER. Il sera nommé un chirurgien-major

dont les fonctions seront de surveiller celles des chirurgiens de l'armée, de visiter les hôpitaux et d'en rendre compte au général.

» Art. II. Il sera attaché à chaque division deux chirurgiens dont l'un marchera à chaque rassemblement et l'autre restera pour soigner les blessés et malades de la division.

» Art. III. Ils marcheront chacun à leur tour et, au premier rassemblement, ils tireront au sort à qui marchera le premier.

» Art. IV. Le chirurgien de semaine de chaque division sera tenu de rendre compte par écrit, tous les huit jours, au major de l'armée, du nombre des blessés qu'il y aura à l'hôpital de la division. »

TITRE VII.
Des aumôniers.

« ARTICLE UNIQUE. Il sera nommé, par chaque division, un aumônier qui sera tenu de se rendre à chaque rassemblement et de suivre l'armée. »

TITRE VIII.
Du tambour-major, des fifres et des tambours.

« ARTICLE PREMIER. Le tambour-major, les fifres et les tambours seront en uniforme.

» Art. II. Les tambours-majors et les tambours ne pourront faire battre dans aucun cas qu'ils n'en reçoivent l'ordre d'un officier supérieur.

» Art. III. Les divisionnaires à l'armée ne pourront se servir que d'un tambour pour faire annoncer le service ou toute autre chose relative à leur division.

» Art. IV. Arrivés à l'armée, tous les fifres et tambours des huit divisions seront sous les ordres du tambour-major et punis sévèrement lorsqu'ils lui désobéiront.

» Art. V. Le tambour-major, les fifres et les tambours seront autorisés à se loger dans la maison la plus voisine de celle où sera le quartier-général, et le tambour-major sera tenu de laisser jour et nuit un tambour de planton chez le général ou l'officier qui commandera à sa place.

» Art. VI. Le tambour-major sera tenu tous les soirs de faire battre la retraite par ses tambours réunis et de marcher à leur tête; il en sera de même lorsqu'on battra la messe.

» Art. VII. Il sera nommé un tambour-maître qui sera chargé de l'école et remplacera le tambour-major en son absence.

» Art. VIII. La générale et le rassemblement seront toujours battus par tous les tambours et fifres réunis.

» Art. IX. Le tambour-major ne pourra s'absenter sans la permission du général ou de celui qui commandera à sa place; le tambour-maître, les fifres et les tambours, sans celle du tambour-major. »

TITRE IX.
Des peines.

« ARTICLE UNIQUE. Les peines pour MM. les officiers seront: 1°. les arrêts, 2°. la prison, 3°. la destitution, 4°. la tête cassée.

» Les peines des sous-officiers et soldats sont 1°. les amendes, 2°. le piquet, 3°. les verges, 4°. la tête cassée. »

TITRE X.
De l'administration.

« ARTICLE PREMIER. Chaque divisionnaire, aussitôt le présent règlement reçu, mettra en réquisition tous les cordonniers qui sont dans l'étendue de son territoire, de manière qu'il y en ait au moins quatre par division. Si une division ne pouvait compléter ce nombre, elle en prendra dans la division voisine qui en aurait plus de quatre, et si les divisions n'avaient que le nombre nécessaire, le commandant de division se retirera par devers le général qui lui en fournira.

» Sont exceptés de cette réquisition, les cordonniers qui travaillent pour le quartier-général.

» Art. II. Les chasseurs des divisions seront les premiers

chaussés, et leurs souliers que fournira l'atelier seront distribués en présence des soldats de la division.

» Art. III. Chaque division aura deux commissaires aux vivres, lesquels rendront compte à l'inspecteur-général des vivres et munitions des besoins que chaque division pourra avoir.

» Art. IV. Chaque division aura également deux bouchers et deux boulangers.

» Art. V. A chaque rassemblement, il se rendra un commissaire de chaque division de l'armée avec le commissaire général; les autres resteront pour faire suivre le pain nécessaire à leur division.

» Art. VI. Chaque commissaire sera chargé de pourvoir à la nourriture de sa division, sauf à ceux qui n'auront pas de ressources dans leur division à s'en procurer dans les autres, ce que le commissaire et l'inspecteur-général seront tenus de surveiller.

» Art. VII. Chaque division aura son vaguemestre, sous la conduite d'un vaguemestre général, et chaque commandant de division sera chargé de faire conduire et traiter ses malades.

» Art. VIII. Il sera nommé un trésorier par division.

» Art. IX. Le produit des prises sur l'ennemi et de rechange des bestiaux sera versé entre les mains du trésorier et servira aux frais de la guerre.

» Art. X. Les amendes, que devront payer ceux qui n'auront pas marché à leur tour à l'armée, seront fixées par le commandant de la division, suivant l'aisance des délinquans. Elles pourront être portées jusqu'à cent cinquante livres, et ne pourront être moindres de dix. Seront réputés n'avoir pas marché à leur tour ceux qui ne se seront pas trouvés *au choc*.

» Art. XI. La totalité des amendes appartiendra à ceux qui l'auront fait payer, sauf aux soldats à en faire l'usage qu'ils jugeront convenable.

» Art. XII. Les officiers ou soldats, qui seront convaincus d'avoir composé avec ceux qui devaient payer l'amende, après qu'elle aura été fixée par le commandant de la division, seront punis sévèrement. Ils seront tenus de faire note par écrit de ceux qui l'auront payée et de la remettre au chef de la division.

TITRE XI.
De la cavalerie.

« ARTICLE PREMIER. Les officiers de cavalerie porteront les épaulettes, chacun suivant son grade, comme les portaient les troupes du roi avant 1789.

» Art. II. Chaque division aura douze dragons qui formeront une escouade; ils seront soldés à raison de dix sous par jour.

» Art. III. Il faudra, pour être reçu dragon, avoir la qualité de brave et être bien monté.

» Art. IV. Tous les dragons porteront sur le bras gauche un chevron brisé de galon blanc.

» Art. V. Il sera fourni un cheval au dragon qui n'en aura pas; celui qui en aura un le fera estimer et le prix lui en sera remboursé par le trésor royal.

» Art. VI. A tout rassemblement, soit qu'il soit entier, soit qu'il ne le soit pas, les douze dragons de chaque division seront tenus de se rendre au lieu du rassemblement avec l'infanterie de leur division.

» Art. VII. Arrivés au lieu du rassemblement, les dragons de chaque division y prendront rang, suivant le numéro de leur division.

» Art. VIII. Le corps de cavalerie formera huit escouades de douze hommes, avec chacune un brigadier; quatre divisions de chacune vingt-quatre hommes, avec chacune un maréchal-des-logis, et deux compagnies de quarante-huit hommes avec chacune un capitaine, un lieutenant, un sous-lieutenant, un porte-guidon et un grenadier.

» Art. IX. Chaque escouade aura pour officiers et sous-officiers, savoir :

» Celle de *Montfaucon*, un lieutenant, un maréchal-des-logis et un brigadier.

» Celle de *Cerizais*, un capitaine et un brigadier.

» Celle du *Loroux*, un sous-lieutenant, un maréchal-des-logis et un brigadier.

» Celle de *Chollet*, un porte-guidon, un maréchal-des-logis et un brigadier.

Celle d'*Argenton-Château*, un porte-guidon et un brigadier.

» Celle de *Châtillon*, un capitaine et un brigadier.

» Celle de *Beaupreau*, un sous-lieutenant, un maréchal-des-logis, un brigadier.

» Celle de *Chemillé*, un lieutenant et un brigadier.

» Art. X. Chaque division aura en outre douze cavaliers, qui porteront une fleur de lis sur le bras droit et qui ne seront point au compte du roi, mais qui seront également tenus de se rendre à l'armée, lorsque le rassemblement sera général.

» Art. XI. Lorsque le rassemblement ne sera que de la moitié de la paroisse, il ne viendra que la moitié des cavaliers.

» XII. Chaque commandant de division sera tenu d'envoyer auprès du général, tous les quatre jours, un dragon et un cavalier. Les dragons et cavaliers ne pourront s'en retourner sans qu'ils n'aient été remplacés par leurs camarades, dragons ou cavaliers, à peine de punition.

» Art. XIII. Toute autre personne ne pourra se présenter à cheval à l'armée, à peine d'être démontée sur-le-champ.

» Art. XIV. Sont exceptés de l'article précédent : les
   Aumôniers,
   Chirurgiens,
   Commissaires aux poudres et salpêtres,
   Secrétaires,
   Trésoriers,
   Commissaires aux vivres,

Bouchers,
Boulangers,
Marchands,
Commissaires de paroisses,
Vaguemestres,
Courriers,
Domestiques d'officiers,
Et ceux qui auront par écrit la permission des généraux.

» Art. XV. Pourront cependant MM. les commandans de division des bords de la Loire et des frontières du pays conquis, avoir un plus grand nombre de cavaliers et de dragons pour faire le service de différentes gardes; alors les cavaliers excédans auront une permission par écrit, mais dans aucun cas il ne pourra s'en rendre plus de douze à l'armée.

» Art. XVI. Toutes les corvées seront faites par les cavaliers.

» Art. XVII. Les cavaliers qui seront organisés prendront place à l'armée et auront leurs officiers, comme il est dit aux article six, sept, huit et neuf, du titre neuf du présent règlement concernant les dragons.

» Art. XVIII. Tous les dragons et cavaliers ne pourront avoir chez eux plus de deux chevaux chacun.

» Art. XIX. Tout habitant du pays conquis sur la rive droite de la Sèvre, excepté les dragons et cavaliers inscrits, qui gardera chez lui un ou plusieurs chevaux propres à monter un cavalier, sera puni par la confiscation du cheval et de plus une amende égale à la valeur d'icelui, s'il n'a fait sa déclaration au chef de sa division dans les quinze jours de la publication du présent règlement.

» Sont exceptés ceux qui ont par écrit une permission des généraux.

» Art. XX. Les commandans de division, leurs lieutenans, les inspecteurs-généraux, les commissaires des paroisses tiendront la main à l'exécution du présent article. »

TITRE XII.

Articles généraux.

« Article premier. Tout soldat qui sera convaincu d'avoir vendu ou échangé des armes aux patriotes, pour des denrées ou marchandises, sera puni de mort.

» Art. II. Toute personne qui aura connaissance d'un pareil commerce et qui le déclarera recevra la somme de mille livres de récompense.

» Art. III. Il est expressément défendu à tous officiers et soldats de faire des rassemblemens pour aller en pays ennemi, même de porter des postes chez les républicains, sans la permission du commandant de la division.

» Art. IV. Sont exceptés du présent article les commandans de postes.

» Art. V. Il est défendu à toutes personnes, de quelque qualité et condition que ce soit, de porter les marques distinctives qui, par le présent règlement, désignent les grades des officiers de l'armée et des employés auprès d'icelle.

» Art. VI. Les prises faites par les divisions réunies seront partagées entre elles par égales portions.

» Art. VII. Lorsque les inspecteurs-généraux, les inspecteurs divisionnaires et commissaires de paroisses auront besoin de la force armée, ils s'adresseront aux chefs de division qui seront tenus de la leur donner, sous leur responsabilité.

» Art. VIII. Si les divisionnaires trouvent de la résistance dans l'exécution de leurs ordres, ils feront conduire les délinquans au conseil militaire, pour y être jugés suivant l'exigence des lois.

» Art. IX. Il sera délivré une copie du présent règlement à chaque officier supérieur, à chaque officier divisionnaire, aux divisionnaires tant d'infanterie que de cavalerie, et aux tambours-majors, afin de s'y conformer.

» Art. X et dernier. MM. les commandans des divisions feront donner lecture du présent règlement à la tête de leur division ;

» Le commandant de la cavalerie à tous les cavaliers ;

» Le tambour-major à tous les fifres et tambours ;

» Afin que personne n'en puisse prendre cause d'ignorance.

» Mandons et ordonnons à nos chefs de division, leurs lieutenans, nos inspecteurs divisionnaires et commissaires des paroisses de tenir la main à l'exécution de la présente ordonnance, et que la présente ils fassent transcrire sur leur registre pour y avoir recours au besoin.

» Donné et fait en conseil général militaire à Trementines le 28 juin 1794, l'an deuxième du règne de Louis XVII.

» *Signé*, Stofflet, Bérard, chevalier de Fleuriot, de Rostaing, Labouere, Trotouin et Gibert, secrétaire général de l'armée. »

Instruction militaire pour servir de suite au règlement du conseil du 28 juin 1794.

« Article premier. Le quartier-général se tiendra dorénavant à Maulevrier ; au quartier-général se tiendra le conseil militaire.

» Art. II. Tous les chefs de division, leurs lieutenans, les commandans de postes, soit le long de la Loire, soit sur les frontières du pays conquis, correspondront directement avec le général en chef, président du conseil militaire.

» Art. III. Tous les officiers de l'armée adresseront directement leurs réclamations au conseil militaire qui tiendra ses séances audit lieu de Maulevrier ; ils seront tenus d'inscrire sur leurs dépêches l'heure à laquelle partira le courrier qui en sera porteur. Ils inscriront la même chose sur celles qui leur seront adressées du quartier-général, lesquelles ils garderont soigneusement pour leur responsabilité.

» Art. IV. Tous officiers qui doivent composer l'état-major de chaque division seront à la nomination du conseil militaire; à cet effet les chefs de division lui présenteront les sujets qui pourraient concourir pour les places vacantes. Le conseil militaire nommera le sujet qui lui conviendra et lui fera expédier son brevet.

» Art. V. Tous chefs de division, leurs lieutenans, commandans de postes ou autres officiers, en leur absence, ne peuvent se permettre de prononcer sur le sort des prisonniers quels qu'ils soient.

» Art. VI. En conséquence, aussitôt que dans l'étendue d'une division il aura été arrêté quelqu'un, soit réfugié suspect, soit soupçonné ou accusé d'un délit, ils seront conduits sous bonne et sûre garde devant le conseil militaire.

» Art. VII. Pourront néanmoins les officiers punir les soldats, suivant l'exigence des cas, de quarante huit heures de prison; mais lesdits officiers seront tenus d'en rendre compte au conseil militaire. En conséquence chaque chef de division est autorisé à établir une prison dans l'étendue de son arrondissement.

» Art. VIII. Dans aucun cas que ce soit, aucun officier ne pourra se permettre de frapper le soldat.

» Art. IX. MM. les chefs de division, leurs lieutenans, les commandans des postes, ne pourront s'immiscer en rien dans l'administration civile.

» Art. X. Les chefs de division, leurs lieutenans, ne pourront faire de rassemblemens qu'en vertu d'un billet signé du général en chef, lesquels billets lesdits chefs signeront au moment où ils voudront faire lesdits rassemblemens.

» Art. XI. Toutes les fois que les chefs de division, leurs lieutenans, les commandans des postes et tous autres officiers marcheront à l'ennemi, soit que leur marche ait eu l'avantage ou non, ils seront tenus d'en faire le rapport par écrit au conseil militaire.

» Art. XII. Seront sévèrement punis les officiers qui,

ayant commandé le détachement, manqueraient à la disposition de l'article précédent.

» Art. XIII. MM. les chefs de division, leurs lieutenans, commandans de postes, ne pourront disposer en rien des produits des différens établissemens qui sont dans l'étendue de leur division, qu'avec l'agrément des officiers-généraux.

» Art. XIV. A cet effet les chefs de division seront tenus d'instruire le conseil militaire des différens établissemens qui sont dans l'étendue de leur division, du nombre d'ouvriers qui y sont employés, pour être réglé par le conseil militaire ce qu'il appartiendra.

» Art. XV. Toutes les contestations, soit relatives à l'administration, soit relatives au service; les interprétations soit du règlement, soit de la présente instruction, seront adressées par écrit au major de l'armée (1), pour être présentées au conseil militaire, qui se réserve expressément de prononcer.

» Art. XVI. Chaque paire de souliers sera payée au chef d'atelier à raison de trois livres quinze sous.

» Art. XVII. Sont responsables les dix chefs d'atelier des huit divisions de l'ouvrage qui sera fourni par leurs cordonniers.

» Mandons et ordonnons à tous nos chefs de division, leurs lieutenans, aux inspecteurs divisionnaires, l'exécution des présentes, lesquelles seront transcrites sur leur registre pour y avoir recours au besoin.

» Fait à Jallais, en conseil militaire, cejourd'hui, 1er. août 1794, l'an 2 du règne de Louis XVII.

» Pour copie conforme,

» *Signé*, GIBERT, secrétaire-général. »

Le 17 août, Barère, au nom du comité de salut public, fit adopter par la Convention la nomina-

---

(1) Trotouin...Il était à cette époque l'orateur et le faiseur du conseil. On voit que le gouvernement de la Haute-Vendée était purement militaire.

tion des représentans du peuple Laignelot (1), Guyardin et Dornier pour ses commissaires près l'armée de l'Ouest; celle des représentans Tréhouard et Faure, de la Creuse, près les ports de Brest et Lorient, et celle du général Dumas au commandement en chef de l'armée.

Du 18. = Le lendemain, le comité prit l'arrêté suivant pour déterminer les opérations des représentans et celles des généraux :

» Le comité délibérant sur la situation des armées de l'Ouest,

» Arrête :

» ARTICLE PREMIER. Les représentans du peuple près les armées de l'Ouest feront l'épuration la plus rigoureuse des états-majors et des commandans temporaires; ils ne laisseront en place que des citoyens intelligens, de mœurs sévères, actifs, probes, amis de la discipline, *qui ne soient pas du pays*, et qui n'y *aient point contracté d'alliance*; ils les réduiront de plus au nombre strictement indispensable.

» Art. II. Ils tiendront la main à ce que les généraux ne laissent de garnison dans les places que ce qui est rigoureusement nécessaire pour le service; tout le reste sera distribué dans divers camps qui se soutiendront les uns les autres et qui seront dans une mobilité perpétuelle.

» Art. III. Ces camps serviront :

» 1°. A défendre la côte et à tomber au premier signal sur le point où les ennemis pourraient tenter un débarquement.

---

(1) Il paraît que le représentant Laignelot refusa d'accepter cette mission, du moins n'a-t-il pas paru dans la Vendée depuis cette époque.

» 2°. A se porter de même rapidement à la défense des places, postes ou points quelconques qui pourraient être attaqués.

» 3°. A prévenir et dissiper les rassemblemens que pourraient faire les brigands et maintenir la sûreté des chemins.

» 4°. A exercer les troupes, maintenir la discipline, et empêcher la communication des brigands avec les volontaires.

» 5°. A garder soigneusement les passages de la Loire, afin d'empêcher toute communication de la Vendée avec les Chouans.

» 6°. A resserrer par gradation les brigands dans leurs repaires, protéger les convois, soutenir les travailleurs qui devront ouvrir les routes, détruire les genets, les haies, les bois; établir de toutes parts le plus grand nombre possible de communications.

» Art. IV. Aucun général ne pourra avoir son quartier-général dans une ville; les représentans du peuple en interdiront le séjour à tous les militaires qui n'y seront pas de service strict. Ils défendront également les cantonnemens dans les villages; ils ne permettront que personne entre dans les camps; ils feront fusiller ceux qui en approcheraient sous quelque prétexte que ce soit. Les vivandiers auront au loin des endroits où l'on ira acheter leurs denrées; tous ces achats seront faits avec beaucoup d'ordre, sous une police sévère et par un petit nombre de personnes sûres et préposées à cet effet. En un mot, aucune précaution ne sera négligée pour couper toute intelligence, négociation, communication ou correspondance quelconque, non-seulement avec les brigands, mais encore *avec tous les habitans du pays, surtout les femmes.*

» Art. V. Les représentans du peuple rendront les généraux, et ceux-ci rendront les officiers particuliers responsables de l'exécution rigoureuse de l'article précédent. Les représentans du peuple chasseront ignominieusement tous les officiers, sous-officiers qui s'enivreraient ou donneraient l'exemple de mauvaises mœurs. Ils feront punir, suivant la rigueur des lois, le brigandage des militaires et les actes de cruauté ; ils feront exercer les volontaires, organiser régulièrement les bataillons et maintenir la plus exacte discipline aux troupes de la république.

» Art. VI. On tiendra sur la rive gauche de la Loire des corps de troupes hors des villes, mais à portée de les secourir et d'empêcher le passage de la rivière. Toutes les barques seront réunies sur la rive droite en divers points sûrs et bien gardés; il y aura des chaloupes canonnières armées et toujours en surveillance.

» Art. VII. On pourra former et armer quelques compagnies de guides, composées d'hommes choisis, mais on ne distribuera aucune arme aux citoyens qui ne feront pas partie de la troupe soldée. On fera de fréquentes visites des postes; on fera rendre compte aux volontaires des cartouches qui leur seront délivrées; on surveillera très-scrupuleusement l'emploi des munitions. Les généraux supprimeront toute ou presque toute l'artillerie.

» Art. VIII. Les volontaires non armés seront employés à couper les genets, abattre les haies, percer les forêts. Les représentans du peuple feront ouvrir des communications multipliées. Ils requerront à cet égard les habitans qui ne seront pas indispensables aux travaux de la campagne et les feront soutenir par des corps de troupe campés près des travaux.

» Art. IX. Les représentans du peuple remettront la justice, le désintéressement à l'ordre du jour; les mœurs, la voie de persuasion, la bonne foi seront mises en vigueur.

» Tous les chefs de brigands, tous ceux qui ont accepté des grades parmi eux, seront punis de mort. Ceux qui n'auront été qu'égarés ou entraînés par la violence seront pardonnés.

» Les Représentans du peuple exigeront que les chefs donnent l'exemple de l'activité et de l'austérité des principes. Ils entretiendront la correspondance la plus active avec le comité de salut public (1). »

» *Signé au registre* Carnot, Bréard, Treilhard, Thuriot, B. Barère, C. A. Prieur, R. Lindet, Laloy.

» *Pour extrait*, Treilhard, Carnot, B. Barère, C. A. Prieur, R. Lindet, Collot-d'Herbois, Bréard.

Les réfugiés de la Vendée s'étaient vus jusqu'ici proscrits comme *patriotes* par les chefs vendéens, et comme *suspects* par le gouvernement républicain. Le comité de salut public prit à leur égard l'arrêté suivant le 24 août :

Du 24. = Tous les réfugiés de la Vendée, munis de certificats de civisme, qui, d'après l'arrêté du 19 mars 1794, ne pouvaient approcher de Paris de plus près de vingt lieues, pourront fixer leur résidence dans toute l'étendue de la république, pourvu qu'ils n'approchent pas de Paris de plus de deux lieues et de dix des frontières ou villes maritimes. »

Il était encore réservé à cette classe infortunée d'être proscrite de nouveau et poursuivie comme *terroriste* à l'époque des pacifications et de la réaction que l'on appela le règne de l'humanité et de la justice.

Du 25. = *Le général Vimeux, au comité de salut public.*
(*Fontenay.*)

« J'apprends avec plaisir et reconnaissance que je dois être bientôt déchargé du fardeau du commandement de l'armée de l'Ouest. Depuis long-temps mon âge et mes services me donnent des droits au repos. Je remettrai le commandement

---

(1) Cet arrêté supposait de grandes forces disponibles, des moyens de subsistances, des ressources pour l'habillement, l'armement, etc., et rien de tout cela n'existait. Il semblait que la Vendée ne fût pas encore connue.

au général Dumas, qui doit me remplacer, aussitôt qu'il se présentera. En attendant, je vous dois compte de l'emploi de mon temps et de mes efforts pour répondre à votre confiance ; le voici :

» Outre les ordres particuliers que j'ai donnés chaque jour aux généraux de division, soit pour des mouvemens locaux, soit pour l'ordre et la discipline, enfin pour tout ce qui concernait le service militaire, je n'ai cessé de leur recommander de se concerter ensemble pour le succès de leurs opérations particulières. Je leur ai représenté l'unité d'action comme devant suppléer au peu de forces qu'ils avaient à leur disposition. J'ai ajouté que l'union, l'intelligence et l'activité devaient régler leurs démarches, et qu'ils ne devaient avoir d'autre but que la République.

» Persuadé que le succès de la guerre de la Vendée dépend en grande partie des mesures sages que l'on peut prendre, indépendamment de la force armée, j'ai donné des ordres, conformément aux arrêtés des représentans du peuple, pour faire ouvrir des communications à travers un pays difficile à parcourir. Ce travail pénible et long s'exécute ; et pour soutenir les postes de la ligne les uns par les autres, j'ai fait établir des signaux qui avertissent sur-le-champ de la présence de l'ennemi et du besoin que l'on peut avoir de secours. C'est ainsi que par des précautions nécessaires, vu le dénûment de troupes où je me trouve, j'ai cherché à rapprocher les distances pour éviter les revers que pourraient essuyer des postes isolés. Ces moyens sont lents, à la vérité, mais je les ai jugés les seuls propres à terminer peu à peu la guerre de la Vendée ; guerre qui semble n'avoir jamais été bien connue et qui a coûté tant de sang à la République ; guerre dans laquelle on a employé trop ou trop peu de forces suivant les circonstances, où l'on n'a pas toujours su profiter des avantages que l'on obtenait ; enfin où l'on perdait le jour suivant le terrain que l'on avait gagné la veille.

Tome IV. 7

» J'ai été assez heureux pour faire évacuer le Marais qui aujourd'hui est protégé par la troupe. Les récoltes sont faites dans toute la Vendée. Les corps administratifs ont procédé au recensement de la population des communes. Des postes sont placés à la circonférence et le cercle des brigands se trouve resserré dans un espace plus petit.

» Cependant tout annonce qu'ils sont encore nombreux, mais on assure en même temps qu'il se trouve dans l'intérieur un grand nombre d'hommes qui seront prêts à rentrer dans le sein de la République, lorsqu'ils seront sûrs de trouver secours et protection dans leurs foyers. Aujourd'hui ils sont conduits par la force et les menaces, et ils tiennent à leurs habitudes et à leurs propriétés. Percer d'un trait jusqu'à eux pour revenir sur ses pas, ce serait les effaroucher ; on ne les rencontrerait pas, parce que les brigands armés les égorgent lorsqu'ils font difficulté de les suivre. En pareil cas, il faut tout dire : l'expérience les a rendus méfians et ils ont encore sous les yeux le tableau du passé. La conduite de nos troupes, le temps et la réflexion pourront les guérir de leurs blessures.

» Il ne faut pas se le dissimuler, il est impossible de terminer dans un temps donné une guerre de cette nature. Depuis que j'ai pris le commandement de cette armée, je me suis assuré du peu d'effet que produisaient les colonnes agissantes ; je sens en même temps la difficulté de les employer aujourd'hui. Les brigands, à l'approche de la force armée, fuient, se cachent et reparaissent un instant après. La difficulté de procurer à la troupe des vivres, surtout depuis la destruction des moulins et des fours ; l'attention des brigands à se réunir sur les derrières des colonnes pour enlever des convois ; les fatigues, les maladies, l'affaiblissement actuel de l'armée, une infinité d'autres motifs encore, semblent s'opposer à la marche des colonnes.

» Enfin, citoyens représentans, les brigands ne sont devenus dangereux un instant que par les armes et les munition de toute espèce qu'ils ont prises aux troupes de la République dans les commencemens de la guerre. Ces ressources sont épuisées en grande partie; bientôt ils se trouveront sans défense, alors on pourra dire que la guerre est terminée.

» C'est avec confiance que je présente ici le résultat de mes opérations :

» 1°. Tout l'espace compris entre la mer et la ligne, tirée de Nantes à Touvois, Apremont, Saint-Georges, Nesmy, etc., est rendu à la République ; ce qui donne une superficie d'environ deux cents lieues carrées où Charette se portait continuellement.

» 2°. La récolte faite et assurée dans les environs des camps.

» 3°. La tranquillité rétablie sur les derrières de la ligne.

» 4°. Les brigands repoussés, dispersés, lorsqu'ils se sont présentés ou lorsqu'on a pu découvrir leurs rassemblemens; beaucoup de grains et de bestiaux enlevés.

» 5°. Aucune perte d'armes ni de munitions.

» 6°. La confiance commençant à s'établir de proche en proche parmi les habitans de la Vendée.

» 7°. Les communications s'effectuant sur tous les points.

» 8°. Des signaux ordonnés et établis dans plusieurs endroits.

» Tel est le tableau que je peux offrir aujourd'hui au comité. »

Du 25. = *Le général Vimeux, à la neuvième commission de la guerre.* (Fontenay.)

« J'adresse au comité de salut public le résultat de mes opérations dans la Vendée depuis que le commandement de l'armée de l'Ouest m'a été confié.

» L'emplacement des camps dont je me suis occupé sans relâche, et qui pourront se rapprocher en resserrant la ligne de circonvallation, lorsque l'organisation de l'armée le permettra, sera provisoirement aux lieux ci-dessous désignés :

» 1°. En avant de Nantes, la Roullière ou les Sorinières, sur la route de Nantes aux Sables et à la Rochelle.

» 2°. Fréligné près de Touvois.

» 3°. Apremont.

» 4°. Saint-Georges près la Mothe-Achard.

» 5°. Nesmy.

» 6°. Creil Bournezeau.

» 7°. Le Pont-Charon près Chantonnay, route de Nantes à la Rochelle.

» 8°. La Châtaigneraie.

» 9°. Moncoutant.

» 10°. Chiché.

» 11°. Thouars ou le pont de Vrines.

» 12°. Concourson, route de Doué à Vihiers et Chollet.

» 13°. Thouarcé sur la rive droite du Layon.

» 14°. Beaulieu au-dessus du Pont-Barré, rive droite du Layon, route des Ponts-de-Cé à Chemillé.

» Cette circonférence renferme environ quatre cents lieues carrées de superficie. Montaigu se trouve en flèche dans le pays révolté.

» Le déplacement continuel des différens corps de troupes, soit pour se porter aux frontières, soit pour les opérations de l'encadrement; la quantité prodigieuse de malades, le besoin de protéger la récolte sur les points environnans, de la disputer pied à pied aux brigands; les fatigues, l'activité nécessaire dans le service, la pénurie d'armes; la nécessité de réorganiser l'armée dans les camps; de rétablir l'ordre et la discipline; enfin la diminution de la force armée, tout cela a beaucoup retardé le succès de nos opérations.

» Il est impossible de donner dans ce moment la force de chaque point environnant. Quelques-uns ne sont pas encore occupés d'une manière stable. J'ai donné des ordres pressans et réitérés à ce sujet. J'espère que les généraux seconderont mes intentions pour répondre aux vues du comité de salut public.

» Beaucoup de bras sont employés dans ce moment à ouvrir des communications faciles à la cavalerie et à l'infanterie.

» Le temps, la prudence et les précautions amèneront des succès constans et éteindront enfin cette guerre horrible.

» J'attends avec impatience l'arrivée du général Dumas qui doit me remplacer dans le commandement de l'armée. »

Chouannerie.

§ III. — Le général Moulin au comité de salut public; arrestation de Picot fils, sa déclaration sur les préparatifs à Jersey.— Chartier, agent national de Craon, au même; la chouannerie reprend une nouvelle activité. — Le comité de surveillance d'Ancenis; les patriotes assassinés par les chouans partout où ils se trouvent; avis au public affiché dans les campagnes. — Le représentant François, à Bréard; le nombre des chouans s'accroît sensiblement, il faut au moins trente mille hommes de renfort.—Proclamation des chefs de l'armée catholique.

Du 12. = *Le général Moulin, au comité de salut public.*
(*Rennes.*)

« Le nommé Picot fils, évadé des prisons en 1792, condamné à mort pour avoir participé à la conspiration de la Rouarie, a été arrêté le 10 du courant à Montauban. Il déclare qu'il est sorti de Jersey depuis cinq jours; qu'il y avait dans cette île sept cent quatre-vingts émigrés commandés par le marquis du Dresnay; que, dans la crainte d'une attaque par les Français, on y a fait passer plusieurs régimens, et qu'à son départ, on y attendait des forces maritimes considérables. »

Du 14.=*Commission de capitaine dans l'armée catholique* (1).
De par le roi.

« Dûment autorisé des généraux et chefs de l'armée catho-

---

(1) L'organisation des compagnies se faisait dans les cantons, conformément à l'arrêté du 12 juillet (voir la lettre du représentant Brue du 27 janvier 1795.)

lique et royale de Bretagne, réunis aux envoyés des princes français et du gouvernement britannique;

» Sur le compte qui m'a été rendu, et d'après la connaissance que j'ai du service, fidélité et dévouement à la cause de la religion et du roi, du sieur Mathurin Lelabourier de Saint-Jean de Brevelais, j'ai, par la présente, annexé et ordonné pour prendre le commandement provisoire d'une compagnie de cinquante hommes, en qualité de capitaine en ladite armée catholique et royale, ledit Lelabourier; ordonne à tous officiers d'un grade inférieur et à tous soldats royalistes de le reconnaître et de lui obéir en ladite qualité, et sous le bon plaisir de M. le régent et sous l'autorité des lieutenans-généraux et commandans pour le roi.

» *Signé*, Pierre Guillemot. »

Du 19.=*Chartier, agent national, au comité de salut public.*
(*Craon.*)

« Les opérations militaires du général Kleber nous avaient débarrassés des chouans qui n'osaient plus se montrer. Le général Vachot a changé ces dispositions et la chouannerie reprend une nouvelle activité. La troupe se plaint, n'a plus de confiance. Les officiers municipaux abandonnent leur poste. Un représentant du peuple est nécessaire ici pour ranimer la confiance. »

Du 20. = *Le comité de surveillance, au comité de salut public.* (*Ancenis.*)

« Il n'y a plus aucune sûreté pour les patriotes, ils sont assassinés par les chouans partout où ils se trouvent.

» Voici un avis que les chouans ont fait afficher dans les campagnes :

Avis au public :

» Les chouans, instruits qu'il est parvenu aux municipalités, de la part des soi-disant représentans du peuple, des ordres de se réunir aux *bleus* pour les rechercher, et en même temps pour couper les genêts et ouvrir les champs, afin que la poursuite en soit plus facile, déclarent qu'ils regarderont comme leurs ennemis, tous ceux qui travailleront en conséquence de pareils ordres, et qu'ils poursuivront et fusilleront, jusque dans leurs maisons, tous ceux qui marcheront avec ce qu'on appelle la masse.

» *Signé*, JEAN CHOUAN. »

Du 20. = *Le représentant François, à Bréard, membre du comité de salut public. (Laval.)*

« Les chouans ne sont pas détruits, comme on le débite : au contraire, le nombre s'en accroît bien sensiblement, et ce fléau épouvantable prend de jour en jour un caractère plus alarmant. Il faut au moins trente mille hommes de renfort aguerris et bien armés, avec un autre général que celui chargé de cette expédition.

» Je n'ai trouvé dans Esnue-la-Vallée aucun secours : toujours il a été malade, ou à Paris, de sorte que seul il a fallu que je m'occupasse de la guerre des chouans, depuis le mois de janvier jusqu'au 20 mai, époque de l'arrivée de Laignelot. »

Proclamation des chefs de l'armée catholique (1).

« Soldats français ! il est temps de nous entendre : qui l'a provoquée cette guerre atroce et barbare que nous nous faisons journellement ? Qui sommes-nous, et pourquoi nous battons-nous ?

» D'un côté une république monstrueuse, une assemblée imbécile, des soi-disant représentans aussi ridicules qu'ils sont féroces ;

» De notre côté, la religion, l'honneur, le respect des propriétés et de la liberté des individus, la paix, la tranquillité publique ; voilà l'objet de nos vœux, de nos efforts et de nos combats.

---

(1) Cette proclamation est le complément de l'arrêté du 26 juillet.

« Les généraux et chefs de l'armée catholique et royale de Bretagne

» Arrêtent :

» ARTICLE PREMIER. Les dispositions de la proclamation du 26 juillet seront exécutées dans toute leur rigueur.

» Art. II. Les assassinats commis sur les fidèles sujets du roi, nécessitant de tristes, mais justes représailles, comme le seul moyen d'arrêter le cours de cette barbarie inouïe, il ne sera plus fait désormais de prisonniers.

» Art. III. Les grades, emplois, honneurs et dignités, sont conservés à tous les militaires qui voudront partager l'honneur de rétablir leur légitime souverain. Il leur sera de plus accordé une gratification de trois mois de solde, ainsi que leurs appointemens, sans aucune retenue.

» Art. IV. Il est accordé une amnistie de fait à tout village, bourg, ville, place forte ou maritime qui, avant l'approche de l'armée, et spontanément, arborera l'étendard royal et prendra la résolution de le défendre. Il en sera de même à l'égard des vaisseaux de ligne, frégates et bâtimens de tout genre, qui prendront la même détermination. Les militaires auront droit à des gratifications et appointemens.

» Art. V. Il sera payé une gratification d'une année d'appointemens à l'officier ou sous-officier, amenant la moitié ou plus des hommes sous sa conduite. Les chevaux, équipages, armes, voitures et ustensiles de guerre seront également payés.

» Art. VI. Il sera payé une gratification de deux années de solde aux soldats, et d'une année d'appointemens aux officiers qui auront le courage de tourner, avant ou pendant l'action, leurs armes contre les ennemis de la religion et du roi. Ils jouiront, après la paix, de la totalité desdits soldes et appointemens, en pension de retraite.

» Art. VII. La première campagne avec l'armée tiendra

lieu de six années de service pour les récompenses et décorations militaires (1).

» Fait et arrêté en conseil, etc.

» *Signé*, Puisaye. »

---

(1) La chouannerie n'eut jamais d'armée organisée obéissant à un chef, comme dans la Vendée. Il n'existait point encore de relations suivies avec l'étranger. Ces proclamations n'étaient destinées qu'à faire croire au cabinet anglais qu'il existait des armées considérables dans la chouannerie.

CHAPITRE XIX.

Septembre 1794. Du 15 fructidor an II, au 9 vendémiaire an III.

§ Ier. Attaque par les Vendéens des camps de la Roullière et de Chiché, sans succès.—Arrêtés pris par les représentans Guyardin et Dornier, adressés au comité de salut public; épuration et réorganisation des états-majors. — Le camp de la Roullière surpris le 8 par les Vendéens; avis aux comités de salut public et de sûreté générale. — Adresse de la société populaire de Niort à la Convention nationale sur les événemens de la Vendée. — Renseignemens sur la prise du camp de la Roullière, transmis au comité de salut public par le représentant Lion. — Arrêté des représentans Guyardin et Dornier en faveur des réfugiés. — Levée de l'état de siége de Luçon. — Morard, à Carnot; luxe affiché par les généraux de la Vendée.— Compte rendu au comité de salut public par les représentans Dornier, Auger, Guyardin, Bezard. — Rapport du général Dumas sur sa tournée. — L'adjudant-général Joba, acquitté par jugement, demande de l'emploi. — Rapport des représentans Guyardin, etc., au comité de salut public; attaque de différens postes par les Vendéens. — Rapport décadaire du général Beaupuy, au comité de salut public. — Adresse de la société populaire de Niort, aux représentans près l'armée; réflexions sur les événemens de la Vendée. — La garde nationale d'Angers, au comité de salut public; les missionnaires de Saint-Laurent, principale cause de la guerre. —Adresse aux amis de la religion et de la royauté, transmise au comité de salut public par l'adjudant-général Cordellier. — Décret de la Convention relatif à la mise en liberté des agriculteurs, artistes et commerçans arrêtés. — Réflexions de Guillemot, agent de la commission d'agriculture, adressées au comité de salut public. Décret de la Convention portant l'arrestation des généraux Huché, Grignon et Turreau.

Suite des événemens dans la Vendée.

Les paysans de la Vendée n'étant plus retenus par les travaux de la moisson, il était plus facile aux chefs vendéens de former des rassemblemens nombreux pour attaquer les camps des républicains.

Du 3. = *Le général Vimeux, au comité de salut public.*
(*Fontenay.*)

« Les brigands ont attaqué hier le camp de la Roullière, commandé par le général Jacob, et celui de Chiché, commandé par le général Legros. Ils ont été repoussés et poursuivis sur les deux points. »

Du 4. = *Les représentans Guyardin et Dornier, au comité de salut public.* (*Fontenay.*)

« Nous vous adressons trois arrêtés que nous avons pris hier pour l'épuration de l'état-major de l'armée de l'Ouest.

» Il y avait dans cette armée deux officiers-généraux sous le nom de Legros; votre arrêté ne désignant pas lequel, nous ne nous sommes décidés que d'après les renseignemens et informations les plus scrupuleux, et nous avons cru que c'était Hector Legros, adjudant-général, et non Legros, général de brigade (1).

---

(1) Aucun de ces deux officiers-généraux n'avait été employé à diriger des colonnes incendiaires; Hector Legros était resté sur la rive droite de la Loire; mais il fallait que l'un des deux fût sacrifié, le sort tomba sur Hector qui présenta ensuite sa défense sous le titre de *Mes rêves dans mon exil.*

» Nous nous occupons sans relâche de l'organisation et de l'encadrement que bien sûrement vous avez crus terminés et qui ne font que commencer.

» Nous avons cru devoir faire mettre en arrestation le général Guillaume, d'après la réputation dont il jouit et les mesures extraordinaires et dangereuses qu'il a employées. Cet acte de sévérité nécessaire servira d'exemple à l'armée et ramenera les habitans du pays.

» Nous vous invitons à ne pas employer dans d'autres armées les hommes qui viennent d'être suspendus : ils ne jouissent ni de la confiance de leurs camarades, ni de celle des patriotes de ces contrées.

» Nous attendons aujourd'hui le général Dumas. »

Premier arrêté des représentans Guyardin et Dornier.
(*Fontenay.*)

« En exécution de l'arrêté du comité de salut public pour l'épuration de l'état-major de l'armée de l'Ouest, les représentans arrêtent :

» Huché, général divisionnaire ; Dutruy, général de brigade ; Colette, adjudant-général ; Grignon, général de division ; Blammont, adjudant-général ; Amey, général de brigade ; Liébaut, adjudant-général ; Soldiny, adjudant-général ; le Noir, général de brigade ; Rose, adjudant-général ; Bonvoust, général de brigade ; Laurent, adjudant-général ; Hector Legros, adjudant-général ; employés à l'armée de l'Ouest et suspendus de leurs fonctions, soit qu'ils se trouvent encore à cette armée, soit qu'ils aient passé à quelqu'une des autres armées, quitteront sur-le-champ l'armée, et se retireront dans l'intérieur à vingt lieues au moins de toute armée, des frontières, des côtes, ports, places de guerre et maritimes et de Paris. Ils seront tenus dans le délai d'une décade de donner connaissance au comité de sûreté générale du lieu qu'ils auront choisi pour leur résidence (1). »

Deuxième arrêté.

» Guillaume, général de brigade, est destitué et sera provisoirement mis en état d'arrestation et conduit à Poitiers.

» Sabatier, général de brigade, suspendu de ses fonctions, quittera sur-le-champ l'armée et se retirera à vingt lieues, etc. »

Troisième arrêté.

« Ferrand, général de brigade, prendra provisoirement le commandement de la troisième division de l'armée.

» Beauregard, général de brigade, sera employé dans la même division.

» Marotte, adjudant-général, remplacera provisoirement Guillaume dans la deuxième division. »

Du 5. = *Le général Vimeux, aux représentans du peuple.*
(*Fontenay.*)

« J'ai reçu les trois arrêtés que vous m'avez transmis : je crois devoir vous faire observer :

» 1°. Que le général Huché a été destitué par un arrêté du comité de salut public du 4 août ;

» 2°. Que le général Dutruy est passé à l'armée des Pyrénées-Occidentales en qualité de général divisionnaire ;

» 3°. Que le général Grignon est parti pour la même armée ;

» 4°. Que le général Carpentier a été suspendu de ses fonctions par arrêté du comité de salut public du 13 mai.

» J'apprends que les brigands forment des rassemblemens et projettent l'attaque de Saint-Ouen (2). »

---

(1) On peut être surpris de ne pas rencontrer dans cette nomenclature d'officiers, dont quelques-uns n'appartenaient point à l'armée de l'Ouest, le nom du général Turreau qui leur avait donné des ordres impératifs.

(2) Les chefs de la Vendée profitèrent de cette espèce de désorganisation de l'armée pour attaquer plusieurs camps.

Du 9. — *Arrêté des représentans du peuple.* (*Fontenay.*)

« Informés qu'il existe à Nantes une commission civile et administrative établie pour l'extraction des bestiaux et autres effets, dans les départemens de l'Ouest;

» Considérant que les opérations actuelles de cette commission ne peuvent se concilier avec les mesures et les moyens qu'ils sont chargés de prendre et d'exécuter, pour terminer la guerre malheureuse dite *de la Vendée*; les représentans arrêtent ce qui suit :

» ARTICLE PREMIER. A la réception du présent arrêté, la commission civile et administrative, établie pour l'extraction des bestiaux et autres effets dans les départemens de l'Ouest, cessera ses extractions, et rappellera, dans le délai de deux jours, tous les agens secondaires qu'elle peut avoir employés pour cette opération.

» Art. II. Elle est tenue de rendre compte aux représentans, dans le délai d'un mois, de tous les bestiaux et autres effets qu'elle a fait enlever, de leur emploi, de ses dépenses, et généralement de toute sa gestion appuyée de pièces justificatives.

» Art. III. L'administration du district de Nantes est chargée de faire notifier à la commission le présent arrêté qui sera en outre adressé aux administrations des districts dans les départemens de l'Ouest, qui le feront imprimer, lire, publier et afficher dans leur arrondissement respectif, et veilleront à son exécution (1).

» *Signé*, GUYARDIN, DORNIER. »

Le comité de surveillance de la société populaire de Nantes, aux comités de salut public et de sûreté générale. (*Nantes.*)

« Hier 8, à cinq heures du soir, les brigands, commandés

---

(1) Pendant ce temps-là, les camps de la Roullière et de Fréligné tombaient au pouvoir de Charette, et Nantes éprouva bientôt une disette affreuse.

par Charette, Couetus et Rossignol, ont surpris le camp de la Roullière, après avoir égorgé les avant-postes. Trois cents hommes ont été tués. La cavalerie des brigands, forte de cinq à six cents hommes bien montés et la plupart portant l'uniforme de hussards, a fait toute la besogne.

» Citoyens représentans, faites que nous n'ayons plus la douleur d'entendre dire que les malheurs qui menacent la République n'arrivent que par la malveillance, l'impéritie, la négligence et tant d'autres vices qui suivent les généraux jusque sous la tente. Nous reprocherons toujours avec justice à la plupart de ceux qui sont venus dans la Vendée, d'avoir trompé la confiance nationale en se chargeant d'une mission qu'ils n'étaient pas dignes de remplir. »

Du 9. = *La société populaire de Niort, à la convention nationale.* (*Niort.*)

« L'infernale guerre de la Vendée, rallumée par le meurtre, le viol, l'incendie et le pillage ; Grignon, Huché et leurs agens, incendiant des communes fidèles à la République, avec les grains et fourrages qu'elles contenaient, égorgeant les vieillards, les femmes, les enfans ; tel est en peu de mots le tableau des horreurs que la société dénonça au comité de salut public au mois d'avril dernier. Quatre de ses membres, porteurs des preuves des crimes des généraux Huché et Grignon, faillirent payer de leur tête leur zèle ; Robespierre régnait encore. Traités de contre-révolutionnaires, accusés d'avancer des faits faux, on leur dit que Hentz et Francastel étaient sur les lieux et qu'ils ne *parlaient pas de cela.*

» Le mémoire de la société fut renvoyé à ces représentans. Ils se rendirent à Niort le 13 avril ; le lendemain ils se présentent à la société ; Hentz monte à la tribune, traite les membres de contre-révolutionnaires, de muscadins, avilit les autorités constituées, fait l'éloge des généraux Huché, Grignon et de leurs agens ; il plaint le sort de la Martinière, aide-de-camp de Huché et son complice, répète l'éloge de Huché. *C'est,* dit-il, *un bon et franc sans-culotte; c'est l'homme qui convient à la Vendée. On lui reproche d'avoir dissous la société populaire de Luçon, eh bien! il en avait le droit. Dans une ville contre-révolutionnaire comme celle-là, le militaire est tout, je n'y reconnais point d'autorité civile, un général est souverain, il doit y exercer la toute-puissance.*

» Cependant Luçon a toujours résisté avec énergie aux attaques des brigands, qui n'ont jamais pu parvenir à s'en emparer.

» Hentz ajoute que l'on ne doit pas s'opposer au *brûlement;* qu'il faut au contraire mettre un désert entre ce pays et nous; qu'il ne faut point de pitié; qu'il n'y a que des contre-révolutionnaires qui puissent s'apitoyer sur le sort de ces brigands; qu'il est urgent d'égorger et de brûler tout ce qui se trouve dans cet intervalle; que la guerre est anéantie; et que ceux qui disent qu'elle existe encore sont des charlatans et des contre-révolutionnaires... Enfin, la société est dissoute...

» Hentz et Francastel mandent le comité de surveillance de Niort et lui ordonnent de leur communiquer les pièces contre Huché et Grignon. Le comité les leur présente, Hentz veut les jeter au feu sans les lire; un membre du comité s'y oppose avec énergie, en disant que le comité répond de ces pièces sur sa tête. Un autre lui représente que le comité a sauvé la chose publique, en faisant arrêter l'assassin Huché. *Il a outre-passé ses pouvoirs*, s'écrie Hentz, *et eût-il sauvé la chose publique, il faut qu'il y ait des victimes.*

» Bard destitué vient demander justice aux représentans; ceux-ci, sans l'entendre, le chargent de fers.

» Ils vont à Luçon, ils mettent en arrestation une foule de pères de famille qui avaient eu le courage de dénoncer l'assassin et l'incendiaire Huché.

» Ils volent à Rochefort, arrachent ce scélérat au tribunal révolutionnaire qui sans doute eût mis fin à ses crimes, et le renvoient à celui de Robespierre. Ce dernier, non content de le faire absoudre, le fait général divisionnaire (1) et le renvoie recommencer ses atrocités dans la Vendée.

» Voilà, citoyens représentans, des faits que personne ne pourra contester. »

Du 10. = *Lion, représentant du peuple, au comité de salut public.* (*Nantes.*)

« Voici les renseignemens que j'ai pu recueillir sur la prise du camp de la Roullière le 8 de ce mois :

» Jacob, d'après son exposé, avait six cent vingt hommes armés et environ deux cents de la réquisition sans armes. Le camp a été attaqué par environ huit cents hommes, dont cent vingt à cent trente de cavalerie habillés en hussards et qui, à la faveur de ce déguisement, ont surpris le camp. Cent douze hommes du bataillon de la réserve, tenant la droite du camp, ont pris la fuite à l'approche de l'ennemi. Les trois premiers avant-postes ont été égorgés sans tirer un coup de fusil. La cavalerie ennemie a mis la déroute dans le camp. Notre perte est d'environ trois cents hommes, et la troupe s'est retirée en désordre sous le murs de Nantes, abandonnant ses tentes auxquelles on a mis le feu. Le but qu'on s'était proposé dans l'établissement de ce camp était de protéger la récolte et favoriser les escortes des convois de Montaigu, port Saint-Père, Challans et Machecoul.

» Jacob prétend qu'il lui faudrait quatre mille hommes pour se maintenir dans le poste où il a été attaqué (2).

» On assure que lorsque le camp a été surpris, la plupart des officiers étaient à Nantes, et que Jacob lui-même ne venait que d'en arriver peu de temps avant l'attaque.

» Toute communication se trouve maintenant interceptée

---

(1) Huché avait été nommé général divisionnaire avant son arrestation.

(2) Le général avait raison. Ce camp, qui n'était pas retranché, était abandonné à lui-même, surtout depuis que Nantes ne faisait plus partie de l'armée de l'Ouest.

avec Montaigu. Il est à craindre que ce poste ne manque d'approvisionnemens. Il tirait de Nantes le pain trois fois par décade. Nantes, qui assure n'avoir dans ses murs que pour onze jours de subsistances, espérait au contraire tirer de Montaigu vingt voitures de blé. L'adjudant-général Mangen, qui y commande, a représenté qu'il désirait y faire fabriquer le pain pour sa troupe, parce que les escortes des convois épuisent sa garnison. »

Les représentans Guyardin et Dornier, au comité de salut public. (Fontenay.)

« Nous vous prévenons que nous avons pris, en faveur des réfugiés, conformément à vos intentions, un arrêté qui promet sûreté et protection aux habitans qui viennent à nous et qui n'ont pas participé à la révolte. Cette mesure nous paraît propre à ramener la confiance que l'injustice avait aliénée, et à rétablir la discipline. »

Du 14. = *Arrêté des représentans du peuple.* (*Fontenay.*)

« ARTICLE PREMIER. La place de Luçon cesse d'être en état de siége.

» Art. II. Chaque autorité civile et militaire reprendra ses fonctions. »

Morard à Carnot, membre du comité de salut public. (*Paris.*)

« Des citoyens, qui habitent Tours depuis trois ans, étaient hier à la maison et me parlaient de l'exécrable guerre de la Vendée. Ils en attribuaient la continuité surtout à l'intérêt qu'ont bien des agens à ce qu'elle ne finisse pas. Ils me disaient que les généraux de toute classe qui conduisent les opérations affichent un luxe qui rappelle les entrées des ambassadeurs du régime royal. Ils traînent à leur suite des équipages superbes remplis d'adjudans, aides-de-camp en grand nombre, et tout cela flanqué de cinq ou six maîtresses pour chaque chef.

» J'ai considéré comme un devoir de vous instruire de cette conversation (1). »

Du 16. == *Dornier, Auger, Guyardin, Bezard, au comité de salut public.* (*Fontenay.*)

« A notre départ pour l'armée de l'Ouest, vous nous aviez dit que cette armée était forte au moins de soixante-dix mille hommes. Dès le 30 août, nous vous avons marqué qu'elle ne s'élevait qu'à quarante-cinq mille, sur quoi il fallait déduire au moins quinze mille malades dont le nombre se trouve aujourd'hui de dix-sept à dix-huit mille ; que des trente mille restans quatorze mille étaient dispersés dans les places et à peine vingt mille bien armés; aussi le 6 septembre, nous avons demandé au moins quinze mille fusils.

» L'encadrement n'était pas encore commencé dans plusieurs corps, et le 10 nous avons demandé quinze mille hommes de réquisition.

» Les brigands sont plus nombreux qu'on ne pense; ils sont en possession de quatre cents lieues carrées de terrain. L'armée, pour les cerner, occupe un cordon de quatre-vingts lieues, disposée dans quatorze camps éloignés de quatre et même six lieues l'un de l'autre, sans qu'il y ait de seconde ligne intermédiaire. Ces camps ne sont que de six cents, mille, douze cents, quinze cents hommes. Quelques-uns seulement, sur les points les plus importans, sont de deux mille à deux mille cinq cents hommes, mais partie sans armes.

» Les rebelles sont dans un pays couvert et fourré qu'ils connaissent si bien que, si l'on marche contre eux, on ne les

---

(1) Ceux qui parlaient de luxe à l'armée de la Vendée ne savaient pas sans doute que les officiers, comme le soldat, n'y vivaient que de privations. Tours était une source inépuisable de nouvelles ri...

rencontre ni ne les aperçoit. Ils laissent passer les tirailleurs et les colonnes, ensuite ils se rassemblent sur les derrières et fondent sur la troupe, sans qu'on sache d'où ils sortent. S'ils veulent attaquer, ils se réunissent au même moment sur plusieurs points et se portent en force sur celui qu'ils jugent le plus faible. S'ils sont repoussés, ils fuient et disparaissent aussitôt. Nos camps ainsi inquiétés n'ont pas le temps de se secourir. Le seul moyen de prévenir et d'éviter ces inconvéniens serait de pousser au centre de la Vendée une force suffisante pour s'y maintenir, et de rompre ainsi le concert qui existe entre les chefs.

» Il faut des forces ; celles qui existent sont insuffisantes. On a retiré de cette armée trente mille hommes des meilleures troupes pour les faire passer aux Pyrénées-Occidentales et à la Moselle ; il est resté peu d'anciens corps accoutumés à ce genre de guerre. Il faut vingt mille hommes armés et de bonnes troupes pour que l'armée de l'Ouest ait cinquante mille combattans, et ce nombre est absolument nécessaire.

» Ces contrées, malgré les dévastations auxquelles elles sont livrées depuis deux ans, renferment encore une population de plus de deux cent cinquante mille individus, une quantité immense de bestiaux, et sont couvertes de grains et de fourrages capables d'alimenter l'armée de l'Ouest pour un an. »

Du 16.=*Rapport du général Dumas sur sa tournée, adressé au comité de salut public par les representans.* (*Fontenay.*)

« La position du camp de la Châtaigneraie est bonne et fortifiée par la nature ; celle du camp de Largeasse est en l'air et mauvaise. Le général Macors vient d'y être envoyé pour y élever des retranchemens et fortifier la position. Le camp de Chiché est bien placé, mais l'étendue des retranchemens est trop considérable pour les troupes qui y sont.

Les troupes sont en général mal armées, mal habillées; le service se fait mal, les postes ne se surveillent point. Je suis entré au camp de Chiché à onze heures du soir sans être reconnu (1). »

Du 16.=*L'adjudant-général Joba, au citoyen Carnot.* (*Tours.*)

« Je viens d'obtenir la justice qui m'était due; un jugement a prononcé ma mise en liberté, je demande de l'emploi (2). »

Guyardin, Bezard, Auger, Dornier, représentans du peuple, au comité de salut public. (*Fontenay.*)

» Le général Ferrand, commandant la troisième division à Doué, annonce que le 13 de ce mois il a été attaqué sur deux points par les Vendéens, le premier entre Thouars et Concourson où ils ont été repoussés; le second à Thouarcé où il n'y avait que huit cents hommes qui ont été obligés de se replier devant environ trois mille brigands. Ils avaient paru vouloir attaquer aussi Passavant, mais ce poste s'est bien défendu, et ils se sont retirés.

» Nous allons parcourir tous les camps, postes et places; nous partons ce soir. Dornier et Bezard vont visiter la partie des côtes, et Guyardin suivra la ligne des camps de la Châtaigneraie, Chiché, Doué, jusqu'au Pont-de-Cé. Auger restera au quartier-général. Nous examinerons la conduite des officiers et des soldats; nous mettrons à l'ordre du jour la discipline et les mœurs, sans lesquels le courage est insuffisant; mais envoyez-nous des hommes et des armes. »

Du 18. = *Le général Beaupuy, chef de l'état-major, au comité de salut public.* (*Fontenay.*)

« Les représentans ont commencé hier leur tournée. Cette

---

(1) Dans cette tournée, le général Dumas fut vivement affecté à la vue des ruines qu'il rencontrait. Savary, qui l'accompagnait, lui demanda ce qu'il eût fait s'il avait reçu l'ordre de porter la flamme dans ces contrées.... *Si je m'y étais cru obligé, répondit le général, je me serais brûlé la cervelle.* (Mémoires de Savary.)

(2) Il avait été mis en jugement par suite du rapport des représentans près l'armée. (Voir à la date du 21 avril 1794.)

absence sera vraisemblablement longue, et je vous dois un rapport décadaire ; le voici :

» Les récoltes sont faites. Le camp de la Roullière a été enlevé par les rebelles, il est réoccupé. Le camp de Fréligné a été forcé, la troupe s'est repliée sur celui du Ligneron (1). Le château de Passavant, où sont retranchés trois cents hommes, a été attaqué. L'ennemi avait mis le feu aux maisons et meules de paille qui l'environnent ; cette ruse n'a pas réussi, il s'est retiré en mettant le feu partout sur son passage. »

Du 22. = *La société populaire de Niort, aux représentans du peuple près l'armée de l'Ouest.* (*Niort.*)

« La guerre de la Vendée existe toujours, parce qu'on n'a pas voulu la finir. Après le passage des brigands outre Loire, la majeure partie de ceux qui étaient restés s'était réfugiée dans les îles de Bouin et de Noirmoutier où ils furent exterminés. Quelques-uns dispersés çà et là se cachaient, cette guerre sanglante était finie ; mais les généraux estimables qui avaient conduit nos braves guerriers à la victoire (2), les généraux qui, par leurs talens et leur dévouement, avaient détruit la Vendée, furent enlevés à leurs frères d'armes et privés du commandement ; on les remplaça par des hommes ignorans ou perfides, immoraux et ambitieux. Tout fut mutilé, pillé, assassiné sans distinction d'âge ni de sexe. La terreur et l'épouvante précèdent les colonnes révolutionnaires, et créent de nouveaux brigands. On désarme les communes restées fidèles, et l'on exile les patriotes à vingt lieues des

---

(1) Ce camp dont la force était de sept à huit cents hommes fut surpris et forcé le 14 septembre. Charette profita du moment où la moitié de la troupe était en route pour aller chercher des vivres à Machecoul. L'affaire ne fut ni longue ni douteuse. Le chef de brigade Prat, commandant le camp, y périt, ainsi que le vieux Mermet, son lieutenant-colonel, et l'un de ses fils.

(2) Les généraux de l'armée de Mayence.

frontières. Tant de sottises, de perfidies et de turpitudes effraient ceux mêmes qui en étaient les auteurs. Il fallait les cacher à la France, on dit alors qu'il n'existe pas un patriote dans la Vendée, et que la guerre est finie.

» Voilà, représentans, le tableau succinct de ce qui s'est passé dans la Vendée. »

La garde nationale d'Angers, au comité de salut public.
(Angers.)

« Une des principales causes de la guerre de la Vendée était dans une communauté de Mulotins (missionnaires), commune de Saint-Laurent sur Sèvres, où l'on avait découvert des écrits, des livres et des lettres incendiaires. Deux des auteurs furent arrêtés et envoyés à Angers. Le département transmit les pièces à l'assemblée législative, et les coupables furent élargis. Quelque temps après, la guerre de la Vendée éclata (1). »

Du 23. = *L'adjudant-général Cordellier, au comité de salut public.* (Camp-de-Pierre-Levée.)

« Je m'empresse de transmettre au comité de salut public l'adresse suivante affichée près de mes avant-postes :

Adresse aux amis de la religion et de la royauté campés à Bourgneuf.

» Qu'attendez-vous, soldats, pour secouer le joug infâme sous lequel vous gémissez depuis si long-temps? Le moment de la vengeance est arrivé, les crimes de ceux qui vous gouvernent vous sont connus. Ils ont éclaté et éclatent tous les jours dans la personne de vos représentans qui vous ont toujours fait envisager de grands biens pour que vous servissiez mieux leurs intérêts. Vous en voyez un exemple bien sensible dans les Robespierre, les Saint-Just et tant d'autres. Ils

---

(1) Ces faits sont de la plus grande exactitude.

étaient les idoles de la France, et maintenant ils en sont l'horreur, même après leur mort. Ils ont été dénoncés par les compagnons de leurs forfaits ; mais, jaloux de leur prospérité dans l'État pour lequel, disaient-ils, ils devaient travailler en hommes désintéressés, ces dénonciateurs ne l'ont fait que parcequ'ils voulaient s'élever eux-mêmes.

» Il est temps, Français, de dessiller vos yeux. Ceux qui jouent de grands rôles dans l'État vous font croire qu'ils remportent de grandes victoires sur les frontières, cela est faux. S'ils vous chantent leurs exploits, ils se gardent bien de dire que l'Anglais et l'Espagnol sont maîtres de la mer ; ils ne vous diront pas non plus que Toulon est repris ; que Paris, Marseille et Lyon ont levé l'étendard de la rébellion et demandent un roi à grands cris ; ils ne vous parlent pas de la révolte de toute la Bretagne et d'une partie de la Normandie. Ils vous diront, au contraire, qu'il n'y a plus que très-peu de brigands dans la Vendée. Qu'ils se désabusent et vous aussi : les deux victoires que nous venons de remporter de suite aux Sorinières et à Touvois (1) vous prouvent assez s'il en existe encore ; sûrement, il en existe encore de braves brigands et plus de cent mille dans la Vendée, pour venger l'anéantissement de la religion et la mort du roi. Chaque jour nous voyons arriver de braves déserteurs qui viennent se ranger sous nos drapeaux ; ils sont accueillis et protégés ; la même voie vous est ouverte, vous tous que l'honneur et la gloire animent encore.

» *Signé*, ALLARD, commandant en second de la division ;
» DELAUNAY, MOUREIL, commandant des chasseurs. »

Du 24. = Le 24 septembre, le représentant Robert Lindet fit, au nom du comité de salut public, un rapport à la Convention nationale sur la

---

(1) Le camp de la Roullière et le camp de Fréligné.

situation de la République. Il prévoyait une explosion prochaine d'accusations, de ressentimens et de nouveaux déchiremens. Il invitait ses collègues à l'oubli des erreurs et des fautes qui avaient pu être commises dans le cours de la Révolution. La Convention adopta, à la suite de ce rapport, un décret qui chargeait le comité de sûreté générale et les représentans en mission de faire mettre en liberté tous les agriculteurs, artistes et commerçans arrêtés, et d'examiner les réclamations des parens des défenseurs de la patrie. Les représentans dans les départemens de l'Ouest eurent de fréquentes occasions de faire l'application de ce décret.

Ce rapport donna lieu aux réflexions suivantes adressées au comité de salut public, le 28 septembre, par Guillemot, agent de la commission d'agriculture.

Nantes.

Du 28. == « Dans un rapport fait à la Convention sur l'état actuel de la république, on dit que l'on peut regarder la Vendée comme finie; le rapporteur a été égaré. Depuis un mois les brigands nous ont attaqués sur presque tous les points. Les camps de la Roullière et de Fréligné, attaqués et enlevés, annoncent qu'ils sont encore en forces. Il y a encore une épuration à faire parmi les généraux. Plusieurs représentans et généraux en chef, qui avaient voyagé par les grandes routes, ont dit qu'ils connaissaient le pays insurgé; ils en ont imposé. Il y a tout lieu de soupçonner que le foyer de la Vendée est à Paris (1). Il y a long-temps que les brigands

---

(1) Il avait raison.

n'avaient été aussi téméraires que depuis peu. Espéreraient-ils encore quelques secousses contre-révolutionnaires ? On ne peut douter qu'ils ne soient instruits de tout ce qui se passe à Paris.»

Du 29. = Le 29 septembre, la Convention nationale décréta, à la suite d'une longue discussion sur la Vendée, l'arrestation des généraux Huché, Grignon et Turreau.

Chouannerie.

§ II. Le général Hoche nommé au commandement de l'armée des côtes de Cherbourg; circulaire aux généraux; proclamation à l'armée. — Toutes les communes levées en masse dans l'arrondissement de Pouancé pour la chouannerie; les revenus des biens d'émigrés exigés par les chouans, sous peine de mort. — La société populaire d'Ernée au général Humbert; indication des moyens employés par les agens de la gabelle pour découvrir les contrebandiers. — L'administration de Dinan au comité de salut public; arrestation d'un individu porteur de la correspondance des Chouans; résumé de la correspondance du comité des Chouans. — Proclamation de Hoche aux habitans des départemens de la Manche, du Calvados et de l'Orne. — Arrêté du conseil militaire de l'armée catholique et royale de Bretagne, sur l'établissement d'une manufacture d'assignats. — Le comité de salut public, aux représentans près les armées des côtes de Brest et de Cherbourg; réflexions sur la destitution de Canuel; la situation des affaires ne permet pas d'envoyer vingt-cinq mille hommes aux armées de l'Ouest. — Rapport du général Hoche au comité de salut public.

La chouannerie embrassait, sur la rive droite de la Loire, toute la Bretagne, une partie des départemens de Maine-et-Loire, de la Mayenne et du Calvados. Partout elle se signalait par l'assassinat et la dévastation.

Le général Hoche fut nommé au commandement de l'armée des côtes de Cherbourg, employée spécialement à la surveillance et à la défense des côtes contre les tentatives des Anglais. Ce général s'annonça aux généraux et commandans de cette armée, par la circulaire suivante :

Du 5. = Je te préviens, citoyen, qu'en vertu d'un arrêté du comité de salut public, je suis venu prendre le commandement de cette armée.

» Servir la patrie comme tu l'as fait jusqu'ici, maintenir et augmenter la discipline parmi les troupes qui te sont confiées, contribueront sans doute à te faire trouver en moi un frère digne de toi et un ami sincère.

» Salut; prospérité aux armes de la République. »

A l'armée.

« Quel moment plus favorable pouvais-je trouver pour prendre le commandement de l'armée que vous composez ? La République rendue à la liberté comprimée par un tyran odieux (1), la Convention nationale écrasant le despotisme triumviral ; les autres armées victorieuses, celle-ci courageuse, fière de ses anciens succès, et prête à en obtenir de nouveaux par sa constance et une discipline inaltérable, présages certains de la destruction de nos ennemis.

» Je ne vous commanderai pas, citoyens, la confiance que le temps et ma conduite devront m'acquérir. Vous me verrez dans toutes les circonstances attentif à prévenir vos besoins,

---

(1) Robespierre tombé le 9 thermidor. Hoche avait été incarcéré sous le régime de la terreur.

prêt à vous rendre justice et à maintenir de tout mon pouvoir les lois de la République à laquelle nous devons toute notre existence.

» *Signé*, L. Hoche. »

Du 13. = *Le Monnier, directeur de l'agence de l'enregistrement, à l'administration du département de Maine-et-Loire.* (*Angers.*)

« Le citoyen Balan, receveur à Pouancé, m'écrit la lettre suivante :

» Les malheurs de ce pays augmentent ; nous sommes bloqués depuis cinq jours par les brigands qui ont fait lever toutes les communes en masse. On porte leur nombre à près de cinq mille. Je ne fais aucune recette. Les brigands font payer les fermiers des biens d'émigrés ; depuis quinze jours ils ont fait payer plus de trente fermes. Voici la copie d'une sommation de paiement.

De par le Roi.

» Je, soussigné et autorisé par les généraux de l'armée catholique et royale, fais sommation au nommé Jean d'Albion, fermier de la métairie de la Haye-Huet, de me payer sur-le-champ et sous peine de mort la somme de quatre cent cinquante livres, pour le terme de sa ferme qui doit échoir à la Toussaint prochaine 1794, en présence de Pierre Cherpil et de Jacques Dosbon. A la métairie de la Haye, l'an deuxième du règne de Louis XVII.

» *Signé*, Davoine. ».

La société populaire régénérée, au général Humbert.
(*Ernée.*)

« Tu nous demandes de t'indiquer des moyens propres à la destruction des chouans. Voici ce que l'on employait pendant le régime de la gabelle pour suivre et atteindre les contrebandiers : on dressait pour cela des chiens de piste qui suivaient leurs traces. Ne pourrait-on pas en faire dresser pour découvrir les chouans dans leurs retraites ? »

Du 13.=*L'administration, au comité de salut public. (Dinan.)*

« Le 28 août, on a arrêté aux postes de Dinan un individu porteur de la correspondance des chefs chouans, cousue dans son habit. Les conspirateurs n'ont pu être saisis, parce qu'ils ont pris la fuite précipitamment; l'un d'eux a été blessé d'un coup de pistolet.

» La correspondance du comité central a été trouvée ; en voici le résumé :

» Les opérations des armées catholiques et royales sont dirigées par un conseil militaire.

» Le 26 août, il a été pris un arrêté pour l'organisation d'un comité central revêtu de tous les pouvoirs, d'un état-major général, et de la composition d'une armée. Cette armée, sous les ordres du général en chef comte Joseph de Puisaye, est divisée en six commandemens principaux, savoir :

Noms des commandans.	Résidences et arrondissemens.
Bois-Hardy.	Lamballe.
Boulainvilliers.	Locminé.
Desilz.	Rochefort.
Boisguy.	Fougères.
Solilhac.	Saint-Helen.
Tromelin.	Guipry.
En outre Labourdonnaye,	dans le Morbihan.

» Quelque espoir que le conseil parût fonder sur la protection britannique, il a cru nécessaire d'envoyer Puisaye près de ce gouvernement et des princes français. Deux lettres indiquent les dispositions du ministère anglais ; l'une, du ministre Dundas, en date du 22 février 1794, annonce que George persiste dans les intentions que manifeste la déclaration du mois d'octobre 1793 (1), et qu'on ne peut compter sur des secours efficaces qu'après l'occupation d'un port fortifié. Elle témoigne le regret que la retraite forcée des Vendéens de la Manche ait rendu inutile la campagne de lord Moyra, qui attendait à Guernesey l'occasion de jeter des secours.

» L'autre lettre du marquis du Dresnay, écrite de Jersey en date du 20 mai, annonçait la présence de lord Moyra à Guernesey et ses bonnes dispositions, et invitait à établir une correspondance active.

» On était parvenu à établir cette correspondance par Saint-Colomb près Saint-Malo. La communication dans l'intérieur était servie par des habitans du pays.

» Il paraît que le comité central devait prendre quartier dans les environs de ce district, afin de réunir le double avantage de correspondre facilement avec l'Angleterre et d'être au centre des forces qu'il devait diriger. Il avait choisi la commune d'Yrodouer près Becherel, district de Montfort.

» Le projet était d'organiser la guerre civile dans la ci-devant Bretagne, et de protéger une descente sur nos côtes. On devait s'occuper à recruter et enrôler sous les étendards de la religion et du roi, à lier principalement au parti les déserteurs, les ex-nobles habitans les campagnes; à mettre à profit l'influence des prêtres; à réveiller le fanatisme et l'aristocratie, en distribuant des brefs supposés et annonçant l'existence d'un légat sur le siége de Dol; enfin, occupés, dans le silence, à multiplier leurs moyens par les insinuations les plus perfides, les conspirateurs préparaient une explosion simultanée dans la plus grande partie de la Bretagne, et recommandaient à leurs complices la plus grande discrétion et le plus grand soin de feindre une tranquillité trompeuse qui

---

(1) C'est cette déclaration qui décida les Vendéens à entreprendre le siége de Granville.

pût leur ménager une surprise avantageuse contre les républicains, et assurer le succès des mesures concertées avec l'Angleterre.

» Le 30 août, le comité central, sur les rapports et renseignemens donnés par Bois-Hardy, avait arrêté de les transmettre à Puisaye, afin de combiner les opérations avec le gouvernement britannique. Il assurait que tous les habitans de la côte, depuis le Legué jusqu'à Effiniac, protégeraient un débarquement, et que la garde du fort des Rosseliers était disposée à jeter les canons à la mer à l'approche des Anglais; il annonçait qu'on allait travailler les campagnes sur la côte de Saint-Cast, et que les côtes étaient dépourvues de troupes républicaines.

« Puisaye, général en chef, occupé de passer en Angleterre, et qui avait trouvé à son passage moins de facilité qu'il ne l'avait espéré (1), adressait au comité central des avis successifs. Il recommandait de s'informer des forces des chouans du côté de Châteaubriand; d'établir une correspondance suivie avec eux ; de leur faire part des dispositions prises par le comité; d'écrire à Charette de ménager des correspondances dans les villes, de travailler les garnisons, de propager l'insurrection de proche en proche dans les Côtes-du-Nord, d'activer le service des chefs de canton, de lever une compagnie de deux cents hommes de cavalerie légère, et de presser avec activité l'affaire de Dinan.

» Cette affaire était l'insurrection des prisonniers anglais détenus à Dinan. Une femme de Pludihan était chargée de leur distribuer de l'argent pour les soulever.

» Puisaye annonçait qu'il devait arriver de la poudre; qu'il enverrait dans peu de jours de l'argent et ferait passer des officiers dont moitié serait employée dans le Morbihan. Il

---

(1) On peut en voir les détails dans ses mémoires (tom. II. pag. 589 et suiv.).

marquait de leur faire espérer des brevets, des croix de Saint-Louis, de fixer sans économie leurs appointemens, et de leur demander la liste des hommes qu'ils commanderaient, distribués en compagnie de cinquante hommes, sous les ordres de correspondans.

» Il écrivait enfin, le 27 août, que dans vingt jours il serait de retour d'Angleterre, où il s'est rendu avec l'espérance de décider le gouvernement à faire une descente sur nos côtes.

» En même temps que le comité conférait à ses principaux complices les grades dans les états-majors de l'armée catholique et royale, il faisait en son nom une proclamation à l'armée républicaine, et promettait aux traîtres des récompenses et de l'avancement (1). Il répandait la nouvelle que dix à douze mille Normands s'étaient insurgés et emparés de dix-huit communes patriotes; mais que n'ayant ni officiers, ni plans, ni l'audace d'égorger les patriotes, cette horde avait dépêché vers lui un officier qu'il avait renvoyé avec quelques fonds et le pouvoir d'agir fortement contre les patriotes. Il vantait le service des chouans et invitait les braves à se réunir à eux et aux Normands, pour former un corps d'élite et être en mesure de recevoir les secours promis, ou du moins s'emparer d'une position assez favorable pour s'y fortifier pendant l'hiver.

» Les pièces de comptabilité trouvées dans les papiers du comité apprennent la distribution d'argent faite aux chefs de division et de canton. Il paraît qu'ils ont trouvé le moyen de se procurer de faux assignats (2), et il est probable que l'Angleterre fournit à leurs besoins dans ce genre.

---

(1) Proclamation du 20 août. L'intention de Puisaye était de tenir secret son voyage à Londres, pour se soustraire à la curiosité des intrigans et aux sollicitations des émigrés.

(2) On en connaîtra bientôt la source.

» Il paraît que les conspirateurs étaient encore loin d'avoir formé un noyau d'insurrection dans nos cantons, et qu'ils avaient trop compté sur la facilité d'attacher nos campagnes à leur parti. Ils avaient fait annoncer que, le 6 de ce mois, l'Anglais ferait un débarquement; que l'insurrection éclaterait en même temps; que Dinan serait attaqué et les prisonniers délivrés; et le soir du même jour, soit accident, soit malveillance, la maison de la commune, dont l'incendie pouvait servir de signal aux campagnes et aux prisons, fut la proie des flammes à dix heures du soir. D'autres feux furent aperçus dans le lointain; mais les efforts de la malveillance furent inutiles; on n'a point appris qu'aucun rassemblement se fût effectué, les prisons furent tranquilles.

» *Signé*, FORCOUEFFE, vice-président. »

Du 15. = *Proclamation du général Hoche, aux citoyens des départemens de la Manche, du Calvados, de l'Orne, et communes environnantes, et aux citoyens de la première réquisition.*

« C'est au moment où le génie de la liberté fait triompher les armées de la république, que je suis envoyé pour commander celle des côtes de Cherbourg.

» J'espère que bientôt ne connaissant plus d'ennemis dans ces départemens, l'armée que je commande pourra porter ses armes contre les auteurs de tous les maux qui ont affligé ces belles et malheureuses contrées, et punir les étrangers perfides d'avoir cherché, et malheureusement réussi à semer la division parmi le peuple régénéré.

» Jusques à quand, citoyens paisibles, vos campagnes fertiles seront-elles troublées par le bruit des armes, et infestées de malveillans qui pillent et dévastent vos propriétés? Quand verra-t-on luire ce jour fortuné où des Français rebelles n'assassineront plus la patrie et leurs frères? Quel est leur but, en s'armant contre les troupes de la république? de vous ren-

TOME IV.   9

dre éternellement malheureux ; de perpétuer à l'infini des dissensions intestines et cruelles; de continuer à mériter, par leur infâme conduite, l'or que leur prodigue l'Anglais vaincu partout, et mille fois plus féroce et plus coupable qu'eux.

» Mais parmi ces hommes armés contre la république, n'en est-il pas beaucoup d'égarés ? Est-ce avec connaissance de cause qu'ils font le mal ? Non ;... je ne puis le croire. Cette idée révoltera tout bon Français; et pourquoi renonceraient-ils à ce glorieux nom, à la qualité d'hommes libres et de citoyens ? Pourquoi avec les autres Français n'obéiraient-ils pas aux lois faites par leurs pères et leurs représentans ? Pourquoi ne défendraient-ils pas ces mêmes lois ? Quoi donc ! ces hommes préfèrent les bois et les forêts à leurs toits honorables! Ils préfèrent le nom et le métier de bandits au nom de citoyen et au métier paisible de cultivateur !

» Quelques jeunes gens préfèrent une mort honteuse et inévitable à la gloire de servir la patrie qui, pour un moment, demande leurs bras et va bientôt les renvoyer libres et tranquilles dans leurs foyers. Quel délire! quel égarement! Je reconnais bien là l'ouvrage des méchans. Ils ont empêché que la révolution soit arrivée à son terme; mais la révolution est sublime et immortelle; et ses ennemis, le remords et la rage dans le cœur, sont bien punis d'avoir cherché à lui porter atteinte.

» Ah! Si je pouvais parler à ceux qui ne sont qu'égarés, à ceux qu'un faux zèle anime contre nous, à ceux que la crainte des châtimens retient parmi nos ennemis, je leur dirais : Cessez, Français, de croire que vos frères veulent votre perte. Cessez de croire que la patrie, cette mère commune, veut votre sang. Elle veut, par ses lois bienfaisantes et sages, vous rendre heureux ; elle désire que vous soyez libres, tranquilles et égaux. Rentrez dans son sein, et jouissez-y de ses bienfaits : je vous le répète, elle n'en veut point à vos jours.

» Mais si ma voix ne peut aller jusqu'à ces malheureux dont

le sort m'a touché, c'est à vous, pères, mères, parens et amis; c'est à vous, magistrats, à être auprès d'eux mes interprètes. Dites-leur bien que leur sort est dans leurs mains. Je ne suis point envoyé pour anéantir la population, mais pour faire respecter les lois. Qu'ils posent leurs armes; que, rendus à leurs occupations ordinaires, ils rentrent paisiblement chez eux; qu'ils cessent, par leurs rassemblemens, de troubler la république; qu'ils en suivent les lois; qu'ils ne voient plus en nous que des frères, des amis, des Français enfin.

» J'assure, de la part des représentans de la nation entière, à ceux qui seront tranquilles dans leurs foyers et maintiendront le repos public et général, paix, union, sûreté, protection, liberté, fraternité et garantie de leurs propriétés. Nous y mettrons toute la bonne foi possible. Et moi aussi, j'ai été malheureux! Je ne puis ni ne veux tromper ceux qui le sont. Puissé-je au contraire verser dans leur sein toutes les consolations qu'exige leur état!

» Rentrez donc, citoyens, qui avez été égarés. N'écoutez plus les suggestions de nos ennemis. Croyez qu'ils sont plus particulièrement les vôtres. Je tiendrai toutes les promesses que je fais ici. Vous ne me forcerez pas, j'en suis convaincu, à déployer contre vous un appareil de guerre formidable, que je saurais employer d'une manière efficace contre ceux qui s'obstineraient à préférer le nom de Chouan à celui de Français.

» Je dois déclarer que si, d'après ce que je viens de dire, les rassemblemens, les troubles, les pillages ne cessent pas, j'y mettrai toute l'énergie dont je suis capable; qu'agissant avec des forces imposantes, je poursuivrai les mutins et les rebelles nuit et jour, et que je rendrai responsables des maux qu'ils occasionent, les pères, mères, parens, enfin toutes les personnes qui, par la persuasion, l'autorité, ou les liens du sang et de l'amitié, auraient pu ramener des hommes devenus alors réellement coupables.

» J'invite tous les citoyens à me faire connaître les malveillans et leurs agens. Je déclare que je récompenserai ceux qui auront le courage de m'indiquer les repaires de brigands. »

Du 20. == *Arrêté du conseil militaire de l'armée catholique et royale de Bretagne.*

« Le conseil militaire de l'armée catholique et royale de Bretagne, autorisé par monseigneur le comte d'Artois, lieutenant-général du royaume, en vertu des pouvoirs à lui confiés par Monsieur, régent de France, pénétré de la nécessité de pourvoir, d'une manière efficace et invariable, aux frais immenses qu'exigent l'équipement, habillement, armement, subsistances, solde, etc., des hommes qui se réunissent en foule sous les drapeaux de la religion et du roi, et voulant de plus assurer, tant à ceux qui feront triompher une aussi belle cause, qu'aux pères, mères et enfans de ceux qu'une mort glorieuse ou des infirmités prématurées empêcheraient de subvenir à leurs besoins, des moyens de subsister indépendans de tous les événemens qui pourraient survenir :

» Considérant que la création d'un papier-monnaie légitimement émis, et dont le remboursement soit assuré, est le plus sûr moyen d'y parvenir ; qu'au souverain légitime seul appartient de mettre une telle monnaie en circulation; que, durant la minorité du roi, l'exercice de la souveraineté est entre les mains des princes français dont il a reçu l'autorisation; que néanmoins, dans la crise terrible qui agite la France, la confiance des peuples étant ou trompée, ou forcée, un papier-monnaie qui ne porterait pas tous les signes apparens d'une ressemblance parfaite avec celui que les rebelles répandent avec tant de profusion pour soudoyer des crimes, envahir les propriétés et prolonger la durée de leur usurpation, n'atteindrait pas le but qu'il se propose, et exposerait les fidèles sujets du roi qui s'empresseraient de le recevoir, à de nouvelles vexations, à de nouveaux supplices;

» Arrête :

» ARTICLE PREMIER. Il sera établi une manufacture d'assignats en tout semblables à ceux qui ont été émis ou qui le seront, par la suite, par la soi-disant Convention des rebelles ; ces assignats porteront un caractère secret de reconnaissance, pour que le remboursement en soit fait à *bureau ouvert*, aussitôt que les circonstances le permettront.

» Tous les fidèles sujets du roi, porteurs du papier-monnaie des rebelles, seront admis à en faire l'échange contre ces assignats, en affirmant que les sommes qu'ils porteront leur appartiennent véritablement.

» Art. II. La manufacture, autorisée par leurs altesses royales Monsieur et monseigneur le comte d'Artois, sera, de ce jour et désormais, exclusivement employée au service de l'armée catholique et royale ; les assignats qui y seront fabriqués seront, à fur et à mesure et sans aucune réserve, versés entre les mains des commissaires du conseil militaire, pour être portés sur la côte de Bretagne, et introduits en France par cette seule voie.

» Art. III. MM. l'abbé de Calonne et de Saint-Morys, préposés à la manufacture des princes, continueront de l'être à celle-ci dont ils auront exclusivement la direction et la manutention, ainsi qu'à l'exécution de toutes les dispositions du présent, en tout ce qui concerne les opérations de l'extérieur ; le premier, en qualité de commissaire civil de ladite armée catholique et royale ; le second, en sa qualité d'intendant-général, à l'effet de quoi il leur sera délivré des sommes suffisantes pour faire les premières avances, et par suite les sommes nécessaires pour continuer cette opération sans interruption, desquelles sommes ils tiendront un registre particulier où ils feront inscrire le nombre et la somme des assignats qui composeront chaque envoi qui sera fait en France.

» Art. IV. Comme cette gestion doit être purement de confiance ; que la nature des services de M. l'abbé de Calonne et de M. de Saint-Morys, la position actuelle des choses, leur zèle connu pour la cause de la religion et du roi, et le désintéressement dont ils font preuve, ne permettent pas de leur assigner un traitement particulier, il sera prélevé, indépendamment de tous les frais de fabrication généralement quelconques, une somme suffisante pour entretenir honorablement leur maison ; cette somme sera à leur discrétion, et sans aucune comptabilité que celle de la confiance ; il en sera de même à l'égard de toutes les autres opérations, tous les comptes seront reçus en masse et sans détails.

» Art. V. La quantité d'assignats que produira cette fabrication devant excéder les proportions des besoins journaliers de l'armée, le surplus sera converti, dans l'intérieur, soit en numéraire, soit en marchandises, dont le produit formera une caisse particulière destinée à venir au secours des parens de ceux des royalistes qui auront péri dans le cours de la guerre, et à conserver des capitaux au profit de ceux qui survivront. Pour y parvenir, les produits des échanges qui se feront en France seront directement adressés à MM. l'abbé de Calonne et de Saint-Morys. Les marchandises seront échangées par eux le plus avantageusement qu'il sera possible, et les sommes qui en proviendront, ainsi que le numéraire, seront placés sur la banque d'Angleterre.

» Art. VI. Lorsque l'état de cette caisse sera assez considérable pour pourvoir abondamment à sa première destination, MM. de Calonne et de Saint-Morys seront autorisés à employer une partie du produit pour venir au secours des émigrés français qui, à raison de leur âge ou de leurs infirmités, ne pourraient pas suppléer, pour leurs besoins, à ceux qu'ils reçoivent des gouvernemens étrangers.

» Art. VII. N'importe quelle ait été l'issue de la guerre,

les capitaux appartenans à l'armée catholique et royale seront répartis entre ses membres, dans la proportion qui sera réglée par le conseil, de manière que la portion qui devra appartenir à MM. de Calonne et de Saint-Morys sera la même, pour chacun d'eux, que celles qui seront attribuées aux premiers généraux de l'armée.

» Art. VIII. Le conseil militaire déclare que sa confiance, sans bornes pour MM. de Calonne et de Saint-Morys, exigeant la plus grande latitude de pouvoirs, il n'est entendu par aucun des articles ci-dessus, circonscrire en aucune manière les opérations que ces messieurs croiront devoir être utiles à la cause commune, ni leur imposer aucune nécessité de recourir à l'autorité du conseil dans les circonstances imprévues qui pourraient se présenter, s'en rapportant pleinement à leur honneur, pour tout ce que leur zèle pour la religion et le roi leur aura fait juger convenable et bon, ainsi que pour le secret inviolable qui doit être gardé sur toutes les affaires relatives à l'armée.

» Fait et arrêté le 20 septembre 1794, l'an deuxième du règne de Louis XVII.

» *Signé* le comte Joseph de PUISAYE.

» Par le conseil : *signé* J. DOUDOUIT. »

« Nous soussignés, déclarons accepter les propositions ci-dessus, et promettons, sur notre honneur, de les exécuter en tout ce qui nous concerne. Fait le 5 octobre 1794.

» *Signé* l'abbé de CALONNE, de SAINT-MORYS. »

Forme des comptes qui seront rendus.

Sommes reçues.

En Angleterre. . . . .
De France. . . . .
En marchandises. . . . . .
En numéraire. . . . .

Sommes employées.
Frais de la fabrication. . . . .
Sommes non comptables. .
Placé sur la banque. . . . .

» Approuvé par les membres du conseil supérieur.

» *Signé* le chevalier de Tinteniac, maréchal-de-camp ; le baron de Cormatin, major-général, maréchal-de-camp ; le chevalier Chantereau, lieutenant-colonel, aide-major-général ; Le Roy, colonel, aide-major-général.

» Par le conseil : *signé* Perschais. »

Du 25. = *Le comité de salut public, aux représentans près les armées des côtes de Brest et de Cherbourg.* (*Paris.*)

« Nous reviendrons volontiers sur la destitution du général Canuel, s'il est prouvé qu'il soit sans reproche ; mais il existe au comité plusieurs notes anciennes qui lui sont fort désavantageuses. On assure de plus qu'il est étranger, et plusieurs de nos collègues le regardent comme ayant tenu une conduite plus que suspecte à l'armée de l'Ouest. Le comité vous invite à prendre, à cet égard, les renseignemens les plus exacts (1).

» La situation générale des affaires ne permet pas de vous envoyer vingt-cinq mille hommes, comme vous le demandez. Les derniers états portent l'armée à soixante-treize mille hommes. Il est inconcevable que quelques centaines de brigands, sans organisation, puissent terrifier une pareille masse de forces (2).

» De toutes les mesures proposées dans vos dépêches, la plus

---

(1) Canuel se justifia auprès des représentans et fut conservé.
(2) On avait plus de troupes qu'il n'en fallait pour combattre, mais pas assez pour empêcher l'assassinat et le pillage.

importante est sans doute celle qui concerne les prêtres et les nobles que vous proposez de renfermer, sans distinction, dans les chefs-lieux de départemens. Nous ne pourrions qu'en désirer l'exécution, si elle pouvait avoir lieu sans une nouvelle secousse qui, peut-être, aigrirait le mal au lieu de l'atténuer ; mais nous ne croyons pas qu'il fût prudent d'arrêter tous les prêtres et les nobles, uniquement parce qu'ils sont prêtres ou nobles. Qu'on les fasse arrêter tous, qu'on les réunisse aux chefs-lieux de départemens, c'est une chose très-utile, très-désirable; mais ce n'est pas comme nobles et surtout comme prêtres, ni par mesure de sûreté générale ou en masse, que ces arrestations doivent être faites, c'est individuellement et pour des causes particulières. »

Du 3o. = *Le général Hoche, au comité de salut public.*
(*Alençon.*)

« Assez et trop long-temps on a cru que, pour détruire les brigands qui désolent et la ci-devant Bretagne et la Vendée, il suffit d'y envoyer des hommes. Le système que l'on a constamment suivi de ne combattre des troupes mal armées et indisciplinées qu'avec des troupes armées comme les premières, est abusif et infiniment dangereux. Il est abusif, en ce que les mêmes mobiles n'animant pas toujours les combattans, il est sensible que ceux qui posséderont un plus haut degré de fureur, de superstition, ou qui seront plus habitués aux fatigues de la campagne et aux privations exigées par un régime militaire quelconque, seront nécessairement vainqueurs. Il est dangereux, par la difficulté de faire mouvoir des masses qui n'ont souvent aucun rapport entre elles, et que le défaut de volonté ou d'ordre divisera au premier choc; ce qui n'arrive point aux troupes organisées qui, dociles à la voix de leurs chefs, se meuvent dans tous les sens au signal qu'ils donnent. Il est d'ailleurs utile ici de combattre l'opinion qui accorde la victoire au grand nombre. L'expérience nous a fait connaître les dangers des multitudes insubordonnées.

» Nous osons assurer que la guerre intestine, la plus dangereuse de toutes, serait terminée à la gloire des armes de la république, si les hommes qui ont eu la plus grande influence sur la composition des armées destinées à agir dans cette partie du territoire français, n'avaient été, ainsi que ceux qui les commandaient, ou des ignorans, ou des hommes de mauvaise foi.... Ils ne sont plus; réparons leurs torts autant qu'il est en nous.

» Les Chouans, proprement dits, sont les troupes légères des Vendéens qui les entretiennent. Ces derniers ont senti qu'un corps d'armée ne pouvait se soutenir sur la rive droite de la Loire sans la participation du peuple qui, jusqu'alors, n'a pas donné les mains à ce projet. Il faut donc harceler et tenir en haleine nos deux armées des côtes de Brest et de Cherbourg par les Chouans avec lesquels ils ont la correspondance la plus suivie (1).

» Il est donc nécessaire de considérer les uns et les autres sous un même point de vue, et de marcher contre tous à la fois. Nous allons indiquer les moyens que nous pensons être les plus prompts et les plus sûrs pour les exterminer à la fois par un même mouvement.

» Nous proposons de réunir les colonnes en trois corps: le premier à Nantes, le second à Ancenis, et le troisième à Saumur; et, après avoir laissé une bonne garnison dans cette dernière ville, de marcher sur trois colonnes aux rebelles; et, de concert avec l'armée de l'Ouest, les presser si vivement qu'ils n'aient le temps de respirer que lorsqu'ils seront jetés à

---

(1) Hoche ne connaissait alors ni la Vendée ni la Chouannerie, entre lesquelles il n'y avait point encore d'intelligences suivies. Il sentit plus tard combien ces guerres présentaient de difficultés.

la mer, dans laquelle il faut précipiter ce qu'il en restera (1).

» L'austère discipline, la probité, toutes les vertus républicaines doivent être mises en vigueur. Joindre à la fermeté la clémence envers les hommes faibles et bien reconnus pour tels ; préserver l'habitant de toute espèce de vexation militaire, respecter les propriétés, sont les seuls moyens, suivant nous, à employer pour réussir.

»Le secret des opérations, que nous regardons comme l'âme de la guerre, ne doit être connu que d'un très-petit nombre d'hommes. Il faut éviter, surtout, qu'il transpire dans les états-majors où sont ordinairement rassemblés les premiers intrigans et les moins capables de l'armée. Les représentans du peuple et le général en chef, seul, doivent le connaître. Ce dernier doit lui-même expédier ses ordres en conséquence.

» Comme nous ne croyons pas aux prestiges superstitieux, enfans d'une terreur panique, nous sommes persuadés du succès, si les troupes sont disciplinées et conduites par des hommes braves, sûrs et probes. »

---

(1) C'était toujours supposer que les Chouans se tenaient réunis par corps d'armée que l'on pouvait rencontrer et combattre à son gré.

CHAPITRE XX.

Octobre 1794. Du 10 vendémiaire } an III.
au 10 brumaire.

§ Ier. Le général Grignon, au comité de salut public; envoie, pour sa justification, des extraits d'ordres qu'il a reçus. — Le comité de surveillance de Nantes transmet au représentant Bo une déclaration relative au massacre de patriotes munis de certificats de civisme. — Lecouvreur, commandant la place de Nantes, fait connaître au comité de salut public sa position difficile. Plan proposé par le général Canclaux au comité de salut public. — Nomination du général Canclaux au commandement de l'armée de l'Ouest; du général Dumas à celui de l'armée des côtes de Brest; et du général Moulin à celui de l'armée des Alpes. — Rapport du général Dumas au comité de salut public sur l'armée de l'Ouest, effectif de cette armée. — Turreau, au président de la Convention nationale; il se rend à Paris. — Adresse à la Convention. — Les représentans, au comité de salut public; observation sur l'armée et sur le général Jacob. — L'administration de Nantes, au même; l'ennemi est toujours aux portes de Nantes. — Réclamation du représentant Turreau contre les imputations qui lui ont été faites dans la séance du 8 vendémiaire (29 septembre.) — Compte décadaire envoyé par Beaupuy au comité de salut public. — Girard, au comité de salut public; événemens dans la basse Vendée au mois de janvier 1794. — L'administration de Nantes transmet au comité de salut public cent vingt pièces servant à prouver l'immoralité des généraux de la Vendée. — La route de Montaigu interceptée, enlèvement d'une ambulance par les Vendéens. — Dénonciations adressées par Danican au représentant Vernier. — Le représentant Boursault annonce au comité de salut public qu'il est appelé à Angers par son collègue Ruelle pour concerter les plans d'attaque et de défense. — Compte décadaire adressé au comité de salut public par l'adjudant-général Thouron. — Conduite des Vendéens sur les derrières des camps; lettre de l'administration de Saint-Maixent. — Justification adressée par le général Cordellier au comité de salut public. — Le général Grignon demande a être entendu et jugé. — Le représentant Bezard rend compte au comité des tentatives faites par les Vendéens contre le camp d'Érigné. — Demandes des commissaires de la commune de Nantes au comité de salut public. — Rapport des comités réunis chargés d'examiner les plaintes portées contre Carrier, opinion qu'il y a lieu à examen. — Hommage fait à la Convention par Lequinio de son ouvrage sur la guerre de la Vendée et des Chouans.

Du 2. = *Grignon, général divisionnaire suspendu, au comité de salut public.* (*Blois.*)

« S'il faut en croire la clameur publique, on m'accuse d'avoir porté la mort et la flamme dans le pays rebelle. Sans doute je suis coupable, si ce sont là mes crimes; mais il en est un qui me rend bien plus coupable encore, c'est celui de l'obéissance et de la subordination (1).

» Éloigné de toute délibération, je n'ai connu les arrêtés des conseils que pour les exécuter. Veuillez lire avec attention les extraits suivans des ordres du général en chef Turreau et du représentant Francastel; vous y trouverez des ordres précis, vous y verrez même des plaintes, non pas sur ma lenteur, non pas sur mon défaut de zèle, mais sur ce que trop d'humanité accompagnait ma marche, sur ce que je faisais trop de prisonniers, sur ce qu'enfin j'épargnais trop de victimes. »

---

(1) On voit dans cette déplorable guerre à quel degré d'atrocités peut conduire le principe de l'obéissance aveugle et passive aux ordres d'un chef militaire.

Extraits des ordres du général Turreau.

« Le général Grignon emploiera tous les moyens pour découvrir les rebelles; tous seront passés au fil de la baïonnette. Les villages, métairies, bois, genêts, et généralement tout ce qui pourra être brûlé, sera livré aux flammes. »

Le même.

« Continue, mon camarade, à brûler ce pays et exterminer les rebelles. Plus je vais, et plus je suis à portée de juger qu'il y a peu d'habitans à excepter de la proscription. »

Le même.

« Il est bien étonnant, mon camarade, que tu me demandes s'il faut désarmer les gardes nationales de la Vendée; c'est mettre en question s'il est prudent d'ôter à nos ennemis les moyens de nous faire plus de mal. Croyons que dans ce maudit pays nous ne devons nous fier à personne, et agissons en conséquence. »

Extraits des lettres de Francastel.

« Tu fais trop de prisonniers,... nos prisons en regorgent. Des prisonniers dans la Vendée !.... Il ne faut épargner ni les moulins, ni les maisons isolées; c'est à quoi il faut s'attacher par ordre du comité de salut public (1). »

Le même, 29 janvier. (Angers.)

« Je t'engage à continuer avec la même activité et la même inflexibilité révolutionnaire. Je compte bien que le mouvement actuel de la Vendée sera le dernier, et que le pays sera purgé de ses infâmes habitans. »

---

(1) Cette lettre est antérieure à la marche des douze colonnes, époque à laquelle il ne fut plus question de faire des prisonniers. On ne trouve jusque-là aucun ordre particulier du comité de salut public pour l'incendie des moulins et des maisons isolées.

Du 6. = *Le comité de surveillance, au représentant Bo.*
(*Nantes.*)

« Le comité t'adresse une déclaration du citoyen Philbert et de la veuve Brand, de la commune de Vallet, relativement au massacre des patriotes munis de certificats de civisme, lors du passage de la colonne révolutionnaire de Cordellier. Tu verras que trente-un hommes et femmes, sans compter les enfans, ont été assassinés. Quantité d'autres, dont on ignore les noms et qui allaient au-devant de la colonne, leurs certificats à la main, ont éprouvé le même sort.

» Charette est général en chef dans la basse Vendée; les deux Debruc du Clairé commandent du côté de Monière; Goyet de Clisson commande la division de Vallet. Une forte colonne doit attaquer Montaigu. Les brigands ont nommé des commissaires pour faire les vendanges des patriotes. »

Lecouvreur, commandant la place de Nantes, au comité de salut public. (*Nantes.*)

« Douze mille toises de fortifications à défendre, des rivières à surveiller, quatre-vingt-treize pièces de canon et cent dix postes à garder; point de garnison, vu les besoins du camp de Ragon, ci-devant camp de la Roullière; trois mille six cents hommes au plus de garde nationale disponible; mille hommes d'infanterie et trois cents canonniers de service chaque jour; telle est exactement ma position. »

Du 7. = *Le général Canclaux au comité de salut public* (1).
(*Paris.*)

« Je propose au comité de former une armée de cinquante

---

(1) Le général Canclaux avait été invité à donner au comité ses vues sur la guerre de la Vendée; le 8, il fut nommé par décret de la convention général en chef de l'armée de l'Ouest; le général Dumas fut nommé au commandement en chef de l'armée des côtes de Brest, et Moulin à celui de l'armée des Alpes.

mille hommes, dont sept mille pris dans l'armée de Cherbourg, vingt mille dans celle de Brest et vingt-trois mille dans celle de l'Ouest, laquelle, après avoir balayé la côte et une partie du pays, irait s'établir à Mortagne, comme point central des mouvemens.

» Je considère la chouannerie comme un brigandage qui peut être réprimé par la gendarmerie (1). »

Du 9. = *Dumas, général en chef, au comité de salut public.*
(*Fontenay.*)

« J'ai voulu voir par moi-même avant de vous faire un rapport sur l'armée; voici le résultat de mes observations et de mes réflexions :

» Plusieurs bataillons n'ont point de consistance, d'anciens cadres sont réduits à deux cent cinquante hommes. Il faudrait une quantité considérable de recrues qui, de long-temps, ne seront propres à faire la guerre, surtout la guerre de la Vendée.

» L'esprit d'indiscipline et de pillage, produit par l'habitude et nourri par l'impunité, sera très-difficile à réprimer.

» Vous le savez, citoyens représentans, la Vendée a été traitée comme une ville prise d'assaut; tout y a été saccagé, pillé, brûlé. Il existe peu de généraux capables de faire le bien. Presque tous les bataillons sont réduits à une faiblesse extrême par les pertes qu'ils ont essuyées. Il règne dans toute l'armée un abandon déplorable, un esprit d'insubordination et de pillage, et il n'y a aucune instruction. Comment convaincre les habitans de ces contrées de votre justice, lorsque les troupes la violent? de votre respect pour les personnes, les propriétés, lorsqu'elles pillent?... En changeant de système, il faudrait changer d'hommes. Cependant la Vendée n'est pas dangereuse pour la république. Je crois que la guerre peut être terminée.

---

(1) Le général ne connaissoit pas la chouannerie à cette époque.

» 1°. En renouvelant une partie de l'armée et y faisant passer des troupes aguerries et disciplinées.

» 2°. En faisant un choix épuré de tous les officiers-généraux qui y seront employés et qui réunissent *expérience*, *lumières* et *probité*.

» Je crois la tâche qu'on m'a imposée au-dessus de mes forces ; ces opérations exigent des talens indépendans des connaissances militaires ; et je vous prie de me décharger de ce fardeau.

» Voici l'effectif de l'armée au 7 de ce mois :

» Effectif avant l'encadrement. . . .	46,475	
» Réquisition pour le complément. .	1,412	47,887
» Aux hôpitaux.	15,621	
» Sapeurs et pionniers non combattans	2,452	21,739
» Artillerie.	3,666	

» Disponible des combattans des garnisons et des côtes. 26,148

Du 9 = *Le général Turreau, au président de la Convention nationale.* (*Laval.*)

« Je me rends à Paris avec toute la promptitude que peut comporter ma santé affaiblie par de longs travaux ; mais je crains de n'être point entendu du comité avant le rapport qu'il doit faire à la Convention. Le jour de la justice est arrivé pour moi ; loin de le redouter, je brûle de voir le moment où il me sera permis de me justifier enfin de toutes les dénonciations faites contre moi depuis long-temps. Quand on peut prouver des intentions pures, on ne doit s'attendre à trouver que des défenseurs dans le sein de la Convention nationale. »

Adresse à la Convention nationale, jointe à cet envoi :

« Je m'indigne d'être dénoncé comme complice ou prosélyte d'un conspirateur que je n'ai jamais connu. Je suis si fort du sentiment de ma conscience, que je voudrais pouvoir être jugé par le représentant même qui m'a dénoncé. On a tronqué les faits les plus importans ; on a supposé des ordres que je n'ai jamais donnés, que toute ma correspondance démentira. On m'impute des atrocités que j'ai cherché à prévenir et dont j'aurais sévèrement puni les auteurs, si j'en eusse été le témoin. Je ne fus jamais un lâche assassin, et, pour me justifier aux yeux de la Convention nationale, il me suffirait de lui présenter la lettre que j'ai écrite au comité de salut public le 29 frimaire (19 décembre 1793) (1), dans laquelle je proposais une proclamation dont le but eût été d'encourager, par l'espoir du pardon, la désertion qui s'était manifestée parmi les brigands lors de leur passage à Ancenis, proclamation qui aurait produit le meilleur effet sur la rive droite et peut-être même sur la rive gauche de la Loire Cette lettre resta sans réponse ; et peu de jours après qu'elle fut écrite, ces brigands furent condamnés par différens comités ou commissions, particulièrement à Angers, qui refusèrent d'en conférer avec moi.

» J'avais calqué les mesures que j'ai employées sur le décret du 1er. août 1793 ; les représentans Bourbotte, Francastel et Turreau avaient approuvé mes opérations (2).

» Les représentans Garrau, Francastel et Prieur de la Marne ont pris un arrêté relatif aux libelles répandus dans Nantes sur l'évacuation de Mortagne (3).

» Avant que le comité de salut public fasse son rapport, je demande à être entendu ; je donnerai des renseignemens sur

---

(1) Il ne se trouve aucun indice de cettre lettre. Turreau était alors à Angers.

(2) Ils refusèrent au contraire de les autoriser par leur présence.

(3) Turreau sollicita et obtint de ces représentans un arrêté qui mettait en jugement les officiers de la garnison de Mortagne, etc.; le comité de salut public s'opposa à l'exécution de cet arrêté.

cette guerre malheureuse qui n'est pas encore connue. Je prouverai quelle était la force des brigands à mon arrivée à l'armée de l'Ouest ; je prouverai qu'on avait trompé la Convention en assurant que toutes leurs forces étaient sur la rive droite de la Loire et qu'on avait détruit jusqu'au dernier de quatre-vingt mille combattans ; je dirai quelles étaient les ressources des brigands sur la rive gauche, et j'invoquerai à cet égard le témoignage de Garrau, Francastel, Hentz et Prieur de la Marne, qui ont entendu la Cathelinière dire que les dernières mesures adoptées pour la destruction de son parti l'avaient réduit à la plus cruelle situation. L'établissement des camps ne pouvait qu'accélérer sa ruine et s'il s'est opéré des changemens dans l'armée de l'Ouest, depuis mon départ, on ne peut m'en rendre responsable. »

Du 9. = *Les représentans du peuple, au comité de salut public.* (*Fontenay.*)

« Nous avons visité les différens camps et cantonnemens de l'armée. Nous avons remarqué beaucoup de désordres que nous tâcherons de réparer. Nous avons trouvé des bataillons tout nus, sans souliers, sans armes, enfin dans un état d'abandon effrayant.

» Nous avons recueilli sur la conduite du général Jacob des faits très-graves ; nous allons le faire mettre en arrestation. »

Du 10. = *L'administration de Nantes, au comité de salut public.* (*Nantes.*)

« Les brigands sont toujours à nos portes ; ils viennent d'incendier des villages sous nos yeux. Le camp de Ragon, affaibli par des détachemens continuels, ne peut rien protéger ni même résister. Il est bien à craindre que les brigands ne se portent en force sur la fonderie d'Indret. Le général Jacob, commandant le camp, n'a pu faire relever ses gardes depuis cinq jours. »

Du 11. == Turreau, représentant du peuple près les armées des Alpes et d'Italie, à la Convention nationale. (Nice.) Extrait.

« J'ai été calomnié à la séance du 8 vendémiaire (29 septembre.) J'ai servi la république dans les champs de la Vendée de tous mes moyens. Mon collègue Maignen vous a dit que, *témoin des horreurs commises dans la Vendée, j'excusais mon parent*. Cependant je quittai l'armée aussitôt que mon parent en prit le commandement. Je résistai à l'invitation du comité de salut public, qui m'avait envoyé une nouvelle commission. J'avais une espèce de pressentiment qu'on m'associerait un jour aux fautes que pourrait commettre mon parent dont j'ai blâmé hautement la rapidité de l'avancement militaire. Hentz, Garrau et Prieur de la Marne en sont témoins. Loin d'avoir excusé la conduite du général Turreau, je n'ai jamais été témoin de ses opérations. »

Du 13. == Beaupuy, chef de l'état-major, au comité de salut public. (Fontenay.) Compte décadaire.

« L'adjudant-général Cordellier, commandant le camp de Pierre-Levée, sous les Sables, s'est porté dans la nuit du 1er. octobre sur Martinet, avec six cents hommes d'infanterie et soixante cavaliers. On lui avait annoncé un rassemblement : il n'a trouvé que quelques rebelles, dont quarante ont été tués. Il demande une augmentation de forces pour pouvoir approvisionner la place des Sables en bois et en grains.

» Depuis l'enlèvement du camp des Moutiers-les-Maufaits (1), les rebelles ne cessaient de faire des courses sur la

---

(1) Pendant que les chefs de la basse Vendée enlevaient les petits camps de la Roullière, de Fréligné et des Moutiers-les-Maufaits, restés presque sans forces, il n'était bruit à la Convention que des crimes commis dans la Vendée. Il fut sursis, dans la séance du 14, à l'exécution du jugement de la commission militaire qui condamnait à mort madame de Bonchamps : ce fut un acte de justice.

route des Sables à Luçon, entre les postes d'Avrillé et Saint-Cyr; ils se réunissaient au château du Givre où Delaunay commandait. Des ordres ont été donnés pour occuper ce château. Le 3, deux cents hommes de Saint-Amand et vingt-quatre dragons s'y sont établis. L'amazone Buely, célèbre par ses cruautés, est venue l'attaquer; elle a été repoussée vivement; elle a fait une nouvelle tentative avec plus de forces, mais le poste ayant été fortifié et le château crénelé, les rebelles ont été obligés de prendre la fuite, quoique six fois plus nombreux.

» Des renseignemens multipliés annoncent de grands rassemblemens, on tâchera de les prévenir. On regrette d'être hors d'état de les attaquer les premiers.

» Le 9, on avait projeté un enlèvement de bois aux environs des Sables, sous l'escorte de cent cinquante fantassins et vingt chasseurs à cheval. Les rebelles, prévenus sans doute, se sont présentés au nombre de trois cents hommes et cent de cavalerie. Le détachement a été forcé à la retraite avec perte de onze volontaires. Le chef des rebelles avait un chapeau bordé en or. »

Du 16. = *Girard*, *au Comité de salut public.* (*Paris*.)

« J'étais dans le courant de nivôse (janvier 1794), à Légé. Carpentier y passa avec une colonne de l'armée du Nord, pour fouiller les forêts voisines, quoique à cette époque il n'y eût plus de rassemblemens de brigands. Les habitans de ce pays comptaient tellement sur le retour de la paix, que, sur le premier avis, les paysans se rendaient de deux lieues à Légé avec bœufs et charrettes pour le service de l'armée ; de là on les envoyait à Nantes chargées de grains et de vin ; mais la conduite atroce et barbare des généraux a bientôt mis un terme à cet ordre de choses.

» Le 12 janvier, on amena de la commune de Saint-Étienne plus de trois cents hommes, femmes, enfans et vieillards qui furent fusillés à Légé par ordre de Carpentier. Depuis long-temps on jouissait de la tranquillité la plus profonde dans la commune de Saint-Étienne, voisine de la forêt de Roche-Servière; ses habitans et d'autres des communes voisines avaient rendu leurs armes. Les chemins étaient si libres et si sûrs, que pendant trois mois il ne s'était pas commis un seul assassinat sur la route. Depuis l'entrée de Turreau, tout a changé, le noyau de Charette se grossit considérablement, il attaqua et enleva le poste de Légé, tua deux cents hommes et prit les canons et les munitions (1). »

Du 16. = *L'administration de Nantes, au Comité de salut public.* (*Nantes.*)

« Nous vous envoyons cent vingt pièces servant à prouver l'immoralité et la mauvaise conduite des généraux employés dans la Vendée, et les horreurs qu'ils y ont commises. Les généraux les plus inculpés sont Duquesnoy, Lefaivre, Jacob, Huché, les deux Cordellier, Sabatier et Dusirat (2). »

Du 17. = *L'administration provisoire, au Comité de sûreté générale.* (*Montaigu.*)

« La route de Montaigu est interceptée; une ambulance vient d'être enlevée par les brigands; des volontaires, des femmes ont été massacrés; Montaigu est cerné, sa garnison est très-faible. »

Cependant le général Turreau était détenu au château du Luxembourg. Le 18, il écrivit au comité de salut public pour demander que ses papiers

---

(1) La tranquillité de cette partie du pays était due à la conduite du général Haxo. Les faits imputés à Carpentier signalèrent les premiers pas de Turreau dans la Vendée.

(2) On faisait alors une enquête générale sur les généraux de la Vendée; il suffisait de lire les ordres du général en chef.

saisis lui fussent remis pour sa défense et sa justification.

Le général Danican s'empressa de se mettre au rang des dénonciateurs. Il avait à se plaindre de la suspension qu'il avait subie après le siége d'Angers, époque à laquelle il cessa de faire partie de l'armée de l'Ouest. Remis depuis en activité à l'armée des côtes de Brest, il n'avait pu voir par lui-même ce qui s'était passé dans la Vendée. Cependant il écrivit le 20 octobre, de Saint-Brieuc, au représentant Vernier :

Du 20. = « Employé dans la Vendée comme colonel du huitième régiment de hussards, ensuite comme général de brigade, personne ne peut donner des éclaircissemens plus détaillés sur la guerre de la Vendée.

» J'ai vu massacrer des vieillards dans leur lit, égorger des enfans sur le sein de leur mère, guillotiner des femmes enceintes, brûler des magasins immenses de grains et de denrées, etc.

» J'ai eu un cheval tué sous moi à l'affaire du 15 juillet, en décidant la victoire; j'ai reçu un coup de feu le 17; j'ai sauvé la ville d'Angers, où j'ai été suspendu de mes fonctions, après avoir battu quatre-vingt mille brigands (1). »

Du 21. = *Le représentant Boursault, au Comité de salut public. (Nantes.)*

« Je vous préviens que notre collègue Ruelle vient de m'adresser l'invitation de me rendre à Angers pour y concerter avec les généraux les plans d'attaque et de défense.

---

(1) Le général Hoche a dit de Danican que c'était le plus mauvais sujet de son armée.

Du 22. — L'adjudant-général Thouron, au Comité de salut public. (Fontenay.) Compte décadaire.

« Le commandant du camp de Ragon annonce que les brigands projettent de s'emparer de quelques-uns de nos postes, et qu'il se forme à Saint-Philbert un rassemblement de sept à huit mille hommes.

» Quatre cents hommes d'infanterie et trente de cavalerie ont attaqué un détachement venant de Montaigu et formant l'escorte d'un convoi. Le détachement a opposé une forte résistance. Il a eu quatre hommes tués, six blessés, et a perdu un caisson. Quoique le camp de Montaigu soit retranché et la grande route fermée par des chevaux de frise qui la traversent, le commandant demande des forces.

» On ne peut évacuer les malades des Sables sur la Rochelle par terre. La route à Luçon n'est pas libre. Une védette a été tuée au port du Givre, et un caisson de vivres enlevé par les brigands.

» L'adjudant-général Cordellier fait journellement des sorties qui lui procurent des enlèvemens assez considérables de farines et fourrages.

» Le 15, les camps de Largeasse et Chiché ont fait une sortie, huit brigands ont été tués.

» Le camp du pont Charon était menacé, l'adjudant-général Delaage y est entré avec ses forces.

» Le 20, un caporal du douzième bataillon du Bec-d'Ambez, ayant avec lui six hommes du camp de la Châtaigneraie, a attaqué vingt-cinq brigands, les a mis en déroute et leur a tué quatre hommes, parmi lesquels un chef armé d'une carabine, une paire de pistolets et un sabre.

» Le même jour, un détachement sorti du camp de Largeasse, a soutenu une fusillade de plus d'une heure contre cinq cents brigands dont quarante ont été tués, et un grand nombre blessés. Un prêtre s'est trouvé parmi les morts. Ce succès a valu la prise de deux caisses de tambours, des selles, des bottes, quinze fusils, etc. Luneau et Baudu, chefs pris sans armes, ont été faits prisonniers. Nous avons perdu sept hommes et six blessés, dont deux à mort. »

Du 24. = *L'administration de Saint-Maixent, au Comité de salut public. (Saint-Maixent.)*

« Les brigands passent sur les derrières des camps, égorgent tout ce qu'ils rencontrent, et surtout les fonctionnaires publics. Il est urgent et nécessaire de renforcer le cordon de troupes autour de la Vendée. »

Le général Cordellier, au Comité de Salut public. (Mont de l'Égalité.)

« Le Moniteur, n°. 32, dit : *Le général Cordellier, d'après les débats, était présent lorsqu'on a fusillé huit officiers municipaux de la Jumelière, revêtus de leurs écharpes ; le secrétaire greffier de cette commune fut du nombre, et cette municipalité était regardée comme la plus patriote du canton.*

» Je veux dire la vérité toute entière. La hiérarchie militaire, plus encore que ma responsabilité, m'imposait le devoir d'obéir à mes chefs. Malgré l'ordre impératif du général en chef, du 30 nivôse (20 janvier 1794), de purger par le fer et le feu tout ce que je rencontrerais sur ma route, je ne pus me résoudre à faire fusiller tout le monde indistinctement. Je cherchai à distinguer l'innocent du coupable. D'après les renseignemens que je pris sur les membres de la municipalité de la Jumelière, le maire fut épargné. J'ai fait mon devoir, j'ai exécuté les ordres de mes chefs, j'ai fait respecter la loi, j'ai remporté sur les brigands huit victoires plus éclatantes les unes que les autres, j'ai soustrait à la mort plus de six cents individus des deux sexes et de tous les âges, en les protégeant jusque sur les derrières de l'armée ; voilà ce que j'ai fait, voilà ma conduite. »

Du 28. = *Le général Grignon, au Comité de salut public.*
(*Château du Luxembourg.*)

« Je demande à être entendu et jugé. Je n'ai été qu'un simple porteur d'ordres et des représentans en mission et des généraux en chef. Me ferait-on un crime d'avoir exécuté leurs ordres ? Je ne puis le croire. »

Du 29. = *Le représentant Bezard, au Comité de salut public.*
(*Angers.*)

« Les brigands, instruits de l'établissement d'un camp sur les hauteurs d'Érigné, ont fait des tentatives pour s'en emparer, ils ont été repoussés. Des habitans de Brissac et de Saint-Mélaine, au nombre de vingt-huit, se sont battus contre eux pendant cinq heures; mais ils manquaient de cartouches. »

Les commissaires de la commune de Nantes, au Comité de salut public. (*Nantes.*)

« La nomination du général Canclaux au commandement en chef de l'armée de l'Ouest nous donne l'espoir de voir enfin terminer la guerre de la Vendée; mais nous pensons qu'il est indispensable d'étendre son commandement à la portion de notre département sur la rive droite de la Loire, afin de faciliter ses opérations militaires (1). L'enlèvement du camp de la Roullière aux portes de Nantes, sur la rive gauche, vous en fera sentir la nécessité. Lorsque ce camp fut attaqué, le général Jacob réclama du secours à Nantes. Le commandant de la force armée qui s'y trouvait, appartenant à l'armée des côtes de Brest, ne crut pas pouvoir accéder à cette demande, sans ordre ou autorisation de son général, et le camp fut forcé par les brigands. Cet exemple, encore récent, vous déterminera sans doute. »

Les plaintes et les dénonciations dirigées contre

---

(1) Cette mesure fut adoptée le 26 novembre pour la place de Nantes.

les auteurs des crimes commis dans la Vendée arrivaient de toutes parts, soit à la Convention, soit au comité de salut public. La procédure instruite au tribunal révolutionnaire contre Vial, ancien maire de Chalonnes et procureur-général du département de Maine-et-Loire, acquitté le 28 octobre, avait dévoilé les atrocités commises à Angers : celles commises à Nantes étaient imputées à Carrier. Déjà la Convention avait chargé ses comités réunis d'examiner les plaintes portées contre ce représentant et de lui faire un rapport à ce sujet. Ce rapport eut lieu dans la séance du 29; l'opinion des comités fut qu'il y avait lieu à examen de la conduite de Carrier. On nomma en conséquence une commission de vingt et un membres.

Le 28, le représentant Lequinio avait fait hommage à la Convention de son ouvrage sur la guerre de la Vendée et des Chouans, collection de déclamations et dénonciations contre les généraux de la Vendée. L'auteur a eu soin de déterminer l'époque des crimes dont il s'agit. *Je parle*, dit-il dans une note (page 14), *en ventôse*, c'est-à-dire postérieurement à l'entrée des colonnes incendiaires dans la Vendée vers la fin de nivôse.

Chouannerie.

§ II. L'agent national d'Évron, au comité de salut public; marche de six petites colonnes contre les Chouans.—Le général Hoche, au citoyen Carnot.—Conduite des Chouans dans les districts de la Ferté-Bernard, Ingrande, Ségré.—Les représentans Tréhouard et Faure invitent le comité de salut publie à fixer des limites aux pouvoirs des députés en mission, pour éviter la confusion.—Compte rendu par le représentant Boursault au comité de salut public. — Le lieutenant-général du royaume, au comte de Puisaye. — Le chef de brigade, Lacombe, au comité de salut public; ses vues sur les moyens de maintenir la tranquillité. — Le comte de Puisaye, au chevalier de la Vieuville; instructions qu'il lui donne.— Comptes rendus par les représentans Bouret et Leyris, au comité de salut public. — Conduite des Chouans dans les districts d'Ancenis, de Vannes, Josselin. —Réflexions de Hoche adressées au représentant Bollet.

Du 1er. = L'agent national, au Comité de salut public.
(Évron.)

« Le général Humbert a établi des cantonnemens dans ce district. Six petites colonnes viennent de le parcourir; deux ont été repoussées, les autres ont mis les brigands en déroute.

» Le maire de la commune de Montrochard a été assassiné par les Chouans. »

Le général Hoche, au citoyen Carnot, membre du Comité de salut public. (Vire.)

« La confiance qu'ont fait naître aux représentans du peuple près les armées des côtes de Brest et de Cherbourg, le développement de quelques talens militaires et un patriotisme, sans doute bien épuré, vont, je le présume, engager ces citoyens à demander incessamment pour moi, au Comité de salut public, le commandement des deux armées ; ce qui, en m'attirant de nouveaux ennemis, ne manquerait pas de réveiller la haine des anciens. Si donc tel est mon sort, que je doive être malheureux par l'estime que me vouent des hommes revêtus d'un caractère auguste, je dois préférer l'obscurité. En conséquence je t'invite, citoyen, à ne pas trouver mauvais la demande que je ferai, de ma démission, dans le cas où cette proposition me serait faite. Si alors, dans mes humbles foyers, je puis, dans d'autres fonctions, être utile à la république, l'amour que je lui porte est assez connu pour que l'on m'emploie avec confiance. »

Du 2. = L'administration, au Comité de salut public.
(Ségré.)

« Les Chouans tuent, pillent, brûlent sur tous les points du district. Depuis six mois, pas une route n'est libre, plus de trois cents patriotes ont été égorgés, les officiers municipaux ont éprouvé le même sort. »

L'agent national, au Comité de salut public.
(La Ferté-Bernard.)

« Un noyau de contre-révolution, formé dans ce district, vient d'éclater. Il est à désirer que l'on prenne promptement des mesures pour en arrêter les suites. »

Du 4. = L'administration, au Comité de salut public.
(Ingrande.)

« Les Chouans ne permettent plus que l'on transporte des campagnes ni grains, ni denrées. Ils tuent jusqu'à des femmes qui en conduisent. Deux malheureuses femmes viennent d'être tuées avec leurs chevaux. »

Les représentans Trehouard et Faure, au Comité de salut public. (Brest.)

« Nous sommes spécialement chargés de la surveillance des côtes et ports ; cependant nos collègues Boursault, Ruelle et Bollet prennent des arrêtés dont les dispositions s'étendent à cette surveillance. Il est donc nécessaire et urgent de fixer des limites aux pouvoirs attribués par le comité aux représentans en mission, si l'on veut prévenir la confusion qui s'introduirait dans nos opérations. »

Du 9. = Les représentans Leyris et Bouret, au Comité de salut public. (Ploermel.)

« Ces contrées manquent de forces. Pour terminer la guerre,

il faut de bonnes mesures, des hommes actifs et courageux, un général en état de faire de bonnes dispositions, et non pas de ces hommes qui veulent faire durer la guerre, de ces généraux qui se font un patrimoine de cet état.

» L'un de nous se rendra bientôt à Vannes pour l'organisation des autorités constituées ; mais il y aura des difficultés à surmonter, car on propose, pour les places, d'anciens fonctionnaires destitués pour cause de fédéralisme. »

Du 10. = *Le représentant Boursault, au Comité de salut public.* (*Rennes.*)

« Je n'avais pas prévu que le comité enverrait au général Moulin l'ordre de se rendre sur-le-champ à Paris (1).

» On s'occupe de la réforme des états-majors. L'indiscipline de la troupe a fait autant d'ennemis à la république que l'aristocratie et le fanatisme. La négligence s'étend jusqu'aux bagnes d'où il échappe beaucoup de galériens.

» L'insurrection prend un caractère alarmant dans le Morbihan. Nos collègues Leyris et Bouret doivent s'y rendre promptement.

» Je n'insiste plus sur Canuel, *ci-devant abbé*, je ne crois pas devoir le conserver ici.

» La conspiration découverte à Dinan n'était qu'une fraction de celle dont je tiens les fils. Il est nécessaire d'établir une commission particulière et centrale pour suivre et interroger tous les prévenus avec le plus grand soin, et d'organiser l'espionnage.

J'ai pris des arrêtés pour le renouvellement des comités révolutionnaires et l'épuration des autoritées constituées. J'aurai fini ici mes travaux le 13 ou le 14 ; de là j'irai organiser et révolutionner les districts et cantons de Vitré, Fougères, Bain, Redon, la Guerche, etc. ; de là à Saint-Malo et dans

---

(1) Moulin venait d'être nommé au commandement de l'armée des Alpes ; il devait être remplacé par le général Dumas.

les côtes du Nord, sans que la commission centrale, établie à Rennes, éprouve le moindre retard.

Les patriotes ne sont pas les seuls à employer pour découvrir la retraite des brigands, il faut aussi traiter avec les brigands, les gagner, les payer. Il est un ancien maréchal des logis, nommé Villambre, qui a émigré avec les officiers de son régiment, qui de là a passé en Angleterre et est rentré en France, chargé de lettres des princes. Cet homme, singulier par son esprit, son intrigue, son insouciance, son audace, nous a donné de grands renseignemens. Ennuyé d'être l'agent de ces hordes de scélérats, il les avait quittées, s'était introduit dans nos bataillons ; mais le remords le tourmentait, il s'est dénoncé lui-même, demandant à être guillotiné. Cet homme, envoyé en Angleterre ou dans le Morbihan, pourrait nous rendre de grands services. Il est capable de tout et peut tout. Sa tête tombée importe peu. J'espérerais beaucoup de lui, en lui donnant sa grâce ; mais je n'aurais jamais pu prendre sur moi de le faire, sans l'avis de mes collègues Bollet et Ruelle, et sans un arrêté de vous. Jamais je n'ai vu un homme aussi étonnant, *c'est le père Jean de Domfront*. Il pourrait, s'il était mis en liberté, nous faire prendre une partie des chefs du Morbihan.

» Il s'est élevé une affaire majeure entre Carrier et Tréhouard, au sujet d'un nommé Lebateux, qui m'a paru un homme de sang, et que j'ai cru devoir faire arrêter.

» On a découvert l'argenterie de Puisaye dans la rivière d'Ille-et-Vilaine. Il y a quatre-vingt-trois marcs que j'enverrai à la Convention, avec les quarante mille livres en numéraire.

» Les environs de Fougères, Vitré, Redon, Laval, sont en ce moment assez tranquilles ; mais les bords de la Loire à Ancenis et Varades sont fortement inquiétés.

» Nous attendons Ruelle, et le 21, nous prendrons de grandes mesures.

» Les mises en liberté sont d'un travail bien délicat et bien difficile. Il n'y a pas de formes que ne prennent les aristocrates pour se faire croire patriotes ; les nobles pour se faire roturiers ; les prêtres pour se dire honnêtes gens ; mais je suis aussi prompt à les réincarcérer, que j'ai été susceptible pour leur mise en liberté. Jusqu'à la sœur de Botidoux qui avait, à la vérité, tous les certificats pour elle, et que j'ai cru devoir faire reprendre.

» Malgré toute mon activité, il me sera impossible d'exécuter, dans toute son étendue, le décret de la Convention ; qui enjoint aux représentans de renouveler les autorités constituées et les comités révolutionnaires pour le 21 du courant. J'ai, à moi seul, les côtes du Nord et l'Ille-et-Vilaine, ce qui forme dix-huit districts. On me demande aussi dans la Mayenne, où il n'y a pas de député.

» Je dois vous faire l'éloge du citoyen Leperdit, maire de Rennes, homme vertueux, vrai sans-culotte, actif, infatigable, pris dans la classe la plus indigente, tailleur sans fortune, jouissant de l'estime et de la vénération publique. Je vous propose de l'indemniser.

» *Voici les noms des chefs chouans du Morbihan*

» *Botidoux*, ex-constituant ; *Joson-Troussier*, *Beaumanoir*, *Lemoine*, *Boishue*, *Queferon*, *Jolly*, *Montmejan*, l'ex-marquis *Delorge*, *Robien*, *Carné*, *Coetlogon* fils ; *Labourdonnaye*, *Lantivy*, *Duresto*, *Lescoub*, de *Kerscombe*, *Pormann*, *Lambily* ; Henri de *Quengo* et son frère ; *Kercadio*, tous ex-nobles et émigrés rentrés. *Priol*, ex-boucher à Bignan ; *Leyssegues*, fils de l'archiviste de Rohan-Chabot ; *Guillemot*, ex-agent national de Plumelec ; *Boulainvilliers*, ex-noble, se disant envoyé des princes français ; l'*ex-curé de Taupon*, ceux de *la Trinité*, de *Ménéac*, *Plumé* et *Cruguel* ; *Gourdel*, vicaire de Cruguel ; *Jonchet*, prêtre de Plumelec ; l'*ex-curé de Saint-Jean-Prévalaye*, et une trentaine de prêtres émigrés dont on ignore les noms.

Du 11. = *Le même.*

« Il est des notes dont je ne puis garder copie, et des avis que vous seuls et moi devons connaître. Deux mots, rien que deux mots.

» Toute la noblesse de la ci-devant Bretagne s'agite, de grands projets se forment. Dans les plus grandes communes, ces gens-là jouent le patriotisme, sollicitent des mises en liberté, obtiennent des certificats de toutes les autorités constituées des petites communes, et se retirent ainsi de la loi du 17 septembre. Les actes de justice que je fais leur donnent l'espoir de mieux me tromper un jour ; mais je les ai devinés. J'ai des espions secrets ; si je les laisse dans l'erreur, si même je cherche à la nourrir, croyez qu'au premier jour je frapperai un grand coup ; mais il faut que je tienne tous les fils et que je n'effarouche personne. Ils croient que je n'en veux qu'aux intrigans et aux fripons, et je veux paraître ne pas penser aux nobles.

» Le Morbihan est en feu pour les conspirations ; je vous le réitère, je voudrais y envoyer le *Villambre* dont je vous ai parlé dans ma dernière ; cet homme mérite la mort, mais sa vie nous est utile.

» Je renouvelle aujourd'hui les autorités constituées ; les fripons, remplacés par des gens purs, auront beau jeu à crier ; tant mieux ; tandis que ceux-là feront du bruit, les conspirateurs se croiront en sûreté ; ils me soupçonneront trop distrait pour m'occuper d'eux ; tant mieux encore. Je vous le répète, je suis à l'affût ; instruisez-moi de votre côté, comptez sur moi, je veille et j'agis ; mais du secret, du secret, *et ça ira.*

» Le général Dumas a reçu l'ordre de passer à l'armée de Sambre-et-Meuse. Je ne puis voir, sans beaucoup de regret, que l'on enlève les généraux à talens d'une armée qui en aurait plus besoin qu'aucune autre.

TOME IV. 11

» Les campagnes n'attendent plus que le mot d'ordre pour se soulever : la noblesse, toute la noblesse recrute les fanatiques, les royalistes, les modérés, il est bien temps d'agir. Vous avez rejeté nos mesures, quant aux nobles ; mais je vous assure que tant qu'il en existera de libres dans la Bretagne, elle ne sera jamais tranquille.

» Réfléchissez-y, collègues, et donnez-moi des forces. Toutes les communes me sont suspectes ; cependant j'emploierai la douceur, la persuasion ; mais avec les nobles, non, non, non.... »

Du 12. = *Le même*....

« Le courrier de la malle a été assassiné, le 10 à neuf heures du soir, par une centaine de Chouans, entre la Gravelle et Vitré. Huit dragons escortaient la malle, un d'eux a reçu trois coups de feu, trois chevaux ont été tués, et plusieurs paquets perdus. Les commandans des cantonnemens méritent de grands reproches.

» J'attends des pièces de la plus haute importance, relatives à des ordres donnés par Carrier ; je vous enverrai les pièces originales, vous verrez et jugerez.

» Le brigand Carré, dit *sans rémission*, a été tué ; la mort de cet homme vaut celle de mille Chouans.

» J'attends le général Dumas qui doit venir remplacer le général Moulin.

» Ruelle vient de m'envoyer votre arrêté relatif à quinze mille hommes qui doivent passer de cette armée à celle de l'Ouest. Je prépare les dispositions à cet effet.

» J'ai des espions partout, et j'espère vous annoncer sous peu de bonnes prises. »

Du 15. = *Le lieutenant-général du royaume, au comte Joseph de Puisaye, général en chef de l'armée catholique et royale.* (*Au quartier-général de l'armée anglaise.*)

« Je commence par remplir le devoir qui m'est dicté par les sentimens de mon cœur, en vous exprimant toute la satisfaction que j'éprouve de votre zèle et de vos excellens services. C'est au champ de l'honneur que j'espère être bientôt à portée de vous donner personnellement des preuves de l'estime et de la confiance que votre conduite m'inspire à si juste titre.

» Je vous charge en même temps, Monsieur, de témoigner en mon nom, aux loyaux Français qui combattent si glorieusement sous vos ordres, qu'ils peuvent compter à jamais sur les sentimens et sur la reconnaissance de M. le régent, et que ce sera, en triomphant ou en mourant avec eux, que je leur prouverai que je suis digne du désir qu'ils ont de me voir à leur tête. Vous pouvez compter fermement, Monsieur, que je confirmerai avec plaisir, lorsque je vous aurai rejoint, tout ce que le conseil militaire, ainsi que vous, aurez cru utile au bien du service du roi, d'accorder à ceux qui, sous vos ordres, auront le plus contribué à la restauration de l'autel et du trône.

» Soyez également certain, Monsieur, et assurez bien tous les fidèles compagnons de vos travaux, que ce sera par des faits plus que par des paroles, que M. le régent et moi, nous nous empresserons de récompenser dignement tous ceux qui auront participé à la gloire et aux succès que vous vous préparez.

» Ne doutez jamais de tous mes sentimens pour vous. »

Du 15.=*Lacombe, chef de brigade, au comité de salut public.*
(*Auray.*)

« Jusqu'ici les rassemblemens formés dans le Morbihan par les nobles et les prêtres ont été infructueux; ils ont été facilement dissipés par la troupe; mais, disséminés sur tous les points, ils pillent et assassinent. Le moyen de maintenir la tranquillité et la confiance dans les campagnes serait de multiplier les cantonnemens, en les établissant de quarante à cinquante hommes. Il faudrait de plus y faire observer une discipline exacte, sévère, de manière à éviter et les abus de la troupe et les plaintes des habitans. »

Du 16. = *Le comte de Puisaye, au chevalier de la Vieuville.*
(*Londres.*) (1)

« Occupez-vous sans relâche, mon cher chevalier, de la nouvelle organisation dont vous allez recevoir les règlemens et qui est déjà exécutée ici. Nous allons nommer pour cela deux commissaires du conseil-général, du nombre desquels vous serez; mais vous êtes autorisé provisoirement, comme inspecteur, à agir seul. Formez votre conseil d'arrondissement d'abord, c'est la cheville ouvrière ; agissez d'accord avec toutes les parties ; envoyez-nous le résultat de votre travail, à mesure qu'il se fera ; écrivez-nous le plus souvent possible. Le moment d'agir approche; préparez-donc tout pour cette organisation; que les règlemens soient publics et ponctuellement exécutés. *Monsieur* le désire, et il sait que c'est vous qui en êtes chargé. Adieu, je vous embrasse. »

Le représentant Bouret, au comité de salut public.
(*Pontivy.*)

« Pour accélérer les opérations, Leyris est chargé de parcourir les districts de Josselin, Ploermel, Rochefort et Château-Bernard ; et moi, ceux du Faouet, Pontivy, Hennebon et Auray d'où j'irai rejoindre mon collègue à Vannes.

» Il se commet, dans ce département, des assassinats et brigandages continuels, dirigés surtout contre les fonctionnaires publics et les acquéreurs de domaines nationaux. La troupe est insuffisante pour faire cesser ces horribles brigandages.

» Tous les détenus pour cause de fédéralisme ont été mis provisoirement en liberté par le comité révolutionnaire, à

---

(1) Puisaye était toujours censé présent au comité central d'où il donnait des ordres. Ses lettres ne portaient point la désignation du lieu où il se trouvait.

l'instar des autres cantons. Plusieurs de ces individus sont portés sur la liste des administrations, pour former les nouvelles autorités. J'invite le comité à s'expliquer positivement à cet égard. »

Du 17. = *Le représentant Leyris, au comité de salut public.*
(*Ploermel.*)

« Les assassinats sans nombre que les Chouans commettent sur les patriotes, répandent dans ces contrées la terreur et la désolation. Il faut de grandes mesures et de la troupe, sans cela le pays est perdu. Il existe un rassemblement de quatre à cinq cents hommes aux environs de Plumelec. »

Le comité de surveillance, au comité de sûreté générale.
(*Ancenis.*)

« Les Chouans enlèvent les essieux des charrettes, brisent les roues, menacent de tuer les bestiaux, de mettre le feu aux granges et aux grains, pour empêcher le transport des denrées dans les villes et forcer les habitans des campagnes à marcher avec eux. »

Du 18. = *L'agent national, au comité de salut public.*
(*Vannes.*)

« L'inquiétude augmente ; des hordes armées commettent des excès, volent, pillent, égorgent les patriotes, et nous sommes sans force pour réprimer ces brigandages. »

L'administration, au comité de salut public. (*Josselin.*)

« Les assassinats continuent, un curé constitutionnel, l'agent national de Montoire, le juge de paix de Bignan, viennent d'être tués. Les patriotes ne peuvent plus habiter les campagnes. Les Chouans ont formé une liste de tous les patriotes à égorger.

Du 30. = *Le général Hoche, au représentant Bollet.*
(*Vire.*)

« Je ne puis te dissimuler que l'état des départemens qui

composent la ci-devant Bretagne, et que nous avons parcourus, me paraît très-affligeant sous les rapports politiques et militaires.

» En général, l'esprit fanatisé des habitans est détestable. Il est faux de dire que les individus, qui commettent les crimes dont cette partie de la république est le théâtre, sont seulement des restes des Vendéens : ce sont des hommes du pays ; des propriétaires aristocrates, fanatiques, irrités des vexations que se sont permises certains prétendus patriotes ; des paysans stupides, conduits par des prêtres et par des nobles émigrés rentrés en France depuis six mois, qui forment les rassemblemens (auxquels on ne veut pas croire, quoiqu'ils existent). Ils pillent et égorgent le peu de patriotes dispersés sur la surface d'un pays encore en arrière de deux cents ans de la révolution.

» Les troupes envoyées pour réprimer les premiers excès, au lieu de calmer les habitans, ont beaucoup contribué au mécontentement. Des réclamations ont été faites, et presque toujours les dépositaires de l'autorité n'en ont fait aucun cas. On devrait considérer pourtant que l'injustice prolongée aigrit le cœur de l'homme le plus pacifique, et que cet homme, s'il se déclare contre l'autorité légitime, lui devient funeste par le degré d'influence qu'il peut avoir sur l'esprit de ceux dont jusqu'alors il a possédé la confiance. »

CHAPITRE XXI.

Novembre 1794. Du 11 brumaire au 10 frimaire } An III.

Suite des événemens dans la Vendée.

§ Ier. Les représentans Auger et Dornier, au comité de salut public; faiblesse de l'armée, terreur répandue dans le pays. — Réponse du comité; le commandement des deux armées de Brest et de Cherbourg confié au général Hoche. — Canclaux, au comité de salut public; dispositions qu'il a prises; il demande le général Grouchy; ses opérations sur le Layon. — Arrêté du représentant Bezard; mise en liberté de quatre-vingt-cinq individus détenus à Saumur.

L'armée désorganisée, disséminée autour de la Vendée par petits postes qui n'offraient aucun moyen de résistance, attendait l'arrivé d'un général en chef et d'officiers-généraux pour remplacer ceux qui avaient été suspendus. Elle était réduite à l'inaction : les chefs de la Vendée surent en profiter, surtout dans la partie de Charette; mais les succès qu'ils obtinrent leur procurèrent peu d'armes et de munitions.

Le général Canclaux, après avoir reçu du comité de salut public l'assurance d'un renfort de vingt mille hommes, partit pour se rendre à Nantes où il ne resta que quelques jours. Bientôt son activité donna à l'armée une nouvelle énergie qui étonna les Vendéens.

Cependant la chouannerie faisait chaque jour des progrès effrayans, et plus redoutables mille fois que ceux des chefs de la Vendée (1).

Du 6. = *Auger et Dornier, représentans du peuple, au comité de salut public. (Fontenay.)*

« Vous avez reconnu la faiblesse de l'armée de l'Ouest et vous avez remis à la disposition du général Canclaux six mille hommes de l'armée des côtes de Cherbourg, et quatorze mille de celle des côtes de Brest. Cependant nous apprenons par une lettre du général Dumas, datée de Rennes le 1er. novembre, qu'il retient la presque totalité des quatorze mille hommes (2). Il a cependant vu notre faiblesse avant d'aller prendre le commandement de l'armée de Brest.

» La terreur est répandue dans ces contrées par les incursions des brigands. D'un autre côté les alarmistes portent partout le découragement. Il faut bien se tenir en garde contre cette nouvelle secte. »

Du 10. = *Le comité de salut public, aux représentans, à Fontenay. (Paris.)*

« Nous sommes affectés, chers collègues, des retards qu'éprouve le départ des vingt mille hommes qui devaient partir des côtes de Brest et de Cherbourg pour se rendre à l'armée de l'Ouest. Nous venons d'écrire à notre collègue Bollet à Vire pour le presser de faire, de concert avec nos autres collègues, partir ces troupes sans aucun délai; et, pour lever les entraves, nous avons réuni provisoirement le commandement des deux armées sous un même général, et nous avons choisi le général Hoche.

» *Signé* CARNOT. »

---

(1) On peut comparer ce qui se passait dans l'une et l'autre partie.
(2) Le général Dumas ne resta que quelques jours à Rennes; il fut remplacé par Hoche.

Du 16. = *Le général Canclaux, au comité de salut public.*
(*Angers.*)

« J'ai quitté Nantes le 11 avec le représentant Guyardin, après avoir établi un camp de deux mille à deux mille cinq cents hommes sur la route de Clisson près Nantes. Un autre camp est établi sur la hauteur d'Érigné ; je me propose de le porter en avant sur le bord du Layon ; dans une position que j'ai reconnue hier. Je m'occupe des différentes parties de l'administration, en attendant l'arrivée des forces qui m'ont été promises. »

Du 19. = *Le même, au comité de salut public.* (*Angers.*)

« Hoche m'annonce de Rennes le 14 qu'il va sous peu de jours faire passer à Nantes les troupes qu'il doit fournir à l'armée de l'Ouest. Je demande que le commandement de cette colonne soit confié au général de brigade Grouchy retiré à Noireau, département de la Manche. Cet officier général mérite toute mon estime et ma confiance, et je vous prie de me l'accorder. »

Du 26. = *Le même, au comité de salut public.* (*Doué.*)

« J'ai exécuté en deux marches le projet que j'avais formé de repousser les rebelles au delà du Layon. Il y a eu seulement quelques coups de fusil sur le bord de la rivière, nous n'avons perdu personne. J'ai établi un camp au Breuil, la droite appuyée à la maison de la *Guimonière* et la gauche vers *Pierre-Bise.* J'ai placé des postes le long au-dessus du *Pont-Barré*, du *Pont-de-Chaume* et de *Saint-Aubin.* Tous les ponts sont coupés par les rebelles.

» *Rochefort* est occupé ; un poste de six cents hommes couvre la forêt de *Beaulieu* et celle de *Brissac.* Un poste de cent hommes placé à l'Étang joint la ligne à la colonne agissante du camp de Concourson, qui est à *Millé* : ainsi je suis maître de toute la rive droite du Layon que j'ai parcourue avant-hier avec le représentant Guyardin. Je pars demain pour Thouars. Les généraux Caffin et Beauregard commandent le camp de Concourson et la ligne. Le camp de Thouars complète la troisième division. »

Du 29. = *Arrêté du représentant du peuple Bezard.*

(*Saumur.*)

« Vu la liste de quatre-vingt-trois citoyens et citoyennes, tous artisans, laboureurs, ou journaliers du district de Chollet, détenus dans les maisons d'arrêt de Saumur;

» Ouï l'avis du comité révolutionnaire de Saumur et des officiers municipaux de Chollet;

« Considérant que tous ces individus sont détenus sans aucun motif, arrête qu'ils seront mis sur-le-champ en liberté, et charge le comité révolutionnaire de Saumur de faire mettre à exécution le présent arrêté.

» *Signé*, Bezard. »

Chouannerie.

§ II. Terrier, au représentant Méaulle; les Chouans redoublent d'efforts pour augmenter leurs crimes. — Lettres du comte d'Artois, au comte de Puisaye. — Le comte de Puisaye, au chevalier de la Vieuville; il l'invite à mettre la dernière main à son organisation. — Le comité de salut public prévient les représentans en mission qu'il a choisi Hoche pour commander les deux armées de Brest et de Cherbourg. — Réflexions de Hoche au comité, au représentant Bollet. — Le représentant Boursault annonce au comité que les deux Boisguy (1) demandent grâce; que doit-il faire? — Hoche, au général Grigny. — Renseignemens sur les Chouans adressés de Châteaubriand, Pontivy, Loudéac. — Circulaire de Hoche aux officiers-généraux sous ses ordres. — Réponse au général

---

(1) *Piquet du Boisguy.*

Kricq. — Le représentant Bouret, au comité de salut public ; assassinats commis par les Chouans. — Hoche, au comité ; réflexions sur l'armée. — Proclamation à l'armée. — Hoche prévient les représentans Leyris et Bouret qu'il envoie le général Danican dans le Morbihan. — Détails adressés de Vannes et de Becherel au comité de salut public sur la Chouannerie. — Hoche recommande aux généraux Varin, Canuel, etc., le maintien de la discipline. — Les représentans Leyris et Bouret, au comité de salut public ; manœuvres des Chouans. — Le comte de Puisaye, au comité catholique et royal ; envoi de brevets, etc. — Les représentans Trehouard et Faure, au comité de salut public ; arrêté pris par eux pour suspendre le mouvement de troupes ordonné par Hoche. — Détails sur les Chouans adressés de Vannes, Lamballe, Josselin, au comité de salut public. — Rapport de Hoche au comité de salut public. — Enlèvement de poudre par les Chouans. — Hoche, au citoyen Botidoux ; ses dispositions à l'égard de ceux qui se soumettront.

Du 5. = *Terrier, administrateur, au représentant Méaulle.*
(*Ancenis.*)

« Le rapport fait par le représentant Boursault, dans la séance du 2, n'est point conforme à la vérité. Si l'on déroulait le tableau des assassinats et des atrocités commis par les Chouans, il ferait frémir d'horreur. On ne peut plus tirer des campagnes aucune denrée. Ils menacent d'assassiner sur-le-champ quiconque parlera de se rendre. Il semble que depuis qu'il y a une amnistie (1), ils redoublent d'efforts pour augmenter leurs crimes. »

---

(1) Il n'y avait pas encore de décret d'amnistie. Il s'agit ici d'une proclamation du 17 octobre, par laquelle le représentant Boursault promettait la grâce à tous ceux qui rentreraient dans leurs foyers et déposeraient leurs armes. Cette promesse ne s'étendait pas aux chefs.

Du 6. = *Le comte d'Artois, au comte de Puisaye.*
(*Près Arnheim.*)

« Mon cœur sait apprécier les sentimens qui vous animent, et je me réserve de vous bien prouver tout ce que vous m'inspirez, le jour heureux où je combattrai avec vous et vos intrépides compagnons ; et je vous autorise à vous considérer comme lieutenant-général au service du roi de France, et à vous faire obéir en cette qualité par l'armée de S. M. T. C. Cette autorisation formelle est suffisante pour le moment.

» Ma lettre, du 15 octobre, vous autorise suffisamment, ainsi que le conseil militaire de l'armée royale de Bretagne, à bréveter provisoirement les officiers, suivant que leur conduite ou le bien du service du roi l'exige.

» J'approuve la forme que vous me proposez pour les brevets : j'y ai seulement changé quelques expressions qui n'étaient pas en règle, et je rectifierai votre travail, lorsque je serai moi-même à la tête de cette invincible armée.

» Au surplus, Monsieur, en vous renouvelant ici toutes les marques de ma confiance, renfermées dans ma lettre du 15 octobre, j'y ajoute la ferme assurance que tous les pouvoirs qui ont été donnés au feu marquis de la Rouarie, ou à d'autres personnes, sont et demeurent sans effet. Comptez sur ma parfaite estime, et perfectionnez votre ouvrage en coopérant avec moi au prompt rétablissement de l'autel et du trône, et ne doutez jamais de tous les sentimens que vous m'avez si justement inspirés. »

Le même......

« Comme dans la noble carrière que vous allez parcourir, Monsieur, il pourra vous être important, avant que je vous aie rejoint, de traiter de quelques objets relatifs à la reddition de plusieurs places importantes, ou à la transmigration de différens corps de troupes sous les drapeaux du roi, je dois vous confier que l'intention du Régent (qui m'a donné, à cet égard, les pouvoirs les plus étendus) est de traiter très-favorablement tous ceux qui, par des services importans, répareront leurs erreurs, et qui, ramenant au roi le plus de sujets égarés, abrégeront par là le terme des maux dont la France est accablée.

» D'après cet exposé, je vous déclare que je ratifierai avec plaisir les engagemens particuliers et personnels que vous croirez devoir prendre pour récompenser, soit les commandans des places dont la possession peut déterminer les succès de l'armée catholique et royale que vous commandez, soit vis-à-vis des chefs des armées rebelles, ou des commandans et des corps qui se réuniront aux royalistes, ou faciliteront leurs opérations (1).

» Cette marque de ma confiance, Monsieur, est une nouvelle preuve de mes sentimens pour vous et de ma parfaite estime. »

Du 9. = *Le comte de Puisaye, au chevalier de la Vieuville, inspecteur provisoire de l'armée de Rennes, à Fougères.* (*Londres.*)

« J'ai reçu votre lettre, mon cher chevalier, et je suis fort aise d'apprendre que votre travail soit aussi avancé. Vous aurez vu maintenant M. de la Conterie que nous avons nommé commissaire, pour se concerter avec vous. Hâtez-vous de mettre la dernière main à votre organisation jusque dans ses moindres détails; car c'est de là que dépendent tous les succès que nous pouvons nous promettre.

» M. Dandigné ne m'a pas dit le nom de votre correspondant, et j'ai été peu curieux de le savoir, d'après son style et les injures qu'il se permet contre moi; mais, comme nous ne pouvons militairement recevoir aucuns ordres du roi, sans qu'ils

---

(1) Cette déclaration ratifiait les dispositions de la proclamation du 20 août. Puisaye espérait parvenir à séduire le général Canclaux par de brillantes promesses.

passent par les mains de *Monsieur*, comme lieutenant-général du royaume, je suivrai religieusement cette forme, toute autre ne pouvant que dégénérer en intrigue indigne de la cause à laquelle je me suis voué sans réserve, et que je suivrai au milieu des clameurs des sots et des envieux.

» Je vous remercie de la franchise avec laquelle vous m'avez fait connaître cette correspondance (1); j'ai fait part à *Monsieur* de la noblesse avec laquelle vous en avez usé dans cette occasion, et il vous en saura certainement bon gré. »

Du 9. = *Le comité de salut public, aux représentans en mission dans les départemens de l'Ouest.* (*Paris.*)

« Le comité vous prévient qu'il a réuni provisoirement le commandement des armées de Cherbourg et des côtes de Brest sous un même général, et qu'il a choisi Hoche (2). »

Du 10. = *Le général Hoche, au comité de salut public.* (*Vire.*)

« Je dois désabuser les membres du nouveau comité de salut public (3), dont je n'ai pas l'honneur d'être connu, sur l'éloge qu'on peut leur avoir fait de mes prétendus talens. Je le dois pour répondre à la confiance qu'ils viennent de m'accorder.

» Les représentans du peuple près ces armées ont bien voulu me trouver capable de commander provisoirement les armées des côtes de Brest et de Cherbourg, et d'après leur témoignage, sans doute, le comité y a acquiescé. J'obéis, puisque l'obéissance est essentiellement une vertu militaire.

» Mon peu de moyens, l'état des armées, le caractère et

---

(1) De l'agence royale.

(2) A peine arrivé à Rennes, le général Dumas invita le comité à lui nommer un successeur.

(3) Presque tous les membres de l'ancien comité s'en trouvaient écartés.

le genre de cette guerre; enfin ma santé extrêmement mauvaise, tout m'engage à supplier le comité de ne me pas laisser long-temps chargé d'un poids sous lequel je puis succomber. Le commandement d'une place ou de la petite armée des côtes de Cherbourg est ce qui me convient. »

Le même, au représentant Bollet.

« Je vais donc partir ce matin pour Rennes. La belle perspective ! Je cours risque de perdre ma réputation et d'être persécuté. En vérité, il faut être dévoué au salut de la patrie pour braver de pareils accidens. Ils sont pour moi pires que la mort. Mon obscurité, mon heureuse obscurité est tout ce que je demande. »

Du 12. = *Le représentant Boursault, au comité de salut public.* (*Mayenne.*)

« Les deux Boisguy, chefs très-dangereux, demandent la vie pour eux et leur mère, et ils seront suivis de bien d'autres. Que faire? beaucoup d'individus condamnés à mort par contumace, pour avoir préparé l'insurrection du mois de mars 1993, demandent grâce.... Je crois qu'il serait possible de les embarquer dans les expéditions maritimes et de les envoyer aux îles. Dois-je accorder la vie seulement aux chefs, et pardonner entièrement aux autres, sauf à les faire servir sur mer? »

Du 13. = *Le général Hoche au général Grigny.* (*Rennes.*)

« Je ne puis te donner des détails bien longs. Il te suffira de savoir que je commande encore deux armées qui occupent depuis la Somme jusqu'à la Loire : l'étendue est passable.

» Je fais ce qu'on appelle la guerre aux *Chouans.* Les drôles de gens ! on ne les voit jamais. J'espère en faire disparaître sous peu ce qui en reste. »

Jallot, au représentant Méaulle. (*Châteaubriand.*)

« La proclamation de Boursault, du 17 octobre, par laquelle il promettait la grâce à tous ceux qui rentreraient dans leur foyers et déposeraient leur armes, n'a produit aucun effet dans nos cantons. Les crimes et les assassinats semblent au contraire se multiplier depuis cette époque. Si le citoyen Boursault eût parcouru les communes des districts de Châteaubriand, Ségré, Craon et la Guerche, il n'eût pas obtenu les mêmes succès que dans celui de Redon où, dit-il, il n'a pas trouvé de Chouans, mais des gens poursuivis par la terreur. Aujourd'hui le département du Morbihan est ravagé par les Chouans. »

Du 14. = L'administration, au comité de salut public.
(Pontivy.)

« Les brigands grossissent de jour en jour et nous cernent. Ils ont égorgé, il y a deux jours, le greffier de la municipalité de Noyal. Ils ont le projet d'affamer les villes, où ils empêchent d'arriver les subsistances. Les membres des municipalités, dispersés, effrayés, n'osent plus nous approcher. Il n'existe plus de communication autour de nous. »

Le comité révolutionnaire, au comité de salut public.
(Loudéac.)

« Les Chouans forment une nouvelle Vendée dans le Morbihan ; tous les districts en sont infestés. La nuit, ils se portent chez les patriotes, chez les maires, officiers municipaux, juges de paix, les égorgent, et incendient les papiers des communes. »

Du 16. = *Le général Hoche, aux officiers-généraux sous ses ordres. (Rennes.)*

« En acceptant nos grades, citoyens, nous avons contracté de grandes obligations envers la patrie. Vous sentez, comme moi, que, pour la bien servir, il ne suffit pas de détruire ou de désabuser et ramener à l'obéissance des lois ses enfans rebelles, mais qu'il faut encore discipliner les troupes qui la servent, les faire chérir des habitans effrayés des campagnes, par la pratique des vertus républicaines et les faire respecter par l'austérité des principes. J'ai donc lieu d'espérer que, l'exemple des chefs influant sur l'esprit des soldats, l'on n'entendra jamais parler qu'un individu de cette armée se soit porté au plus léger excès envers un de ses concitoyens.

» Le système des camps peut seul finir la ridicule guerre que nous faisons et ferions long-temps sans succès. C'est dans les camps que la discipline s'alimente et que l'on peut facilement, soit de jour, soit de nuit, rassembler les troupes pour voler où est le danger. Les camps, en doublant notre force, nous mettent à même de terminer promptement ; il ne s'agit que de les multiplier à l'infini, et de les placer convenablement. Vos camps, rapprochés les uns des autres et fournissant des gardes de quinze à vingt hommes dans les communes environnantes, ne doivent jamais être plus forts que de trois à quatre cents hommes en activité.

» Ne perdons jamais de vue que la politique doit avoir beaucoup de part à cette guerre. Employons tour à tour l'humanité, la vertu, la probité, la force, la ruse, et toujours la dignité qui convient à des républicains. »

Du 17. = *Le général Hoche, au général Kricq.* (*Rennes.*)

« Si les soldats étaient philosophes, ils ne se battraient pas. Tu ne veux pas qu'ils soient ivrognes, ni moi non plus; mais examine quelles peuvent être les jouissances d'un homme campé ; et qui peut le dédommager des nuits blanches qu'il passe ? Corrigeons pourtant les ivrognes, surtout lorsque l'ivresse les fait manquer à leurs devoirs. »

Du 18. = *Le représentant Bouret, au comité de salut public.*
(*Hennebon.*)

« J'ai passé quelques heures à Lorient, pour me concerter avec Tréhouard et Villers.

» Les assassinats continuent ; les patriotes effrayés se retirent dans les villes. J'ai écrit au général Hoche qui, dans ce moment, commande les deux armées de Brest et de Cherbourg, pour faire passer des forces dans le Morbihan. »

Du 19. = *Le même, au comité de salut public.*

« Depuis deux mois plus de deux cents patriotes ont été assassinés dans les campagnes. Plusieurs communes ont arboré le drapeau blanc et sont en pleine rébellion ; des rassemblemens parcourent le pays ; il est évident qu'un grand feu couve ici sous la cendre. »

Le général Hoche, au comité de salut public. (Rennes.)

« S'il est une armée dans laquelle on puisse apercevoir les suites désorganisatrices du choc des révolutions, c'est certainement celle des côtes de Brest. Partout, et même au milieu du quartier-général, on aperçoit le désordre, l'indiscipline, le gaspillage, fléaux destructeurs de l'harmonie qui doit exister dans une armée bien organisée.

» L'esprit du soldat est généralement bon, il aime à bien servir ; mais il veut être commandé et encouragé. Loin de nous ces hommes qui le regardent ou qui le traitent comme un vil mercenaire. Qui ne sait qu'il est tel grenadier doué d'un plus grand sens que son général ? »

Le même, à l'armée.

« A la voix de la patrie, l'homme libre s'arme et court défendre ses foyers. Le républicain, qui chérit ses devoirs, dont la discipline sévère consiste dans l'ardent amour de son pays, les observe dans tous les lieux et défend les citoyens de l'État qui l'a vu naître ; il protége les faibles contre l'oppression des forts, fait respecter rigidement les propriétés, console les malheureux et les aime tous.

» Le républicain, dont les mœurs sont pures, fuit la volupté et l'ivresse ; elles dégradent l'âme. Il ne connaît d'autre parure, que l'entretien de ses armes et de son vêtement ; il n'affiche pas les vertus, mais elles lui sont chères ; il les pratique, il ne néglige rien de ce que les lois lui prescrivent.

» Tous les citoyens se doivent une surveillance continuelle et réciproque ; le bonheur public et l'ordre social l'exigent : mais c'est plus particulièrement aux chefs reconnus par la loi, à veiller sur les hommes dont la conduite leur est confiée.

» Je leur recommande la plus grande fermeté, la vigilance dans le service, l'humanité envers les habitans des campagnes. Une armée indisciplinée est le plus grand fléau du pays qu'elle occupe et doit défendre. En conséquence je rends les chefs responsables des fautes de leurs subordonnés. C'est à eux à les prévenir par une bonne police.

» Je leur recommande de poursuivre sans relâche le brigand dévastateur, de le faire conduire dans les maisons destinées au crime, après l'avoir fait désarmer ; mais en même temps de voir un Français, un frère, dans l'homme égaré, séduit ou entraîné par l'erreur ou la crainte des châtimens, s'il est repentant, si ses intentions sont de vivre en bon et paisible citoyen. La justice le prescrit, et la Convention nationale l'ordonne. »

Du 20. = *Le général Hoche, aux représentans Leyris et Bouret.* (*Rennes.*)

« Je vous préviens, citoyens, que, pour obéir à un arrêté du comité de salut public, je suis contraint de tirer trois bataillons du Morbihan ; mais je me propose de les faire remplacer incessamment par deux bataillons au complet d'excellente troupe.

» J'envoie le général Danican commander cette division. La réputation de cet officier me fait espérer que ses talens suppléeront au défaut de troupes (1).

---

(1) Hoche ne tarda pas de juger différemment le général Danican.

»Sous peu de jours je vais me mettre en route pour la Mayenne et Maine-et-Loire. Je me rendrai dans le Morbihan, après avoir visité Nantes. »

Du 20. = *L'administration, au comité de salut public. (Vannes.)*

« Les brigands ont résolu d'assassiner partiellement les meilleurs citoyens; ils s'attaquent d'une manière plus particulière aux juges de paix, aux officiers municipaux, etc. Le citoyen Pellan, nommé dernièrement membre du département, vient d'être égorgé dans le district de Pontivy.

» Les brigands commencent à se former en corps et s'opposent à la circulation des denrées. Un crêpe funèbre semble s'étendre sur ce département. »

Du 21. = *L'administration, au comité de salut public.*
(Bécherel.)

« Il est nécessaire de faire surveiller exactement les côtes dans les départemens d'Ille-et-Vilaine et des Côtes-du-Nord, particulièrement celles qui avoisinent la rivière de Dinan à Saint-Malo. Les Anglais y viennent de Jersey faire des débarquemens d'hommes et de munitions. »

Le général Hoche, aux généraux Varin, Canuel,
Josnet, etc. (Rennes.)

« Employez tous les moyens en votre puissance pour comprimer et anéantir les brigands, et ramener à la République, par la voie de la douceur, de la persuasion, les hommes égarés par les préjugés, le fanatisme ou l'intérêt particulier. Songez en même temps que la plus austère discipline doit caractériser les troupes qui composent les armées. Punissez rigoureusement les petits vols, pour éviter les grands pillages, es fautes d'insubordination ou de négligence dans le service. »

Du 22. = *Les représentans Leyris et Bouret, au comité de*
salut public. (Lorient.)

« Nous n'avons pu encore nous rendre du côt d'Angers et de Ségré.

» Les Chouans, en brûlant les charrettes ou en forçant les habitans des campagnes à les démonter, à enlever les essieux et les cacher, veulent affamer les villes et faire manquer le service public. »

Du 22. = *Le comte de Puisaye, au comité catholique et royal.*
(*Londres.*)

« Je vous envoie des brevets. Ceux en parchemin sont destinés au grade de major et au-dessus; ceux en papier, au grade de capitaine et au-dessous. Il y en a six en parchemin, et six de chevalier de Saint-Louis, signés de moi en blanc. J'en joindrai de toutes les espèces, ainsi que des proclamations en bas breton, et autres imprimés. N'oubliez pas de joindre à chaque brevet que vous donnerez un extrait des lettres de M. le comte d'Artois, en preuve des pouvoirs qu'il vous donne (1).

» Je vais faire une proclamation en réponse à celle des rebelles (2), je vous l'enverrai dans les deux langues aussitôt qu'elle sera imprimée. On dit que le bas-breton de Treguier est tout-à-fait différent de celui du Morbihan ; je vais m'en informer et chercher un traducteur; car il faut se faire entendre partout. Répandez les lettres de M. le comte d'Artois, mais *aux aristocrates seulement* (3).

Brevets accordés.

1°. » M. Desotteux, baron de Cormatin, colonel d'état-major, nommé par le conseil militaire, le 26 août, maréchal-de-camp, major-général de l'armée catholique et royale de Bretagne, confirmé par autorisation des princes, le 15 octobre 1794;

2°. » M. le marquis de La Bourdonnaye, nommé par le con-

---

(1) Lettres des 15 octobre et 6 novembre.
(2) A la proclamation de Boursault.
(3) Tout ce qui se faisait en projets, proclamations, etc., se renfermait dans le cercle du royalisme.

seil militaire, le 26 août, maréchal-de-camp, commandant la division du soi-disant Morbihan, confirmé le même jour, avec un brevet de chevalier de Saint-Louis ;

3°. » Commission de colonel a.. ..or-général, pour le chevalier de Boishardy, avec un brevet de chevalier de Saint-Louis ;

4°. » Commission de major pour le sieur Berthelot, officier de l'armée de la Vendée. »

Du 24. = *Le comte de Puisaye, au comité central, catholique et royal.* (*Londres.*)

« Je voudrais vous écrire un volume, mais le soin de nos affaires absorbe tous mes momens ; vous aurez donc bien peu de choses de moi aujourd'hui. En récompense, les envois qui vont se succéder rapidement vous dédommageront amplement. Nous avons heureusement à nous louer de tous ceux qui sont employés à la correspondance ; leur zèle et leur activité sont au-dessus de tous éloges.

» On prendra en très-grande considération vos observations à l'égard des assignats. Vous verrez par l'acte ci-joint (1), que je vous prie de signer et de conserver précieusement, les mesures utiles que j'ai prises. J'en ai fait imprimer un extrait dont vous recevrez quelques premiers exemplaires, et que vous répandrez *prudemment* parmi les royalistes. Vous trouverez sans doute cette tournure noble, utile, et différente de ce qu'on avait fait jusqu'ici. Provoquez des échanges et faites-moi passer, ou à M. de Montaigut, *les républicains* que vous recevrez. Envoyez-nous aussi toutes les observations sur l'imitation que vous êtes plus à portée de faire que personne, ainsi que sur les changemens dans les séries ou autres que

---

(1) Arrêté du 20 septembre relatif à la fabrication des assignats. Il en fut imprimé des extraits en quatre articles, sans faire mention des fonctions de MM. de Calonne et de Saint-Morys.

vous désirerez. MM. de Montaigut et de Saint-Morys seront vos correspondans ici, généralement pour tout.

» A l'égard des observations que vous avez à faire pour la correspondance, donnez immédiatement vos ordres par écrit aux agens qu'on vous enverra; et M. de Bouillon, le plus actif et le plus obligeant des hommes, qui est de plus mon ami, vous procurera toutes les satisfactions possibles.

» Je voulais vous envoyer du ruban de Saint-Louis, il est impossible d'en trouver; les manufactures ont refusé d'en faire : il faut espérer qu'avant peu on en vendra en France.

» Je vous envoie des prêtres, des jeunes gens, des hommes de compagnie franche, etc.; placez-les dans les cantons où ils seront le plus utiles; formez de nouveaux comités. Vous recevrez des Normands; étendez-vous de ce côté. Je vous en enverrai un qui vous sera très-utile au delà de Fougères (1). Donnez ordre à tout, et surtout faites-vous obéir. C'est au nom du roi, par l'autorisation de vos princes, et sous l'égide d'un gouvernement protecteur, que vous ordonnez. Que l'amitié qui nous a unis dans le malheur, n'éprouve jamais la moindre altération. Soyons unis à la vie et à la mort; mais pour le bien de la cause, il faut que la même subordination, cette subordination de confiance et de sentimens, ait lieu de grade en grade entre vous. Celui qui obéit est tranquille, celui qui commande est responsable, et c'est de l'exécution de tous les ordres que dépend le succès; ce succès qui va vous assurer à tous une gloire impérissable.

» Tout se dispose de mieux en mieux. Vous me verrez bientôt; mais que la longueur de mon séjour ici ne vous cause aucune peine. Vous ne concevez pas tout le travail que j'ai eu à faire. Dieu m'a béni encore une fois, et sa providence, qui a toujours veillé sur moi, semble m'avoir conduit pas à pas à travers les difficultés, les intrigues, etc., etc. Je ne vois ni

---

(1) Le comte de la Roque, gentilhomme bas-normand.

n'ai vu aucune des personnes dont *obéissant* (Cormatin) me parle, et j'ai bien fait : il changera de façon de penser sur le compte de bien des gens. J'ai eu à combattre les menées et la jalousie sourde de tous ceux qu'il croyait pouvoir nous être utiles. Cela le surprendra, cela est vrai.

» Je donne des commissions aux prêtres et autres que j'envoie d'ici, vous les signerez et vous en donnerez à ceux qui iront à Jersey. Tout ce qui passera en Normandie, à Quimper, n'importe où, doit passer auparavant par le comité, prendre vos ordres pour former des cantons, et les subordonner à vous qui êtes revêtus de l'autorité supérieure. Songez que ce n'est que de l'ensemble que l'on peut espérer le succès, et ne souffrez pas qu'il se fasse aucune tentative isolée. Répandez les imprimés, afin que vos pouvoirs soient connus, ainsi que la révocation de M. Dudresnay, homme intrigant et vil, qui nous ferait bien du mal, s'il le pouvait; mais qui heureusement n'en a fait qu'à lui-même et s'est perdu bien gratuitement sans ressource. Vous apprendrez, quand vous me verrez, que j'ai réussi à faire de grandes choses qu'on avait jusqu'ici tentées vainement. Enfin, soyez contens, très-contens; je serai à vous dans quinze jours sans faute : contenez l'impatience. Portez la solde à quarante sous; avant peu vous aurez un million par jour, et deux quelque temps après.

» J'envoie une traite à M. de Bouillon pour vous faire acheter cinq mille louis d'or à Jersey et Guernesey. Ils sont très-rares ici; on m'en a promis cependant deux mille. A tout hasard, je porterai avec moi des guinées : mais il y aura beaucoup à perdre.... *De minimis non curat prætor...*, Il vous faut de l'or, et vous en aurez, n'importe comment.

» J'ai pensé que la croix de Saint-Louis était due à tous ceux qui ont combattu avec l'armée de la Vendée. Si M. de La Bourdonnaye l'a déjà, vous supprimerez son brevet, et s'il ne l'a pas il faut qu'un maréchal-de-camp l'ait. Je l'ai donnée à Tinteniac qui brûle de vous rejoindre, et qui est bien utile à Jersey.

» Pensez qu'il n'y a plus un instant à perdre pour tout disposer, je serai seul dans quinze jours avec vous. J'ai agi sur les données que vous m'avez envoyées, tenez-nous parole.

» Boishardy est colonel et chevalier de Saint-Louis ; il ne tiendra qu'à lui de faire un chemin rapide.

» Ravivez votre correspondance dans l'intérieur ; faites la toile d'araignée, afin de mouvoir tous les fils au même instant. Que le Morbihan et les parties les plus éloignées aient constamment dès à présent des officiers auprès de vous, et d'autres qui ne fassent qu'aller et venir. Envoyez beaucoup d'argent, et gardez-en peu pour vous qui allez en recevoir journellement. La fabrication est encore lente ; mais elle va prendre la plus grande activité. Je prendrai des mesures pour qu'en mon absence MM. de Montaigut et de Saint-Morys satisfassent à toutes vos demandes, je mettrai des fonds à leur disposition pour cet objet. J'envoie aujourd'hui à peu près un million. Les prêtres qui partent ont chacun 10 mille livres dans leur poche. M. de Bouillon en gardera pour ceux qui passeront de Jersey. Tinteniac, qui est sur les lieux, vous donnera tous les détails.

» Vous aurez bientôt des habits en quantité, trente mille paires de souliers, etc. On a fait un marché pour cinquante mille fusils. M. de Bouillon en recevra par cet envoi, trois mille avec deux cents espingoles, sabres, pistolets, enfin tout, et de la poudre et des cartouches en abondance.... C'est à vous d'assurer l'introduction et la prompte distribution de cet envoi.

» Envoyez vers Charette, mille fois s'il le faut.

» Je fais faire des assignats de vingt-cinq, de dix et de quinze sous, mais cela est horriblement volumineux. Néanmoins il en faut de toutes les espèces pour compléter mon système auquel il faut donner le plus d'étendue possible sur toute la surface de ce pays. Comme il sera très-pressant d'avoir des sommes immenses, j'en vais faire fabriquer beaucoup de gros. Envoyez nous-en à force de vrais, pour que l'on puisse varier les séries, les signatures et les chiffres. N'oubliez pas les papiers nouvelles, et surtout le Moniteur et le Mercure ; donnez de la suite à ces envois sans interruption. N'oubliez pas surtout les cartes géographiques pour lord Cornwallis, pour M. Pitt et M. de Bouillon.

» Adieu, je vous embrasse tous du meilleur de mon cœur. Si l'on ne me retenait pas ici, et si ma présence ne vous y était pas encore si nécessaire, je mourrais d'envie de partir aujourd'hui ; mais le moment vient, et nous ne nous quitterons plus.. »

Du 25. = *Les représentans Trehouard et Faure, au comité de salut public.* (*Brest.*)

« Nous vous prévenons que nous venons de suspendre provisoirement l'exécution de l'ordre donné par le général Hoche au général Chabot, de faire partir quatre bataillons pour l'armée de l'Ouest, la tranquillité du département exigeant le séjour de toutes les troupes dans le Finistère. Nous n'obéirons qu'aux ordres du comité. Voici notre arrêté à ce sujet :

» Vu l'ordre du général en chef Hoche, portant que le général Chabot fera partir sur-le-champ quatre bataillons pour Nantes ;

» Considérant que ce n'est que par une grande surveillance que ce département a été préservé des troubles qui désolent ceux qui l'environnent ; que l'importance des ports qu'il renferme, la grande étendue des côtes sur lesquelles il faut des postes très-rapprochés, ne permettent pas de diminuer les garnisons déjà trop faibles, dans un moment où toutes les correspondances, saisies sur les brigands, annoncent des projets de descente de la part des Anglais, et l'assurance des chefs chouans qu'ils iront les favoriser,

» Arrêtent :

» Le général Chabot laissera provisoirement toutes les troupes de sa division dans leurs postes respectifs. »

Du 26. = *L'agent national, au comité de salut public.*
(Vannes.)

« Les troupes sont sans cesse en mouvement. Les paysans n'osent rien dire sur la marche des brigands; de sorte, qu'on ne peut les atteindre. Un convoi de poudre, allant à Pontivy, bien escorté, a été pris par les Chouans, le 23, à dix heures du matin, et repris par un détachement.

» Il n'arrive presque plus de denrées au marché. »

Du 27. = *Le comité révolutionnaire, au comité de salut public. (Lamballe.)*

« La conspiration découverte à Dinan n'est point abandonnée, tout annonce une insurrection prochaine. Vous pourrez en juger par la déclaration suivante d'un jeune homme arrêté, nommé Gilles Garandel, auquel on a donné lecture de la proclamation de Boursault, du 17 octobre, et promis de s'intéresser en sa faveur, s'il donne des renseignemens utiles.

» Il déclare que Boishardy et six autres chefs de l'état-major de l'armée catholique sont allés dans la Vendée conférer avec Charette et en sont de retour depuis trois semaines. Ils recrutent sans cesse et organisent les compagnies. Noël, ex-noble, commande deux compagnies dans les communes de Maroué et de Meslin.

» Garandel a assisté à plusieurs conférences de Boishardy, avec les autres chefs : leur projet est de tomber en masse sur toutes les villes de la ci-devant Bretagne, et particulièrement sur celles des Côtes-du-Nord, du Morbihan et du Finistère. Ils espèrent avoir à leur disposition, sous quinze jours ou trois semaines, quatre-vingt-dix mille hommes armés et équipés (1); un prince doit commander cette armée. L'insurrec-

---

(1) Telles étaient les données que Puisaye présentait au cabinet Anglais.

tion doit être générale dans la province de Bretagne ; les cultivateurs, jeunes et vieux, paraissent disposés à se battre. La mort de tous les patriotes, et surtout des officiers municipaux dont on a des listes, est résolue. L'armée des rebelles se compose de jeunes gens de la réquisition, de déserteurs, galériens et étrangers. Les munitions viennent d'Angleterre. Dix-huit chariots doivent arriver incessamment. Lorsque les départemens des Côtes-du-Nord, du Finistère et du Morbihan seront en feu, Charette doit, de son côté, attaquer avec une armée considérable les autres départemens, et intercepter les routes de Nantes et de Rennes à Paris.

» Garandel a ouï dire que chaque compagnie avait au moins un prêtre à sa tête. »

Du 28. = *L'administration, au comité de salut public.*
(*Josselin.*)

« La plupart des routes sont interceptées, les convois pillés, brûlés, les conducteurs égorgés. Il est défendu aux municipalités, sous peine de mort, de lever la réquisition et les contributions. Plus de correspondance, plus de grains aux marchés. Il paraît que le gouvernement anglais a fait passer des sommes considérables pour soulever la Bretagne.

» Le ci-devant marquis de Lambilly, militaire distingué dans l'ancien régime, commande dans nos environs une troupe organisée en compagnie, composée de déserteurs, de réquisitionnaires, d'émigrés et de prêtres. Un comité central dirige les opérations, il entretient des correspondances avec les pays insurgés et les Chouans de la Mayenne. Leur politique est d'éviter toute attaque de postes, jusqu'au temps où ils auront pris assez de consistance pour le faire avec succès. Ils évitent les attaques partielles afin d'attaquer à la fois sur tous les points qui embrassent une ligne depuis Laval jusqu'aux portes de Lorient.

» Nous avons besoin de nouvelles forces, et nous dénonçons, comme contre-révolutionnaires, les ordres donnés pour faire passer à l'armée de l'Ouest, une partie des troupes du Morbihan. »

Du 28.=*L'administration, au comité de salut public.* (*Vannes.*)

« Le signal de la contre-révolution est donné dans toutes nos campagnes ; les routes sont interceptées, plus d'approvisionnemens ; on assassine les patriotes sur tous les points. Loin de nous enlever les quatre bataillons destinés à l'armée de l'Ouest, il est bien nécessaire d'augmenter nos forces, sans quoi le département est perdu. »

Le général Hoche, au comité de salut public. (*Rennes.*)

« Je ne doute pas que beaucoup de personnes ne vous aient écrit que tout était en feu dans les départemens ; que l'étendard de la révolte était arboré, et que les Anglais allaient venir s'emparer de tous nos postes. Sévère ami de la vérité, je vais vous la dire. Oui, ces maux sont grands ; mais nos moyens sont puissans. Les rebelles sont égarés ; et nous défendons une cause sacrée, celle de la patrie. Nous n'avons pas besoin de grandes forces, si nos soldats sont disciplinés, si vos ordres sont exécutés, si vos principes d'humanité sont adoptés. Croyez-le, citoyens, cette plaie politique se cicatrisera sans effusion de sang.

» Je pars avec la ferme résolution de faire le bien. Je crois le faire en accueillant, conformément à l'arrêté du comité de salut public du 18 août, les malheureux que la superstition ou la crainte des châtimens ont armés contre la République, lorsqu'ils sont repentans et de bonne foi. Déjà nous ressentons les effets heureux du système de justice proclamé par la Convention nationale. Chaque jour nous amène de prétendus Chouans qui ne demandent qu'à vivre tranquilles, et déjà les campagnes ne sont plus aussi désertes. Déjà l'habitant regarde sans effroi l'homme qu'il appelle *bleu*, et qu'il regardait comme son ennemi.

« Il est une sorte d'hommes qu'il sera plus difficile de ramener que les habitans des campagnes. Celle-ci, composée de prêtres, de nobles, de fuyards, ne croit pouvoir espérer aucun pardon ; beaucoup n'étant pas habitués à la vie pénible qu'ils mènent, nécessairement le désirent.

» Ne croyez pas non plus que je sollicite la grâce des ennemis de mon pays. S'ils se soumettent aux lois, s'ils reviennent de leur erreur, je les recevrai, conformément aux instructions des représentans du peuple. Armés, je les poursuivrai la nuit, le jour, sans qu'ils puissent espérer un instant de repos. Alors, si je les prends, les tribunaux en rendront compte à la République trop long-temps offensée (1). »

Du 29. = *Les représentans Leyris et Bouret, au comité de salut public.* (*Lorient*)

« Loin de nous envoyer les secours que nous n'avons cessé de demander, on nous enlève des troupes. La situation de ce département est déplorable. Les brigands ont enlevé, à une lieue de Baud et trois de Pontivy, deux cents livres de poudre que l'on conduisait à Pontivy. »

Du 30. = *Le général Hoche, au citoyen Botidoux.*

« Vous savez mieux que personne que les intentions du gouvernement, bien d'accord avec mes inclinations, sont de

---

(1) Quiconque, après avoir lu la correspondance de Hoche, parcourra les mémoires du comte de Puisaye, sera sans doute étonné d'y rencontrer les assertions suivantes :

(Tom. 5. pag. 195) « *Hoche n'avait pas l'esprit assez élevé pour* » *pouvoir se défendre d'animosité.* — *Hoche n'égorgeait pas, il fai-* » *sait massacrer.* »

(Tom. 6. pag. 110) « *Ce fut alors* (*rupture de la pacification*) » *que Hoche fit véritablement une guerre d'assassinats, et qu'il mon-* » *tra cette soif de sang qui ne l'a plus quitté.* »

Hoche est un des hommes les plus étonnans de la révolution dont il faillit être victime sous le régime de la terreur.

n'employer la force et la sévérité que lorsqu'on aura épuisé tous les moyens de persuasion et d'indulgence. Secondez-moi des moyens que peuvent vous donner une ancienne influence et même quelques instans d'erreur (1), et contribuez à ramener vos frères égarés.

» Les pleins-pouvoirs dont je suis revêtu par les représentans, m'autorisent à garantir l'indulgence nationale à ceux-mêmes que leurs proclamations semblent en excepter. Bois-hardy, Lantivy, La Bourdonnaye, etc., peuvent compter sur la parole que je vous autorise à donner en mon nom, que s'ils se rendent à moi, ils n'ont rien à craindre pour leur tête.

» Quant à l'individu dont vous m'avez refusé le nom, et qu'aucune proclamation ne désigne, qu'il vienne me trouver avec vous. Je joins ici un passeport auquel vous ajouterez son signalement. »

---

(1) Il avait été secrétaire du conseil central du Morbihan, il venait de faire sa soumission, et semblait offrir sa médiation.

CHAPITRE XXII.

Décembre 1794. Du 11 frimaire au 11 nivôse } an III.

Suite des événemens dans la Vendée.

§ Ier. Exposé des députés des départemens de l'Ouest, au comité de salut public, sur les moyens à employer pour terminer la guerre civile dans ces contrées. — Décret de la Convention à ce sujet; proclamation. — Rapports des représentans Bezard et Ruelle, au comité de salut public. — Division entre les chefs de la Vendée. — Arrêté du conseil de Beaurepaire adressé à Stofflet. — Réponse de Stofflet. — Rapports des représentans Bezard, Ruelle, Dornier, etc., au comité de salut public. — Renseignemens sur l'armée de Stofflet, adressés par Bezard au comité. — Le comité applaudit aux mesures prises par Bezard; réflexions. — Rapport de Ruelle, au comité de salut public. — Jugement et condamnation de Carrier. — Le général Canclaux, au comité; le poste de la Grève attaqué; l'ennemi repoussé. — Demande des officiers municipaux de Chollet au représentant Menuau.

La lassitude avait succédé aux efforts prolongés des paysans de la Vendée, ils n'aspiraient plus qu'au repos; les chefs seuls et les étrangers réunis autour d'eux étaient intéressés à continuer cette affreuse guerre pour conserver leur autorité et leur propre existence. De leur côté, les républicains restaient dans l'inaction; on n'entendait plus parler d'hostilités.

Le 1er. décembre, les représentans Delaunay, Menuau, Lofficial, Morisson, Girard, Dandenac aîné, députés des départemens de la Vendée, présentèrent au comité de salut public leurs vues sur cette guerre et sur les moyens de la terminer; *voici leur exposé :*

« La Convention nationale n'a jamais bien connu la guerre de la Vendée; son existence est due aux prêtres et aux nobles réunis. Robespierre la crut nécessaire à ses projets; il l'entretint par ses agens secrets et par les atrocités qui ont été commises. Qu'ont produit les mesures de rigueur?... Elles ont anéanti une population de quatre cent mille individus, détruit des manufactures précieuses, ruiné les patriotes; elles ont produit le massacre des vieillards, des femmes, des enfans; elles n'ont point fini la guerre de la Vendée, quoique le contraire ait été souvent dit.

» Les rebelles ont aujourd'hui un corps d'armée composé de deux élémens.

» Le premier comprend les brigands aguerris qui ne quittent pas les drapeaux, un ramas de prêtres, d'émigrés, de gardechasses, braconniers, déserteurs, employés dans les fermes et contrebandiers.

» Le second comprend les cultivateurs et habitans du pays, égarés par le fanatisme, et dont le royalisme s'est servi. La plupart de ceux-ci ne marchent aujourd'hui que par contrainte.

» Il y a deux partis à prendre; l'un, d'exterminer jusqu'au dernier habitant de cette contrée; mais pour éteindre une population de deux cent mille individus qui restent encore (1), il

---

(1) La population des départemens insurgés sur la rive gauche de la Loire était bien plus considérable à cette époque. M. Cavolo, dans sa Description du département de la Vendée, porte à quarante-quatre mille le nombre des individus de ce département, qui ont péri dans le cours de cette guerre et à cent cinquante-neuf mille pour la totalité du pays, sur sept à huit cent mille âmes.

faut sacrifier au moins quatre-vingt mille individus. Ce moyen n'est pas proposable, et la Convention nationale ne l'a jamais voulu. L'autre est d'écouter la voix de l'humanité, d'user d'indulgence, et de conquérir ces départemens par la persuasion plutôt que par les armes; mais il faut accompagner cette mesure de forces réelles et imposantes.

» Il faut avant tout que la discipline, la justice, le respect des personnes et des propriétés soient rétablis et maintenus dans la troupe; que les habitans désarmés et paisibles dans leurs maisons ou cultivant leur champ, quels que soient le temps et l'époque de leur séjour dans la Vendée, ne soient pas inquiétés; que le pillage soit sévèrement puni; enfin que la loi frappe sur-le-champ les coupables d'incendie, de vols et de massacres, dans quelque grade qu'ils soient.

» La conduite des soldats se règle sur la moralité des chefs, il faut donc que ces chefs soient des hommes éprouvés. La conf... e des généraux et des commissions militaires a plus fait de partisans au royalisme que le fanatisme.

» Des communes patriotes ont servi constamment d'avant-gardes et de guides à nos colonnes; trois arrêtés impolitiques de Hentz et Francastel, en date des 20 février, 2 mars et 10 avril 1794, ont exilé les bons citoyens à vingt lieues de la frontière des pays révoltés, sous peine d'être mis en état d'arrestation comme suspects (1). Le Vendéen tient plus fortement qu'un autre au sol qui l'a vu naître. Guyardin et Dornier viennent, par un arrêté du 8 septembre, de rappeler les réfugiés dans les communes de Nantes, Angers, Saumur, Niort et Fontenay.

» Il faut établir des communications avec les rebelles, éclairer les habitans cultivateurs et naturels de la Vendée, et leur persuader que le passé peut être oublié par un prompt et sincère repentir.

---

(1) Ces mesures avaient été sollicitées par le général Turreau, comme indispensables pour terminer la guerre.

» Il y a trois moyens à employer pour atteindre ce but ;

» 1°. Placer aux avant-postes les soldats les plus disciplinés et les plus intelligens qui ramèneront la confiance par leur exemple et par leurs discours.

» 2°. Employer de préférence dans ces communications les patriotes réfugiés, parce que leur intérêt est commun.

» 3°. Faire arriver insensiblement la confiance et l'instruction de la circonférence au centre.

» Les colonnes républicaines qui ont traversé révolutionnairement la Vendée, l'ont convertie en un vaste tombeau. Les maisons ont été incendiées, les bestiaux enlevés, les instrumens aratoires brisés, les ateliers ont disparu. Il est nécessaire d'accorder des secours aux réfugiés, d'encourager l'industrie, de relever le commerce. Il est indispensable de confier ces mesures à des députés nés dans ces départemens.

» Les généraux, en vertu de la loi du 19 mars 93, avaient fait des proclamations; les rebelles, sur la foi de l'amnistie, avaient déposé les armes; mais les ordres émanés des représentans, des jugemens arbitraires, l'incendie, les échafauds, les noyades, les fusillades, tout les a jetés dans la plus grande méfiance et le désespoir. Ils n'ont osé se reposer sur l'amnistie qui leur était offerte par les proclamations de la commission d'agriculture et des arts et par celle du général Vimeux. L'arrêté du 3 vendémiaire (24 septembre 94) de Boursault et Bollet (1), manque son but, parce qu'il isole les individus des chefs. C'est à vous d'examiner si, dans l'état actuel des choses, cette distinction est impolitique ou non.

» Si l'ennemi était aux portes du sénat, nous vous dirions : Guerre à mort à tous les rebelles, qu'ils soient exterminés jusqu'aux derniers ; mais aujourd'hui nos armées sont partout victorieuses et nous vous disons : Consolation aux victimes malheureuses de la rébellion, appui aux faibles, encouragement

---

(1) En mission à l'armée des côtes de Brest (chouannerie.)

aux hommes égarés qui reviennent de leur erreur. Un décret peut seul fixer les irrésolutions des rebelles. Des bases qui seront adoptées pour le décret d'amnistie sortira la fin ou la continuation de la guerre.

» Le grand acte de justice que la Convention a fait en traduisant Carrier au tribunal révolutionnaire (1), l'examen qu'elle a ordonné de la conduite des généraux et des commissions militaires, ont déjà enlevé à Charette et à Stofflet des partisans, et en enlèveront un plus grand nombre.

» Voici les mesures que nous proposons, et qui nous paraissent de nature à pouvoir être adoptées :

» 1°. Une armée imposante et bien disciplinée qui protége les individus et respecte les propriétés.

» 2°. Formation volontaire des patriotes réfugiés en bataillons, jusqu'à la reprise de leurs communes insurgées, et non pour autre service.

» 3°. Communications entretenues et protégées entre les communes, les patriotes et les réfugiés.

» 4°. Secours et indemnités aux patriotes réfugiés.

» 5°. Choix des représentans pris dans les départemens de la Vendée, et munis des mêmes pouvoirs que ceux envoyés aux armées.

» 6°. Enfin, amnistie proposée et proclamée au nom de la Convention. »

Le comité accueillit ces propositions, et le lendemain la Convention rendit le décret suivant, qui fut accompagné d'une proclamation :

« Du 2. = La Convention nationale, après avoir entendu le rapport de son comité de salut public, décrète :

» ARTICLE PREMIER. Toutes les personnes connues dans les arrondissemens de l'Ouest, des Côtes de Brest et des Côtes de Cherbourg, sous le nom de rebelles de la Vendée et de Chouans,

---

(1) Carrier fut décrété d'accusation dans la séance du 23 novemb. e.

qui déposeront leurs armes dans le mois qui suivra le jour de la publication du présent décret, ne seront ni inquiétées ni recherchées dans la suite pour le fait de leur révolte.

» Art. II. Les armes seront déposées aux municipalités des communes que les représentans du peuple indiqueront (1).

» Art. III. Pour l'exécution du présent décret, les représentans du peuple Menuau, Delaunay, Gaudin, Lofficial, Morisson et Chaillou, se rendront dans les départemens qui composent l'arrondissement de l'armée de l'Ouest, et les représentans Guezno et Guermeur dans les départemens qui composent les arrondissemens des armées des Côtes de Brest et de Cherbourg.

» Ces représentans sont investis des mêmes pouvoirs que les autres représentans envoyés près lesdites armées et dans les départemens. »

Proclamation de la Convention nationale à ceux qui ont pris part aux révoltes des départemens de l'Ouest.

« Depuis deux ans vos contrées sont en proie aux horreurs de la guerre: Ces climats fertiles, que la nature semblait avoir destinés pour être le séjour du bonheur, sont devenus des lieux de proscription et de carnage ; le courage des enfans de la patrie s'est tourné contre elle-même ; la flamme a dévoré les habitations, et la terre, couverte de ruines et de cyprès, refuse à ceux qui survivent les subsistances dont elle était prodigue.

» Telles sont, ô Français ! les plaies douloureuses qu'ont faites à la patrie l'orgueil et l'imposture. Des fourbes ont abusé de votre inexpérience ; c'est au nom d'un ciel juste qu'ils armaient vos mains du fer parricide ; c'est au nom de l'humanité qu'ils dévouaient à la mort des milliers de victimes ; c'est au nom de la vertu qu'ils attiraient chez vous des scélérats de toutes les parties de la France, qu'ils faisaient de votre pays

---

(1) Ce décret, ne faisant aucune distinction entre les chefs et leurs soldats, étendait l'amnistie à tous indistinctement.

le réceptacle de tous les monstres vomis du sein des nations étrangères.

» Oh ! que de sang répandu pour quelques hommes qui voulaient dominer ! et vous qu'ils ont entraînés, pourquoi faut-il que vous ayez rejeté la lumière qui vous était offerte, pour ne saisir qu'un fantôme cruel ? Pourquoi faut-il que vous ayez préféré des maîtres à des frères, et les torches du fanatisme au flambeau de la raison ?

» Que vos yeux se dessillent enfin : n'est-il pas temps de mettre un terme à tant de calamités ? Affaiblis par des pertes multipliées, désunis, errans par bandes éparses, sans autre ressource que celle du désespoir, il vous reste encore un asile dans la générosité nationale. Oui, vos frères, le peuple français tout entier veut vous croire plus égarés que coupables ; ses bras vous sont tendus, et la Convention nationale vous pardonne en son nom, si vous posez les armes, si le repentir, si l'amitié sincère, vous ramènent à lui : sa parole est sacrée; et si d'infidèles délégués ont abusé de sa confiance et de la vôtre, il en sera fait justice.

» Ainsi la République, terrible envers ses ennemis du dedans, comme elle l'est envers ceux du dehors, se plaît à rallier ses enfans égarés : profitez de sa clémence, hâtez-vous de rentrer au sein de la patrie. Les auteurs de tous vos maux sont ceux qui vous ont séduits : il est temps que les ennemis de la France cessent de repaître leurs yeux du spectacle de nos dissensions intestines ; eux seuls sourient à vos malheurs, eux seuls en profitent ; il faut déjouer leur politique impie, il faut tourner contre eux ces armes qu'ils ont apportées chez vous pour notre destruction.

» Français ! n'appartenez-vous donc plus à ce peuple sensible et généreux ? les liens de la nature sont-ils brisés entre nous ? et le sang des Anglais a-t-il passé dans vos veines ? Massacrerez-vous les familles de vos frères vainqueurs de l'Europe, plutôt que de vous unir à eux pour partager leur gloire ? Non, l'éclair de la vérité a frappé vos regards; déjà plusieurs d'entre vous sont rentrés et la sécurité a été le prix de leur confiance. Revenez tous : que les foyers de chacun de vous deviennent sûrs et paisibles ; que l'abondance renaisse, que les champs se cultivent; que les communications se rétablissent; ne songeons plus qu'à nous venger ensemble de l'ennemi commun, de cette nation implacable et jalouse qui a lancé parmi nous les brandons de la discorde ; que l'énergie républicaine se dirige toute entière contre ces violateurs des droits de tous les peuples; que tout s'anime dans nos ports, que l'Océan se couvre de corsaires, et qu'une guerre à mort passe enfin, avec tous ses fléaux, des bords de la Loire aux bords de la Tamise (1). »

Du 4. = *Le représentant Bezard, au comité de salut public*
(*Angers.*)

« J'ai reçu votre arrêté, du 26 novembre, relatif à la réunion à l'armée de l'Ouest des places d'Angers et Nantes, ainsi que de la grande route, postes et camps en dépendans. Je regarde cette mesure comme très-utile.

» La proclamation portant amnistie contient le vœu de la Convention, et servira de règle à notre conduite. Je vais me hâter de la faire connaître partout où il sera besoin. »

Du 5. = *Le représentant Ruelle, au comité de salut public.*
(*Nantes.*)

« La ville de Nantes dont l'esprit est excellent, et dont les malheurs sont inouïs, se trouve encore aujourd'hui dans un état déplorable.

» J'ai élargi des prisons tous les malheureux qui y étaient détenus sans motifs, la plupart cultivateurs et ouvriers, ainsi qu'environ soixante ex-nobles dont la naissance faisait le seul crime. Des jeunes gens de la réquisition ont été incorporés;

---

(1) Cette proclamation fut imprimée à Nantes et tirée à un grand nombre d'exemplaires.

d'autres qui avaient fui, répugnant à partir, sont rentrés chez eux et labourent.

» C'est ainsi qu'en m'écartant dans quelques circonstances de la grande rigueur de la loi, je crois avoir fait bien des prosélytes dans cette contrée.

» Le général Canclaux parcourt maintenant la Vendée pour l'organisation de l'armée. La plupart des bataillons que doit fournir l'armée des Côtes de Brest, sont arrivés et campés sous les murs de Nantes.

» Je vois, avec grand plaisir, dans le journal, un projet d'amnistie en faveur des brigands et des chouans qui déposeront leurs armes. Il y a long-temps que je songe à cet acte de clémence, et que je désire le voir réaliser. J'avais tellement pressenti les intentions de la Convention, que j'ai admis à résipiscence plus de trois cents individus des deux rives de la Loire qui ne se trouvaient pas dans le cas de la proclamation. Je crois que, pour que l'amnistie produise les effets qu'on en doit attendre, il faut qu'elle soit générale, et qu'elle s'étende aux chefs. Les brigands n'abandonneront pas leurs chefs; la plupart sont des prêtres qui ont un empire absolu sur leur esprit. Il est constant qu'ils sont encore forts; leurs postes sont bien gardés; ils ont d'ailleurs des colonnes sur plusieurs points, et le plus grand nombre est bien armé. Ils sont cependant moins à craindre que les chouans. »

Pendant que l'on prenait des mesures pour augmenter la force de l'armée et pour arriver à la pacification de ces malheureuses contrées, la division s'établissait entre les principaux chefs de la Vendée.

Stofflet avait créé, de l'avis de son conseil, un papier-monnaie pour solder les compagnies organisées par suite de son règlement du 28 juin

1794 (1). Charette lui contesta ce droit; il convoqua à Beaurepaire un conseil de l'armée du centre et du pays bas (2); Stofflet, invité à s'y rendre, n'y parut pas. En conséquence le conseil lui adressa la dépêche suivante du 6 décembre :

Du 6.=*Arrêté du conseil, etc., à Stofflet.* (*Beaurepaire.*)

« Monsieur, la cause qui vous empêche de vous rendre au conseil où nous vous avons appelé, vous paraît trop légitime pour ne vous pas croire dispensé de vous y rendre ; et il serait fâcheux pour vous qu'un moment d'absence facilitât à votre ennemi un passage auquel vous vous opposez constamment depuis dix mois. Le conseil des deux armées réunies ayant pour objet principal d'agiter les griefs qu'on vous impute, griefs contraires au bon ordre, contraires au bien public, contraires à l'intérêt de l'État, n'a différé ses délibérations que pour entendre votre justification.

» Le refus formel de vous rendre à l'invitation et votre ingénieuse facilité à trouver des moyens d'absence, n'ont pas empêché le conseil de traiter de cette affaire. Considérant :

» L'émission d'un papier-monnaie, contre la protestation qu'en avaient faites les autres armées, au mépris de l'arrêté de Jallais et autres lieux où il fut convenu qu'aucune chose concernant le bien public et l'intérêt de l'État, ne serait admise et n'aurait lieu sans leur concours et consentement ;

» Le soudoiement de soldats qui ne combattent que pour leur Dieu et leur roi, obligés d'ailleurs par les circonstances de faire la guerre pour leur propre intérêt : moyen suborneur inventé par le plus orgueilleux et le plus vain despotisme ;

» La profusion avec laquelle vous avez répandu et répandez une monnaie fictive et illusoire qui lèse l'intérêt public et l'induit dans une erreur qui lui est préjudiciable ;

---
(1) Voir au 18 août.
(2) Armées de Sapinaud et de Charette.

» Les moyens de violence employés pour lui donner cours ; l'abus et l'emploi, pour l'accréditer, du nom des autres généraux protestant contre ;

» L'aveu sincère et publiquement émis que vous ne faites la guerre que pour vous ;

» Le refus d'entendre la justification des chefs de division arbitrairement condamnés ;

» L'infraction de votre parole d'honneur et des arrêtés pris ;

» Le mépris enfin de tout principe d'honneur et de tout ordre ;

» Le conseil arrête ce qui suit :

» 1°. Les articles du conseil tenu à Jallais, enfreints par vous, sont comme non avenus.

» 2°. Le serment prêté à ce sujet n'est plus obligatoire.

» 3°. Les qualités indues qui peuvent y avoir été prises, sont déclarées nulles (1); ils ne prétendent aucunement les soutenir ; au contraire, entendent que chaque armée reprendra sa forme première, et promettent force et protection contre tout ambitieux qui chercherait à s'élever de sa propre autorité.

» 4°. L'émission du papier-monnaie, autre que celui généralement admis, sera de suite supprimée.

» 5°. Le présent arrêté sera publié et affiché dans toute l'étendue du pays conquis.

» Fait en conseil des deux armées, à Beaurepaire, le 6 décembre 1794.

» *Signé*, DE CHARETTE, DE BEAUVAIS, chevalier DE FLEURIOT, DE BRANCOURT, DE COUETUS, SAPINAUD, GUÉRIN, JOLLY, DUCHILLOU, DE LA PLANTE, DUPERAT, BAUDRY D'ASSON, DE PUIRAVAUX, BRIN DE LA ROBRIE, DE VAUGIRAUD, DELAUNAY. »

---

(1) Stofflet y avait le titre de général en chef de l'armée d'Anjou et Haut-Poitou ; on ne voulait plus le reconnaître en cette qualité. Cha-

Stofflet, aidé des conseils et de la plume du curé de Saint-Laud, fit à cette espèce de manifeste la réponse suivante :

« Messieurs, J'ai reçu sous la date du 6 courant, une lettre de Beaurepaire. Le style de cette pièce, la tournure des phrases, la singularité des expressions, m'ont d'abord fait croire un instant que la main d'un fourbe avait imité vos signatures et tenté de nous désunir. J'aurais voulu pouvoir me maintenir dans cette persuasion ; mais l'extrait de vos délibérations qu'elle contient, et la voie par laquelle elle m'est parvenue, ne m'anoncent que trop qu'elle vient de vous, et que des ennemis dangereux et puissans ont égaré votre opinion sur moi.

» Vous parlez de griefs contraires au bon ordre, contraires au bien de l'État, qui me sont imputés. Je n'en connais aucun. Ma volonté est celle du conseil ; ma conduite, le résultat de ses délibérations : il n'en est comptable qu'à Dieu et au roi. Je pourrais donc, comme son chef, garder le silence et attendre en paix que les événemens vous eussent conduits, ainsi que moi, au tribunal de l'Éternel, ou devant le trône de nos rois, pour procéder à ma justification.

» Mais il est des juges, censeurs bienveillans de ma conduite, aux yeux desquels je serai toujours jaloux de paraître innocent : ce sont mes amis. Je vous regarde comme tels, et c'est à ce titre que je vais vous répondre.

» Je ne me suis dispensé, dites-vous, d'assister au conseil de Beaurepaire, que pour ne pas faciliter, par un moment d'absence, le passage à mon ennemi, qui sans doute est aussi le vôtre, et auquel je m'oppose constamment depuis dix mois. Ce motif ne vous paraît provenir que d'une ingénieuse faci-

---

rette aspirait au commandement général de tout le pays, Sapinaud n'était déjà que son lieutenant.

lité à trouver des moyens d'absence (1); et moi je n'aperçois dans cette réponse de votre part, que l'ingénieuse facilité qu'ont eue mes ennemis de calomnier près de vous mes intentions et mes démarches.

» Quand l'ennemi est aux portes, menace d'une invasion prochaine, et fait tous ses efforts pour tromper la vigilance des gardes, oui, Messieurs, vous êtes convaincus, comme moi, qu'un général doit être à son poste; et si cet ennemi eût pénétré pendant mon absence, je me serais éternellement reproché d'être allé me justifier à Beaurepaire de griefs inconnus, en livrant mon pays à la dévastation.

» Quels sont en effet ces griefs ? L'émission d'un papier-monnaie contre la protestation qu'en avaient faite les autres armées; l'arrêté de Jallais et autres lieux, où, dites-vous, l'on était convenu qu'aucune chose concernant le bien de l'État ne serait admise sans le consentement des trois armées.

» Je ne connais, Messieurs, aucune protestation collective de votre part contre le papier-monnaie; il n'en fut question à Jallais que dans la conversation; aucun arrêté ne fut pris à cet égard. M. Charette l'a seul constamment rejeté; M. de Fleuriot l'a non-seulement admis, en signant l'arrêté sur le traitement des veuves, orphelins et blessés, mais encore a hâté, sollicité son émission dans les conseils tenus à Maulevrier, avant sa réunion à l'armée du centre.

» MM. les généraux et officiers de cette armée l'ont également admis dans le conseil du 25 septembre; ils en ont approuvé l'émission par leurs lettres du 29, et accusé la réception de celle du 9 octobre suivant. Que fallait-il de plus ? Ils ont dans la suite changé d'opinion, je le sais, quoique j'en ignore la cause et les motifs; mais le droit qu'ils ont eu de changer, ne l'avons-nous pas pour persévérer et rester invariables dans notre opinion ?

---

(1) Cependant les mouvemens du général Canclaux sur le Layon pouvaient faire craindre une invasion dans le pays de Stofflet.

» Cette opinion est le fruit de nos réflexions; le malheur des temps l'a fait naître, c'est pour l'adoucir que nous avons eu recours à l'émission d'un nouveau papier; il n'entre dans nos mains que pour refluer dans celles des pauvres; il est le gage des créanciers de l'État, le prix du sacrifice des propriétaires et du cultivateur, le salaire des travaux de l'artisan, et la juste récompense du courage de nos braves soldats. Ils n'en combattent pas moins pour Dieu et leur roi, parce qu'ils savent que cette solde, qui leur est accordée, n'est pas le prix de leur sang, mais le soulagement de leurs besoins; et que, loin de supposer en eux des mercenaires, elle n'y fait entrevoir que des enfans avec lesquels un père, touché de leurs malheurs, partage sa fortune et ses biens.

» Sont-ce donc là des moyens suborneurs inventés par le plus orgueilleux et le plus vain despotisme? J'en appelle à vous-mêmes: les soldats des Turenne, des Condé, des Villars, n'étaient-ils pas soldés? Nos émigrés eux-mêmes ne l'ont-ils pas été pendant long-temps? Une partie d'entre eux ne l'est-elle pas encore des richesses de Catherine, de Pitt, et de la Hollande? Cette solde a-t-elle avili le courage des uns, la valeur, les sentimens, la noblesse des autres? L'ont-ils jamais envisagée comme un moyen suborneur inventé par le despotisme le plus orgueilleux? Je croirais insulter à la mémoire des uns et à la délicatesse des sentimens des autres, si cette flétrissante idée pouvait entrer un instant dans mon esprit.

» Vous me reprochez encore la profusion du nouveau papier.... Eh? plût à Dieu qu'elle fût au pair de la misère actuelle! Je n'aurais pas chaque jour à gémir sur le sort de ceux qu'il m'est impossible de soulager; mais je dois des comptes. La plus sévère économie réglera mes dépenses; et si j'ai quelque chose à craindre, c'est que le cœur généreux d'un Bourbon sur le trône ne me reproche un jour de n'avoir pas sacrifié deux millions de plus pour arracher ses défenseurs à la misère.

» Aurai-je, après cela, besoin de recourir à la violence pour accréditer un papier dont tous les habitans de notre arrondissement sentiront les bienfaits et la nécessité? Non, Messieurs, le conseil avait prononcé contre les refusans l'amende de cent livres pour la première fois, et pas un d'eux ne s'est encore notoirement mis dans le cas de la payer. Je n'ai pas plus besoin des prétendus suffrages des autres armées pour l'accréditer ; leur refus est connu : je n'ai ni dissimulé, ni caché les sentimens qui les animent ; mais j'ai l'orgueil de croire les opérations du conseil assez étayées de la confiance publique, et j'ai moi-même trop de sentimens pour recourir à ces moyens bas et trompeurs. Je ne sais quelle bouche mensongère a pu vous assurer que je ne faisais la guerre que pour moi. Cet aveu n'est pas sorti de ma bouche ; le sentiment qui l'eût fait naître n'exista jamais dans mon cœur : ce cœur n'est point avili par un bas intérêt. Je n'ai de trésor et de propriété que mon sang et ma vie. L'un et l'autre, après Dieu, appartiennent à mon roi.

» Je ne connais aucun chef de division arbitrairement puni : Marigny seul a succombé, mais vous savez d'après quel témoignage et sur quel avis (1).

» Je passe sous silence les infractions de ma parole d'honneur et le mépris de tout ordre et de tout principe que vous m'imputez : je vous connais trop pour ne pas croire que ces expressions, à peine échappées à la plume de votre rédacteur, la noblesse des sentimens qui vous animent les aura démenties.

» Venons maintenant à vos arrêtés. Si les trois armées ne forment plus un même corps ; si chacune reprend sa force et sa forme première, le conseil de l'armée d'Anjou peut donc exécuter ce qu'il croira juste, utile et convenable pour le bien

---

(1) Ceci s'adressait à Charette, qui avait fait les fonctions de rapporteur dans le conseil où Marigny fut condamné à mort.

de son arrondissement ; et vous n'avez pu, sans préjudicier à ses droits, ordonner la publication et l'affiche de vos arrêtés dans ce même arrondissement.

» Je ne crois pas, d'ailleurs, qu'il existe aucun Français, ami de son roi, du bien public et du bon ordre, qui veuille lancer au milieu de nous de nouveaux brandons, si propres à susciter les feux d'une division intestine ; ou, s'il en existe, il paiera de sa tête son imprudente et aveugle témérité.

» Craignons, Messieurs, que cette discorde ne parvienne à la connaissance de nos ennemis. Ils ont dans l'intérieur des émissaires pour la souffler, des agens pour l'entretenir et la susciter ; quel triomphe pour eux s'ils réussissent ! Déjouons leurs projets trompeurs et leurs espérances ; éloignons de nous ces esprits turbulens qui ne règnent qu'en divisant, qu'en étayant par de faux rapports leurs vils intérêts ou les ressentimens particuliers qui les animent. Que tout ambitieux qui tentera de s'élever sur la ruine des autres, soit puni sur-le-champ ! Qu'une explication franche, loyale et réciproque, dissipe tous les nuages !

» Nul sacrifice ne me coûtera pour procurer une union d'où dépend le salut public : j'oublierai les expressions laconiques que contient l'adresse de votre lettre (*à Stofflet*) qui semblent annoncer un projet dont je vous crois incapables. Élevé par la confiance des peuples à la dignité de général, je soutiendrai ce titre par le même moyen. Mon armée ne deviendra l'asile d'aucun soldat mécontent. Je repousserai mes ennemis, je punirai les traîtres et les artisans de discorde, j'accablerai du plus profond mépris les délateurs et les envieux ; je procurerai le bien public par tous les moyens qui seront en mon pouvoir, et volerai à votre secours quand vous l'exigerez.

» *Signé*, Stofflet, général en chef. »

Cette réponse énergique du *garde-chasse* Stofflet blessa vivement la vanité du *chevalier* Charette qui se proposa d'en tirer vengeance dans l'occasion.

Du 7. = *Le représentant Bézard, au comité de salut public.*
(*Angers.*)

« Les six mille hommes que l'on fait venir de l'armée des Pyrénées-Occidentales produiront un très-bon effet. Je ferai remettre aux braves patriotes (1) que l'on a tant calomniés et tant persécutés, les fusils de chasse que je fais réparer.

» J'examine avec soin les réclamations des détenus, jusqu'ici je ne me suis permis de mettre en liberté que les métayers, journaliers, artisans, au nombre de plus de cinq cents. »

Du 8. = *Le représentant Ruelle, au comité de salut public.*
(*Nantes.*)

« Le décret d'amnistie en faveur des rebelles a excité ici des transports de joie difficiles à peindre. Chacun donne un libre essor aux sentimens d'humanité qui avaient été comprimés sous le régime de la terreur.

» La proclamation de la Convention m'est parvenue le 6, je l'ai fait aussitôt imprimer et répandre avec profusion. Elle est déjà dans la Vendée où je l'ai fait arriver par la sœur de Charette. J'ai cru pouvoir et devoir même la charger de cette mission. J'espère vous annoncer dans quelques jours des résultats satisfaisans.

» Je vous demande si, en nommant des représentans pour l'exécution du décret, la Convention a entendu exclure ceux qui y étaient déjà rendus auparavant (2). »

---

(1) Sur la rive droite du Layon.

(2) Ruelle écrivit le 12 à la Convention que le décret d'amnistie avait été reçu avec transport dans la Vendée; que les rebelles avaient substitué au *cri de vive le roi, celui de vive la république*, etc., etc. C'était un rêve.

L'impulsion était donnée; on ne parlait à la Convention que de principes d'humanité et de justice. Le 8 décembre, sur le rapport de Merlin de Douai, les députés proscrits au 31 mai furent rappelés dans le sein de la Convention ; mais bientôt l'esprit de parti désigna de nouvelles victimes et de nouvelles persécutions. Tout patriote devint *terroriste.*

Du 10. = *Les représentans Dornier, Auger et Guyardin, à la Convention.* (*Fontenay.*)

« Aussitôt notre arrivée, nous n'avons rien négligé pour faire connaître les principes de la Convention et mettre partout à l'ordre du jour la moralité, la justice et l'humanité.

» Plus de quatre cents détenus, gémissant depuis long-temps dans les fers, ont été rendus à la liberté.

» Ces premiers momens n'ont pas été perdus pour l'armée. Notre présence dans les camps a ranimé le courage et l'énergie du soldat, et bientôt nous avons vu reparaître dans l'armée la discipline, en destituant, suspendant et éloignant des généraux immoraux, lâches ou perfides.

» L'armée était bien de quarante-cinq mille hommes; mais plus de quinze mille étaient dans les hôpitaux, dix mille dans les places et vingt mille seulement disséminés sur une circonférence d'environ cent vingt lieues. Nous les avons vus, ces braves soldats, la plus grande partie sans armes, sans habits, sans souliers, manquant de tout sans se plaindre; souvent sans chefs, abandonnés dans des postes sans défense, et continuellement aux prises avec les brigands.

» Votre décret a été reçu dans ces départemens avec reconnaissance et attendrissement. Les réfugiés oubliaient leurs maux, en voyant arriver l'instant de rentrer paisibles dans leurs foyers et de reprendre leurs travaux. Les fonctionnaires publics sont là, prêts à aller reprendre leurs fonctions.

» Nous avons rendu la liberté à tous ceux des détenus qui ont paru victimes de l'intrigue, de la passion, ou dont la vieillesse, les infirmités ou la faiblesse de l'âge pouvaient, en faveur de l'humanité, faire fléchir la sévérité des mesures de sûreté; à tous les laboureurs, artisans, artistes, marchands, et pères de défenseurs de la patrie. »

Du 13. = *Le représentant Bezard, au comité de salut public.*
(*Angers.*)

« J'ai promis la grâce à un brigand prisonnier, s'il voulait me donner des renseignemens sur les armées vendéennes. Il est de Chemillé, journalier. Voici sa déclaration :

» Stofflet a cinq petits postes le long du Layon et quatre cents hommes à Chemillé, commandés par Châlon, marchand de moutons de Thouarcé. La moitié de cette troupe est armée; il y a de plus trente cavaliers.

» Le quartier-général de Stofflet est à Maulevrier : il a avec lui environ six cents hommes.

» Il y a beaucoup de mésintelligence entre Charette et Stofflet, parce que ce dernier a fait des assignats que l'autre ne veut pas reconnaître.

» Tout est ensemencé dans la Vendée et il reste beaucoup de grains à battre.

» La proclamation fera rendre les paysans qui sont bien las et découragés. Cependant ils sont retenus par *Poisson*, prêtre venu de Thouarcé, et par l'abbé Bernier, curé de Saint-Laud, qui les prêchent et leur recommandent de se battre pour la religion et pour le roi.

» J'ai trouvé des espions. Ce sont surtout les femmes dont nous devons attendre les plus grands services. »

Du 14. = *Le comité de salut public, au représentant Bezard.*
(*Paris.*)

« Les mesures que tu as prises pour accélérer le terme de la guerre intestine qui déchire le sein de la France sont d'accord avec les vues de la Convention nationale et les nôtres, comme tu le vois par le système adopté. Tous les représentans envoyés dans les arrondissemens des trois armées sont revêtus des mêmes pouvoirs et appelés à la gloire d'avoir mis fin à la plus terrible de toutes les guerres que la France ait jamais eu à soutenir. Le concert même universel de tous les représentans délégués dans ces contrées est le seul gage que nous puissions avoir d'un succès complet. La moindre division entre eux ferait renaître tous les déchiremens; et l'écueil le plus dangereux dont vous ayez à vous défier est l'intrigue dont on ne manquera pas d'animer de nouveau les ressorts pour jeter parmi nos nombreux collègues les semences d'une division qui nous ferait perdre tout le fruit de nos sollicitudes; mais leur sagesse et leur ardent amour pour la République nous garantissent qu'ils sauront déjouer les manœuvres les plus adroites et les plus perfides.

» *Signé*, Carnot. »

Du 15. = *Le représentant Ruelle, au comité de salut public.*
(*Nantes*.)

« D'après le rapport du commandant de la station sur Loire, les rebelles sont dans les meilleures dispositions; mais ils paraissent, comme je vous l'ai déjà annoncé, subordonnés à la détermination des chefs, et j'ai lieu d'espérer que ceux-ci, d'après les notions que je viens de recevoir par l'un des distributeurs de la proclamation, profiteront du bienfait qu'elle leur offre. »

Le 16 décembre fut marqué par le jugement du tribunal révolutionnaire qui condamne à la peine de mort Carrier, Grandmaison et Pinard, pour les crimes commis à Nantes.

Du 17. = *Le général Canclaux, au comité de salut public.*
(*Luçon.*)

« Le 14, l'ennemi s'est porté sur le poste de la Grève défendu par trois cents hommes des chasseurs de Cassel. Il a été vivement repoussé avec beaucoup de perte. Nous avons eu deux chasseurs et un officier blessés (1). »

Du 25. = *Les officiers municipaux de Chollet, au représentant Menuau. (Saumur.)*

« Les officiers municipaux réfugiés à Saumur te représentent, citoyen, qu'à leur évacuation de Chollet, qui ne fut annoncée qu'au moment même de son exécution, ils déposèrent leur trésor chez le commandant de la place, avec leurs registres les plus précieux, pour faire transporter le tout à Nantes où eux-mêmes devaient se rendre.

» Le lendemain de leur arrivée à Nantes, ils furent instruits que le caisson chargé de leurs effets était resté en route et que le tout avait été enlevé. Procès verbal en fut dressé et déposé.

» Nous te demandons l'autorisation de prélever, sur les fonds à notre disposition pour secours aux réfugiés, une somme de six cents francs pour frayer aux dépenses administratives faites et à faire, sauf à justifier de l'emploi devant qui il appartiendra.

Chouannerie.

§ II. Conduite des Chouans dans les districts de Châteaubriand, Loudéac, Pontivy, Ancenis. — Rapport du représentant Bouret, au comité de salut public. — Le comte de Puisaye, au comte d'Artois. — Réponse de celui-ci. — Le comte de Puisaye, à Cormatin, à La Bourdonnaye. — Le nombre des Chouans s'augmente dans le district d'Ancenis. — Rapport

---

(1) Depuis son arrivée à l'armée, le général Canclaux s'était occupé à la réorganiser. Il avait visité toute la ligne des postes et des camps, de Nantes à Angers, Fontenay, Luçon ; il se rendait aux Sables.

décadaire adressé par Magallon au comité de salut public; arrestation de Bellevue; la position de la Bretagne est inquiétante, etc. — Chouannerie dans le district de Domfront. — Rapport du général Hoche, aux représentans Bollet et Boursault. — Le comte de Nevet, le chevalier de la Marche, le vicomte de Pontbellanger, au comité catholique et royal; ils sont chargés à Jersey de la correspondance, sous les ordres du prince de Bouillon. — Assassinats dans le district de Loudéac. — Rapport du représentant Brue, au comité de salut public; mouvement général de troupes dans le département du Morbihan. — Conduite des Chouans dans les districts de Château-Gontier et de Mayenne. — Le prince de Bouillon, au comité central de l'armée catholique. — Hoche, au général Avril. — Conduite des Chouans dans le district de Fougères. — Ravage des Chouans dans les districts du Mans, Sablé, Sillé, Domfront, Segré, Château-Gontier, Vitré. — Rapport du représentant Brue, au comité de salut public. — Lettre de Boishardy, Solilhac et Déjouette, chefs de Chouans, au représentant Boursault. — Réponse de Boursault. — Rapport du représentant Bouret, au comité de salut public; conduite des Chouans à Jugon et à Plédéliac. — Le représentant Lanjuinais demande à ses collègues à Rennes un sauf-conduit pour se rendre à Paris. — Alarmes continuelles occasionées à Saint-Malo par la proximité des îles de Jersey et Guernesey. — Compte rendu au comité de salut public par les représentans Guezno et Guermeur; différens arrêtés pris par eux; arrestation de Duresto, chef de Chouans. — Le chasse-marée *la Thétis* surpris par les Chouans, dans la rivière de Vannes. — Rapport du représentant Boursault, au comité de salut public. — Le comte de Puisaye, au comité central de l'armée catholique. — Ordre de Puisaye au baron de Cormatin. — Lettre du général Humbert, à Boishardy. — Puisaye, à MM. de Nevet, de Pontbellanger et de la Marche, à Jersey. — Au comité central. — Rapports adressés au comité de public par les représentans Boursault, Bollet, Genissieux, Legot et Brue. — Interrogatoire de Duresto. — Réponse de Boishardy à Humbert.—Rapport de Hoche, au comité de salut public.—L'agent national de Meuil, au général Varin; invasion du bourg de Meuil par la troupe du chef Coquereau ; assassinats, proclamation de ce chef.—L'administration de Saint-Malo, au comité de salut public; avis de débarquemens de faux assignats et d'armes de toute espèce.

Du 1er. = *La société populaire, au comité de salut public.*
(*Châteaubriand.*)

« La justice a frappé la terreur, mais elle n'a pas éteint le fanatisme et l'aristocratie. Les brigands continuent de ravager nos contrées, divisés en bandes de dix, vingt, soixante, etc., suivant les assassinats qu'ils méditent; ils portent la désolation partout où ils passent. »

L'agent national, au même. (*Loudéac.*)

« Des rassemblemens de Chouans parcourent ce district, égorgent les patriotes et pillent leurs maisons.

» Je sais que des représentans, trompés sur le compte des brigands, ont fait des rapports rassurans ; mais ce sont précisément ces rapports qui empêchent l'envoi de la force armée et donnent le temps à la horde des assassins de se fortifier et d'organiser une nouvelle Vendée. »

L'administration, au même. (*Pontivy.*)

« Ce district semble avoir été choisi spécialement pour servir de repaire aux Chouans. Il n'est point de jour qui ne soit marqué par des pillages, des incendies, ou par l'assassinat de patriotes, membres des autorités constituées, de voyageurs ou de militaires. Ce brigandage s'exerce jusqu'à nos portes.

» Tout est désorganisé; il n'existe plus ni maires ni officiers municipaux dans les communes. Le peu qui a échappé à la rage des assassins a pris la fuite. Le titre de patriote ou d'acquéreur de domaines nationaux est un titre de proscription, de même que la moindre relation avec les autorités constituées.

» Les communications sont coupées, les routes interceptées, les lois sans exécution, les registres des municipalités brûlés, le drapeau blanc arboré dans plusieurs communes, enfin les marchés restent sans approvisionnemens. Les forces que nous avons sont à peine suffisantes pour la défensive. »

Du 1er. = *La société populaire, au même.* (*Pontivy.*)

« Ils étaient mal instruits, ceux qui vous ont dit que les patriotes du Morbihan n'avaient à lutter que contre une poignée de gens simplement égarés ; ils ne connaissaient ni les moyens ni les vues des ennemis que nous avons à combattre. Il y a deux mois, ils mettaient de l'intervalle dans leurs assassinats, ils en avaient fixé le théâtre sur deux ou trois grandes routes seulement ; ils craignaient de se montrer, et dix à douze républicains suffisaient pour assurer un convoi. Aujourd'hui les assassinats se multiplient, toutes les routes à la fois sont interceptées, les communes sont désarmées, les convois attaqués, enlevés. Leur projet est d'affamer les villes : ceux qui transportent des denrées sont assassinés, rien n'échappe à leur scélératesse. »

Réponse du comité aux différentes adresses. (*Paris.*)

« Les représentans du peuple sont chargés de prendre les mesures pour garantir le pays des *effets de la malveillance*. Le comité recommande aux patriotes d'y concourir. »

Du 2. = *La société populaire, au comité de salut public.* (*Ancénis.*)

« On disait à la Convention, le 2 novembre : *Depuis trois mois les Chouans sont réduits à très-peu de chose ; ainsi on peut être tranquille à cet égard.* On a depuis dit que les Chouans venaient tous les jours se jeter dans les bras des républicains, depuis qu'on avait abattu les échafauds ; cependant nous voyons, au contraire, le nombre de ces scélérats s'accroître de plus en plus et redoubler de férocité. Ils marchent maintenant par troupes de deux à trois cents.

» La proclamation de Bollet et Bouault n'a fait rentrer que trois individus, dont deux femmes. »

Du 3. = *Le représentant Bouret, au comité de salut public.*
(*Vannes.*)

« L'arrivée de Brue à Vannes m'a déterminé à quitter Lorient pour venir me concerter avec lui et avec Hoche. Je me rendrai sous peu avec Leyris à Lorient pour terminer notre travail, et comme notre mission expire à la fin du mois, nous retournerons à Paris. »

Le comte de Puisaye, au comte d'Artois. (*Londres.*)

« Monseigneur a été mal instruit, lorsqu'on lui a dit que j'avais demandé le brevet de lieutenant-général au service de sa majesté Britannique, je n'ai demandé que l'autorisation de servir en cette qualité; et cela pour un règlement de service entre les officiers anglais et les officiers français, objet sur lequel il est nécessaire de statuer, avant toute entreprise. »

Réponse du comte d'Artois.

« C'est vous, et vous seul, que je charge de témoigner à vos intrépides compagnons d'armes tous les sentimens qui m'animent, et le désir brûlant de me trouver à leur tête.

» Les pouvoirs de M. du Dresnay sont retirés, et je vous adresse aujourd'hui le brevet de lieutenant-général. »

Le comte de Puisaye, à Théobald (Cormatin), pour le comité. (Londres.)

» Je vous envoie des portefeuilles garnis de tout ce qui vous est nécessaire, des assignats, des armes, etc. Préparez tout, je serai bientôt à vous. Je ne puis vous en dire davantage. Que Boishardy, surtout, redouble d'activité, et que je le trouve avec vous quand j'arriverai.

Adieu..... *Joseph.*

Post-Scriptum. De la patience, de la modération, et bientôt du courage et de l'audace.

Du 3. = *Le même, à M. de La Bourdonnaye.* (*Londres.*)

« J'ai trouvé madame de La Bourdonnaye, et ai été assez heureux pour lui être utile.

» Vous avez dû recevoir le brevet de maréchal-de-camp, commandant la division du Morbihan, que je vous ai adressé au nom des princes, ainsi que la croix de Saint-Louis. Le comte d'Artois est instruit des services que vous avez rendus. Le moment de se montrer approche, le comité central vous instruira de tout.

» Les moyens de douceur employés par les républicains ne servent qu'à dévoiler leur frayeur et leur faiblesse actuelle. Animés par votre exemple, que MM. Desilz, Boulainvilliers, et nos autres camarades redoublent d'efforts; les promesses de secours, si long-temps attendus, ne sont plus illusoires. Répandez les assignats à pleines mains. Le comité vous en fournira au besoin; mais surtout hâtez-vous. Je vous ai déjà envoyé quelques ecclésiastiques, je vous en enverrai d'autres. Que ceux qui sont restés jusqu'ici, et dont le dévouement a si bien servi la cause de la religion et du roi, unissent leurs efforts aux vôtres. Vous ne manquerez ni d'armes, ni de munitions, tout vous sera fourni avec profusion; mais il faut un grand effort, quand le moment sera venu, et le moment viendra quand vous aurez fait savoir que vous êtes prêts. Faites payer régulièrement la solde de quarante sous par jour à ceux qui promettront de marcher, mariés ou non mariés. Donnez des secours aux vieillards, aux femmes, aux enfans. Mandez-moi au juste le nombre d'hommes sur lequel vous pouvez compter pour un coup de main; tenez-les en haleine. J'irai vous rejoindre après avoir tout disposé dans les autres parties. Correspondez fréquemment avec le comité : que tous nos momens, jour et nuit, soient employés à préparer celui qui doit rendre à notre malheureux pays sa religion, son roi et le bonheur. »

Du 4. = *Le comité révolutionnaire, au comité de salut public.*
(*Ancenis.*)

« On a dit à la Convention que depuis quelque temps les Chouans se rendaient en foule et disaient qu'ils ne voulaient plus se battre contre leurs frères.... Ils se rendent dans ce district, mais sur les grandes routes, pour égorger les voyageurs, etc. Ils sont infiniment plus nombreux dans ces contrées qu'ils ne l'étaient il y a un mois. Nous sommes menacés de la plus affreuse famine sous peu de jours. »

Du 5. = *Magallon, chef de l'état-major, au comité de salut public. Rapport décadaire.* (*Rennes.*)

« Le général en chef est parti de Rennes le 29 novembre, à la tête d'une colonne de trois mille hommes, pour se porter dans le Morbihan.

» Bellevue a été arrêté dans une maison isolée, à trois quarts de lieue de Rennes, après une vive fusillade.

» La position de la ci-devant Bretagne est inquiétante, on ne doit pas le dissimuler. Il n'est point de contrée dans la République où les projets de contre-révolution aient été combinés avec autant de profondeur et de scélératesse, et suivis avec plus d'activité. La terreur a été répandue dans les campagnes par les meurtres, les pillages et les incendies ; les patriotes ont été assassinés ou forcés à prendre la fuite ; les autorités constituées sont partout désorganisées. Les chouans agissent par bandes, dans un pays couvert, qui leur est parfaitement connu ; de sorte qu'il est très-difficile de les atteindre. »

Du 6. = *L'agent national, au comité de salut public.*
(*Domfront.*)

« Voici en peu de mots ce qui se passe depuis peu de jours dans ce district :

» Les voleurs se rassemblent fréquemment pour commettre la nuit des pillages, des désarmemens et des excès dans les communes de Rouellé, Saint-Roch, Saint-Fraimbault. Ils ont répandu l'effroi dans tout le canton d'Assais, et nous n'avons à notre disposition ni troupe, ni munitions pour ranimer le courage des patriotes effrayés. »

Du 7. = *Le général Hoche, aux représentans Bollet et Boursault.* (*Vannes.*)

« Victime moi-même du système de la terreur, je ne provoquerai pas son retour. Je crois devoir vous déclarer cependant qu'une indulgence déplacée pourrait opérer la contre-révolution dans les départemens où tous les cœurs sont endurcis. Représentans, j'en suis tous les jours le témoin ; les brigands se jouent de notre crédulité, et il semblerait que la lecture des proclamations qu'on leur prodigue les enhardit au crime. Oui, pardonnons à l'erreur et à la faiblesse ; mais que le brigand qui se baigne chaque jour dans le sang humain soit frappé du glaive de la justice lorsqu'il est arrêté : que la patrie soit vengée, et que le crime ne soit plus assuré de l'impunité, sous prétexte d'un repentir dont il se dégagerait, s'il était libre d'exercer ses ravages.

» Nous avons parcouru tous les lieux qui nous avaient été indiqués. Nous avons trouvé les huttes et les cachettes, mais personne dedans. Nous voyons, chaque sortie que nous faisons, les sentinelles des brigands : marchons-nous dessus ? Tout disparaît et rentre en terre, et il ne reste aucun vestige. Tout les sert, les femmes, les enfans ; on jurerait qu'ils ont des télégraphes. »

Du 8. = *Le comte de Nevet, le chevalier de la Marche, le vicomte de Pontbellanger, au comité catholique et royal* (*Jersey.*)

« Vous avez été instruits par M. le chevalier de Tinteniac, que M. le comte Joseph de Puisaye nous a chargés de correspondre avec vous, sous les ordres de M. le prince de Bouillon.

» Tous les Français qui se trouvent dans cette île brûlent du désir de partager vos peines et vos dangers, en combattant pour la vraie religion et le roi. Nous allons mettre le plus grand soin à vous faire passer des ecclésiastiques et des militaires. Le plus beau jour de notre vie sera celui qui nous rapprochera de vous. »

Du 8. = *Le vicomte de Pontbellanger et le chevalier de la Marche, au même.*

« Nous vous adressons l'état des émigrés que nous avons fait passer, conformément aux ordres de M. Godefroy, (prince de Bouillon).

» 1°. M. le comte de la Roque, né à Mortain, en basse Normandie. Ses terres sont situées aux confins de la province de Bretagne; il connaît un grand nombre de royalistes dans son canton; il sert le roi depuis plus de vingt ans; il nous a paru susceptible d'être employé utilement, en renouant, s'il est possible, les fils de la coalition normande dont il a été membre. Il a les talens militaires et les connaissances de détail nécessaires pour être employé utilement comme major.

» 2°. M. le chevalier du Bouayx, né à Ploermel, sert le roi, depuis onze ans dans Béarn. Nous le jugeons, par son activité et son zèle, susceptible d'être employé dans l'état-major de quelque corps.

» 3°. Guillaume Morel, âgé de 29 ans, de la paroisse de Kerlantin, évêché de Dol, propriétaire, laboureur et fermier de Monseigneur l'évêque de Dol, appartenant à une famille honnête, qui aida de tous ses moyens les royalistes, lors de leur marche sur Granville. »

L'agent national, au comité de salut public. (Loudéac.)

« Le citoyen Corlay, maire de la commune d'Hervé-le-Loup, a été assassiné le 3, en plein jour, par des brigands, au moment où il leur demandait leurs passe-ports. Il a été commis plusieurs autres assassinats.

On ne connaît pas le nombre des brigands, parce qu'ils sont répandus par bandes de dix, quinze, vingt et trente hommes. »

Du 8. = *Le représentant Brue, au comité de salut public.*
(*Vannes.*)

« L'état des choses est à peu près le même dans le département ; on tente partout d'exciter un soulèvement dans les campagnes. Des bandes de brigands sont répandus sur toutes les parties du territoire, et commettent chaque nuit des attentats partiels. Il existe une fermentation sourde dans les communes de Roche-Sauveur et Roche-des-Trois. Les arbres de la liberté ont été abattus. C'est la même chose à Theix, deux lieues de Vannes, route de Nantes. Dans la nuit du 6 au 7, le maître de poste, connu pour patriote, a été arraché de chez lui et fusillé.

» On a commencé hier un mouvement général dans le département, il se prolongera jusqu'au 11. »

Du 9. = *L'agent national, au comité de salut public.*
(*Château-Gontier.*)

« Tous les bons citoyens applaudiront à la proclamation et au décret de la Convention portant amnistie aux Vendéens et aux Chouans.

» Je regarde comme une mesure qui en facilitera beaucoup d'autres, celle de faire exécuter à Nantes le jugement à intervenir contre le comité de otte ville et contre Carrier.

Du 11. = *Le comité de surveillance, au comité de sûreté générale.* (*Château-Gonthier.*)

« Les cruautés commises par les Chouans dans notre malheureux pays ne font qu'augmenter. Nous vous en avons plusieurs fois tracé l'effrayant tableau, en vous demandant des troupes, au nom de l'humanité et de la patrie que nous servons. Il est étonnant qu'on nous abandonne à ces anthropophages. Le sang coule dans les campagnes, et notre ville, bloquée actuellement, ne peut plus se procurer de subsistances, et va être livrée à la famine, s'il ne vient pas de troupes pour accompagner les convois dont nous avons besoin. »

Du 12. = *Le général Dutertre, au comité de salut public.*
(*Mayenne.*)

« L'indulgence nationale semble donner un nouveau degré de férocité aux chouans. J'ai été le premier à vous faire part de la rentrée de soixante-douze brigands, lors de la proclamation de Boursault, les autres n'en sont devenus que plus atroces. »

Godefroy (prince de Bouillon), au comité central de l'armée catholique. (*Jersey, île des Amis.*)

« Je ne suis pas rassuré sur ce qui s'est passé dimanche dernier au soir (1). J'espère pourtant qu'il ne sera rien arrivé à aucun de *nos amis*. J'envoie M. Pierre Duval et compagnie, que je charge de lettres et paquets que *Joseph* (Puisaye) m'a prié de vous faire tenir. Duval vous mène plusieurs particuliers que *Joseph* vous recommande. Je m'occupe actuellement de *vous ramasser* tous les louis en or qui pourront se trouver ici. »

Du 13. = *Le général Hoche, au général Avril.* (*Vannes.*)

« On m'a assuré que vous avez dit, après avoir lu ma circulaire aux habitans des campagnes, *qu'elle n'était pas de moi, que je ne savais ni lire ni écrire....* Je le sais, citoyen; et de plus, je sais couper les oreilles aux imposteurs et aux dénonciateurs (2). »

---

(1) 7 décembre.
(2) Hoche, naturellement peu communicatif, voulait que toutes ses opérations restassent dans le plus grand secret. Il écrivait lui-même toute sa correspondance. Il répara ce trait de vivacité envers le général Avril, par une lettre du 8 janvier.

Du 14. = *L'agent national, au comité de salut public.*
(*Fougères.*)

« La proclamation de Boursault avait fait rentrer quarante-cinq chouans, y compris neuf femmes ; mais, depuis ce moment, chaque jour voit redoubler la férocité de ces monstres. Vous pourrez en juger par l'horrible journal de leurs crimes. (1) »

Le représentant Genissieu, à la députation de la Sarthe.
(*Le Mans.*)

« Je m'empresse de vous prévenir des dangers qui menacent votre département. Il n'y a pas un moment à perdre pour sauver votre pays. Je laisse à d'autres le soin de vous donner le détail des brigandages qui se commettent dans les districts du Mans, Sablé, Sillé, Domfront, Ségré et Château-Gontier. ».

L'administration, au comité de salut public.
(*Château-Gontier.*)

« Nos maux ne font que s'accroître : les progrès de la terreur qu'inspirent les Chouans par leurs massacres journaliers mettent dans leur parti les habitans des campagnes qui, n'ayant aucune force qui puisse les protéger, se persuadent que le parti de ces scélérats triomphe. L'amnistie de Boursault n'a eu dans notre territoire aucun effet. L'humanité qui l'a dictée a été prise pour faiblesse dans le gouvernement. Que peut la raison sur des cœurs féroces et barbares qui égorgent les humains de sang-froid ? qui les martyrisent, en les déchirant même après leur mort ? Eh ! que n'ose pas tenter le fanatisme des prêtres ?.... Tout notre territoire est couvert de brigands. Les officiers municipaux n'osent et ne peuvent plus rester à leur poste.

Hier un détachement de cent hommes, qui forme le tiers

---

(1) On n'a pas le courage de le joindre ici, tant il est horrible dans ses détails.

de notre garnison, escortant un convoi de grains pour le magasin militaire, a été attaqué et mis en fuite par des brigands, et le convoi a été enlevé. »

Du 16. = *L'administration, au comité de salut public.*
(*Vitré.*)

« Nos maux sont à leur comble : la municipalité du chef-lieu sera bientôt la seule où il existera une autorité constituée. »

Le représentant Brue, au comité de salut public. (*Vannes.*)

« Les mouvemens des troupes semblent avoir un peu ralenti les entreprises des brigands; cependant la situation du département ne paraît pas améliorée. Je reçois des nouvelles alarmantes des districts du Faouet et de Josselin, où les attroupemens se grossissent et prennent de la consistance. Je recommande surtout au général Danican d'empêcher que les brigands ne pénètrent dans le Finistère. Je compte sur l'activité, le zèle et les talens de ce général; mais malheureusement il a trop peu de troupes à sa disposition.

» Les mesures d'indulgence ont jusqu'à présent produit ici peu d'effet. Si elles ne sont pas soutenues par un grand appareil de puissance, on les attribuera à la faiblesse; déjà cette insinuation est répandue dans les campagnes.

» J'attends Guezno et Guermeur, chargés de veiller à la promulgation du décret d'amnistie et à son exécution.

» Scherlock, employé dans cette division, vient d'être destitué et mis en arrestation, en vertu d'un arrêté de Bollet. Des procès verbaux de l'administration du département constatent les tentatives que cet officier avait faites, au mois d'août 1791, pour émigrer et passer en Angleterre. »

Boishardy, Solilhac et Dejouette (1), *au représentant Boursault.*

« Vous voulez avoir Boishardy, coûte que coûte; vous

(1) Chefs de Chouans.

nous avez accusés dans la chaire de Moncontour d'être des assassins et des dévastateurs ; vous ignoriez sans doute que vous nous deviez la vie. Oui, nous savions l'heure à laquelle vous deviez passer sur le grand chemin, nous connaissions la force de votre escorte, et nous avons retenu nos gens. De nos soldats ont rencontré votre dragon d'ordonnance, il les a vus, et il peut vous dire qu'ils l'ont laissé passer paisiblement. Il est temps de nous faire part de la sincérité de vos intentions.

» Nous avons reçu la lettre de Botidoux (1); la menace qu'elle contient, les dangers qu'elle nous fait envisager, ne nous ont point effrayés. Ce n'est point, lorsqu'on a fait la guerre de la Vendée, lorsque depuis deux ans on travaille avec constance à rassembler les sujets de Louis XVII, au milieu de vos soldats, que la mort peut effrayer. Faites-nous envisager un gouvernement solide et fondé sur la justice, alors vous verrez ces prétendus brigands se déclarer en votre faveur, et vous faire un rempart impénétrable aux vrais factieux.

» Mais quelle foi voulez-vous qu'on fasse sur vos promesses, lorsque, malgré votre amnistie, vous retenez dans vos prisons des nobles, à qui on ne peut reprocher que leur poltronnerie qui les empêcha d'être d'aucun parti ? de malheureuses femmes qui, depuis quatre ans, vivent dans les transes et les alarmes ? des domestiques que vous rendez responsables de la conduite de leurs maîtres ?

» Vous nous reprochez des meurtres et des assassinats...... Mais lavez-vous auparavant de toutes les atrocités qui ont continuellement souillé vos armes dans la Vendée, et qui, nous ne craignons pas de le dire, vous ont rendus l'exécration de ce peuple. On vous faisait des prisonniers ; et vous, non contens d'exercer vos fureurs sur les malheureux que le sort faisait tomber entre vos mains, vous brûliez encore indistinc-

---

(1) Voir la lettre de Hoche à Botidoux du 30 novembre.

tement les chaumières du paysan, et assassiniez les femmes et les enfans. Vous souvient-il de l'amnistie qui fut publiée devant Ancenis, après l'affaire du Mans? quel fut le sort de ceux qui voulurent en profiter?...

» Nous vous parlons avec loyauté, nous espérons de vous la même franchise : décidez des sentimens avec lesquels vous voulez que nous soyons, etc.

» *P. S.* Nous vous envoyons notre lettre par la poste; nous prendrons la réponse dans une petite auberge, au haut de la Lande de Gosson, à droite en allant de Moncontour à Uzel, avant d'entrer dans la forêt. »

Du 17. = *Réponse du représentant Boursault à la lettre précédente.* (*Saint-Brieuc.*)

» La république française en guerre avec les rois est l'effet d'une grande révolution qui rend à vingt-cinq millions d'hommes leurs droits usurpés, et qui leur fait rejeter avec indignation des propositions qui pourraient tendre à compromettre encore ces mêmes droits.

» Mais l'humanité sans cesse en guerre avec elle-même, des hommes organisant le meurtre et le pillage, égorgeant leurs semblables désarmés, tout me force à répondre à votre lettre, heureux si je puis faire cesser tant d'horreurs!

» Vous m'avez, dites-vous, sauvé la vie; je la compterais pour peu, si je devais être plus long-temps témoin des crimes qui se commettent en votre nom et que vous ordonnez.

» Il est des maux inséparables d'une grande révolution; mais quand la victoire et la justice ont sanctionné les droits du peuple, lorsque ce peuple peut exercer librement sa générosité, lorsqu'il accorde une amnistie, méritez d'en jouir et n'en doutez plus. Le crime d'un ou de plusieurs, est-il celui d'une nation entière? le vôtre est-il celui de toute la ci-devant Bretagne? non : cessez donc d'attirer par votre conduite le fer et la flamme dans ces contrées. Ma parole est sacrée comme mon caractère, et je ne crains pas de lui porter atteinte quand j'agis au nom de l'humanité. Ainsi, comme je passerai à Moncontour, *demain avec la même escorte*, vous pourrez en sûreté m'y venir trouver.

» J'ai communiqué cette lettre à un de mes collègues qui passe à l'instant, il joint sa signature à la mienne. »

Du 17. = *Le représentant Bouret, au comité de salut public.* (*Lamballe.*)

« Hier l'arbre de la liberté a été coupé à Jugon; les maisons ont été pillées, les armes de toute espèce enlevées, les papiers de la commune brûlés. Quatre tonneaux d'habits destinés à la dix-septième demi-brigade, ont été livrés au pillage.

» Plédéliac a essuyé le même sort : le juge de paix seul a résisté et a été assez heureux pour s'échapper.

» Boursault est à Saint-Brieuc; il est particulièrement chargé de ce département. Il voit à présent par lui-même ue les Chouans, qu'il croyait anéantis, se reproduisent avec plus d'audace. Je ne me suis jamais fait d'illusion à cet égard : depuis que je suis dans ce département, je n'ai pas cessé de vous dire que les Chouans n'étaient pas des ennemis à négliger. Il serait trop long et trop pénible de vous faire l'énumération de leurs crimes.

» *P. S.* Boishardy, accompagné de quelques ex-nobles, prêtres, etc., est à la tête d'environ deux cents Chouans, la plupart jeunes gens de la réquisition. »

Les représentans Guermeur, Guezno et Boilet, au président de la Convention nationale. (*Rennes.*)

» Notre collègue Lanjuinais vient de se jeter dans nos bras et nous demander sûreté pour se rendre à Paris où il doit se mettre à la disposition de la Convention. Nous t'envoyons l'expédition du sauf-conduit que nous venons de lui délivrer, et nous t'invitons à en donner connaissance à l'assemblée.

» Envoyés pour propager les principes de justice qui doivent rallier tous les Français, nous nous sommes empressés de les appliquer à un collègue que la Convention nationale a déjà soustrait au décret de circonstance qui l'avait frappé, et sur lequel, d'ailleurs, elle a ordonné qu'il serait incessamment fait un rapport. »

Du 21. = *L'administration, au comité de salut public.*
(*Saint-Malo.*)

» Nous éprouvons des alarmes continuelles occasionées par la proximité des îles de Jersey et Guernesey où il se trouve un dépôt considérable de prêtres, d'émigrés, de contre-révolutionnaires de toutes les couleurs. C'est de là que partent les faux assignats et la poudre que l'on verse sur nos côtes. Il serait de la plus grande utilité d'enlever ces îles. »

Du 22. = *Les représentans Guezno et Guermeur, au comité de salut public.* (*Vannes.*)

« Nous avons envoyé aux agens nationaux des quatre-vingt-seize districts, formant l'arrondissement des deux armées, des exemplaires de la loi d'amnistie avec la proclamation qui l'accompagne.

» Nous avons pris un arrêté qui enjoint au général en chef de faire surveiller avec soin les côtes, afin d'empêcher les débarquemens partiels.

» Partis de Rennes le 19, nous sommes arrivés le 20 à Vannes, pour nous concerter avec Boursault venant des côtes du Nord. Nous avons pris plusieurs arrêtés concernant :

» 1°. L'organisation des gardes territoriales dans tous les districts *chouannés*. Ce plan avait été conçu par Boursault et approuvé par le comité.

» 2°. L'institution d'un second tribunal militaire.

3°. L'autorisation aux agens nationaux de donner des congés limités aux réquisitionnaires qui rentreront dans le devoir ; ceci est conforme à ce que vous avez écrit à l'un de nos collègues.

» Duresto, chef de Chouans, a été arrêté hier soir par une patrouille de Josselin. Bollet et Boursault partent demain pour se rendre par Lorient à Brest. Nous resterons ici, Brue s'occupant particulièrement du militaire, et nous des mises en liberté, et de l'organisation des autorités constituées. »

Du 23. = *Le représentant Brue, au comité de salut public.* (*Vannes.*)

« Duresto a été pris dans les marais de Reguiny, commune du district de Josselin. Il est un des signataires de la fameuse proclamation de l'armée catholique et royale, ci-devant noble Breton, arrêté dans le canton où il avait des propriétés, et l'un des principaux agitateurs des districts de Josselin et de Pontivy.

» Les Chouans ont surpris la nuit dernière, dans la rivière de Vannes, un chasse-marée ou chaloupe canonnière; ils ont enlevé des pistolets, des sabres, douze fusils, et environ deux cent cinquante livres de poudre. »

Pellerin, sous-chef civil des classes, à l'agent maritime à Lorient. (*Vannes.*)

« Cette nuit, vers onze heures, les brigands se sont transportés en grand nombre à bord du transport *la Thétis*. Ils ont placé des sentinelles sur les panneaux, pour contenir l'équipage; les officiers ont été gardés dans la chambre; on a enlevé de menues armes et de la poudre; un canon a été jeté à la mer. Cette scène s'est passée à trois quarts de lieue de Vannes, et on n'en a donné connaissance qu'à sept heures du matin. Rozo, commandant, étant malade chez lui, n'était pas à bord. »

Du 24. = *Le représentant Boursault, au comité de salut public.* (*Vannes.*)

« Tout le mal vient de l'abandon dans lequel on a laissé la côte depuis huit mois. Plus de quatre cents émigrés sont rentrés. Le gouvernement anglais force les prêtres réfractaires à passer de Jersey dans ces départemens pour un mois, au bout duquel ils sont remplacés par d'autres.

» Toutes les municipalités sont désorganisées.

» Je pars pour Lorient où j'ai des renseignemens à prendre, et je me rends sur-le-champ à Rennes pour organiser les compagnies territoriales.

» Boulainvilliers est à travailler la Normandie. Boishardy m'a écrit, je lui ai répondu et j'attends. Mes collègues ont approuvé la réponse que je lui ai fait passer. Les chefs sont déroutés par la prise de leur correspondance, la mort de quelques-uns d'entre eux, et l'arrestation de leur commissionnaire.

» J'ai peu de nouvelles de l'armée; Hoche ne correspond, pour ainsi dire, qu'avec Bollet qui s'est persuadé que l'armée le regardait exclusivement. Cette conduite, seul ouvrage du secrétaire de Bollet, m'empêche de vous donner mes aperçus, et sur les forces de l'armée et sur ses besoins; cependant il est de fait que nous ne pouvons cesser de rendre justice aux vertus de notre collègue Bollet.

» Nous n'avons pas de nouvelles depuis long-temps de nos collègues de Nantes et d'Angers. »

Du 24. = *Le comte de Puisaye, au comité central, catholique et royal.* (*Londres.*)

« Je suis dans une véritable inquiétude sur votre compte. Malgré tous les voyages que j'ai fait faire depuis un mois, il n'a pas été possible qu'on parvînt à vous et qu'on m'apportât de vos nouvelles. Ce retard en met un terrible dans toutes nos opérations; il est vrai que la route est bien mauvaise, et qu'il y arrive tous les jours des accidens effrayans. Dieu nous en a préservés jusqu'ici; j'espère qu'il vous aura préservés de même, et qu'il aura béni vos travaux comme les miens. Je jouis toujours de la plus grande confiance et je la mérite par une franchise que personne n'avait encore mise en œuvre; mais j'ai à combattre des difficultés de tout genre; et si mon séjour eût été abrégé, nous n'aurions rien fait. Quoique ne voyant personne, et toujours caché, je me suis fait autant d'ennemis qu'il y a de gens à prétentions; tous voudraient bien s'emparer du fruit de vos peines, sans y avoir concouru; ou bien en anéantir l'effet, en s'opposant par toutes les manœuvres les plus odieuses à ce qu'on vous seconde; mais ils ne réussiront pas. Celui qui m'a conduit à travers les dangers, me conduit aussi à travers les intrigues; et ces êtres ineptes et vils ne recueilleront de leur conduite infâme que de la honte et du mépris. Néanmoins la difficulté d'arriver jusqu'à vous dans cette saison, le retard de vos nouvelles dont on n'a reçu qu'une fois, tout cela m'empêche de parler aussi positivement que je voudrais le faire. Le sort de l'Europe dépend du succès de notre projet : une fois échoué, il n'y a plus de remède à jamais; et quelque temps plus tard la réussite est bien assurée, tant parce qu'il n'y a pas les mêmes obstacles de la part des élémens, que l'on pourra faire davantage, et qu'il n'y a pas de doute que, si nous pouvons nous maintenir jusque-là, nous sommes délivrés et triomphans sans retour.

» J'espère que les envois multipliés que je vous ai déjà faits, ont relevé le courage et considérablement agrandi vos moyens. Je ne discontinue pas d'en faire. Je suis seul maintenant, ayant envoyé tout mon monde, les uns après les autres, à Jersey, pour qu'on m'apporte de vos nouvelles : mais je veille à tout, et quoique malade depuis quinze jours, je travaille sans relâche avec Laurent qui est toujours aussi fidèle et aussi dévoué qu'à son ordinaire. J'ai trouvé ici quelques coopérateurs que j'emmènerai avec moi, à mon retour vers vous. Ne discontinuez pas d'agir de votre côté; étendez-vous surtout le plus que vous pourrez; multipliez les cantons où vous envoyez des jeunes gens dont vous ferez des chefs. Je vais faire partir trois prêtres du diocèse d'Avranches qui vous aideront à donner la main à la Normandie. Ayez surtout les yeux sur le Morbihan ; il peut se faire qu'il devienne *votre point le plus important*. Préparez-y tout ; faites-le diviser et subdiviser en cantons ; répandez-y des chefs ; qu'on s'assure de toute cette côte, et qu'on m'envoie un détail des pays où s'embouchent la Vilaine et la Loire ; que l'on y répande les assignats, et que l'intérieur vers toute cette baie, soit travaillé avec le plus grand soin. Je désire que Théobald (Cormatin) y fasse un voyage ; qu'il y préside le comité pendant son séjour ; qu'il y organise tout sur les mêmes bases, et qu'il m'en rende un compte scrupuleusement exact, ainsi qu'un état véridique du nombre d'hommes qui pourront agir dans cette partie, au premier signal ; qu'il emporte pour cette opération six millions d'assignats. Vous en recevrez dix cette fois, et à chaque occasion, davantage. Comme ils n'ont pas beaucoup de valeur dans ce pays, il en donnera le double et le quadruple, s'il le faut. Vous devez avoir reçu deux mille louis en or que j'ai prié M. de Bouillon de vous faire passer ; que Théobald en emporte la moitié ; qu'il fasse sonder les officiers républicains (1), et surtout le commandant de Lorient : toutes les promesses qu'il fera seront garanties ; qu'il établisse la bonne harmonie entre les chefs.

» Le commandement de cette division est donné par les princes à M. de La Bourdonnaye, sous les ordres du comité ; ainsi il n'y a plus de difficulté, et il n'aurait jamais dû y en avoir. Je prie Théobald de ne rien négliger et d'employer tout son esprit et toute son activité pour tout disposer au mieux dans cette partie intéressante. Pierrot restera à la côte pour la correspondance : il devra être, par un arrêté, autorisé à

---

(1) M. de Puisaye dit dans ses mémoires (tom. 4, pag. 416) que pour négocier avec les places fortes et quelques commandans des troupes républicaines, il fallait de l'argent ; mais il doit à la vérité de dire qu'il n'a trouvé aucun des chefs républicains qui n'eût rougi de vendre ses services.

s'adjoindre provisoirement quelques officiers pour former le comité, en l'absence du major-général. Il veillera sur son canton, sur Fougères, Vitré, Laval, Château-Briand, etc., et répartira les nouveaux venus dans les cantons où ils seront utiles, et leur donnera tous les fonds nécessaires, qu'il recevra abondamment.

» Multipliez surtout les commissaires civils et les commissaires pour l'activité de la correspondance, pour la circulation des imprimés dont je vous enverrai encore beaucoup de tous les genres, et pour la répartition des assignats, munitions, armes, habits, etc., que je vous ferai passer. Souvenez-vous bien que tous ces objets doivent être répartis également, et qu'il faut toujours de préférence donner au loin, parce que vous êtes plus à portée de recevoir.

» J'espère que Théobald aura fait tous ses efforts pour faire réussir la négociation avec le général républicain (1) : on en attend ici des nouvelles avec la plus grande impatience. S'il a été heureux, il a tout fini d'un seul coup.

» J'ai trouvé ici madame de La Bourdonnaye, avec ses deux enfans, dans la misère, comme tous les émigrés. Hélas! leur sort fait pitié. Ceux qui sont restés en France, *et qui sont*

---

(1) (*Le général Canclaux*). Après avoir parlé dans ses mémoires (tom. 3, pag. 431 et suiv.) de la nomination du général Canclaux au commandement de l'armée de l'Ouest, M. de Puisaye ajoute :.... « *La Vendée lui reproche des excès dont le tableau fait frémir. Je ne puis pas garantir la vérité de ces faits comme témoin, mais ils sont attestés par un homme respectable (le général vendéen Beauvais) dont la véracité est au-dessus de tout soupçon. Canclaux n'a été finalement que le déplorable instrument de tous les crimes*.

Ces imputations odieuses ne terniront point la mémoire d'un homme franc, loyal, vertueux, sincèrement attaché à sa patrie, sans intrigue, sans ambition, auquel on eut recours lorsqu'il fut question d'employer des moyens de douceur et de persuasion pour ramener la paix dans ces malheureuses contrées; sa correspondance, ses actions, sa conduite, sa vie toute entière, sont là pour le justifier.

utiles, sont bien plus heureux : Je lui ai donné des secours. J'ai fait votre éloge à tous nos princes ; ils attendent tout de nous. Nous nous montrerons dignes de cette confiance, et nous vaincrons ou nous périrons.

» Je vous forme ici un petit corps d'artillerie et du génie qui vous sera d'un grand secours. Ma manufacture (*d'assignats*) est bientôt en pleine activité ; j'ai déjà soixante-dix ouvriers (1), et avant peu vous aurez un million par jour, ensuite deux, etc. Vous voyez comme ce moyen doit être puissant sous tous les rapports ; employez-le utilement. Enrichissez les campagnes, gagnez les villes, etc.

» Vous recevrez, par cet envoi, à peu près dix millions, des habits, vestes, pantalons, écharpes blanches, culottes de peau, ceintures de cuir pareilles à celle de Perschais; deux lettres imprimées, etc.

» L'habit est rouge et boutonné sur la poitrine, avec l'écharpe blanche en bandoulière; la veste vert pâle, la culotte de peau, le pantalon vert, garni de basane; la redingote verte, le chapeau rond, surmonté d'une queue de renard blanc. Vous aurez successivement tout ce qu'il vous faudra. Demandez tout ce qui vous manque et que je n'aurais pas prévu. Je fais faire vingt paires de pistolets à deux coups du plus gros calibre; mais cet objet est horriblement cher : vous vous les partagerez entre le Morbihan et vous, ainsi que tout le reste. Surtout que nos amis de Fougères, Vitré, etc., reçoivent souvent quelque chose ; ces petits moyens les retiendront ; et l'espoir d'un plus grand effort en leur faveur doit prémunir tout le monde contre les proclamations et les amnisties, qui sont le signe de la frayeur et de l'impuissance de la Convention contre laquelle on prépare une campagne plus

---

(2) Des prêtres pour la plupart. Cet article est curieux dans les mémoires de M. de Puisaye. (Voir tom. 3, pag. 371 et suiv.)

forte que toutes les autres, qu'elle n'a plus le moyen de soutenir et que nous allons seconder vigoureusement.

» On parle de paix avec la Hollande; je le désire, car cela nous procurera de bonnes troupes, et nous travaillerons plus en grand. On a fait en Angleterre un emprunt de six cents millions qui a été rempli en vingt-quatre heures. Jugez de l'opinion, de l'énergie et des ressources de cette nation; mais ces fonds ne seront disponibles qu'à la rentrée du parlement, qui est le 30, ce qui retarde un peu mes dispositions. Néanmoins quelque chose qui arrive, dès que je serai rétabli et que la route sera bonne, j'irai vous voir. Je ne vous parle point de mes inquiétudes, vous vous les figurez facilement : n'avoir reçu de vos nouvelles qu'une fois!... cela n'a pas peu contribué à me rendre malade. Si Perschais était revenu, il y a quinze jours, l'affaire serait peut-être finie. Dieu soit loué : il nous a toujours menés au mieux par des traverses et des contradictions; celle-ci est sans doute pour un succès plus assuré. De la confiance, du courage; secondez-moi, je vous conjure, de tous vos efforts, et tout ira bien : la France et le monde entier vous devront leur salut. C'est acheter beaucoup de gloire par des peines qui paraissent toujours légères quand elles sont passées. Le temps s'écoule, les préparatifs se font dans le mystère; et si le moment a été retardé, il approche de nouveau. Mais surtout le Morbihan et les renseignemens les plus détaillés sur ses ports, ses garnisons, ses batteries, ses rivières, ses moyens de défense de tous genres, et sur la force des royalistes que vous avez tant de moyens d'augmenter, en conduisant ce pays avec plus d'ensemble qu'il ne l'a été jusqu'ici.

Le vicaire apostolique du saint siége vient me trouver ici demain; je vous enverrai une lettre pastorale de lui, vous la ferez circuler : elle vous sera portée par des prêtres du pays à qui vous donnerez des instructions ; mais il faut que Théobald aille tout disposer sur-le-champ. Je lui envoie un ordre pour se faire reconnaître; il laissera le commandement à M. de La Bourdonnaye, et distribuera les fractions aux ordres de MM. de Boulainvilliers, Desilz, etc., et fera former les cantons. Ayez soin surtout de faire payer exactement la solde; portez-la à cinquante sous et plus dans les pays où les assignats perdent davantage; peu importe : mais qu'elle soit toujours d'un quart ou d'un tiers plus forte que celle des républicains. Faites payer les chefs à proportion, *afin qu'il y ait plus de profit à servir son Dieu et son roi, que les scélérats qui ont tout bouleversé.*

Je joins ici une pièce de ruban de saint Louis, assez mal fait : on n'a pas pu faire mieux; distribuez-la à ceux qui ont la croix, je vous en porterai encore d'autres.

Tâchez de décider les canonniers de Rennes et les gardes nationales des villes. Candide vous servira pour répandre de l'argent. Ayez soin de la famille de Laurent : qu'est devenu son frère ? S'il est sorti, il peut vous être utile. Ayez deux ou trois personnes dans chaque ville, à Châteauneuf surtout, et à Saint-Malo. Un homme par bataillon républicain serait bien précieux. Avec de l'argent et de l'esprit, on fait tout, et cela ne vous manquera pas.

Éloignez les idées de vengeance, et que celui qui se repentira soit notre ami. Vous trouverez bien quelques républicains mécontens ; ceux-là seront les plus utiles. Je vous enverrai la première fois une image du bien-heureux Louis martyr et de son fils, notre roi : cela fera plaisir à nos bons amis; mais la planche n'est pas encore finie, car en général ici les ouvriers sont fort longs à tout ce qu'ils font.

» Je fais partir demain un brave gentilhomme breton que j'ai connu ici. Il portera cette lettre à Jersey, et me rapportera peut-être de vos nouvelles; mais encore une fois la route est abominable, et il ne parviendra peut-être pas promptement. Je vous quitte pour écrire à M. de Bouillon et à nos agens qui sont fort multipliés maintenant, et qui travaillent constamment pour vous. Je reprendrai ma lettre, s'il y a quelque chose de nouveau. »

Ordre du général en chef, le comte de Puisaye. (Londres.)

« Il est ordonné à M. le baron de Cormatin, major-général de l'armée, maréchal des camps et armées du roi, de se rendre sur-le-champ à la division royaliste, dite du Morbihan, d'y faire convoquer le conseil de division, de s'y faire rendre compte de l'exécution des arrêtés du comité central, pour l'organisation, la solde, etc.

» M. le baron de Cormatin fera reconnaître M. de La Bourdonnaye pour commandant en chef dans cette division, sous les ordres du comité central et les nôtres; et M. de La Bourdonnaye fera reconnaître M. de Boulainvilliers, M. Desilz et les autres officiers nommés par le conseil, et par l'autorisation des princes français, dans les grades respectifs qui leur ont été attribués.

» M. le major-général se concertera avec le conseil de ladite division, et prendra, au nom du roi et des princes, toutes les mesures nécessaires pour entretenir dans cette division, comme dans toutes les autres, cette unité, cet ensemble, et cette bonne harmonie qui doivent animer tous les fidèles sujets du roi.

« *Signé*, le comte Joseph. »

Du 24. = *Le général Humbert, à Boishardy. (Moncontour.)*

« Tu as déjà reçu une lettre du représentant du peuple Boursault qui t'engage à rentrer dans le sein de ta patrie, et à la servir dans un autre sens que tu ne le fais. Aujourd'hui, tu dois connaître les intentions de la Convention et celles des représentans près cette armée, à l'égard de ceux qui ont porté les armes contre la république; tu sais par conséquent que l'on pardonne à tous ceux qui reviendront de bonne foi et qui promettront d'être fidèles. Eh bien! moi qui commande la deuxième division de cette armée, je te donne ma parole d'honneur qu'aucun tort ne te sera fait. Rentre, ramène avec toi tous ceux qui ont pu être égarés; venez ensemble jouir avec nous des bienfaits d'une aussi belle révolution.

» Si tu ne t'en rapportes pas encore à cette lettre, accorde-moi une entrevue, indique-moi dans ta réponse l'heure où je pourrai te voir, seul ou avec un second, tu en feras autant, et sois sûr que je me repose parfaitement sur la parole que tu me donneras, comme tu peux compter sur la mienne. »

Le comte de Puisaye, à MM. de Nevet, de Pontbellanger et de la Marche, émigrés français, à Jersey (1).

« J'ai reçu, Messieurs, la lettre que vous m'avez fait l'honneur de m'adresser, et je profite de la première occasion pour vous remercier, au nom de mes camarades et au mien, de votre zèle à concourir avec nous au succès d'une cause à laquelle notre existence est dévouée, et du désir que vous nous témoignez de venir partager nos travaux. Assurez bien tous messieurs les émigrés de notre part, que le plus beau jour de notre vie sera celui où nous pourrons leur donner dans nos rangs, et à la tête de nos intrépides soldats, les places où leur courage les appelle.

» Nous avons lu avec le plus vif intérêt l'engagement que se proposent de prendre ceux qui désirent de se réunir à nous (2), et nous n'avons pas appris sans étonnement que cette déclaration franche et loyale, faite pour lever tous les doutes que les ennemis de la religion et du roi s'efforcent de répandre, avait souffert, dans les lieux mêmes que vous habitez, de perfides interprétations. Nous n'aurions pas pensé

---

(1) Puisaye nous apprend que cette lettre fut datée de France, quoiqu'il fut en Angleterre.

(2) Tout émigré, pour être admis dans les rangs des chouans, était tenu de prendre un engagement fort étendu, suivant la formule dressée par Puisaye. (Voir ses mémoires, tom. 3, pag. 330 et suiv.)

qu'un écrit, dicté à ceux qui l'ont proposé, par le zèle le plus louable, eût jamais pu être considéré comme un manifeste, dont toutes les expressions dussent être pesées au poids d'une politique que nous nous faisons gloire de dédaigner; mais pour ne pas laisser plus long-temps de pâture à la sottise et à la méchanceté, nous vous répétons ici la déclaration que nous avons publiée sous la hache des bourreaux : que nous ne poserons les armes qu'après le rétablissement complet du trône et de l'autel. Nous y ajouterons celle que nous sommes fermement convaincus que tout homme, qui a les armes à la main, doit s'interdire toute discussion en matière de gouvernement; que, soumis invariablement aux ordres des princes de qui nous avons reçu tant de marques de confiance, nous nous y conformerons et les ferons exécuter sans examen; que nous repousserons avec indignation quiconque oserait apporter parmi nous une façon de penser différente, et que nous combattrons les intrigans, les novateurs, les brouillons, avec le même acharnement que nous combattons les rebelles, moins incommodes peut-être qu'eux; car le règne de ceux-ci passera, et la nullité de ceux-là peut prolonger encore long-temps leur misérable existence.

» Ce qui nous a le plus sensiblement affectés, messieurs, ce sont les calomnies que des ingrats se plaisent à répandre sur les intentions d'un gouvernement qui, suivant l'expression de monseigneur le lieutenant-général du royaume, nous assiste avec tant de générosité; et tandis que le drapeau royal va flotter au milieu des bataillons français que l'Angleterre a pris à sa solde; tandis qu'elle répand dans le sein des familles de nos malheureux compatriotes et des ministres de notre religion, des secours d'autant plus dignes de notre reconnaissance, qu'aucune autre nation n'a suivi son exemple, on nous assure que le souffle de la malignité cherche à ternir la pureté de ses vues bienfaisantes; et telle est, nous a-t-on dit, la pitoyable manie de ces êtres que l'envie dévore, et que l'opinion a jugés, qu'elle va même jusqu'à s'élever contre les mesures de modération, de clémence et de paix que nous avons proclamées, lorsque notre position semblait nous pardonner la vengeance.

» Nous ne répondrons point à ces misérables propositions que l'oisiveté produit, dont la méchanceté s'empare, et dont l'ambition mécontente et sans moyen cherche à faire son profit; ou plutôt nous répondrons à tout, mais ce sera par nos actions; ce sera en nous élançant de nouveau dans la carrière de l'honneur, et en laissant bien loin derrière nous cette médiocrité larmoyante qui s'agite pour tourmenter l'opinion, et qui, ne pouvant faire un seul pas dans la lice, essaie de s'accrocher à ceux qui la parcourent pour s'y traîner à leur suite, ou pour les retarder dans leur course. (1)

» Braves chevaliers français, vous qui depuis cinq ans donnez à l'Europe, qui vous admire et qui vous plaît, le spectacle de la valeur et de la constance, venez partager avec nous l'honneur de replacer sur le trône de ses pères, ce jeune et infortuné monarque qui est l'objet de nos espérances et de notre amour; venez partager notre reconnaissance envers un gouvernement protecteur qui saura bien plus ajouter à sa gloire, en vous rendant à vos foyers, qu'en voulant les conquérir; en rétablissant votre ancien gouvernement, qu'en vous en donnant un nouveau. Serrons-nous autour de nos princes et jurons de leur obéir; plaçons-nous, en un mot, *entre la gloire et la mort.* C'est de cette hauteur que les intrigans nous paraîtront dans leurs véritables proportions, et que nous laisserons tomber sur eux le mépris qu'ils méritent; c'est à cette élévation que toutes les discussions, toutes les équivoques, et toute cette diplomatie de l'intrigue, se montreront dans toute leur futilité. Nous avons tout à conquérir :

---

(1) Le ton de cette lettre était bien propre à irriter contre son auteur cette foule d'émigrés qui menaient dans Londres une vie oiseuse.

c'est à la pointe de l'épée que vous rentrerez dans vos propriétés ; mais aussi, c'est en préparant votre entrée dans le royaume par l'opinion qui doit vous précéder, que vous disposerez les esprits en votre faveur ; et quand nous aurons soumis ce vaste empire à son légitime souverain ; quand, par la force des armes réunie à la persuasion, plus décisive encore, nous en aurons balayé toutes les immondices républicaines et constitutionnelles, alors nous serons les premiers à donner l'exemple de cette subordination si nécessaire à un gouvernement monarchique, en recevant de ceux qui en ont le droit, les lois que leur sagesse nous prescrira.

» En attendant, réunissons nos efforts, dirigeons-les vers un seul but ; que celui qui jettera parmi nous une question futile et déplacée ; que celui qui calomniera les hommes utiles, en affectant de douter de leurs principes, soit chassé de notre sein ; et souvenons-nous toujours que le plus grand de nos rois n'a reconquis sa couronne qu'à l'aide de sa noblesse, et n'a rendu la paix à la France, que parce qu'il a su vaincre et pardonner.

Du 26. = *Le comte de Puisaye, au comité central, catholique et royal.* (*Londres.*)

» Nous apprenons que la flotte républicaine de trente-un vaisseaux de ligne est sortie de Brest, et qu'elle a vent contraire pour rentrer avant peu ; j'espère qu'elle va être encore plus complétement battue que la dernière fois (1). Si nous sommes assez heureux pour cela, comme il n'y a pas à en douter, alors nos espérances redoublent, et nous sommes assurés de réussir en grand, et tous les retards que nous éprouvons auront été avantageux. Je vous porterai cette bonne nouvelle.

» J'ignore si vous avez reçu mes derniers envois, je vou-

---

(1) M. de Puisaye avait sans doute oublié qu'il était Français.

drais être partout; mais je suis au plus intéressant et au plus décisif. Une affaire de cette importance a tant d'accessoires!... il faut veiller à tout, et veiller sans cesse. Si j'entrais dans tous les détails, vous seriez étonnés que j'aie pu y tenir jusqu'ici. N'oubliez pas de m'envoyer beaucoup d'assignats, et surtout les journaux, principalement le *Moniteur*, si vous vous l'êtes procuré jusqu'au dernier moment. Moins ils sont de vieille date, et plus ils sont utiles à notre affaire.

» Le vicaire apostolique (1) arrive aujourd'hui, je vais déjouer bien des manœuvres par son moyen. Si j'ai le temps, je ferai imprimer sa lettre pastorale, afin que vous la receviez sur-le-champ. Ne ménagez pas les assignats, et faites-les circuler en abondance; que tout le monde en ait; et, comme ils sont remboursables, chacun aura intérêt de faire triompher la cause qui doit en assurer le paiement. Entretenez avec grand soin la correspondance normande; mandez-moi jusqu'où elle s'étend. Je vais vous envoyer des personnes que vous ferez conduire par Fougères et qui ont la clef d'une ancienne coalition près de Caen; vous leur donnerez des instructions pour qu'elles forment les mêmes établissemens que les vôtres; mais il faut que tout passe par vous et aboutisse à vous. Vous leur donnerez des fonds que vous renouvellerez, quand on vous aura justifié de l'emploi; mais qu'on ne se permette rien sans prendre vos ordres, et que l'organisation, dont on vous rendra compte, soit absolument la même. Pour cela, vous ordonnerez que l'on établisse en Normandie plusieurs divisions qui auront chacune leur point central particulier, mais qui n'en auront pas d'autre général entre elles que vous-mêmes, afin d'entretenir cette unité de mesures et cet ensemble d'exécution sans lesquels on ne peut rien opérer d'utile (2).

---

(1) L'évêque de Dol.

(2) Puisaye eut beau faire et beau dire, il ne put parvenir à établir ce système d'unité; l'ambition des chefs l'emporta; chacun voulut

» Avez-vous reçu des nouvelles de Charette ? avez-vous établi une division dans l'évêché nantais? ce point est extrêmement important, et peut être lié au canton de Carqueray. Il y a cinq à six mille paysans bien disposés, qui ont au milieu d'eux beaucoup de jeunes gens de la Vendée. Liez ensemble tous ces points isolés, liez-les à vous, et fournissez-leur les moyens de se disposer, en y faisant payer régulièrement la solde que vous fixerez proportionnellement partout, selon la valeur locale des assignats.

» Je vous envoie quatre douzaines au plus de ceintures. Il est malheureux, bien malheureux que je n'aie pas de vos nouvelles ; j'ignore vos besoins, je pourvois à ceux que je devine. J'espère que vos dernières lettres contiendront les plus grands détails ; que je recevrai surtout les cartes géographiques dont nous avons le plus pressant besoin. Je vous quitte et je reprendrai encore cette lettre, qui ne partira que dans deux jours.

» Je n'ai point fait encore la proclamation relative aux mesures de modération et d'amnistie. J'attends des nouvelles plus fraîches, afin qu'elle fasse plus d'effet; je la ferai, aussitôt que j'en aurai reçu. Que Théobald redouble d'efforts pour conduire l'affaire de Canclaux à bien, et Berthelot celle de Lorient.

Du 26. = *Les représentans Boursault et Bollet, au comité de salut public.* (*Lorient.*)

« En donnant la plus grande publicité au décret d'amnistie, il est nécessaire de prendre de grandes mesures contre ceux qui ne voudraient pas en profiter. Les forces des armées de Brest et de Cherbourg sont considérablement diminuées par le départ de vingt mille hommes pour celle de l'Ouest; il

---

être indépendant et avoir son conseil particulier. Scepeaux, Frotté, Georges, eurent leurs armées, et Puisaye fut réduit aux départemens d'Ille-et-Vilaine, et des Côtes-du-Nord.

sera bien difficile de maintenir la tranquillité dans un pays aussi étendu avec ce qui reste de troupes.

» Nous pensons qu'il est indispensable de rapporter le décret qui a mis hors la loi les prêtres réfractaires qui ne se sont pas soumis à celle qui ordonne leur exportation ; il conviendrait d'ordonner qu'ils seront seulement reclus jusqu'à la paix. Cette mesure inspirerait plus de confiance. »

Le représentant Génissieu, au comité de salut public.
(*L'Aigle.*)

« Le district de Sablé est désolé par le pillage et les assassinats des Chouans. Je pense que l'amnistie ne produira d'heureux effets qu'en déployant une force imposante. »

Du 27. = *Le représentant Boursault, au comité de salut public.* (*Lorient.*)

« Bollet va me faire copier des états, et, quoique séparés, nous pourrons faire marcher nos opérations de concert.

» Vous trouverez ci-joint copie d'une lettre de trois chefs et de ma réponse (1).

» J'apprends que mes collègues Trehouard et Faure sont à Brest, je m'y rends pour aviser aux moyens de garder les côtes. Plus de communications avec l'Angleterre, et plus de Vendée, plus de Chouannerie.

» Je vais vous faire passer les six cent mille livres d'assignats faux pris aux brigands. Sous quinze jours les gardes territoriales seront organisées.

» Je ne resterai que deux jours à Brest, et je retournerai à Vannes, à Rennes, dans les campagnes que je tâcherai de ramener.

» Rapportez le décret de peine de mort contre les prêtres, vous suppléerez par-là à cinquante mille hommes. »

---

(1) 16 et 17 décembre.

Du 27. = *Le représentant Legot, au comité de salut public.*
(*Coutances.*)

« Le peu de troupes qui se trouve ici n'est pas suffisant ; il faut y envoyer un bataillon.

» Pomme me mande que la tempête a avarié près de cent bâtimens à Cherbourg, et que dix sont perdus. Je pars pour m'y rendre. »

Le représentant Brue, au comité de salut public. (*Vannes.*)

« Les faux assignats inondent le département.

» Duresto a subi un interrogatoire le 25 : il résulte de ses déclarations qu'après avoir émigré au mois de novembre 1791, il était rentré au mois de janvier 1793. Boulainvilliers, Botidoux et Guillemot commandaient le rassemblement qui eut lieu à Saint-Jean-Brevelay au mois de septembre : ils avaient sous leurs ordres des compagnies commandées chacune par un capitaine. Après avoir distribué à différens chefs, au nombre desquels était Bellevue, une somme de cinquante mille livres, Boulainvilliers partit pour le comité central. C'est lui qui tient la correspondance avec les Chouans du Morbihan et l'Angleterre. L'émigré Boisguy commande les Chouans dans la forêt du Pertre. Berthelot est caissier du Morbihan. Le brigandage a commencé au mois d'octobre, les patriotes ont été pillés et assassinés. Il est arrêté qu'on se tiendra par petites troupes jusqu'au printemps, où doit s'effectuer le grand coup. »

Du 28. = *Boishardy, à Humbert.*

« Général, il ne faut entre nous que quelques instans pour apprécier l'avantage de vous connaître ; c'est à ce titre que nous vous devons confiance, estime, amitié, et que nous nous flattons de mériter les mêmes sentimens (1).

» Notre cause est celle de la France entière, nous ne pouvons accéder à aucune des propositions que vous êtes chargé

---

(1) Humbert venait d'avoir une entrevue avec Boishardy, dans un bois isolé.

de nous faire. Nous attendons, pour nous décider, un gouvernement que de vrais Français ont droit d'attendre et d'exiger.

» *Signé*, Boishardy, chef de division. »

Du 30. — *Le général Hoche, au comité de salut public.*
(*Château-Gontier.*)

« L'adjudant-général Decaen a reçu de Merlin de Thionville l'ordre de se rendre devant Mayence. Je lui fais délivrer, quoiqu'à regret, l'ordre de route.

» Permettez-moi quelques réflexions sur ce qui se passe ici.

» Depuis que je suis chargé de la trop pénible tâche de commander les deux armées des côtes de Brest et de Cherbourg, j'ai constamment cherché à obéir aux différens arrêtés tant du comité que des représentans en mission. L'un m'a chargé d'envoyer à l'armée de l'Ouest vingt-trois mille hommes tirés des deux armées; un second m'a ôté la faculté de disposer de quatre bataillons de la division de Brest; un troisième a retenu sur la rive droite de la Loire, trois bataillons qui devaient passer sur la rive gauche; un quatrième m'a ordonné de renvoyer dans leurs foyers deux bataillons de la Montagne, et de licencier deux bataillons de grenadiers. Cette diminution a été trop forte pour n'être pas dangereuse. Il y a très-peu d'officiers généraux à l'armée des côtes de Brest; ceux qui y sont maintenant, ainsi que moi, ne connaissent que très-imparfaitement le pays qu'ils ont à défendre. L'armée se trouve encore considérablement affaiblie par les fatigues, les maladies et l'accroissement des brigands.

» Le fanatisme des habitans des campagnes est porté à un point incroyable. Les brigands leur persuadent que les *Espagnols* sont à Paris, et que l'amnistie offerte par la Convention est une marque de la détresse des républicains. Plusieurs bandes de rebelles, jusqu'alors inconnues dans les districts de Ségré et Châteaubriand, y commettent maintenant des brigandages épouvantables.

» J'invite le comité à ne plus permettre qu'aucun officier de cette armée passe à une autre. Il faut absolument ici des troupes et des généraux qui connaissent les localités. »

Du 31. = *L'agent national de Menil, au général Varin.*
(*Château-Gontier.*)

» La troupe de Coquereau est entrée hier soir sur les sept heures, au bourg de Menil. Les citoyens Porcher, Brilland et Bodinier ont été massacrés. Plusieurs maisons ont été pillées et les meubles brisés. L'affiche suivante a été mise à la porte du temple : »

A nom du roi.

« Je déclare aux républicains que toutes charrettes qui ne seront pas démontées sous huit jours, enfin hors d'état de servir à la soi-disant république, seront brûlées, et ceux à qui elles appartiennent seront sabrés, et toutes villes ou bourgs qui nous feront résistance seront réduits en cendres.

» *Signé*, Joseph-Juste COQUEREAU, commandant des armées catholiques et royales. »

L'administration, au comité de salut public. (*Saint-Malo.*)

« Depuis long-temps nous ne cessons de vous répéter qu'une Vendée s'organise dans notre pays, et que plusieurs départemens sont près d'entrer en insurrection, si vous n'y portez remède. Les débarquemens d'émigrés, venant d'Angleterre, se renouvellent tous les jours. La nuit dernière deux bateaux armés ont mis à terre à Port-Briac, deux lieues d'ici. On a débarqué de faux assignats et des armes de toute espèce. »

CHAPITRE XXIII.

Janvier 1795. {Du 12 nivôse au 12 pluviôse.} an III.

§ Ier.—La Roberie, à ses frères—A Charette.—Le comte d'Hector, à Charette. — Le général Beaupuy, à Cambray. — Les représentans Boursault et Bollet, à leurs collègues à Nantes; envoi d'une lettre de Puisaye à Canclaux, trouvée dans les papiers du comité de l'armée catholique. — Boursault, au comité de salut public; réflexions.—Départ de Ruelle pour Paris; son discours à la tribune de la Convention. — Arrêtés pris sur sa proposition. — Boursault, au comité de salut public; réflexions sur les Vendéens et les Chouans. — Copie d'une lettre de Cormatin à Charette. — Adresse du conseil militaire de l'armée d'Anjou et du haut Poitou aux républicains. — Le prince de Bouillon, aux chefs de l'armée catholique et royale. — Arrêté du représentant Gaudin; ordre d'enlever les postes des Vendéens.

Suite des événemens dans la Vendée.

La Roberie, aide-de-camp de Charette, avait été envoyé en Angleterre, avant la prise de Noirmoutier pour solliciter des secours. Il écrivit à ses frères, le 4 janvier :

Du 4. = (*Londres.*)

» J'ai reçu votre lettre qui m'a été remise par le chevalier de Tinteniac. La nouvelle de la prise de Noirmoutier m'avait donné beaucoup d'inquiétude pour vous.

» Sans l'ineptie de *Lefebvre*, qui m'a fait faire dans six jours un voyage que j'aurais pu faire en trente-six heures, on aurait eu le temps de vous porter des secours. Malheureusement à peine étais-je arrivé, qu'on a appris la prise de l'île. Ce fatal contre-temps a coupé toute communication et m'a réduit à faire, pour vous rejoindre, plusieurs tentatives inutiles. Que le courage ne vous abandonne pas; votre situation changera d'une manière avantageuse, lorsque les promesses qu'on vous a faites se réaliseront.

» Je pense que la proclamation, dernièrement envoyée par la Convention, n'a produit aucun effet parmi vos braves soldats. Je plaindrais beaucoup ceux qui seraient assez dupes pour se rendre à des promesses aussi trompeuses; le système modéré que la Convention affecte, n'est qu'un piége tendu aux gens de bonne foi pour mieux les égorger. L'expérience vous a appris à vous tenir en garde contre un ennemi aussi fourbe.

» Le fils de M. de Couetus et M. de Châtaigner sont à l'armée de Condé. »

Le lendemain il écrivit à Charette.

Du 5. — « Mon général, des circonstances malheureuses ne m'ont pas permis de vous rejoindre encore. J'ai fait, comme vous l'avez su, différentes tentatives sur la côte du Poitou, que plusieurs obstacles ont rendues inutiles. Sans de fortes raisons, je n'aurais chargé personne de vous remettre cette lettre; mais, ma présence ici ayant été jugée nécessaire, j'obéis à regret à l'ordre de rester, malgré le vif désir que j'ai d'aller remplir auprès de vous une place que l'honneur et le devoir me rendent très-chère.

» J'ai vu le chevalier de Tinteniac qui vous a quitté au mois de juillet dernier, après un séjour de six semaines qu'il a été obligé de faire sur la côte, dans l'attente d'un bateau. Il n'a pu arriver ici qu'à l'approche de la mauvaise saison. Cependant les lettres dont vous l'avez chargé et le zèle qu'il a mis à rendre compte de votre situation, ont vivement intéressé le gouvernement ; mais le désir qu'il a de vous secourir d'une manière efficace, ne lui permet pas de rien entreprendre dans une saison où les mauvais temps rendraient le succès d'une expédition très-douteux. Des raisons dont vous sentez vous-même la conséquence, m'empêchent de vous parler d'une manière plus claire. Au reste, comme officier de marine, vous jugerez facilement des obstacles qui retardent un projet qui n'est que différé.

» M. votre frère, dont vous étiez inquiet, est à l'armée de monseigneur le prince de Condé. L'aîné de MM. Charette de la Colinière est en Suisse, et l'autre est à Londres. »

Du 7. = *Le comte d'Hector, au général Charette.*
(*Londres.*)

« Je saisis avec empressement l'occasion qui se présente pour vous transmettre l'admiration avec laquelle le corps de la marine vous voit parcourir la plus glorieuse carrière. Il s'honore de vous avoir pour un de ses membres et brûle du désir de se joindre à vous.

» Je me félicite de commander un régiment qui rassemble plus de deux cents officiers de la marine et qui désire augmenter, s'il est possible, la gloire de Charette. Rendus près de vous, nous disputerons avec chaleur les prérogatives et les rangs que nous avions jadis sur vous ; mais, sans craindre d'être contredit, je peux vous assurer que ce ne sera que pour vous suivre de plus près. Vos travaux, vos talens, la gloire que vous avez acquise, tout fixe votre place et les nôtres. Je vous demande seulement, Monsieur, de fixer la mienne si près de vous qu'il sera possible. Fort de votre exemple, j'oublierai mes années, et ce sera avec la plus grande satisfaction que je vous donnerai un titre dont vous m'avez honoré tant de fois. »

Du 9. = *Le général Beaupuy, au général Cambray.*
(*Nantes.*)

« Boussard est employé dans la troisième division : ainsi, général, te voilà commandant de toutes les troupes dans cette partie qui est bornée au nord par la rive gauche de l'Achenau, la Loire et la mer ; et au sud, par la rive droite de la rivière de Vie. A l'est, ton commandement s'étend jusqu'à Montaigu ; à l'ouest, il comprend les îles adjacentes aux côtes qui s'étendent depuis Paimbœuf jusqu'à la rive droite de la Vie.

» Quoique tu ne doives aucun compte à Descloseaux, tu continueras, comme par le passé, de lui adresser aux Sables l'état de situation de ta brigade. Je désire que l'on profite de ce moment de calme pour s'occuper de théorie. J'ai remarqué en général qu'il y avait peu d'instruction dans l'armée. Ne perds pas de vue cet objet essentiel.

» Adieu, je compte beaucoup sur ton exactitude et sur ta vigilance. Aussitôt qu'il me sera possible, j'irai te voir. »

Du 11. = *Les représentans Boursault et Bollet, à leurs collègues à Nantes.* (*Rennes.*)

« Les chefs des Chouans viennent d'ordonner une suspension d'hostilités et paraissent désirer de profiter de l'amnistie. Leurs intentions sont de communiquer avec le général Canclaux et le chef des Vendéens (1).

» Nous vous envoyons copie d'une lettre de Puisaye à Canclaux, trouvée dans les papiers du comité militaire de l'armée catholique. Vous jugez bien que le contenu de cette lettre nous laisse des inquiétudes et qu'il y aura des précautions à prendre avant de laisser Cormatin communiquer avec Canclaux et Charette. L'adjudant-général Cherin est chargé d'aller conférer avec vous et de nous rapporter une réponse positive. Nous nous rendrons nous-mêmes à Nantes, si notre présence vous semble utile. »

---

(1) On ne connaissait que Charette comme chef.

Lettre de Puisaye à Canclaux. (Novembre 1794.)

« Celui qui m'a donné les premiers exemples de probité, d'honneur et de vertu, n'est point un homme égaré par une fausse ambition assez vile pour lui sacrifier ce qu'il avait de plus cher. Mon cher Canclaux, je vous ai suivi depuis le commencement de la révolution; j'ai vu les circonstances qui vous ont entraîné; j'ai senti la difficulté de votre position ; j'ai les moyens de vous en tirer, et je devine les sentimens et cette contrainte intérieure qui font gémir mon vertueux ami du rôle que la nécessité lui a distribué. Jugez par la démarche loyale et franche que je fais aujourd'hui, à quel point je suis sûr de votre honneur, et que je ne suis pas de ces hommes dont les apparences décident le jugement et déterminent l'estime. J'attends de vous la même franchise et la même amitié.

» Mon cher Canclaux, vous souffrez de votre position, j'ai les moyens de vous en tirer, et des moyens puissans. Vous en sortirez avec gloire (1). Je n'entrerai avec vous dans aucune discussion politique, les faits parlent assez. Voulez-vous être Monck, Custine, Pichegru ou Canclaux? l'ami de votre roi, de vos princes, de tant de malheureuses victimes de la plus atroce des révolutions, ou leur assassin ?

» Je sais qu'il n'est pas de moyens de vous séduire, il est au-dessous de moi de séduire personne; mais il m'est doux de seconder les desseins généreux que votre cœur, qui m'est connu, n'a pas manqué de former, et c'est moi que le ciel vous envoie pour vous seconder. Si madame de Canclaux vivait, si la mère de votre fille, cette femme que vous idolâtriez, et sur laquelle je vous ai vu répandre tant de larmes, pouvait être témoin de ce que je pense.... Mon ami, elle vous voit,

---

(1) Quelle gloire que celle achetée au prix de la lâcheté et de la trahison!... Puisaye connaissait mal Canclaux.

son nom a parlé à votre cœur, et vous désirez déjà vous rendre digne d'elle.

» Je suis autorisé à vous garantir toutes les conditions que vous jugeriez nécessaires pour replacer votre roi sur le trône de son malheureux père. Je mettrai sous vos yeux des preuves non équivoques de la confiance sans bornes dont m'honorent toutes les parties intéressées, et les moyens immenses que j'ai entre les mains seront à votre disposition. C'est vous en dire assez. Je ne vous parle pas des honneurs qui y sont attachés, encore moins de la fortune, ce moyen n'est fait ni pour vous ni pour moi; mais les grades, les dignités, vous les distribuerez à ceux qui serviront leur pays, leur roi et l'Europe entière, vous en garantirez l'effet.

» Mon cher Canclaux, faites une action digne de nous deux, livrez-vous à moi, je me livrerai à vous. Faites-moi dire que vous consentez à me voir; j'irai seul et sans armes au lieu que vous ou moi aurons indiqué. J'ai tous les moyens d'assurer le secret. Hélas! je n'ai plus que vous dans ce malheureux pays dont les usurpateurs vous commandent de tyranniser les malheureux habitans. Un seul mot, et mon ami le baron de C*** (Cormatin), maréchal de camp, se rendra le premier auprès de vous. Une absence de près de deux mois encore ne me permet pas de vous voir aussitôt. Comptez sur la loyauté de ce brave officier; tout ce qu'il vous dira, je le confirme d'avance. Préparez les choses avec lui; sur le compte qu'il m'en rendra, j'agirai en conséquence, et j'agirai efficacement. Dirigez les plans; comptez sur la plus grande latitude de moyens, et soyez assuré qu'il ne s'est encore présenté à personne une occasion aussi grande, aussi heureuse que celle qui vous est offerte.

» Quoique vous connaissiez mon écriture, je ne mets pas de méfiance avec vous et je signe cette lettre. Je vous livre le secret de ma vie; je serais heureux de la perdre à côté de vous pour mon roi; je la regretterai peut-être en combattant contre vous.

» Adieu, mon cher concitoyen, je ne doute pas que je ne sois toujours votre ami (1). »

» *Signé* Puisaye, général en chef de l'armée royaliste. »
Du 16. = *Le représentant Boursault, au comité de salut public. (Nantes.)*

» Le fait n'est que trop vrai, chers collègues, des brigands ont paru dans Nantes, aux spectacles, dans les places publiques, royalement décorés des couleurs de la révolte et du crime (2). Un arrêté de nos collègues a mis fin à ce scandale, mais ils n'en avaient pas moins insulté à la république, au moment même où sa clémence les rappelait dans son sein. Rien ne me paraît plus incertain que la rentrée de ces hommes égarés. Quelques chefs profiteront de l'amnistie, mais qu'attendre de quarante mille individus dont le moral est totalement désorganisé; pour qui tout ordre civil est depuis deux ans détruit; dont le meurtre et le pillage sont les mots de ralliement; qui sont toujours dans le vin, le sang et la débauche; qui n'ont plus enfin ni raison, ni mœurs ni patrie (3)? S'ils se rendent, que de mesures vous avez à prendre pour les contenir! s'ils ne se rendent pas, que de célérité vous devez apporter dans les moyens répressifs! il n'y a pas un moment à perdre. Je vous afflige, je le sais, je le crains, mais je dois tout vous dire.

---

(1) La découverte de cette lettre pouvait causer la perte du général Canclaux. Elle lui fut présentée à son arrivée à Nantes dans un comité particulier. Il n'en avait aucune connaissance; il s'expliqua avec tant de franchise et d'abandon, qu'on lui assura qu'il conserverait la confiance du gouvernement. Cependant il était observé de près, et sa position devenait très-difficile.

(2) Lors des premières conférences entamées par Ruelle avec des envoyés de Charette.

(3) Ce tableau s'applique à la chouannerie. Boursault ne connaissait pas la Vendée.

» Il faut des troupes et des subsistances; j'attends avec impatience l'arrivée de douze mille hommes qui sont annoncés. J'attends également pour le 19, le général Canclaux, le général Humbert, Bollet et le major-général de l'armée catholique (Cormatin). Si ce dernier était parvenu, avec le général Humbert, qui l'accompagne, à faire cesser les meurtres dans les districts de Laval, Vitré, Châteaubriand, etc., j'espérerais encore, j'applaudirais de bon cœur à l'imprudence de Humbert (1); mais, s'ils n'ont rien obtenu, si le sang des patriotes coule toujours, votre intention n'est sûrement pas de temporiser davantage, et j'attends avec une inquiétude déchirante, ou l'effet du pardon généreux qui les rappelle encore sous les drapeaux de la liberté, ou les suites funestes de leur endurcissement qui nous forcera bientôt à déployer, avec douleur sans doute, l'oriflamme de la vengeance nationale, la mort... je partage à ce mot toute la sensibilité de vos cœurs.

» La ville de Nantes avait bien besoin du secours de trois cent mille livres qui lui est accordé; mais il faut du numéraire pour acheter des grains, et dans ce moment, quatre à cinq mille livres équivalent à cent mille en papier. Fatal discrédit des assignats! triste vérité que je me trouverais coupable d'avouer à tout autre qu'à vous!

» Je vous écris souvent, parcequ'en comparant les diverses façons de voir de chacun de nous, vous saisissez plus facilement le vrai. »

Cependant le général Canclaux avait reçu des représentans l'invitation de se rendre à Nantes; déjà on lui avait recommandé de suspendre les hostilités; il devait, en venant des Sables à Nantes, avoir une entrevue avec Charette dans les environs d'Aizenay; cette entrevue n'eut pas lieu,

---

(1) Sa trêve avec les Chouans. (*Voir les détails de la chouannerie.*)

Charette lui fit dire, par des ordonnances, qu'il ne pouvait pas se rendre au lieu indiqué. Canclaux était accompagné du général Beaupuy et des officiers de son état-major; il n'avait que quelques cavaliers d'ordonnance pour escorte.

Le représentant Ruelle était parti pour Paris, à la suite de ses conférences avec les officiers de Charette. Le 16 janvier, il parut à la tribune de la Convention nationale. « J'arrive, dit-il, de l'armée de l'Ouest. Cette armée a été entièrement réorganisée, la discipline y est rétablie, et elle présente l'état le plus florissant. Le décret d'amnistie a été accueilli avec transport; les rebelles, sans qu'il ait été conclu aucune négociation, nous ont remis récemment les prisonniers qu'ils avaient faits sur nous depuis le 2 novembre. Les avant-postes des deux armées ont fraternisé et ont crié ensemble *vive la république!* Nous avons les plus flatteuses espérances de terminer sous peu cette guerre. Nous sommes venus ici pour concerter avec les comités de gouvernement des mesures d'exécution (1). »

Deux jours après, le jugement de la commission militaire, qui condamnait à mort la veuve Bonchamps, fut déclaré comme non avenu, par un décret de la Convention qui, sur la proposi-

---

(1) Le principal motif du voyage de Ruelle était d'obtenir du comité de salut public des fonds pour acheter les chefs du parti vendéen. (voir à la date du 20 mars.)

tion de Ruelle, décréta en outre que les personnes condamnées à quelques peines que ce fût pour avoir pris part à la révolte qui avait éclaté dans les départemens, formant les arrondissemens des armées de l'Ouest, des côtes de Brest et de Cherbourg, mais dont les jugemens n'avaient pas été exécutés, jouiraient des effets de l'amnistie accordée par le décret du 2 décembre, et seraient mis sur-le-champ en liberté (1).

Enfin, dans la même séance, la Convention autorisa son comité de législation à statuer sur la mise en liberté de tous les citoyens qui avaient été condamnés à la peine de mort, sous le régime de la terreur, dont les jugemens n'avaient pas été exécutés, et ceux condamnés à d'autres peines que celle capitale, excepté pour délits ordinaires ou *pour faits de royalisme*.

Du 20. = *Le représentant Boursault, au comité de salut public.* (*Nantes.*)

« Un entretien avec des personnes qui connaissent Charette, une lettre reçue de lui, ne me permettraient plus de douter de ses intentions s'il était prudent de donner une entière confiance à des rapprochemens si subits et si monstrueux. Qu'il y a loin de ceux qui signent toujours du règne de Louis XVII, à ceux qui datent de l'an trois de la république!.. Au reste, on dit que Charette veut se rendre digne du pardon qui lui est offert en marchant de concert avec Sapinaud, chef

---

(2) Si l'humanité dictait ces mesures, le même principe aurait dû s'étendre à ceux qui avaient commandé ou exécuté les désastres de la Vendée, sous le régime de la terreur.

de leur armée du centre, sur Stofflet qui commande sur toute la rive gauche de la Loire et qui refuse de se rendre. Si Charette exécute ce projet et s'il réussit, jamais de plus grands coupables n'auront trouvé de plus sûrs moyens de mériter leur pardon.

» Les Chouans se jouent de la prétendue suspension d'*hostilités* pour assassiner avec plus de sécurité et réclamer la trêve de Humbert s'ils sont arrêtés, ou s'excuser sur ce que la nouvelle ne leur en était pas parvenue. J'ignore ce que Bollet a pu vous écrire à ce sujet; mais les pièces que je reçois me prouvent qu'il n'est pas temps de s'endormir sur la foi de pareils royalistes ou scélérats, *c'est tout un pour moi*... Malheureusement je ne communique avec Bollet que par les rapprochemens de l'estime et de l'amitié. Il ne s'ouvre pas à moi et veut toujours opérer seul.

» Il est un pardon généreux que la clémence nationale offre à celui qui se repent de bonne foi; mais il est un pardon de circonstance qu'il n'appartient qu'à la force d'offrir et de faire accepter : que notre amnistie soit donc une amnistie armée.

» Cormatin est arrivé hier, ainsi que Humbert; je ne les ai pas vus, mais nous avons ce matin une conférence avec nos collègues. Faudra-t-il laisser Cormatin communiquer avec Charette? Les généraux seront-ils présens? Canclaux n'est pas arrivé, on l'attend ce soir ainsi que le retour de Ruelle.

» Avant 15 jours, j'espère que le comité aura des nouvelles satisfaisantes à offrir à la Convention sous les rapports politiques de la guerre de la Vendée avec le gouvernement anglais que les chefs vendéens et chouans détestent, et qu'en effet le gouvernement anglais a joués.

» Long-temps encore nous aurons à gémir des assassinats dans les départemens tourmentés par des agitateurs. Sous deux jours j'irai dans les départemens d'Ille-et-Vilaine et de la Mayenne, au centre des meurtres et des pillages. Je n'approuve nullement cette trêve, j'en suivrai cependant les effets. »

Du 23. — *Le représentant Boursault, au comité de salut public.* (*Rennes.*)

« Vous trouverez ci-joint la copie d'une lettre de Cormatin à Charette. Mes collègues ont consenti à son envoi et à l'entrevue de Charette avec ce major-général de l'armée catholique et royale de Bretagne. Mais le style de cette même lettre! mais la proclamation (1)! mais les assassinats journaliers! mais le monstrueux de cette prétendue trêve! tout m'afflige, m'inquiète, et avant 15 jours vous verrez qu'il est temps d'agir. Qui sait si l'on n'attend pas Louis XVII ici et dans la Vendée? et alors ceux qui veulent, qui provoquent à Paris un rapport sur le rejeton royal, favoriseraient, sans le vouloir, les projets que l'on forme encore. Ne craint-on pas de favoriser le royalisme qu'il fallait plutôt étouffer qu'endormir? Vous le dirai-je, chers collègues, je crois que nous faisons ici la guerre des moutons contre les tigres. Sans doute que Charette et autres se rendront ou feindront de se rendre, mais enfin les Vendéens et les Chouans ne sont pas dans une même position. Les Vendéens sont pour la plupart fatigués de meurtres, las de la guerre et en ont éprouvé toutes les horreurs; mais les Chouans sont de jeunes tigres qui n'ont pas éprouvé de grands revers et qui sont tour à tour fanatisés par les prêtres et les nobles. Il y a tout à craindre que cette prétendue trêve ne soit un acheminement à d'autres forfaits. Puissé-je me tromper!...

» Je crains que la foule des députés envoyés dans les départemens de l'Ouest ne soit plus nuisible qu'avantageuse aux intérêts de la chose publique. On agit souvent, sans le savoir, en sens contraire les uns des autres; les arrêtés se contredisent, les pouvoirs se heurtent, les autorités civiles et militaires ne savent plus avec qui correspondre, et le bien reste à faire.

---

(1) Proclamation de Cormatin aux Chouans. — Voir à la date du 13. (Chouannerie.)

» Mes lettres ne sont plus si consolantes, mais la vérité seule peut sauver la patrie. »

Lettre de Cormatin, à Charette.

Nantes, le 20 janvier 1795.

« Général, je suis chargé de la part de l'armée catholique et royale de Bretagne, de me rendre auprès de vous pour, conjointement et d'un commun accord, aviser et stipuler les moyens les plus sages et les plus doux à employer pour engager les Français à mettre un terme à une guerre aussi cruelle que celle qu'ils se font entre eux. Veuillez bien, général, avoir la bonté de m'indiquer le jour où je pourrai me rendre auprès de vous, et donner vos ordres pour faciliter ma marche jusqu'à votre quartier-général. J'y remettrai les pouvoirs dont je suis porteur au conseil supérieur de votre armée.

» Ayant demandé d'être accompagné dans cette course par un officier des troupes de la république, le général Humbert est celui qui a été désigné et nommé pour se rendre avec moi auprès de vous.

» J'ai l'honneur d'être, etc.

» *Signé*, le baron CORMATIN, major-général de l'armée catholique et royale de Bretagne. »

La discorde régnait entre les chefs de la Vendée, depuis la décision prise au conseil de Beaurepaire. Charette affectait de traiter avec une sorte de mépris son rival Stofflet qui n'était pas d'un caractère à rien céder de son autorité; il s'engageait à le soumettre par la force des armes, s'il le fallait, et il travaillait à l'éloigner des conférences.

Le 28 janvier, le conseil militaire de l'armée d'Anjou et Haut-Poitou (armée de Stofflet) fit *l'adresse suivante aux républicains* :

« Français égarés, vous nous annoncez des paroles de paix ! ce vœu est celui de nos cœurs; mais de quel droit nous offrez-vous un pardon qu'il n'appartient qu'à vous de demander ? Teints du sang de nos rois, souillés par le massacre d'un million de victimes, par l'incendie et la dévastation de nos propriétés, quels sont vos titres pour inspirer la confiance et la sécurité ?

» Serait-ce le supplice des Robespierre et des Carrier ? mais la nature indignée s'élevait contre ces monstres; le cri de la vengeance publique les dévouait à la mort. En les proscrivant, vous n'avez fait qu'obéir à la nécessité; une faction a remplacé l'autre, et bientôt peut-être le même sort attend celle qui domine aujourd'hui.

» Seraient-ce vos prétendus victoires ? Mais ne savons-nous pas que le mensonge préside à la rédaction de vos feuilles, et qu'en éprouvant les plus terribles défaites, pour en imposer aux peuples séduits, vous prenez encore le ton fastueux des vainqueurs de l'Europe ?

» Serait-ce la rélaxation de nos frères emprisonnés ? Mais la justice ne leur devait-elle pas une liberté que la tyrannie avait pu seule leur ravir ? et quand vous les gardez au milieu de vous, sans armes et sans défense, n'avons-nous pas à craindre que cette rélaxation momentanée ne soit un piége adroitement tendu pour nous envelopper tous dans les mêmes malheurs ? Hélas ! si nous pouvions y croire, du sein de leurs tombeaux, nos parens, nos amis égorgés se lèveraient pour nous dire : *Défiez-vous du venin caché sous ces dehors. C'est en nous promettant le salut et la vie qu'on nous égorgea. Le même sort peut-être vous attend; le corps qui dominait alors règne encore aujourd'hui; son esprit est le même, il tend encore au même but, et n'a fait que changer d'agens et de moyens.*

» Si néanmoins vos vœux étaient sincères, si vos cœurs tendaient vers la paix, nous vous dirions : Rendez à l'héritier de vos rois son sceptre et sa couronne, à la religion son culte et ses ministres, à la noblesse son bien et son éclat, au royaume entier son antique et respectable constitution dégagée des abus que le malheur des temps y avait introduits.

» Alors, oubliant vos torts, nous volerons dans vos bras et confondrons avec les vôtres nos cœurs, nos sentimens et nos désirs. Mais sans ces conditions préalablement acceptées, nous mépriserons une amnistie que le crime ne doit jamais offrir à la vertu; nous braverons vos efforts et vos menaces. Aidés de nos fidèles et généreux soldats, nous combattrons jusqu'à la mort, et vous ne régnerez que sur la tombe du dernier d'entre nous.

» Arrêté unanimement à Maulevrier, le 28 janvier 1795, l'an troisième du règne de Louis XVII.

« *Signé*, STOFFLET, général en chef, BERARD, TROTOUIN, MONNIER, GUICHARD, NICOLAS, RENOU, LHUELLIER, CHALON, MARTIN, CADI et GIBERT, secrétaire-général. »

« Vu l'adresse ci-dessus, nous ordonnons qu'elle soit imprimée, lue et affichée dans toutes les paroisses qui composent l'arrondissement de l'armée d'Anjou et haut Poitou. »

« *Signé*, BERNIER, curé de Saint-Laud, commissaire-général (1). »

Le prince de Bouillon, au service de l'Angleterre, écrivit, le 29, la lettre suivante :

---

(1) A cette époque, M. Esnault, de Saumur, au nom du représentant Menuau, écrivit à Stofflet pour lui demander une entrevue relative à la pacification. Cette proposition fut acceptée, l'entrevue fut fixée au 2 février, dix heures du matin, au pont de Vihiers. MM. Esnault et Jounault, avocat de Thouars, s'y rendirent; on se fit un bon accueil de part et d'autre, Stofflet demanda douze jours pour informer les autres généraux des propositions qui lui étaient faites, et l'on convint de suspendre les hostilités pendant ce temps.

(*Extrait des mémoires de M. Gibert.*)

Du 29. = *Godefroy, prince de Bouillon, à MM. les chefs de l'armée catholique et royale de la Vendée.* (Jersey, île des Amis.)

« Si nous avions le bonheur auquel nous aspirons, d'être personnellement connus de vous, vous croiriez sans hésiter à l'impression sensible qu'à faite sur notre cœur votre brave dévoûment à la cause de l'autel et du trône.

» M. de Vasselot, qui veut bien se charger de la présente, vous expliquera les détails sur la disposition et l'intention de notre patrie à soutenir vos efforts pour le rétablissement de la justice et de l'ordre dans la vôtre. Faites en sorte que tous les bons royalistes se coalisent et opèrent vers le même but.

» Nous vous prions instamment de nous donner le plus de détails possible sur l'aperçu de vos moyens. »

Du 31. = *Arrêté du représentant du peuple Gaudin.* (Sables.)

« Considérant les vols, brigandages et assassinats que les postes des révoltés de Bois-Grosland et Saint-Vincent-sur-Graon ne cessent de commettre chaque jour dans le district des Sables;

» Considérant que, loin de montrer des dispositions à profiter des bienfaits de l'amnistie que la Convention nationale a décrétée, ils semblent au contraire vouloir recommencer la guerre; qu'ils enlèvent forcément de jeunes cultivateurs qu'ils contraignent à servir sous l'étendard de la révolte, et qu'ils débauchent nos troupes dont ils reçoivent les déserteurs;

» Considérant que ces postes interceptent les routes et les communications de la ville des Sables et de l'armée qu'ils mettent en danger de manquer de pain et de fourrages;

» Considérant enfin que la Convention nationale et la République entière ne peuvent souffrir plus long-temps qu'une poignée de scélérats les brave ainsi, égorge les meilleurs citoyens, et qu'il est temps d'arrêter un tel fléau; arrête :

» ARTICLE PREMIER. Le général Descloseaux fera les dispositions convenables pour enlever en même temps et à la même heure, les postes des révoltés de Bois-Grosland et Saint-Vincent-sur-Graon.

» Art. II. Il les fera entourer et sommer de mettre bas les armes, et, dans le cas où ils résisteraient, il agira contre eux hostilement ; dans le cas contraire, il se contentera de les faire désarmer et de faire arrêter ceux qui sont notoirement connus pour avoir commis des vols, brigandages et assassinats depuis la proclamation de l'amnistie ; il fera également arrêter les chefs desdits postes, s'ils en ont donné les ordres.

» Art. III. Toutes les personnes ainsi arrêtées seront conduites au tribunal criminel de la Vendée, pour être jugées conformément aux lois sur les délits qu'ils auront commis comme voleurs et assassins depuis la proclamation de l'amnistie.

» Art. IV. Le général Descloseaux est chargé de faire répandre la proclamation de la Convention nationale et son décret d'amnistie partout où les troupes de la république passeront, et de leur faire observer la plus exacte discipline, ainsi que le respect des personnes et des propriétés.

» Art. V. Le présent arrêté sera envoyé par un courrier extraordinaire aux représentans du peuple à Nantes et au général en chef, afin d'avoir l'assentiment desdits représentans du peuple et du général sur les mesures à prendre (1).

» *Signé* GAUDIN. »

Chouannerie.

§ II. — Lettre pastorale de l'évêque de Dol. — Conduite des Chouans dans les districts de Mortain et de Fougères. — Rapports des représentans Brue, Villers et Desrues au comité de salut public. — De Boursault, au même. — L'admi-

---

(1) L'exécution de cet arrêté fut suspendue.

nistration de Saint-Malo annonce au comité de salut public l'arrestation de Prigent qui ne veut confier ses secrets qu'au représentant Boursault. — Hoche demande un congé au comité de salut public. — L'administration de Vitré annonce la soumission de Legge, chef de Chouans, ancien officier au régiment de Brie. — Les assassinats continuent dans le district de Châteaubriand. — Circulaire des représentans Guezno, Guermeur et Brüe, concernant les prêtres iusermentés, adressée au comité de salut public. — Le comte de Puisaye, à Monsieur; ce sont les prêtres qui lui ont aidé à former l'insurrection en Bretagne. — Le même, au comité catholique et royal. — Le représentant Génissieu, au comité de salut public; les horreurs et les atrocités des Chouans sont à leur comble. — Rapport des représentans Guezno et Guermeur, au même. — Conduite des Chouans dans les districts de Blain et de Hennebon. — Déclarations de Prigent, adressées de Saint-Malo au comité de salut public. — Boursault, au comité de salut public; arrestation de Prigent; son opinion sur la lettre du général Humbert. — Rapport de Hoche au comité. — L'administration de St.-Malo, à Boursault; lettre de crédit remise à Prigent par milord Baleares. — Avis de l'arrivée de douze mille hommes à Lille pour le 9 ou le 11 janvier. — Windham, aux chefs de l'armée catholique et royale. — Le chevalier de Tinteniac, au comité catholique et royal. — Le comte de Puisaye, au même comité; envoi de MM. de Vasselot, de Pange et de Frotté. — Le représentant Bouret, au comité de salut public; réflexions sur les projets des Chouans. — Explication donnée par Hoche au général Avril. — Arrêté du représentant Bollet; le général Humbert chargé d'accompagner Cormatin. — Instruction particulière remise à Humbert. — Le représentant Génissieu, au comité; terreur inspirée par les Chouans. — Conduite des Chouans dans le district de Loudéac. — Rapport de Boursault, au comité de salut public. — Conduite des Chouans dans les districts de Lassay et de Laval.—Dans le département des Côtes-du-Nord.—Entrevue de Hoche avec Cormatin; détails adressés au comité de salut public. — Hoche, au général Kricq. — Arrêté des représentans Guezno et Guermeur, concernant le culte. — Conduite des Chouans dans le district de Châteaubriand. — Rapport de Boursault au comité; réflexions sur la mission de Humbert. — Rapport du représentant Bollet au même. — Proclamation de Cormatin aux royalistes des cantons de Vitré, Laval et Fougères.— Lettre de Cormatin au général Hoche; lettre confidentielle. — Ordre de Hoche à l'armée — Conduite des Chouans dans le département des Côtes-du-Nord.—Rapport de Hoche au représentant Brue.—Compte rendu par Brue au comité de salut public.—Conduite des Chouans dans les districts d'Avranches et de Château-Gonthier. — Rapport de Hoche à la neuvième commission — Lettre de Prigent au représentant Boursault, transmise au comité. — Le général Varin annonce au comité de salut public que les noyaux des Chouans sont très-renforcés dans les districts de Ségré, Château-Gonthier, Châteauneuf, Sablé, la Flèche, le Mans, Sillé-le-Guillaume, et qu'il est réduit à l'inaction. — Rapport de Brue au même comité. — Réponse du comité de salut public au représentant Bollet. —Rapport du représentant Brue au comité.—Deux chefs pris dans le département de la Sarthe. — Les représentans Guezno et Guermeur, au comité de salut public. — Le représentant Brue, au même; déclaration relative à l'organisation d'un conseil indépendant dans le Morbihan.— Réflexions sur la situation des choses.— Le prince de Bouillon, au comité central de l'armée catholique. — Hoche, au général Varin. — Le même, au comité de salut public. — Rapport de Brue au comité de salut public.—Génissieu, au même.—L'administration de Saint-Brieuc, au même; anarchie complète dans le département.—Allègre de Saint-Fonds, au comité du Morbihan. — Le prince de Bouillon, au comité catholique et à celui du Morbihan. —Rapports des représentans Boursault et Brue au comité de salut public. — De l'agent national de Mortain, au même. — Prise de Guémené par les Chouans.

Du 1º. = *Lettre pastorale de monseigneur l'évêque de Dol, vicaire apostolique du saint siége.*

« Urbain-René de Hercé, par la miséricorde de Dieu et la grâce du saint siége apostolique, évêque et comte de Dol, conseiller du roi en tous ses conseils, vicaire apostolique du saint siége :

» A nos très-chers frères les ecclésiastiques non assermentés de notre diocèse, et autres vénérables prêtres attachés aux fonctions du saint ministère près l'armée catholique et royale de Bretagne, salut et bénédiction en Notre-Seigneur.

» Ce que la voix publique nous apprend, mes très-chers frères, de vos glorieux et pénibles travaux, ainsi que de votre zèle, retrace à nos yeux l'image constante des siècles de l'église naissante où les premiers prédicateurs de l'Évangile, victimes de l'envie et des fureurs de la synagogue, ne connaissaient pas de plus grande consolation que celle d'être jugés dignes de souffrir persécution pour le nom de J.-C. *Ibant gaudentes à conspectu consilii, quoniam digni habiti sunt pro nomine Jesu coutumeliam pati.* (Act. ap. v. 5.)

» Comme eux, vous avez sacrifié vos biens, votre liberté, votre vie même, pour la défense de cette religion sainte dont ils ont jeté les premiers fondemens; de cette religion que nos pères nous ont laissée comme leur plus précieux héritage, et qui a fait pendant tant de siècles le bonheur et la gloire de la nation qui nous l'a conservée et qui nous l'a transmise.

» Comme eux, vous avez eu le courage de vous élever avec force contre cet esprit de ténèbres qui, sous le masque trompeur de réforme et de philosophie, s'est répandu sur toute la surface de la France : et la férocité des tyrans qui ont osé tremper leurs mains dans le sang du plus juste et du meilleur des rois, le nombre incalculable des victimes qu'ils ont immolées à leurs haines et à leurs vengeances; la nature et la cruauté des supplices qu'ils mettent en usage, n'ont fait qu'augmenter votre constance et votre fermeté. Vous vous êtes environnés de ce guerrier généreux (1), de ce nouveau Judas Macchabée que le zèle de la maison du Seigneur a armé contre les ennemis de la religion et du trône, et que la patrie compte déjà parmi ses héros et ses libérateurs. Vous avez bravé, comme lui, les élémens, la rigueur des saisons, les cachots, les prisons, les échafauds, la mort même. Vous avez tout sacrifié enfin pour gagner des âmes à J.-C. et pour le suivre. — *Ecce nos reliquimus omnia et secuti sumus te.* (Math. 19.) Votre récompense est assurée dans la céleste patrie; c'est là que J.-C. vous attend pour vous répartir cette couronne immortelle qu'un si grand courage vous a méritée. — *Vos reliquistis omnia et secuti estis me, centuplum accipietis et vitam eternam possidebitis.* (Math. 19.)

» De quelle consolation notre âme n'a-t-elle pas été remlie, de quelle sainte joie n'avons-nous pas été comblés au récit qu'on nous a fait de votre zèle et des bénédictions dont il a plu à Dieu de couronner vos efforts ! Mais d'un autre côté, quel sujet de douleurs et de regrets pour nous, de n'avoir pu, comme nous le désirions si ardemment, voler à votre secours et partager vos travaux ! Dieu nous est témoin que, si du fond de cette terre étrangère, nous soupirons après le moment de voir finir notre exil, ce n'est ni l'indigence à laquelle nous sommes réduits, ni l'espoir de rentrer dans nos biens, ni l'ambition d'occuper une place éminente, qui excite en nous cette extrême impatience; mais le seul désir de nous réunir au troupeau que la divine providence nous a confié, de courir après tant de brebis égarées qui, malgré leur infidélité, ne cessent pas de nous être chères; de consoler par no-

---

(1) Puisaye. — Il fut le Judas Macchabée des Chouans, comme Cathelineau fut le Judas Macchabée des Vendéens. (Voir la lettre pastorale de l'évêque d'Agra, du 17 juillet 1793. — Haute-Vendée.)

tre présence, ceux qui souffrent pour la foi de J.-C.; de solliciter pour eux ses grâces et ses miséricordes, et de nous immoler nous-mêmes, s'il nous en trouvait dignes, pour un troupeau chéri, auquel nous voudrions rendre la tranquillité, le bonheur et la paix au prix de notre sang.

» Quoique, dans ce nombre, il ne s'en trouve aucun qui ne nous inspire le plus vif intérêt, nous ne vous dissimulerons pas, nos très-chers frères, qu'il en est cependant qui ont des droits particuliers à notre sollicitude, nous ajouterons même à notre reconnaissance. Nous la devons à *ces combattans intrépides*, qui si souvent et si courageusement ont exposé leur vie, sous les drapeaux d'une armée qui se glorifie du titre auguste d'armée catholique et royale; armée aussi imposante par la valeur et l'activité des chefs qui la commandent, que par son dévouement à la religion et sa fidélité à son légitime souverain. Nous la devons à ces vertueux citoyens, à ces fidèles Bretons, qui, se trouvant dans l'impossibilité de prendre les armes, ont rendu d'ailleurs les services les plus signalés, et n'ont pas craint d'exposer leur vie, en prodiguant aux ministres des autels et aux défenseurs de la cause du plus malheureux des rois, tous les secours qui étaient en leur pouvoir.

» Avant de terminer cette lettre, mes très-chers frères, nous vous invitons, nous vous conjurons d'unir vos prières aux nôtres pour la conservation de ce prince infortuné que les circonstances les plus malheureuses ont appelé au trône. Demandons à Dieu qu'il écarte d'une tête aussi précieuse le fer des assassins; qu'il protége son enfance; qu'il le préserve de la corruption du siècle; qu'il lui rende le trône de ses pères; qu'il suscite en sa faveur quelque Josabeth qui le dérobe à la fureur des tyrans; et que, pour rendre son règne à jamais mémorable, il lui donne la piété d'Ézéchias, et surtout ce zèle ardent pour la religion qui animait un de ses augustes aïeux dont il porte le nom, et qui seul peut affermir la couronne sur sa tête, et rappeler ses sujets à l'obéissance.

» Enfin, mes très-chers frères, demandons à Dieu qu'il daigne conserver les augustes princes sur lesquels repose aujourd'hui la destinée de la France, et qu'il fasse rentrer dans le fourreau le glaive qui depuis si long-temps est suspendu ur leurs têtes; afin qu'après avoir été éprouvés par les plus grandes adversités, ils servent un jour de modèles à tous les princes chrétiens, et qu'ils montrent à tout l'univers ce que peut un grand courage, quand il est soutenu par la vertu.

» Quoique absent de corps, mes très-chers frères, nous sommes toujours en esprit au milieu de vous, et nous ne cessons d'adresser au Seigneur les prières les plus ferventes pour qu'il soutienne votre courage, votre constance et votre fermeté; qu'il confirme et qu'il perfectionne en vous l'ouvrage que vous avez si heureusement commencé, et que la grâce de Dieu, la charité de Jésus-Christ, la communication du Saint-Esprit, vous accompagnent et dirigent toutes vos actions.

» *Signé*, Urbain R., évêque de Dol, vicaire apostolique du saint siége. »

Du 1er. = *L'agent national, au comité de salut public.*
(*Mortain.*)

« La troupe est toujours sur pied, sans pouvoir rencontrer les Chouans qui coupent les arbres de la liberté, pillent et assassinent les meilleurs patriotes, et surtout les fonctionnaires publics. »

La société populaire, au comité de salut public. (*Fougères.*)

« Le nombre des victimes immolées par les Chouans dans nos environs, depuis le 12 octobre jusqu'au 5 décembre, est de vingt-un, presque tous fonctionnaires publics et recommandables par leur patriotisme. On y distingue entre autres, Berthelot, officier municipal du Ferré, massacré, sa tête coupée et attaché à un arbre; Aussant, officier municipal de

Montour; Marion, maire de Saint-Sauveur; Auger, maire de Billé, et plusieurs femmes. »

Du 1er. = *Le représentant Brue, au comité de salut public.* (*Vannes.*)

« Les brigandages et les assassinats ont été suspendus pendant quelque temps. On attribue cette circonstance à quelque nouveau projet des chefs; on dit qu'ils ont été jusqu'à parodier l'amnistie; qu'ils ont arboré le drapeau blanc dans un village voisin de Baud, et proclamé, de leur part une amnistie pour ceux qui déserteraient les drapeaux de la république.

» Il est indispensable d'établir dans chaque chef-lieu de district un bureau extraordinaire pour la vérification des assignats.

» Il résulte de l'instruction du juge de paix, chargé des informations relatives à l'enlèvement d'armes et poudres à bord de *la Thétis*, que six à sept individus de l'équipage ont entretenu des intelligences avec les rebelles.

» J'apprends à l'instant de l'administration de Saint-Brieuc, que des bandes de Chouans de quatre à cinq cents, se montrent presque ouvertement entre Saint-Brieuc et Lamballe, assassinent les patriotes des campagnes, et mettent en fuite les fonctionnaires publics.

» D'un autre côté, le général La Rue, qui arrive de Lorient, m'annonce qu'un convoi de grains et fourrages, sorti d'Hennebon, a été enlevé entre cette ville et Baud, et que l'escorte a été mise en fuite.

» Depuis quelque temps on annonçait que les brigands n'attendaient que le 1er. de l'an 1795, pour recommencer leurs excès, ce que les faits démontrent amplement. »

Les représentans Villers et Desrues, en mission près les ports et côtes de Brest et de Lorient, au comité de salut public. (*Brest.*)

« Un parlementaire anglais est arrivé sur la côte de Roscoff, avec quarante-un prisonniers français. Nous nous tenons sur la défiance, et les prisonniers, ainsi que l'équipage, sont gardés à vue.

» Nous avons reçu l'arrêté du comité du 18 décembre, qui ordonne la rentrée de l'armée navale.

» Les renseignemens que nous avons reçus annoncent un projet de descente, soit sur les côtes de Bretagne, soit sur celles de Normandie. Un nommé Masson de Saint-Malo, émigré, va avec une petite embarcation sur la côte de Bretagne, pour espionner et rapporter les bulletins de la Convention. La fréquentation des bateaux de Jersey avec la France, est presque aussi commune qu'en temps de paix.

» Il y a à Jersey une légion connue sous le nom d'émigrés français, et un grand nombre de prêtres, tout cela est à la solde de l'Angleterre. »

Du 1er. = *Le représentant Boursault, au comité de salut public. (Brest.)*

» J'ai consulté de bons marins sur les moyens d'empêcher et d'intercepter la poste maritime anglaise. Ils pensent qu'il faudrait employer quarante barques, croisant de trois lieues en trois lieues depuis Brest jusqu'au mont St.-Michel. Chaque barque serait montée de dix à douze hommes, et garnie de quatre pierriers. Vous méditerez ce projet.

» La calomnie enfante les bruits les plus ridicules. Tantôt, s'il faut l'en croire, je suis tombé dans une embuscade, Boishardy a tué mon escorte et m'a relâché après m'avoir fait crier *vive le roi;* tantôt les Chouans m'ont rencontré et ne m'ont pas tué, parce que je suis *un bon diable.* Cependant, avec dix hommes d'escorte, je suis jour et nuit partout, dans les bois, dans les chemins, sans être attaqué. Il ne faut pas conclure de là que les Chouans ne soient pas nombreux et inquiétans: sans doute il est plus que temps de parer au mal qui s'accroît chaque jour. Le caractère et l'activité de mon collègue Brue me rassurent. Demain je pars pour Vannes, de là pour l'Ille-et-Vilaine et la Mayenne, pour mettre en activité les surveillans.

» Le fait est que tout est en feu ; que la terreur, le meurtre, le pillage sont au comble dans quelques districts ; qu'il faut veiller et surveiller, et surtout se mettre à même de frapper des coups certains, une fois l'amnistie expirée ; mais, de grâce, ne croyez pas tout ce que vous écrit la crainte; sa dictée n'est pas sûre. »

Du 2. = *L'administration, au comité de salut public.*
(*Saint-Malo.*)

« Les émigrés saisis à Port-Briac, dans la nuit du 30 au 31 décembre, sont au nombre de quatre. L'un est le fameux Prigent de Saint-Malo, émigré il y a près de deux ans, et qui, depuis ce temps, servait de guide et d'agent à Pitt et aux émigrés. Le nommé Masson, l'associé de Prigent, était connu sous le nom d'Étienne. On leur a pris des armes, des papiers importans, et plus de deux cent mille livres en faux assignats de deux cent cinquante livres.

» Prigent faisait de fréquens voyages dans nos environs ; il communiquait avec la Vendée et les Chouans. Il ne veut confier les grands secrets qu'au représentant Bo... lt auquel nous envoyons un exprès. Déjà il a avoué, d'après les conférences fréquentes qu'il a eues avec Dundas et Pitt, que les Anglais n'attendaient que le premier beau temps pour faire une descente à Cherbourg, Cancale et Noirmoutier. »

Du 3. = *Le général Hoche, au comité de salut public.*
(*Rennes.*)

« Ma santé délabrée par trois ans de campagnes, sans autre interruption que quatre mois passés dans les angoisses de la mort (1), me force de demander au comité la permission

---

(1) Hoche avait subi quatre mois de détention sous le régime de la terreur. Contrarié dans ses opérations par les mesures partielles des

d'aller la rétablir. Je proteste que je rejoindrai mon poste aussitôt qu'il y aura possibilité. »

Du 3. = *L'agent national, au comité de sûreté générale.* (*Vitré.*)

« L'amnistie fait rentrer quelques jeunes gens de la réquisition ; mais un seul chef s'est rendu : il se nomme Legge, ancien officier au régiment de Brie. Il n'a point déposé d'armes, assurant n'en avoir jamais porté. Son unique objet est de rentrer dans la possession de ses biens séquestrés.

» Il n'y a aucun changement dans l'opinion publique : le fanatisme continue toujours de dominer, et les massacres augmentent.

» Les gardes territoriales sont en activité. »

L'agent national, au comité de salut public. (*Châteaubriand.*)

« Malgré que le décret d'amnistie du 2 décembre ait été répandu avec profusion, ainsi que l'arrêté de Guezno et Guermeur du 13, cela n'a produit aucun effet dans le pays : les Chouans continuent à massacrer journellement dans toutes les communes et sur toutes les routes, avec un acharnement qui n'a pas d'exemple. Depuis un mois, quarante personnes ont été massacrées. Les routes sont coupées, les charrettes brisées ; plus de denrées. Toutes les campagnes sont au pouvoir des brigands. »

Les représentans Guezno, Guermeur et Brue, au comité de salut public. (*Vannes.*)

« Vous trouverez ci-joint une circulaire du 1er. de ce mois, que nous avons adressée au district, concernant les prêtres insermentés. »

« *Égalité, liberté, unité, la loi.*

» AU NOM DU PEUPLE FRANÇAIS, etc.

» Les principes d'humanité et de justice que la Convention

---

représentans et par la faiblesse d'un gouvernement sans énergie, il cherchait à s'éloigner de l'armée.

nationale a irrévocablement consacrés, présagent le terme de nos maux et la consolidation du bonheur public. L'amnistie solennelle qu'elle vient de prononcer, offre aux Français égarés et même coupables, l'oubli de leurs erreurs et le pardon de leurs crimes. En les rappelant au sein de la patrie, en les rendant à la liberté, elle n'a d'autre but que de les réunir à leurs frères, pour qu'ils ne s'en séparent jamais. Ces heureux effets de la journée du 9 thermidor se développent chaque jour dans toute la république.

» Le décret d'amnistie n'est pas la seule preuve de la générosité et de la bienveillance nationale ; elles brillent encore dans le décret qui suspend *les mises hors la loi* ; dans celui qui permet *de se représenter* aux citoyens qui ont été forcés de se cacher à raison de leurs opinions politiques ; dans celui qui ordonne *l'élargissement* des citoyens dont l'arrestation a eu les mêmes causes ; dans celui enfin qui a ordonné *la révision de toutes les lois de sang*.

» Ainsi tous les Français qui ont des faiblesses, des erreurs, ou même des crimes à se reprocher, peuvent se jeter avec confiance dans le sein de la représentation nationale ; elle les invite, elle les presse, elle leur tend les bras. Qu'ils viennent donc répondre à ses tendres sollicitations ; qu'ils viennent avec la même générosité, abjurer leurs erreurs, avouer leurs fautes, reconnaître leurs crimes, et obtenir leur pardon.

» Si les lois concernant les prêtres insermentés n'ont pas été explicitement rapportées par les décrets ci-dessus analysés, nous pensons qu'ils ont, comme tant d'autres individus, longtemps sourds à la voix de la patrie, des droits à sa clémence et à sa générosité. Plusieurs, qui ont été pris dans ces départemens, ont été sur-le-champ transférés de la prison à la maison d'arrêt. Nous rassurons sur les craintes qu'on leur avait fait naître, ceux qui voudraient suivre l'exemple des premiers. Les invitations les plus pressantes sont adressées à ceux qui douteraient encore de la réalité des promesses de la Convention nationale.

» Que les prêtres insermentés, nous le répétons, s'empressent donc de se constituer eux-mêmes en état d'arrestation, en déclarant qu'ils veulent profiter de l'amnistie donnée par la Convention nationale, et attendre avec confiance le résultat de ses décrets. Elle s'occupe d'eux en ce moment de douceur et de clémence, et l'on peut juger de ses déterminations à cet égard, par ce qu'elle a fait pour tant d'autres individus mis *hors la loi*, ou sujets à la déportation. »

Du 3. = *Le comte de Puisaye, à son altesse royale Monsieur.* (*Londres.*)

« J'ai médité tous les moyens qui peuvent soutenir, étendre et fortifier cette importante coalition, et je m'empresse de les mettre en œuvre, aussitôt qu'ils deviennent praticables.

» En Bretagne, ce sont les prêtres qui m'ont aidé à former l'insurrection. Leur influence est si puissante dans ce pays, qu'elle y produit chaque jour des prodiges de courage et de dévouement. Il est donc indispensable d'animer et de soutenir leur zèle. J'ai écrit en conséquence à sa Sainteté pour en obtenir un bref propre à produire cet effet. En attendant, j'ai engagé M. l'évêque de Dol, qui est adoré en Bretagne, et qui est vicaire apostolique, à me donner une lettre pastorale que j'ai fait imprimer et que j'envoie en France.

» Notre manufacture d'assignats obtient de grands succès ; déjà, dans l'intérieur, on les préfère à ceux de la Convention. Quand nous serons parvenus à contrebalancer la monnaie républicaine par celle-ci, nous ferons de ceux qui en seront porteurs, nos amis, au moins par intérêt.

» Je me suis encore occupé du soin d'établir des communications entre la Vendée, la Bretagne et la Normandie, qui, en réunissant sept à huit provinces, agissant ensemble, ne peuvent manquer de produire les résultats les plus avantageux.

» Je supplie son altesse royale, 1°. de vouloir bien m'adresser son approbation pour M. l'évêque de Dol ;

» 2°. Une lettre pour les gentilshommes de Normandie ;

» 3°. Une lettre pour les généraux de l'armée de la Vendée, qui les autorise à nommer aux emplois, et qui ratifie les nominations faites.

» Le moment est venu où l'on doit agir hautement et uniquement au nom de vos altesses royales. »

Du 4. = *Le même, au comité catholique et royal. (Londres.)*

« J'ai fait jusqu'ici d'inutiles tentatives pour établir une communication dont j'espérais les plus grands avantages pour notre parti. M. de Vasselot, mon aide-de-camp, va faire tous ses efforts pour parvenir jusqu'à vous : il vous dira quelles sont nos espérances. Je demande pour lui une confiance sans réserve. Veuillez lui indiquer les moyens que vous croirez les plus prompts pour vous faire jouir des effets de la bonne volonté d'un gouvernement qui est déterminé aujourd'hui à vous donner de prompts et de puissans secours. Vous pouvez compter sur la reconnaissance de nos princes et sur leur autorisation expresse en tout et pour tout ce que vous aurez jugé à propos de faire, de promettre ou d'accorder. Le moment de recueillir le fruit de vos travaux approche. Le jour le plus heureux de ma vie sera celui où je pourrai combattre avec vous.

» M. de Vasselot est chargé de vous rendre compte de tous les détails. Il vous remettra quatre millions d'assignats, et dès que vous aurez pu établir une communication sûre, vous recevrez tout ce que vous pourrez désirer. »

Le représentant Génissieu, au comité de salut public.
(*Alençon.*)

« Je ne conçois pas d'où peut procéder le silence qu'on garde à la Convention sur les progrès des brigandages des Chouans. Il y a bientôt trois mois que je suis en mission dans les départemens de l'Orne et de la Sarthe; je n'ai cessé de donner aux comités connaissance de tout ce qui se passait, et cependant ma mission va expirer, sans que je sache quel effet ont produit auprès d'eux mes instructions et mes réclamations.

» Les horreurs et les atrocités sont à leur comble; la totalité du département de la Sarthe est dans l'état le plus effrayant. De toutes parts les fonctionnaires publics offrent leur démission, ne pouvant plus rester à leur poste. Deux seuls districts font monter les victimes à quatre cents, tous patriotes, et la plupart fonctionnaires publics. Il ne s'agit plus de demi-mesure; l'amnistie semble avoir prévenu les rebelles qu'on était hors d'état de les vaincre. Ils multiplient les massacres et le pillage, et les forces qu'on leur oppose sont insuffisantes. »

Du 5. = *Les représentans Guezno et Guermeur, au comité de salut public. (Vannes.)*

« Nous nous préparons à quitter cette commune et à nous transporter dans d'autres où nous aimons à croire que notre présence ne sera pas moins utile à la chose publique.

» Nous avons renouvelé les autorités constituées; nos choix n'ont pu déplaire qu'aux partisans du terrorisme, qui heureusement sont ici en petit nombre (1).

» Nous étions appelés à Nantes pour avoir avec nos collègues une conférence le 30 décembre; mais la lettre d'avis nous est parvenue trop tard. »

L'agent national, au comité de salut public. (Blain.)

« Neuf personnes, assassinées depuis un mois dans le district, trois autres les jambes brûlées, vingt-cinq pillées et pour la plupart réduites à la mendicité; les menaces les plus fortes contre ceux qui obéissent aux réquisitions, et contre ceux qui chérissent la révolution; tel est le résultat de la conduite des Chouans. La terreur n'a fait que changer de main. »

---

(1) Depuis le 9 thermidor, on ne rêvait que terrorisme.... C'était aussi le mot d'ordre des Chouans pour égorger les patriotes.

Du 5. = *L'administration, au comité de salut public.*
(*Hennebon.*)

« Depuis environ quarante jours que nous sommes en exercice, nous n'avons pu arrêter le cours des désordres et des assassinats. Nous demandons deux mille cinq cents hommes pour le district.

» Les Chouans viennent de brûler soixante mille fagots destinés pour Lorient. On se rappelle, sans doute, l'incendie de ce port, le 21 avril 1793; un des chefs, nommé Louis de Plumelian, s'en dit l'incendiaire. »

L'administration, au comité de salut public. (*Saint-Malo.*)

« Voici la suite des déclarations de Prigent :

» Les lieux de débarquement étaient le Rocher-Plat et la Ville-Carrée. On a dû débarquer environ trente-deux barils de poudre dans les environs de Saint-Brieuc, ainsi que des fusils dont il ne connaît pas le nombre.

» Prigent a été envoyé en Angleterre au mois d'août dernier pour porter au ministre Pitt des dépêches concernant les royalistes de France, et il est revenu de Londres vers le commencement de décembre. Il a eu diverses conférences avec Pitt qui promit d'envoyer quelques petites pièces de canon aux Chouans. Pitt lui demanda à combien de combattans pouvait monter l'armée de la Vendée ? — A quatre-vingt mille, si on pouvait réunir tous les royalistes de France.

» Les préparatifs d'embarquement, et l'arrivée des troupes sur la côte, l'été dernier, ont beaucoup inquiété les îles de Jersey et Guernesey dépourvues de forces; à cette époque, beaucoup d'émigrés français ont passé à la grande terre.

» Prigent fut envoyé en France pour prendre des renseignemens : à son retour et d'après son rapport, l'alarme fut telle, qu'il eût été facile de s'emparer de ces îles, mais depuis elles ont été fortifiées.

» Prigent a fait plusieurs voyages en France. Les papiers publics d'Angleterre annonçant que les royalistes se disposaient à passer la Loire, il fut chargé de venir s'en assurer. Il partit au mois de septembre ou d'octobre 1793, et débarqua à Cancale dans l'anse du Verger, et gagna la forêt de Rennes. Gavard, son compagnon de voyage, qui était allé aux informations, lui rapporta qu'en effet le passage était effectué. Plusieurs émigrés allèrent se joindre aux Vendéens, et les engagèrent, de la part du gouvernement britannique, à s'approcher des côtes.

» Prigent repassa à Jersey, et se rendit en Angleterre. Il annonça à Pitt que l'armée de la Vendée avait passé la Loire, s'était emparée de plusieurs villes et s'approchait de la côte; que cette armée était très-nombreuse, et qu'il y avait en Bretagne beaucoup de mécontens et peu de troupes. Aussitôt les ministres se réunissent chez Pitt; il est décidé que les circonstances étaient favorables pour faire une descente; les ordres sont donnés à Plymouth pour l'armement d'une flotte; on embarque des vivres, des munitions de guerre et des troupes; l'amiral Macbried est nommé chef de l'escadre, et lord Moyra, commandant des troupes de débarquement. Pitt témoigna à Prigent combien il craignait que l'armée royaliste ne se fût trop pressée d'approcher des côtes, avant que la flotte fût en état de faire la descente, malgré les ordres exprès qu'il donnait de hâter les armemens et embarquemens.

» Environ quinze jours après, Pitt le chargea de repasser en France pour aller trouver l'armée royaliste. Il passe à Porstmouth où il voit l'armement; il se rend à Jersey et de là en France, et parvient dans la forêt du Pertre. Il remet ses dépêches à un officier qui lui promet de les porter aux généraux de la Vendée (1). Il repasse à Jersey, où il annonce au commandant de l'île que l'armée royaliste, repoussée à Granville,

---

(1) Ces dépêches furent remises à M. de Puisaye.

s'était divisée; qu'une partie avait l'air de fuir devant l'armée de la République, tandis qu'une colonne royaliste devait se replier vers Caen, ensuite sur Cherbourg, pour y protéger le débarquement des Anglais.

» Tout se dispose à Jersey pour une descente; on envoie sur la côte de Normandie des émissaires et des navires de diverses grandeurs pour observer la côte; on rapporte que l'on n'a eu aucune connaissance de l'armée royaliste, et que l'on a entendu tirer le canon du côté de Saint-Malo. On envoie deux bateaux vers ce port; le rapport est que l'on n'a vu personne. On vit alors que l'expédition était absolument manquée; cette nouvelle affligea l'Angleterre.

» Après les affaires de Granville et de Savenay, les émigrés français, embarqués sur les transports, restèrent quelque temps sur ces bâtimens, tout prêts pour une nouvelle expédition; les troupes furent débarquées pour prévenir les effets d'une maladie dont beaucoup de soldats périrent. On forma ensuite un camp d'environ huit mille hommes, sans y comprendre les émigrés. Ce camp exista jusqu'à l'envoi d'une partie de ces troupes au secours du duc d'Yorck. Lord Moyra reçut aussi l'ordre d'aller s'y joindre.

» A cette époque, Jersey et Guernesey restaient à découvert, n'ayant plus que la milice, des recrues et des invalides; deux navires chargés de troupes périrent, événement qui fut caché. Alors les émigrés, au nombre de cinq à six cents, dont on comptait faire des officiers en France, commandés par d'Hervilly, recevaient 36 liv. par mois. Les gens du tiers-état formaient des compagnies à part sous les ordres du marquis du Dresnay et autres nobles; les domestiques formaient des compagnies séparées. La division se mit bientôt entre les émigrés; tous voulurent commander et personne obéir. Du Dresnay ayant été desservi auprès des princes français, la désorganisation totale des compagnies suivit de près. Beaucoup d'émigrés, se trouvant dans la plus affreuse misère, ont pris le parti de passer en France, les un pour se cacher, les autres pour se joindre à Charette.

« Le gouvernement anglais ayant eu des nouvelles de l'armée de Charette et des Chouans, et informé par Prigent et par Puisaye de la situation de ces armées, a formé le projet de composer différens corps dont il pourrait disposer pour seconder, par une descente en France, les efforts des royalistes sur l'île de Noirmoutier. »

Du 5. = *Le représentant Boursault, au comité de salut public.*
(*Lorient.*)

« Par suite de ma surveillance sur la côte de St.-Malo, un cutter anglais, armé de huit canons, venu dans la nuit du 30 au 31 décembre pour débarquer à Portbriac, a été surpris par la force armée; il a été obligé de laisser sur le rivage le fameux Prigent, émigré de St.-Malo.

» Comme ce Prigent, ainsi qu'on me l'annonce, ne veut parler qu'à moi ; qu'il a des aveux de la plus haute importance à me faire, je vais me rendre à Saint-Malo en passant par Rennes.

» Des détails affreux, qui me parviennent de la Mayenne, exigent ma présence dans ce département; mais il nous faudrait un renfort. Cette guerre va prendre un nouveau caractère, et la religion en deviendra le moteur. *Liberté des cultes.... Liberté des cultes....* Sans cela, il vous est impossible de maintenir les habitans des campagnes. Il leur faut un culte quelconque, et il faut des siècles pour créer ou détruire les erreurs des préjugés superstitieux.

» Je joins ici une lettre du général Humbert qui excite toute mon indignation ; il vient de déshonorer son caractère par sa lettre à Boishardy. Il a osé m'en envoyer cette copie écrite de sa main, jugez de l'original. Jugez, chers collègues, jugez de la confiance que peuvent inspirer de tels généraux (1)....

---

(1) Voir la lettre de Humbert du 25 décembre. Boursault n'en bla-

» Souvenez-vous du mot de Henri IV : *Paris vaut bien une messe* ; et moi je dis que l'affermissement de la République vaut bien un prêtre assermenté. »

Le général Hoche, au comité de salut public. (Rennes.)

« Le général Humbert m'annonce qu'il a eu une entrevue avec Boishardy ; il me fait part en même temps d'une lettre que ce chef lui a écrite après leur conférence (1). Il paraît que ces chefs veulent absolument se régler sur la Vendée d'où ils reçoivent leurs instructions. »

Du 6. = *L'administration, au représentant Boursault.* (Saint-Malo.)

« On t'attend avec impatience pour recevoir des déclarations que Prigent ne veut faire qu'à toi.

» Voici l'extrait d'une lettre de crédit auprès de l'armée royale remise à Prigent par mylord Baleares, major-général de l'armée anglaise, en date du premier décembre 1793, lorsque l'armée des brigands se portait sur Granville.

» *Le porteur de la présente a la confiance de la cour de Londres, du régent de France, de mylord Moira, du marquis du Dresnay et de moi-même. Vous pouvez avoir confiance en lui, et lui communiquer tout ce que vous croirez convenable. Comptez sur toutes les promesses qu'il vous fera ; il en est chargé de M. Pitt, de la cour de Londres et des princes français. C'est notre ambassadeur, ayez-y la plus grande confiance. Je ne doute pas que tous ceux qui d'Angleterre sont parvenus à vous, ne vous aient dit que c'est à lui qu'ils en sont redevables.*

» Ainsi ce Prigent que nous avons vu ici marchand de pommes et autres fruits, est devenu ambassadeur. »

---

mait pas le contenu, mais le défaut d'orthographe qui pouvait prêter au ridicule.

(1) Lettre du 28 décembre.

Du 7. = *La commission des armées, au comité de salut public.*
(*Paris.*)

« Le représentant Gillet annonce que les douze mille hommes qui, d'après l'arrêté du comité de salut public du 25 décembre, doivent se rendre sur les côtes de la ci-devant Normandie et Bretagne, seront arrivés à Lille et Valenciennes vers le 9 ou le 11 janvier, commandés par le général de division Duhem. »

Windham, à MM. les chefs de l'armée catholique et royale.
(*Londres.*)

« Messieurs, j'ai reçu par les mains de M. de Tinteniac la lettre précieuse dont il a été chargé, signée des noms qui seront à jamais respectables, tandis que l'honneur, la religion, la vertu, auront lieu sur la terre. La confiance que de telles personnes ont bien voulu me témoigner, me paraîtra toujours une des circonstances les plus honorables de ma vie, comme c'est le gage le plus sûr de la droiture de mes sentimens.

» Je ne m'étendrai pas sur la joie que la réception de cette lettre m'a causée, ni sur les chagrins que j'ai éprouvés depuis à voir échouer successivement tous les projets par lesquels nous avons espéré de pouvoir y répondre. Que je vous éloigne seulement de l'esprit que cela soit arrivé par le manque de bonne volonté, et pas par la fâcheuse contrariété des événemens. M. de Tinteniac, aussi bien que M. de la Roberie, s'ils viennent jamais à vous rejoindre, vous seront mes garans à cet égard. Soyez persuadés, messieurs, que tandis que je respire, l'intérêt de votre cause, non plus que l'admiration de vos vertus, ne sortiront jamais de mon cœur; et que tandis que je ferai partie du ministère, je ne cesserai pas d'employer tous mes moyens pour que votre courage et votre constance ne soient pas abandonnés à eux-mêmes; mais qu'ils soient soutenus par la force d'un pays, qui ne se procurera tant de gloire qu'en partageant vos dangers, qu'en secondant vos efforts, qu'en agissant d'après les mêmes principes que vous, et contribuant avec vous à sauver la France, et par là les intérêts de l'humanité entière.

» *P. S.* M. de Vasselot, l'aide-de-camp de M. de Puisaye, veut bien se charger de l'entreprise de se joindre à vous, et n'attend que le moment où j'aie fini cette lettre pour se mettre en route. Cette circonstance, jointe à mon peu de connaissance dans le français, peut excuser les fautes qui peuvent bien s'y trouver. »

Du 7. = *Le chevalier de Tinteniac, au comité catholique et royal.* (*Londres.*)

« La communication avec l'Angleterre ayant été découverte, je suis resté six semaines sans pouvoir m'embarquer, et ne suis arrivé en Angleterre qu'au mois d'août; le comte de Puisaye y est arrivé quelque temps après moi; il vous envoie son aide-de-camp avec lequel je suis fort lié, et auquel on peut accorder la plus grande confiance. J'attends avec bien de l'impatience le moment de vous rejoindre. »

Le comte de Puisaye, au comité central catholique et royal.
(*Londres*).

« Je n'ai pas encore pu faire partir pour Jersey, les vents ont été abominables. Prigent doit être avec vous. On a fait une tentative sur une autre côte où l'on a mis à terre; mais on n'a osé aller plus loin, parce qu'on a été effrayé des bruits d'arrivée de troupes et de cordon autour de vous. Au nom de Dieu, donnez-moi de vos nouvelles dans le plus grand détail. Repassez mes lettres et répondez à tout, article par article. Renvoyez-moi Perschais : disposez tout. Il faudrait cent pages pour vous dire la dixième partie des raisons qui me retiennent ici. Si je n'y étais pas, tout serait perdu; on vous le dira. Je ne suis occupé que de notre affaire soir et matin. Il n'a pas ici un Français qui ait obtenu le même degré de confiance que moi; ils se perdent par leur indiscrétion et leurs jalousies.

Ce n'est pas une petite affaire que de tenir tête à tout, et j'aimerais mille fois mieux me battre dix fois par jour que de faire ce métier; au surplus tout va au mieux, préparez les esprits, répandez de l'argent, et surtout ne tirez pas un coup de pistolet. Que Cormatin me rende compte des tentatives qu'il a faites pour remettre ma lettre à Canclaux : ce point déciderait tout (1); mais, sans cela, on agira efficacement. Le temps, les élémens, les hommes, il faut que tout soit d'accord. Le moindre incident dérange ou suspend l'exécution de tous les projets; mais on les reprend, et quand on est là, tout est réparé. Si je n'y étais pas, tout aurait été perdu mille fois.

» Je vous envoie M. Vasselot que vous ferez conduire par Bruc et Pipriac, sur la rive droite de la Loire, par le canton de Caqueray. Il passera à la Vendée, viendra vous en donner des nouvelles, et liera ainsi une correspondance nécessaire. Il sera accompagné de M. de Pange, ami de Cormatin, qui restera avec lui, et de M. de Frotté, qui va faire en Normandie ce que vous faites où vous êtes. Vous recevrez à peu près dix-huit millions; il y en a quatre destinés à la Vendée, et quatre à la Normandie, vous les remettrez à ces messieurs. Vous ferez conduire M. de Frotté de canton en canton, dans l'Avranchin : ensuite il percera sa route tout seul, en établissant des cantons dont le point central correspondra directement avec vous, et recevra vos ordres pour toute cette province (2).

» Courage, mes amis, le moment de la gloire approche : veillez à votre sûreté, vous n'avez que cela à faire, et faites payer les hommes exactement. Étendez votre système de cantons, rien ne vous manquera. Si vous avez éprouvé quelque

---

(1) Le quartier-général de Canclaux étant fixé à Niort et à Fontenay, Cormatin n'avait pu avoir aucune communication avec lui.

(2) Frotté oublia bientôt cette dépendance, et se créa général en chef des royalistes de la Normandie.

malheur, vous savez que c'est par cette voie que Dieu nous conduit; de la confiance, de la persévérance, et nous triompherons. Aimez-moi toujours autant que je vous aime; ma vie et toutes mes facultés vous sont dévouées. Je vous embrasse de tout mon cœur.

» *P. S.* Je vous envoie deux mille exemplaires de la lettre pastorale (1), vous la recevrez la première fois en breton, avec d'autres imprimés, ainsi qu'une proclamation que je ne veux faire qu'après que vous m'aurez positivement instruit du dernier état des esprits et des choses. »

Du 8. = *Le représentant Bouret, au comité de salut public.*
(*Vannes.*)

« C'est une erreur de croire que l'instruction puisse opérer un changement subit dans les campagnes du Morbihan où l'esprit public est nul, où les habitans vivent entre eux à peu près comme des sauvages, sans connaissance des lois et dominés par le fanatisme.

» Les assassinats des fonctionnaires publics, des prêtres constitutionnels, des acquéreurs de domaines nationaux, des patriotes enfin, ont frappé de terreur ce malheureux département.

» La guerre des Chouans est dirigée par le même système que celle de la Vendée, la cause en est commune; *le royalisme et la résurrection de l'ancien régime;* mais la tactique est différente : on fait dans la Vendée une guerre ouverte, on assassine dans la Chouannerie (2).

» Les Chouans cherchent à se rendre maîtres d'une grande étendue de terrain, en détruisant tout ce qui tient au gouvernement républicain. Ils comptent sur les secours de l'Angleterre.

---

(1) Voir au 1er. janvier.
(2) Cette remarque est parfaitement juste. L'esprit de la Chouannerie ne s'est introduit dans la Vendée qu'après la pacification.

» Les mesures qu'il convient de prendre dans cette position, sont la plus grande surveillance des côtes ; la tolérance des cultes ; les armes de la raison, de la persuasion, de l'humanité, de la pitié et de la bienfaisance. »

Le général Hoche, au général Avril. (*Rennes.*)

« La personne qui avait cherché et malheureusement réussi à m'indisposer contre toi, mérite si peu notre estime, que je te prie d'oublier jusqu'au souvenir d'un tort réel que j'ai envers toi, et que je m'empresse de réparer (1). »

Du 9. = *Arrêté du représentant Boilet.* (*Lamballe.*)

« PATRIE.

» Au nom du peuple français.

» D'après le compte que nous a rendu le général de brigade Humbert des conférences qu'il a eues avec Cormatin, Boishardy, et autres personnes à la tête du parti qui dirige les mouvemens des habitans de ces départemens, et d'après l'assurance qu'il nous a donnée que les chefs étaient dans l'intention de faire cesser les hostilités, de concourir de tous leurs moyens à ramener le calme et la tranquillité, et réunir tous les Français de ces départemens, pour ne faire qu'un peuple de frères et d'amis soumis aux lois, et dont la conduite et les mœurs ne seront désormais dirigées que par la vertu, l'humanité, la justice et la probité ;

» Nous ayant en conséquence amené Cormatin, l'un des chefs de ce parti, qui, au nom de ses partisans, est venu nous certifier de vive voix le désir qu'ils avaient de coopérer à ramener dans ces départemens la paix et la tranquillité, et qu'ils étaient tout disposés à faire ce que l'on jugerait de plus convenable pour y parvenir ; et que, pour ne laisser aucun doute sur leurs intentions, ils venaient de leur part, de

---

(1) Voir la lettre de Hoche, au général Avril du 13 décembre.

faire cesser toutes hostilités, et assurer les habitans qui étaient dans leur parti, que leur bonheur dépendrait de leur tranquillité, et qu'ils devaient se conduire avec humanité envers leurs concitoyens; mais que, pour assurer cette tranquillité si désirée par tous les Français, et arrêter les mouvemens des habitans de ce pays, leur faire connaître les intentions de la Convention, son décret et sa proclamation sur la cessation des hostilités et sur la réunion de tous les Français à la mère patrie, il était chargé de parcourir les départemens de la ci-devant Bretagne; de se concerter avec les chefs de leur parti pour les engager à la tranquillité, et faire cesser toutes démarches qui pourraient troubler celle des habitans et des voyageurs, et attenter à leurs propriétés; comme aussi de se concerter avec les généraux sur les moyens de rendre tous ces Français à la patrie, et de les réunir pour jamais à leurs frères; de communiquer avec les chefs de parti dans la Vendée pour leur faire part de leurs intentions et de leur désir de coopérer à la tranquillité et de cesser toutes hostilités; mais que pour assurer sa marche et ne donner aucun soupçon sur cette démarche dont peut dépendre le sort du pays, et la cessation de tous les événemens malheureux qui l'ont jusqu'à ce jour affligé, il désirait être accompagné d'un officier républicain, qui serait témoin de toutes ses entrevues et des conversations qu'il aurait avec les chefs de parti et les généraux, et à cet effet qu'il lui fût donné, ainsi qu'à l'officier républicain, un ordre de passe;

» En conséquence, désirant prendre tous les moyens qui peuvent assurer la tranquillité, faire cesser les hostilités, garantir le libre passage des voyageurs, rendre aux habitans de ces départemens la tranquillité et la sûreté, si désirées, et qui peuvent concourir à leur bonheur et à les réunir dans les mêmes sentimens, et les attacher à la mère patrie par leur soumission aux lois;

» Chargeons le général Humbert, commandant une des divisions de l'armée de Brest, d'accompagner Cormatin, de le suivre dans tous les lieux où l'exécution des mesures ci-indiquées le nécessitera; assister à toutes conférences qu'il pourra avoir avec tous chefs de parti, généraux républicains ou toutes autres personnes;

» Arrêtons en conséquence que, pour l'exécution de la mission du général Humbert, il lui sera délivré, ainsi qu'à Cormatin, un ordre de passe.

» *Signé*, BOLLET. »

Instruction particulière pour le général Humbert.)

« Vu notre arrêté de ce jour, relatif à la mission du général Humbert, par laquelle il est chargé de parcourir avec Cormatin les départemens de la ci-devant Bretagne; d'employer tous les moyens pour faire cesser les hostilités, ramener la tranquillité, et conférer avec les généraux et toutes autres personnes qui peuvent y concourir, ordonnons au général Humbert de se conformer aux dispositions suivantes :

» 1°. Le général Humbert accompagnera Cormatin dans toutes ses démarches, sera présent à toutes les entrevues et conversations qu'il pourra avoir, soit avec les chefs de son parti, soit avec tous autres individus qui en font partie, même avec les généraux républicains. Il ne pourra, sous aucun prétexte, se dispenser de l'accompagner, et sera responsable de tout ce que Cormatin pourra faire de contraire à l'unité, l'indivisibilité de la république, au maintien du gouvernement républicain et aux lois.

» 2°. Le général Humbert tiendra note de toutes les conférences que Cormatin aura avec ses partisans et les généraux républicains. Il nous en fera passer tous les cinq jours le résultat, et nous l'adressera à Rennes.

» 3°. Il ne pourra, dans ses conversations ni ses démarches, concourir à aucune mission qui n'ait pour résultat le maintien du gouvernement républicain, son unité, son indivisibilité, le rétablissement de l'ordre et l'exécution des lois.

» 4°. Il s'informera dans tous les lieux qu'il parcourra, et même près des chefs de chouans, si le décret de la Convention et la proclamation concernant l'amnistie accordée à tous les individus qui ont pris part aux rassemblemens connus sous le nom de chouans et de brigands, leur sont connus et s'ils ont été publiés. Dans le cas où ils les ignoreraient, il les leur fera connaître. Il sera porteur de plusieurs exemplaires de ce décret et de cette proclamation.

5°. Le général Humbert se pénétrera bien que sa mission n'est que pour concourir au rétablissement de la tranquillité publique, à la cessation des hostilités, aux moyens de publier et faire connaître aux chouans et à leurs chefs le décret et la proclamation de l'amnistie, et qu'il ne doit faire aucun acte ni traité, ni consentir à rien. La nation ne contracte point avec des rebelles; mais seulement, par la générosité qui dirige ses démarches, elle leur accorde leur grâce.

» 6°. Le général Humbert emploiera aussi tous les moyens qu'il jugera les plus convenables, pour engager les habitans des campagnes à porter leurs grains et leurs denrées dans les villes. Il fera connaître que le vrai moyen de se réunir est de porter leurs subsistances à leurs frères des villes, s'ils veulent trouver aussi de leur part cet attachement et cette reconnaissance qu'ils doivent attendre des arts et de l'industrie, et leur donner les objets qui peuvent leur être utiles pour leurs vêtemens et leurs besoins.

» 7°. Le général Humbert se conformera en tout aux dispositions ci-dessus, et en cas que Cormatin agisse contre les vues de notre arrêté de ce jour, il nous en donnera sur-le-champ avis, et prendra les moyens les plus convenables pour s'assurer de sa personne. Il est en tout responsable de tout ce qu'il pourra faire de contraire aux dispositions de cette instruction.

» 8°. Le général Humbert ne pourra communiquer cette instruction qu'aux représentans du peuple qu'il rencontrera dans sa course, et au général en chef de l'armée des Côtes-de-Brest seulement. Elle doit être ignorée de Cormatin et de ses partisans.

» *Signé*, Bollet. »

Du 9. = *Le représentant Genissieu, au comité de salut public.* (*Alençon.*)

« Les dangers s'accroissent chaque jour : à mon arrivée, il n'y avait que quelques scélérats, secondés par quelques jeunes gens de la réquisition ; les brigandages commis depuis en ont imposé à tout ce qui était reconnu patriote. La terreur en a jeté une portion parmi les chouans, et ceux que la peur n'a pu réduire ont été massacrés. Le département de la Sarthe est en grande partie dominé par les brigands ; encore quelques jours, et les maux seront incalculables. Vous pourrez en juger par les réclamations de l'agent national de Sablé, de l'administration de la Sarthe, de Sillé, du général Varin, etc.

L'agent national, au comité de salut public.
(*Loudéac.*)

« Les chouans, loin d'accepter l'amnistie, redoublent d'audace et de fureur. Sur trente-cinq municipalités qui forment le district, il n'en est plus qu'un très-petit nombre dont la correspondance soit suivie. On parlemente avec les rebelles, ils font des propositions de paix et se préparent à la guerre. »

Du 10. = *Le représentant Boursault, au comité de salut public.* (*Rennes.*)

« Le jour que j'ai passé à Lorient m'a valu la découverte de trente-huit mille livres de faux assignats.

» Malgré les rapports alarmans faits au comité et à la Convention, je ne vois dans les chouans que des voleurs, des assassins, quelques nobles émigrés et prêtres fanatiques rentrés pour servir les projets de l'Angleterre. La mort des principaux chefs, leur correspondance interceptée, leurs projets découverts, la prise de Prigent, me persuadent qu'il n'y a pas d'insurrection à craindre : je ne crois point à une descente des Angais.

J'ai vu hier soir le chef Bellevue à l'hôpital, il paraît décidé à me donner des renseignemens. Demain je me rends à Saint-Malo : je pense que ce Prigent a d'étranges choses à me révéler.

» Je n'ai pu me rendre à Nantes sur l'invitation de mes collègues, j'ai pensé d'ailleurs que quinze à vingt représentans réunis pour traiter avec Charette formaient un comité plus que suffisant. Les nobles lèvent la tête, ils sont et seront incorrigibles. Nous ne savons rien dans cette armée, mais ce qui s'appelle rien de ce qui se passe à celle de l'Ouest.

» Guezno et Guermeur sont partis pour une tournée; ils sont estimés et beaucoup. Il est peu de collègues plus faits pour sa mission que Brue.

» D'après votre arrêté du 4 de ce mois, je vais en prendre un, sous le rapport politique, pour la grâce du prêtre Magnan qui nous a si bien servis.

» J'attends mon collègue Bollet qui fait le tour de la côte par Saint-Brieuc; nous verrons à suspendre ou destituer le général Humbert qui s'est indignement comporté avec Boishardy. Ce jeune homme peut être un bon capitaine de grenadiers, il n'a pas eu de mauvaises intentions; mais l'honneur de nos armes exige, ce me semble, qu'il soit puni (1).

» Hoche, dans une tournée qu'il vient de faire, s'est comporté en général et en soldat »

Du 12. = *L'agent national, au comité de sûreté générale.*

(*Lassay*.)

« Depuis une décade, les chouans se sont portés dans notre district, où ils ont commis des vols et assassinats. Un bon

---

(1) L'époque devait servir d'excuse à Humbert, comme elle en servit autrefois à Duguesclin.

républicain, refusant de crier *vive le roi!* a été conduit, au chant de *veni Creator*, au pied de l'arbre de la liberté, où il a été fusillé. Son dernier cri a été : *vive la république!* »

Du 12. = *Josnet, général de brigade, au comité de salut public. (Laval.)*

« Je me croirais coupable, si je ne faisais pas connaître la malheureuse situation où se trouve le département de la Mayenne. Le nombre des chouans augmente de jour en jour; ils attaquent les postes qui peuvent à peine leur résister. Il n'y a plus de sûreté sur les routes; les patriotes sont égorgés, les aristocrates qui refusent de s'enrôler sont pillés et fusillés. Il est bien nécessaire d'envoyer des troupes pour arrêter les progrès du mal.

» Il règne un bon esprit dans les districts d'Évron, Sillé et Lassay; il n'en est pas ainsi du district de Laval.

» Vous pourrez juger des intentions des chouans par les pièces suivantes :

» *De par le roi et M. Planeste, commandant l'armée royaliste, nous vous sommons, citoyen Grand-Maison, demeurant au bourg de Meslay, de nous envoyer la somme de dix mille livres, ou sinon, nous vous enlèverons les bestiaux de vos endroits; si cela ne suffit pas, nous saurons comment nous y prendre.*

» *Signé*, PLANESTE commandant, et GUÉRIN. »

« *Au nom du roi,*

» *Je promets au premier bûcheron que nous trouverons à abattre du bois pour les bleus, qu'il sera fusillé sur-le-champ. Je déclare leur donner leur grâce pour la première fois, on se contentera d'enlever leurs haches.*

» *Signé*, LAJOIE, TRANCHEMONTAGNE, dit DENIS. »

L'administration, au comité de salut public. (Saint-Brieuc.)

« Jusqu'à présent les brigands n'avaient paru parcourir qu'une partie de nos campagnes, aujourd'hui ils les visitent toutes, et spécialement les bords de la mer. Ils distribuent beaucoup de faux assignats. Des maires, des officiers municipaux, des agens nationaux ont été assassinés. Tous ces événemens se passent pendant la suspension des hostilités arrêtée entre le général Humbert et Boishardy. Nous n'avons point de forces à opposer.

» *P. S.* Nous apprenons que les arbres de la liberté viennent d'être coupés dans différentes communes. Le juge de paix, un garde national et deux officiers municipaux ont été assassinés hier, commune de Lantic. »

Du 12. = *Le général Hoche, au comité de salut public.*
(*Rennes.*)

« J'attendais avec impatience la réponse que le général Humbert ferait à la lettre par laquelle je lui traçais la conduite qu'il devait tenir avec les chefs des brigands, depuis la première entrevue qu'il avait eue avec eux, lorsque hier matin je vis arriver chez moi cet officier général qui, en m'abordant, m'instruisit qu'en vertu des pouvoirs que lui avait donnés le représentant du peuple Bollet, il accompagnait le major-général de l'armée catholique, Cormatin, qui parcourait les différens départemens affectés à l'armée que je commande, pour renouveler les défenses déjà faites de ne commettre aucune *hostilité*. Les hostilités sont des assassinats jusqu'à nouvel ordre.

» Humbert, après le court récit de ses opérations depuis treize jours, opérations qui se bornent à des entrevues avec Boishardy et autres chefs, me dit que Cormatin était envoyé par le comité militaire et le général en chef de l'armée royale, pour conférer avec moi sur les moyens de faire cesser les troubles, faire rentrer, non-seulement les chefs, mais encore tout le parti. Il alla chercher Cormatin; voici en substance notre conversation : elle dura cinq heures.

» Lorsque les complimens que Cormatin crut devoir me faire furent débités, cet homme m'exhiba ses pouvoirs, signés de tous les chefs de la prétendue armée : ils portaient en substance de traiter avec tous les généraux républicains, de ne négliger aucun moyen de faire la paix; que les intentions de l'armée royale étaient de travailler dorénavant, et de concert, au maintien de l'ordre, au respect des personnes et des propriétés, et qu'en se soumettant aux lois, l'intention des chefs était de concourir de tout leur pouvoir au bien de la chose publique; qu'au surplus, l'on s'en rapporterait à ce que ferait Cormatin qui connaissait les intentions du comité et devait agir en conséquence.

» Après avoir fait parade des moyens immenses, suivant Cormatin, qu'avaient les brigands pour faire la guerre; après avoir fait le tableau le plus étendu des ressources qu'offraient le pays, ses habitans et le fanatisme, cet envoyé m'assura, *les larmes aux yeux*, que les propositions de ses chefs et les siennes étaient sincères, et qu'il ne tiendrait qu'au gouvernement de rendre à la patrie des hommes que les préjugés avaient égarés. Depuis dix jours, m'a-t-il dit, les ordres de faire cesser les assassinats sont donnés, et afin qu'il n'arrive aucun malheur, je vais les renouveler, en passant dans les différens départemens que je vais parcourir avec l'officier qui m'a été donné; il assistera à toutes nos conférences et vous rendra compte de la manière loyale dont nous agissons. Nous voulons la paix à tout prix.

» Mes instructions, ajouta-t-il, m'ordonnent de me rendre près de Charette pour lui faire part de nos intentions et le déterminer, par tous les moyens possibles, à faire rentrer son parti. — Mais, lui dis-je, dans le cas où Charette ne se rendrait pas, les scènes d'horreur dont je suis témoin depuis quatre mois recommenceraient donc, et nous verrions encore les Français s'entre-déchirer.... — Non, dit Cormartin vivement affecté; mais Charette nous a servis (1), nous devons

---

(1) Il n'existait encore aucune intelligence entre Charette et le co-

naturellement lui faire part de nos démarches; nous le devons pour lui, pour nous et pour la France. S'il ne se rend pas, nous renonçons à toute espèce de correspondance et de liaison avec lui. Sans doute la diversion que nous avons faite jusqu'à ce moment en sa faveur le déterminera à nous écouter ; et s'il ne le fait pas, en l'abandonnant, vous sentez qu'il se trouvera écrasé par vos forces réunies à celles du général Canclaux.

» Je pense que la seule condition que mettent les chefs du parti à leur rentrée sera acceptée. Les habitans des campagnes veulent des prêtres ; qu'on leur en donne pour avoir la paix. La Convention nationale a proclamé les droits imprescriptibles de l'homme, ils consistent principalement dans le respect des personnes et des propriétés, et dans la liberté des cultes. Maintenez cette loi dans son intégrité, il n'existe plus de parti contre vous. Nous n'abandonnerons ce peuple qui nous a tant servis, qu'à cette condition, et nous l'attendons d'un gouvernement juste et éclairé.

» De cet article, nous passâmes à celui du gouvernement. D'abord Cormatin me manifesta quelques craintes sur son instabilité, sur le retour de la terreur, et désira savoir quel était le degré de confiance que j'avais moi-même dans les hommes qui sont à la tête des affaires. Ma réponse fut à peu près le récit de mes aventures (1), ajoutant que si je n'eusse connu la probité des auteurs du 9 thermidor, je me serais tenu à l'écart ; et qu'au surplus, le moyen de rendre au gouvernement sa dignité n'était pas de lui faire la guerre.

» Vint le tour des puissances étrangères et celui des émigrés. Je n'eus pas de peine à convaincre le major-général que les Vendéens, les chouans et les émigrés avaient été joués

---

mité des chouans. L'intention de Cormatin était de lier toutes les parties de la chouannerie entre elles et avec la Vendée.

(1) Son emprisonnement pendant la terreur.

par la coalition, et notamment par l'Angleterre. Il m'avoua qu'étant Français il se réjouissait de nos victoires au Nord, aux Pyrénées et sur le Rhin; qu'il savait que son parti n'avait aucun secours à attendre; que ce parti s'était formé par l'opinion et le désespoir. — Je crois sans peine cette assertion, et je suis convaincu que les secours que lui envoie l'Angleterre consistent en faux assignats et très-peu d'argent.

» La cause des émigrés a été plaidée avec chaleur par Cormatin; il semblait désirer que l'amnistie s'étendît jusqu'à eux. Il les peignit comme des êtres malheureux et faibles; comme des Français à charge à l'Europe, et en butte à toutes les vexations et humiliations possibles. Cependant, lorsque je lui rappelai la lâcheté de ce qu'il appelait *les princes*; la conduite tout à la fois orgueilleuse et basse des autres émigrés; que, d'ailleurs, le peuple qui pardonnait, n'entendait pas transiger, il m'a donné sa parole d'honneur qu'il n'en parlerait pas à Charette (1). Je soupçonne que la conférence qu'il devait avoir avec cet autre chef n'avait pour but que de demander la rentrée des émigrés et la liberté de conscience. Le premier objet ne devait pas être discuté; je pense que le second, conforme à nos principes, ne fera pas la pierre d'achoppement.

» Une question me restait à lui faire; c'était le parti que prendraient les bandits, déserteurs, forçats et autres, échappés des galères de Brest et assassins de profession. Il convint que ces hommes se résoudraient difficilement à abandonner leurs armes pour rentrer dans leurs foyers. D'abord, il me proposa de les renvoyer dans leurs communes et de les mettre sous la surveillance des autorités civiles. C'eût été lâcher des bêtes féroces dans la société. Je crus donc devoir lui laisser entrevoir un projet que je mûris depuis long-temps; ce serait de former une ou plusieurs légions

---

(1) Cette précaution était inutile : Charette, jaloux de son autorité, n'accueillait pas favorablement les émigrés.

de tous ces hommes, qui se sont créé des besoins, et qui n'ont d'autre profession que celle qu'ils exercent. Je lui citai les bandes de Duguesclin allant détrôner Pierre le Cruel, et le régiment levé par Villars dans les Cévennes. Cette idée le frappa, il y applaudit, et m'assura que si l'on donnait aux brigands la perspective d'avoir du pain, sous la condition de défendre l'État, beaucoup en seraient charmés : il me dit même que Stofflet, dans la Vendée, et une infinité d'autres, ne pouvaient se rendre, sans qu'on employât ce moyen, la majeure partie n'ayant ni propriété ni état.

» Je laisse au comité de salut public à réfléchir sur ce projet, en lui observant que je ne suis pas encore engagé. Toujours est-il certain que les rebelles, ne pouvant exister qu'aux dépens de la France, convertis, ils pourront lui être utiles dans les entreprises difficiles, aux avant-gardes, etc. L'expérience a prouvé qu'ils savaient affronter les dangers. Reste à savoir si, pour éviter les inconvéniens de la multitude, on ne devrait pas les diviser. Je n'ajouterai qu'un mot : étant Français, peut-être méritent-ils la pitié du gouvernement. La haine qu'ils portent aux puissances coalisées prémunit contre leur désertion. Dans le cas où le gouvernement approuverait ce projet, je crois qu'il serait utile de ne pas le publier, mais bien de charger un officier-général bien intelligent du recrutement et de l'organisation de ces corps (1).

» Sans doute les intentions du comité sont de laisser aux campagnes, et pour la culture des terres, les hommes des réquisitions. L'état de nos armées semble l'annoncer, et je ne puis dissimuler que le besoin de bras existe.

» Hier au soir, nous allâmes ensemble chez les représentans du peuple. Sans doute ils connaîtront, au retour de Cormatin, les intentions du gouvernement et la marche à

---

(1) Ce projet fut dénaturé, à l'époque de la pacification, par la création de gardes territoriales sous l'influence des chefs vendéens et chouans.

suivre. J'attendrai ses ordres particuliers, s'il en a à donner.

» J'ai demandé un congé pour raison de santé; mais dût la mienne devenir plus mauvaise, j'attendrai le résultat de cette affaire. Je crois devoir ne pas m'absenter en ce moment; mon départ, suivant ce que m'a dit l'envoyé, pouvant faire penser que le gouvernement désapprouverait les moyens que j'ai employés pour opérer un rapprochement utile.

» Je dois rendre justice à l'activité, au courage, à l'espèce d'intelligence que le général Humbert (dénoncé au comité) a déployés dans cette affaire. Sans avoir reçu une éducation brillante, il l'a traitée avec activité.

» Puisse la paix renaître au sein de la patrie, l'abondance venir essuyer les larmes de mes malheureux concitoyens! mon bonheur sera bien grand; et après avoir contribué à faire reconnaître la puissance de la république, je saurai faire taire mes ennemis par une conduite toujours égale. »

Du 12. = *Le général Hoche au général Kricq, à Nantes.*
(Rennes.)

« Tu voudras bien profiter du temps de l'amnistie pour faire approvisionner les chefs-lieux de district de ta division, et borner le service militaire à la garde et aux patrouilles des cantonnemens. Le respect des personnes et des propriétés étant une chose sacrée, il ne sera fait aucune fouille jusqu'à nouvel ordre; les circonstances seules détermineront nos démarches. Tu dois aussi employer ce temps à placer tes postes et tes cantonnemens de la manière la plus efficace, afin d'agir avec vigueur au premier signal. »

Du 13. = *Arrêté des représentans Guezno et Guermeur, concernant le culte.* (*Lorient.*)

« Considérant que l'arrestation subite et violente d'un très-grand nombre d'ecclésiastiques, pour la seule cause de n'avoir point abdiqué leurs fonctions, est non-seulement contraire aux principes de liberté et de justice qui caractérisent tous les actes de la Convention nationale; mais que cette mesure a encore puissamment concouru au développement des troubles qui désolent les départemens où elle a été employée;

» Considérant que la clôture des temples et le brisement des autels affectés à l'exercice d'un culte quelconque, n'ont été provoqués et exécutés que par cette faction criminelle dont la représentation nationale a puni les chefs, dès qu'elle a pu se convaincre qu'ils ne voulaient que désordre et anarchie;

» Considérant que de la non-réunion des citoyens pour l'exercice paisible de leur culte, résulte dans ces contrées l'isolement le plus absolu des habitans des campagnes, et de là, la difficulté de leur faire connaître les lois, et l'impossibilité de les éclairer, tant sur les bienfaits de la Convention que sur les vrais principes de la morale;

» Considérant enfin que la Convention nationale, loin d'interdire aucun culte, en a formellement autorisé le libre exercice, tant par l'art. VII de la déclaration des droits de l'homme, que par ses décrets des 11 janvier 1793, 1er. et 8 décembre de la même année, et qu'elle n'a imposé à ceux qui voudraient faire usage de cette liberté, que l'obligation de se conformer aux lois et règlemens rendus sur cet objet;

» Arrêtent de regarder comme non avenus les actes et arrêtés qui auraient précédemment ordonné l'arrestation, comme suspects, des ecclésiastiques qui n'ont point abdiqué leurs fonctions, s'ils se sont d'ailleurs soumis aux lois de la république; et déclarent que conformément aux droits de l'homme et aux lois, nul individu ni aucune section de citoyens, ne peuvent être troublés ni inquiétés dans le libre et paisible exercice de leur culte.

» Il est expressément recommandé aux autorités civiles, ainsi qu'aux commandans de la force armée, de tenir la main à l'exécution du présent arrêté, lequel sera imprimé, lu et affiché dans les départemens du Morbihan, des Côtes-du-Nord et d'Ille-et-Vilaine. »

Du 13. = *L'administration, au comité de salut public.*
(*Châteaubriand.*)

« Toutes les charrettes de notre district ont été démontées ou brisées. L'audace des chouans va toujours croissant. Nous avons pris des mesures pour avoir un certain nombre de charrettes au chef-lieu. Nous demandons qu'il soit formé quelques compagnies de gardes territoriales pour nous protéger.

Le représentant Boursault, au comité de salut public.
(*Rennes.*)

« Chers collègues, l'imprudence du général Humbert l'a conduit à traiter avec Boishardy, Cormatin et autres chefs de chouans. *Une suspension d'hostilités, une parole d'honneur,* ont été le résultat de plusieurs entretiens. Une parole d'honneur avec des scélérats!... appeler *hostilités* des massacres!... heureux cependant, mille fois heureux tous les moyens conservateurs et de la vie des citoyens et de l'honneur des armes de la république.

» Mon collègue Bollet qui passait par hasard à Saint-Brieuc et à Lamballe, lors de ces pourparlers, en eut connaissance; il a cru agir pour le bien; il vous écrit, je pense, et vous communique les ordres et instructions donnés au général Humbert qui va, de concert avec Cormatin, faire cesser les meurtres dans les districts de Vitré, Laval, Mayenne, et de là se rendre à Nantes, pour conférer avec Canclaux, au nom des chefs chouans... Conférer avec Canclaux!... Le temps, qui classe les événemens de cette révolution, nous apprendra sans doute par la suite la part directe ou indirecte que chacun de nous aura eue à tout ce qui se passe. Oh! combien de trompeurs et de trompés! d'honnêtes gens fripons! de républicains royalistes!... Quant à moi, je m'y perds, et les rapports que j'ai reçus m'ont fait frémir sur cette prétendue *cessa-*

tion d'hostilités. Non, non, ces scélérats ne sont pas aussi puissans par leur nombre, que peut-être quelques-uns de mes collègues pourraient le croire. Ils le sont par la terreur qu'ils inspirent et par l'appel au royalisme que les intrigans, démasqués ici comme à Paris, semblent faire journellement par la discorde et la calomnie. Rey, le général Rey, au moment où Humbert trouvait plus simple et plus facile de négocier que d'agir, Rey faisait déguiser en paysans, en chouans, quatre cents braves grenadiers, et lui, à la tête de ces braves, déguisant ses opinions, se disant nouveau débarqué, avait déjà parcouru cinq à six communes, connu les sentimens des habitans, et cerné *Cormatin et trois autres chefs*, qui, *exhibant de la trêve*, ont été relâchés : et voilà comme il faut faire cette guerre. Je crois, chers collègues, que, sans la lettre de Humbert, ils se seraient rendus à discrétion, et que ma réponse à Boishardy suffisait, quoique cette réponse soit, dit-on, trop-dure (1). Où en sommes-nous donc?... Voici mon opinion : l'Anglais veut, à quelque prix que ce soit, une descente, afin de faire diversion à nos armes dans le nord; il veut se débarrasser des émigrés, les vomir sur nos côtes ou dans nos îles : le fait est constant. Le rapport de ce Prigent, que j'ai fait venir de Saint-Malo, me le confirme, et le procès-verbal que le district de Saint-Malo vous a aussi fait passer, vous le prouve. Dans ce moment-ci, je crains tout et ne crois pas à la cessation d'hostilités, au retour sincère de ceux qui, le 3 janvier, disposaient leurs mouvemens et commandaient les massacres. Ils ont vu que l'Anglais ne pouvant effectuer de descente qu'après les grandes marées, au commencement d'avril, il était politique de nous endormir sur des barils de poudre, d'organiser leur insurrection dans le silence, et de ne pas éveiller les républicains jusqu'à ce mo-

---

(1) Voir à la date du 17 décembre.

ment (1). Les massacres journaliers appelleraient de nouvelle forces, et les chefs croient prudent de les faire cesser; mais, ne vous y trompez pas, collègues, ils recommenceront lorsqu'ils croiront pouvoir le faire impunément. Disposez des forces pour contenir ce pays; car en supposant même que les chefs se rendissent de bonne foi, les tigres qu'ils avaient recrutés, ainsi que les rois dont ils voulaient défendre la cause, ont bu du sang humain, ils ne se désaltèreront jamais.

» Je me rendrai demain à Nantes : aucune lettre de nos collègues ne nous a fait connaître la position des brigands et leurs dispositions précises. Je veux me mettre à même de juger les rapports qui existent ou existeront par la suite entre les brigands (2) et les chouans. Je désire que l'on adopte mon projet pour la garde de la côte (3), et que l'on s'empare de Jersey et Guernesey, où il y a peu de troupes.

» Je ne crois pas que ce soit le moment d'accorder à Hoche le congé qu'il a demandé. Je ne veux confier ce que j'écris à qui que ce soit. Une partie des chefs est composée d'émigrés rentrés. »

Du 13. = *Le représentant Bollet, au comité de salut public.*
(Rennes.)

« Les chefs des chouans manifestent le désir de profiter de l'amnistie et de rendre à la patrie les malheureux habitans des campagnes qu'ils avaient entraînés dans leur parti. Depuis deux mois que j'ai quitté l'armée de Cherbourg pour m'occuper de celle de Brest, j'ai rendu compte au comité de l'état déplorable de ces départemens, du dénuement de l'armée, et des mesures prises pour ramener l'ordre et la discipline. Dans une mission aussi délicate, j'ai souvent désiré que mon zèle

---

(1) Les événemens ont justifié cette prédiction.
(2) Vendéens.
(3) Voir sa lettre du 1er.

fut secondé des lumières du comité, dont quelques mots auraient suffi pour tranquilliser mon esprit (1).

» Dans la visite que j'ai faite des différentes divisions de l'armée, j'appris à Saint-Brieuc que Humbert était en conférence avec les chefs des Chouans. Je me fis rendre compte de tout. Je vis, d'après les différentes pièces que Humbert me montra, que si son zèle l'avait porté à quelques légèretés, au moins le résultat en était-il heureux, puisqu'il était parvenu à faire cesser les hostilités dans le département des Côtes-du-Nord. J'appris aussi que le général de division Rey, étant parti de Saint-Malo avec cent cinquante hommes du bataillon de l'Ain, tous déguisés en Chouans, avait parcouru toutes les communes des environs de Dinan, Lamballe, Saint-Brieuc, Moncontour; qu'il se trouvait alors avec le général Humbert, et avait assisté aux conférences. On m'amena un des chefs qui parut bien disposé et qui me fit voir un arrêté du soi-disant conseil militaire de l'armée catholique, en date du 3 de ce mois, pour la cessation des hostilités, avec pouvoir de se concerter avec les généraux républicains, avec Canclaux, et entre autres avec Charette. Quoique je regarde ces arrêtés comme des chiffons (car je ne reconnais point ce prétendu conseil militaire), cependant j'ai cru devoir recevoir le porteur.

« Après avoir parlé à ce chef des intentions de la Convention, cet homme s'est ouvert à moi; j'ai reconnu un désir sincère de rentrer dans le devoir. D'après ce que j'ai vu et ce que m'a dit le général Rey, il paraît que les habitans des campagnes et principalement les officiers municipaux étaient dans leur parti; de sorte que cette malheureuse guerre ne peut se terminer que par les hommes qui la dirigent, ou en prenant les mesures les plus vigoureuses. J'ai donc pensé entrer

---

(1) Le comité, craignant de se compromettre, gardait le silence; on eût dit qu'il n'y avait plus de gouvernement.

dans les vues de la Convention en prenant le mode le plus humain.

» Ce chef de Chouans s'appelle Cormatin, ci-devant baron et gentilhomme Bourguignon. Il m'a dit que pour inspirer de la confiance, il fallait faire cesser sur-le-champ les hostilités et approvisionner les villes de denrées, ce qui a été promis. Cormatin demandait à communiquer avec Canclaux et les chefs de la Vendée, accompagné d'un officier républicain. J'ai voulu auparavant connaître les vues de Canclaux et la position de la Vendée. J'ai en conséquence engagé Cormatin à se porter d'abord dans l'Ille-et-Vilaine, la Mayenne et Maine et Loire, pour ordonner la cessation des hostilités. Pendant ce temps-là, nous pourrons, Boursault et moi, prendre des renseignemens. Ce qui nous a portés à cette démarche, c'est une lettre de Puisaye à Canclaux, trouvée dans les papiers du comité militaire saisis il y a quelques jours (1).

» Les chefs Chouans, ne formant qu'une partie de la Vendée (2), désirent faire connaître leurs intentions aux chefs de ce parti et les amener à profiter de l'amnistie. Il peut en résulter un grand bien; mais en même temps il faut prendre des mesures pour n'être pas dupe, quoique j'aie aperçu dans leurs discours de la sincérité et même de la loyauté.

» J'étais seul à Saint-Brieuc, Boursault m'avait quitté à Brest; j'ai craint, en différant, de prolonger les assassinats; ainsi j'ai donné à Humbert les pouvoirs nécessaires pour accompagner Cormatin, avec une instruction secrète (3). Cormatin et Humbert m'ont suivi jusqu'à Rennes où j'ai trouvé Boursault qui a été instruit de tout.

» Humbert et Cormatin sont partis ce matin pour Vitré, de-

---

(1) Voir à la date du 11 janvier. (Vendée).

(2) La Vendée et la Chouannerie n'avaient encore aucun rapport entre elles.

(3) Voir à la date du 9.

main ils seront à Laval, le 15 à Châteaugontier, le 16 à Angers, le 17 à Ancenis, et le 18 à Nantes où je les précéderai. »

Du 13. = *Proclamation de Cormartin, aux royalistes des cantons de Vitré, Laval et Fougères.*

« Camarades et amis, vous verrez par les pièces ci-jointes qu'il est question entre l'armée catholique et royale de Bretagne et celle de la république, établie dans cette même province, d'une trêve, d'une suspension d'hostilités. Vous avez déjà dû recevoir tout ce qui concerne cette affaire qui devient de la plus grande importance ; mais comme il pourrait se faire que nos exprès aient été retardés, je prends le parti, à mon passage à Vitré, de vous envoyer un double de cette expédition, afin que vous soyez bien au fait de tout ce qui se passe.

» Je vais causer avec vous, comme avec des amis, des camarades, des compagnons, et vous faire part en même temps des ordres du conseil.

» Les Français, las du joug tyrannique sous lequel ils gémissent depuis cinq ans, se sont expliqués en Bretagne d'une manière plus énergique que dans aucune partie de la France, si ce n'est la Vendée qui n'offre plus actuellement qu'une terre couverte de cadavres et de sang. Nos braves et immortels royalistes prouvent depuis deux ans l'impuissance des baïonnettes contre l'opinion. Ici le même sentiment se déploie : notre général en chef, l'ayant préparé avec sagesse et patience, a bientôt vu tous les Bretons se réunir à lui, pour, ainsi que les Vendéens, mourir ou triompher.

» On est venu nous trouver dans nos bois (1) ; au milieu de nous s'est présenté un seul homme, un général, jeune, sensible et généreux ; il a parlé le langage de l'humanité ; sa douceur et sa franchise ont attiré notre confiance. Ce général ré-

---

(1) Cormatin ne dit pas que Boishardy avait fait la première ouverture par sa lettre à Boursault.

publicain, au milieu des royalistes, a parlé de paix; a dit qu'il se pourrait faire qu'en se parlant, on éviterait bien des malheurs. Nous savions que, de son côté, l'armée de Charette devait être en pourparler; nous avons arrêté que les royalistes de la Bretagne se réuniraient ensemble pour coopérer avec Charette à ramener la paix et la tranquillité. Le comte de Puisaye m'a en conséquence fait expédier des pouvoirs dont je vous envoie copie, pour aller auprès de Charette (1). Attendez donc mon retour, renfermez-vous dans l'esprit des arrêtés que je vous envoie. Les *bleus*, de leur côté, tiendront leur parole; ils n'iront plus fouiller dans la campagne. Déjà les prisons se vident. Prudence, patience, Dieu nous aidera. Cessez un instant ces hostilités; attendez mon retour ici. Vous pouvez m'écrire à cette adresse : *à M. Cormatin, chez le commandant de la force armée, à Nantes.* J'y serai le 16 du courant, et j'y resterai huit jours. Écrivez-moi tout ce que vous pensez. Que ceux de la Normandie se joignent à vous pour m'écrire. Je vais défendre vos droits, votre religion; enfin, écrivez-moi, mais arrêtez le sang. Faites en sorte de forcer *les bleus* à ne pas s'écarter de leurs promesses.

» Le général qui commande en Bretagne déploie un grand caractère d'humanité. Il paraît que la France veut se régénérer par le gouvernement de justice, de paix et d'humanité que l'on professe.

» Adieu, mes bons amis et braves compagnons; vous connaissez mon écriture, ajoutez foi à la signature de votre compagnon d'armes.

» Si vous voulez écrire à Boishardy, mettez votre lettre à la poste, sous l'adresse du commandant de la force armée, à Moncontour.

» *Signé, Obéissant* (2), ou *le baron de Cormatin.* »

---

(1) Puisaye ignorait ce qui se passait dans cette circonstance.
(2) Un des noms de guerre de Cormatin.

Du 14. = *Cormatin, au général Hoche.* (*Laval.*)

« Général, à notre passage à Vitré, j'ai cru nécessaire de faire passer aux royalistes de ces cantons un double des pièces que le conseil leur avait déjà fait expédier : j'y ai joint une lettre dont je vous envoie copie, afin qu'en reconnaissant mon écriture, ils ajoutent foi aux pièces que le paquet renferme. Aucune de mes démarches ne vous sera cachée ; vous verrez par mon style que je suis convaincu que ce n'est qu'avec la douceur et des nuances insensibles que l'on peut atteindre au but où les bons Français aspirent d'arriver, à l'union, la concorde et la paix.

» Permettez, général, d'ajouter à mes réflexions qu'à Châteaubourg, Vitré, Laval, les commandans de la force armée n'ont aucune connaissance de la trêve qui existe entre nous; c'est cependant un des grands moyens de la faire connaître dans les campagnes. Je vous prie de vouloir bien donner vos ordres à cet égard. »

Lettre confidentielle.

» Excuserez-vous la feuille volante ?... C'est le désir du bien qui me l'a fait insérer dans ma lettre.

» J'ai su à Rennes que la tête d'un nommé Pontigny, qui se surnommait *Candide*, a été mise à prix. Le représentant Boursault(1) devrait arrêter les proscriptions avant ou après la trêve; jugez de l'effet qu'elles doivent faire pendant qu'elle existe.

» J'ai été prévenu, de plus, de différentes choses qui me concernent. J'ai trop de caractère pour m'intimider et croire à aucunes démarches indignes d'hommes d'honneur. Je vous observerai que cela n'a nul rapport au militaire. Je suis instruit, je le suis bien : je sais ce qu'on a dit, même ce qu'on a voulu faire dans votre ville. Ceux de mon parti voulaient m'empêcher de suivre ma route.

---

(1) C'était un surveillant trop actif et trop pénétrant pour ne pas chercher à l'éloigner des confidences.

» Votre présence est utile et nécessaire à Nantes : nous serons trop heureux de vous y voir. Ne craignez-vous pas que les esprits un peu éloignés les uns des autres ne fassent des difficultés, n'apportent des entraves à nos dispositions ? *les mais, les si, les car*, sont terribles dans une affaire aussi délicate où il faut une courageuse prudence; enfin, pour réussir, il me paraît qu'il suffirait de votre présence et de celle d'un représentant; car, à Nantes, nous trouverons du monde de reste.

» Notre course par ici est très-avantageuse, tout se calmera. Le général Humbert est véritablement aimé et a la confiance; j'en suis témoin à chaque instant. Un tel officier-général, employé sous vos ordres, était bien nécessaire pour notre réussite.

» Travaillons, général, opérons ensemble le bien que nous désirons, vous et moi ; nous sommes indignes de procédés étrangers à de braves militaires. J'ai su des choses qui vous feraient frémir.... Qu'importe? je n'écoute que le désir du bien, je veux le faire, aidez-moi, faisons-le.

» *P. S.* La femme d'un chef de canton, nommé Moulin, vient d'être mise en liberté pour aller trouver son mari avec des ordres signs de moi. »

Du 14. = *Ordre du général Hoche à l'armée.* (Rennes.)

« Le général en chef fait savoir à l'armée qu'un détachement du huitième régiment, commandé par un lieutenant, a lâchement abandonné un convoi qu'il escortait, et que sa fuite a occasioné la mort de cinq malheureux charretiers. l'officier passera à la commission militaire, et les soldats individuellement coupables répareront sans doute, par une meilleure conduite, une faute aussi grave. Le présent sera lu trois jours à l'ordre. »

L'agent national, au comité de salut public. (Guingamp.)

« Quatre districts du département des Côtes-du-Nord sont

au pouvoir des brigands, savoir : Saint-Brieuc, Lamballe, Broons et Loudéac. Sous le prétexte de l'amnistie et d'une prétendue suspension d'armes (je dis *prétendue*, puisqu'elle n'est pas connue officiellement des autorités constituées), Boishardy, se disant chef de division des brigands, semble y donner des lois.

» Cependant les hordes de brigands et de Chouans viennent d'assassiner dans la commune de Lantic trois officiers municipaux et le juge de paix. Jusqu'ici, ni les brigands, ni les Chouans n'avaient osé pénétrer dans le district de Guingamp; mais depuis quelques jours ils y ont fait des incursions par bandes de vingt-cinq à trente hommes bien armés. Ils menacent hautement les propriétaires et acquéreurs de domaines nationaux, ils répandent la terreur en désignant les victimes qu'ils veulent immoler, et ce sont les officiers municipaux. Ceux-ci ne veulent plus continuer leurs fonctions, et n'osent plus rester chez eux. Le fanatisme, l'argent, tous les moyens de séduction sont employés pour grossir le parti des brigands ; on va jusqu'à offrir trois cents livres en numéraire par chaque enrôlement. »

Du 15. — *Le général Hoche, au représentant Brue.* (Rennes.)

« Je crains bien que les chefs de brigands ne veuillent quitter le parti que parce qu'ils ne sont plus les maîtres d'arrêter le cours des assassinats. L'un d'eux, Cormatin, fait son possible pour cela, et il me paraît qu'il ne peut y parvenir. Je t'envoie copie des lettres que je reçois à l'instant de lui, il me paraît de bonne foi (1).

» Notre position sera rassurante, si nous pouvons attendre jusqu'au 8 février (2). Le bataillon que j'envoie dans le Morbihan est parti de Condé le 17 de ce mois, et il a ses ordres de marche à grandes journées.

---

(1) Hoche ne conserva pas long-temps cette illusion.
(2) Il devait arriver à cette époque dix à douze mille hommes.

» Les mouvemens qui se font en Angleterre ne me permettent pas de dégarnir Belle-Ile ; peut-être serait-il dangereux de le faire. Je ne sais pourquoi Danican laisse tout un bataillon à Quiberon. Je lui ai envoyé six à huit compagnies de canonniers, qu'en a-t-il fait? Deux de ces compagnies et quatre d'infanterie sont plus que suffisantes pour cette presqu'île.

» Je n'ai pas quitté ma chambre depuis dix jours ; mes premiers pas seront dirigés vers le Morbihan. Enfin, quelles que soient les intentions des Chouans, nous les soumettrons ; si ce n'est par la raison, ce sera par la force. »

Dn 15. = *Le représentant Brue, au comité de salut public.*
(*Vannes.*)

« Instruit par l'administration de Ploermel, dans la nuit du 9 au 10, que les brigands en grand nombre s'étaient portés dans la commune de Guilliers, voisine du chef-lieu de ce district, où ils ont abattu l'arbre de la liberté et assassiné trois patriotes; que de là ils s'étaient portés dans la commune de Loyac où ils ont commis les mêmes excès, je me suis mis à leur poursuite sans pouvoir les rencontrer en masse. On a arrêté une trentaine de réquisitionnaires et plusieurs brigands armés, au nombre desquels se trouve le nommé *Florimond Pirio*, natif de Rochetrenen, bras droit de Boulainvilliers, qui faisait le prêt. Cet homme est accusé d'une multitude d'assassinats.

» Voici les renseignemens que j'ai pu me procurer : il existe des intelligences avec les brigands de la Normandie; huit cents Normands devaient se réunir le 10 dans le district de Josselin ; la réunion générale devait avoir lieu à Maron, ou dans la forêt de Saint-Meen. J'avais pris des mesures, lorsque j'ai appris qu'il existait une nouvelle amnistie; que les ordres avaient été donnés à la troupe de cesser toutes fouilles ou poursuites, et de restreindre le service militaire dans la simple garde intérieure des postes. J'ai en conséquence fait rentrer la troupe, et j'ai appris que depuis ce temps-là une troupe de brigands a passé au pont que je faisais garder, et s'était portée dans les campagnes du district de Josselin. Rentré à Vannes dans la nuit du 13 au 14, j'ai trouvé une lettre de Bollet qui me faisait part de la situation des choses.

» Quant à moi, je ne sais que penser, et je crains que tout cela ne cache quelque piége. Les mesures d'indulgence n'ont produit ici que très-peu d'effet, si ce n'est de donner aux brigands le temps de s'organiser, de se fortifier, de se procurer des armes et des munitions, de rompre le peu de communications qui existaient entre les campagnes et les villes, de porter partout la terreur et le découragement, et d'abuser enfin de l'insuffisance des troupes, pour faire croire aux patriotes qu'ils étaient abandonnés à la vengeance de leurs ennemis.

» Les nouvelles qui m'attendaient à Vannes ne s'accordent point avec cette prétendue suspension d'armes. Dans plusieurs communes du district de Roche-Sauveur, l'arbre de la liberté a été abattu, les patriotes ont été pillés, les armes enlevées, les bois destinés à la marine brûlés. Dans les district d'Hennebon et du Faouet, mêmes excès.

» Collègues, il est temps de se mettre en mesure de venger la dignité de la république trop cruellement blessée par le mépris que l'on fait de son indulgence. Écoutez ce que m'écrivent d'Hennebon Guezno et Guermeur :

« On ne peut se dissimuler que les brigands sont dans cet
» arrondissement en force et bien organisés. Le décourage-
» ment est général dans les campagnes ; tous les patriotes y
» sont immolés ou forcés de se retirer dans les cités. »

Du 15. = *Le représentant Legot, au comité de salut public.*
(*Avranches.*)

« Les Chouans assassinent presque toutes les nuits quelques officiers municipaux, ce qui fait que plus de quarante communes sont sans officiers municipaux. »

Du 15. = *Le général Varin, au représentant Genissieu.*
(*Châteaugontier.*)

« Malgré que j'entende dire que l'on est en négociation avec les brigands, et qu'il est passé un des chefs par cette place, avec un commissaire des représentans, je dois te faire connaître que ces brigands ont encore égorgé cette nuit neuf patriotes de la commune de Chemazé, à une lieue et demie de la place. La Convention doit connaître ces faits, afin qu'elle ne soit pas dupe de pourparlers qui cacheraient un but perfide.

» Les administrateurs de Ségré m'annoncent que les assassinats se renouvellent dans leur district, et que les promesses faites par M. *Turpin* sont violées.

» Deux à trois cents Chouans ont fondu sur Cheffes, district de Châteauneuf, le 12 sur les six à sept heures du soir. Six patriotes ont été pillés et massacrés. Les mêmes excès ont eu lieu à Tiercé et Étriché. Le 8, les communes de Chassillé, Berné, Épineuil et Symphorien, district de Sillé, ont été le théâtre des cruautés des Chouans. »

Du 16. = *Le général Hoche, à la neuvième commission de la guerre.* (*Rennes.*)

« Jaloux de mériter l'estime de mes concitoyens, je me suis efforcé de l'obtenir par ma manière de servir la république; mais je crois devoir déclarer à la commission que j'ai éprouvé à cette armée tous les désagrémens de l'anarchie militaire. J'ai tout mis en œuvre pour la réprimer, mais il reste encore beaucoup à faire. Détruire des habitudes et établir la confiance ne sont pas choses infiniment faciles, surtout lorsque le chef ne peut avoir sous les yeux ceux qu'il doit surveiller. »

Le représentant Boursault, au comité de salut public.
(*Nantes.*)

« L'interrogatoire de Prigent ne contient rien de bien intéressant. Je joins ici la lettre qu'il vient de m'adresser de Rennes :

Du 16. = *Prigent, au représentant du peuple Boursault.*

« Choix digne d'un peuple libre et à jamais victorieux, *Boursault*, c'est à toi qu'était réservée la gloire de rétablir la paix et la tranquillité entre des frères.

» *Robespierre*, cet ennemi du genre humain, n'existe plus; je ne crois pas devoir te cacher combien la nouvelle de sa mort, loin de remplir le but que les ennemis de la patrie se proposaient et s'étaient proposé, les plongea dans la consternation. Dès l'instant qu'il périt, ils perdirent aussi presque tout l'espoir qu'ils avaient conçu d'une contre-révolution prochaine et à laquelle ils s'attendaient sous le règne de ce monstre. Les rebelles eux-mêmes, dont j'ai fait partie, triomphaient, se faisaient des prosélytes à l'infini. Sa mort a détruit toutes leurs espérances.

» Je remets sous tes yeux, citoyen représentant, la note des endroits où, à ma connaissance, on a débarqué, et de divers autres où l'on pourrait débarquer de nuit avec de moyens bateaux.

» *Côte de Cancale à Saint-Malo* : 1°. près la pointe de Cancale est une anse, appelée *le Haut-Bout*, où l'on a débarqué souvent; 2°. les anses du Verger, de Guerclin, du Menge, du Grand-Chevret, du Petit-Chevret; 3°. à l'entrée du Havre de Rostreneuf, et près du fort royal.

» *Côte de Dinan au cap Frehet* : la baie de Sainte-Énogate, celle de Saint-Lunaire; la grève de la garde Guérin, Saint-Jacut; l'anse Sainte-Brigitte, celle de la pointe de la Garde; près la pointe de Saint-Cast, on a débarqué une fois, il y a environ dix-huit mois, au delà de Saint-Brieuc.

» *De l'Angleterre*. Un convoi marchand de quatre cents bâtimens a dû partir ou doit partir au premier bon vent pour la Jamaïque, sous l'escorte de trois à quatre vaisseaux, quelques corvettes et frégates. Le peuple et surtout le commerce désirent la paix.

» On lève des légions dans lesquelles on enrôle tout ce qui se présente. Il est indubitable qu'il se fera une descente. On a plusieurs points de débarquement en vue. Cherbourg et Saint-Malo offrant de grandes difficultés, il est probable que l'on se fixera à Noirmoutier. Douze à quinze mille hommes sont destinés à cette expédition. Moyra doit commander. Le lieu du rassemblement est près Southampton.

» La garnison de Jersey se compose de quatre mille hommes de milice et environ deux mille hommes de troupes de ligne. Une petite flotille de quatre canonnières, quatre lougres et un bâtiment de transport est aux ordres du prince de Bouillon, surnommé Godefroy. On a fait l'année dernière deux forts en terre à Jersey; on y trouve encore des redoutes, des batteries de distance en distance et deux forts, l'un nommé le fort Sainte-Élisabeth, et l'autre le vieux Château, ou château de Montorgueil. C'est dans cet endroit que se font les préparatifs de départ pour les bâtimens qu'on envoie sur les côtes de France verser des émigrés, des prêtres, des armes et des munitions.

» Je m'empresse, citoyen représentant, de te remettre cette déclaration dont ta sagesse et ta prudence pourront tirer parti. Compte que tout ce que je saurai et que tu désireras connaître je me ferai un devoir de t'en instruire, n'ayant rien de plus à cœur que de servir cette république qui veut bien me recevoir dans son sein. C'est à toi que je m'adresse, à toi qui tiens dans tes mains le sort de ma destinée, de celle d'une épouse et d'un enfant dont l'époux et le père a été égaré.

» Ton prisonnier, *signé*, PRIGENT. »

Du 17. = *Le général Varin, au comité de salut public.*

(*Châteaugontier.*)

« Depuis environ quinze jours, les noyaux des brigands

sont très-renforcés dans les districts de Ségré, Châteaugontier, Châteauneuf, Sablé, La Flèche, le Mans et Sillé le Guillaume. On y compte beaucoup d'Allemands, de déserteurs, de réquisitionnaires. Cependant j'ai reçu l'ordre de borner le service de ma troupe, juqu'à nouvel ordre, à la garde des cantonnemens et aux patrouilles de sûreté. »

Du 17 : = *Le représentant Brue, au comité de salut public.*
(*Vannes.*)

« Tout confirme les détails et les observations renfermés dans mon dernier rapport.

» J'ai reçu deux lettres de Hoche : par la première il m'annonce qu'il n'a point conclu de trêve avec les brigands ; mais seulement ordonné que, jusqu'à la fin de l'amnistie, on ne fît aucun service extraordinaire, et qu'on se bornât au service habituel de la garde des cantonnemens et des patrouilles, en continuant toujours d'arrêter les Chouans armés ; par la seconde, il annonce que, malgré les promesses des chefs, les assassinats et pillages continuent. Cependant il paraît par une lettre de Cormatin que son passage dans la Mayenne a été avantageux, et que tout se calmerait : à quelles conditions ? c'est ce que j'ignore.

» Les renseignemens que je reçois de Pontivy et des Côtes-du-Nord annoncent que l'audace et le nombre des Chouans ne font que s'accroître ; qu'on remarque un plan de correspondances suivies, etc. ; aussi devient-on plus exigeant. Les réquisitionnaires veulent aujourd'hui des congés absolus ; les prêtres qui auraient regardé, il y a quelque temps, la simple arrestation comme un bienfait, font maintenant parler de leur liberté individuelle et même de leur culte. Les fonctionnaires publics effrayés semblent incliner pour ce parti. Il n'y a que le prompt envoi d'une force suffisante qui puisse sauver cette partie de la république.

» Il existe des projets de rassemblemens dans le Morbihan

et les côtes du Nord ; les excès et le pillage continuent. J'attends des détails de Boursault. »

Du 18. — *Le comité de salut public, au représentant Bollet.*
(*Paris.*)

« Tu te plains, cher collègue, de ne point recevoir de réponse à la plupart de tes dépêches ; il ne faut attribuer ce silence qu'à la multitude des affaires dont nous sommes surchargés, et tu dois le regarder comme une approbation tacite de tes mesures. La cessation d'armes qu'elles ont produite dans plusieurs lieux, ainsi que tu l'annonces, est une preuve de leur justesse, et c'est un premier pas fait vers la pacification générale que nous désirons si ardemment. C'est surtout par une discipline rigoureuse que nous parviendrons à ce but, et nous voyons avec bien de la satisfaction que vous vous êtes essentiellement occupés de cet objet. La correspondance du général Hoche ne nous en donne pas moins ; elle montre un homme actif, éclairé, et qui veut, comme nous, la fin de cette guere déplorable. Concertez-vous avec lui sur les vues qu'il nous propose dans sa dernière lettre, où il est question de son entrevue avec Cormatin ; l'exécution nous en paraît utile (1). Il nous paraît aussi que Humbert s'est conduit du mieux qu'il a pu. Les témoignages que nous en avons reçus lui sont en général favorables.

» Tu connaîtras, par l'accueil fait par la Convention, au rapport de notre collègue Ruelle (2), quel est l'esprit qui la dirige, c'est le désir de tout pacifier par la voie de persuasion.

» L'inquiétude que nous donnent les Chouans nous a déterminés à décider qu'il ne serait plus tiré de forces de l'arrondissement des armées des côtes de Brest et de Cherbourg pour celle de l'Ouest : nos collègues près cette dernière armée sont instruits de cette disposition.

---

(1) Lettre de Hoche du 12 janvier. — Formation de légions.
(2) Voir à la date du 16 janvier. (Vendée).

» Nous avons aussi ordonné l'extraction d'une colonne de douze mille hommes d'élite des armées du Nord et de Sambre et Meuse, dont un régiment de troupes légères à cheval, et qui doit se rendre, moitié à Alençon, moitié à Rouen, à la disposition du général Hoche. Il est de la bonne politique de publier que cette colonne doit être de *trente mille hommes.* »

Du 20. — *Le représentant Brue, au comité de salut public.*

(*Vannes.*)

« L'administration des Côtes-du-Nord m'annonce, sous la date du 12, que les Chouans s'étendent maintenant jusque vers les côtes. Assassinats, enlèvemens d'armes, fuite des fonctionnaires publics, terreur, telles en sont les suites.

» Le baron de Solilhac, qui s'était avancé jusque vers la côte de Binic, a été arrêté par une patrouille de la dix-septième demi-brigade.

» La correspondance relative au Morbihan ne présente pas une situation plus satisfaisante. Il existe un projet de s'emparer d'Hennebon, du fort Liberté, de Lorient, et d'y proclamer un roi.

» Guezno et Guermeur se promettent de bons effets de l'arrêté qu'ils ont pris à Lorient, le 13 du courant, concernant les prêtres et le culte; moi je pense que les mesures de justice et de douceur n'auront aucun effet sans l'appareil de la force.

» De tous côtés on me rend compte des atrocités commises par les Chouans, et on me demande des forces. Le sang des patriotes qui tombent chaque jour sous le fer des assassins exige que l'on fasse juger promptement ceux de ces scélérats saisis. Mon projet est de confirmer la compétence naturelle du tribunal criminel du département. J'aurais déjà pris cette mesure si je ne craignais de contrarier les vues de mes collègues qui s'occupent à Nantes de la pacification, et dont je ne reçois point de nouvelles.

» Tout prouve que les promesses de Cormatin et Boishardy

sont illusoires, et que si elles ne sont pas une nouvelle perfidie de leur part, elles ne servent qu'à montrer leur impuissance pour calmer des brigandages qui ne peuvent plus être réprimés que par les armes.

» Je reçois à l'instant des nouvelles affligeantes des districts de Châteauneuf et Sablé. Pillages, viols, massacres, incendies, charrettes démontées, essieux cassés, etc., etc., en voilà en peu de mots le tableau. »

Du 20. = *Jaudin, commandant, au comité de salut public.* (*Le Mans.*)

« Dans une battue faite dans le département de la Sarthe, on a pris deux chefs, l'un nommé *Julien Boiré*, l'autre *Lafleur*. »

Du 21. = *Les représentans Guezno et Guermeur, au comité de salut public.* (*Quimperlé.*)

« Nous venons de visiter les districts d'Hennebon, d'Auray et Lorient; partout on réclame des forces, et on en a réellement besoin.

» Nous n'avons point de confiance dans la prétendue suspension d'hostilités. Les Chouans ne cessent de se porter partout et de commettre des excès. En attendant des secours, nous continuons de réorganiser les autorités constituées et de répandre des bienfaits. Le besoin de subsistances se fait vivement sentir.

» L'esprit public se vivifie dans les villes où nous avons passé, il est même bon à Lorient ; les terroristes sont arrêtés ou muets ; mais on craint leur retour. Le Finistère a jusqu'ici maintenu sa tranquillité par l'énergie de ses administrateurs et par la tolérance des cultes. »

Du 22. = *Le représentant Brue, au comité de salut public.* (*Vannes.*)

« Il paraît que les chefs rebelles, qui ont paru désirer un rapprochement, n'ont pas conservé sur les brigands l'influence et l'autorité nécessaires pour remplir leurs engagemens, et qu'il s'est formé une scission d'après laquelle les brigands du Morbihan ont dû séparer leur cause de celle du comité général, et qu'ils ont formé un conseil particulier. Vous pourrez en juger par la déclaration que vient de me transmettre l'administration de Ploermel.

» Auray, qui n'a que cent hommes de garnison, est menacé; il en est ainsi du Faouet. La consternation et la terreur sont répandues dans le district de Roche-des-Trois. On a arrêté dans le district de Josselin, le prêtre Legall, ex-curé de Guihenno, avec six autres brigands. C'était l'ami et le complice de Boulainvilliers. Les prisons de Vannes sont encombrées; on ne sait par qui, ni comment tous ces brigands couverts de crimes doivent être jugés. Je demande devant quel tribunal ces prisonniers doivent être traduits. Dans l'état actuel de notre législation criminelle, après le rapport de la loi du 19 mars, et l'abolition des commissions militaires, cette question laisse beaucoup d'embarras.

» Le district de Pontivy est sans subsistances, sans approvisionnemens, et ses cantonnemens sont insultés par les rebelles. »

Du 22. = *Déclaration envoyée par l'administration de Ploermel.*

« On a créé dans le Morbihan un conseil indépendant du comité central. Ce conseil est composé de sept à huit membres. Les deux Desilz, Cadoudal (Georges) (1), deux *Mercier*, et un inconnu en font partie. On est convenu de *chouanniser*. Le projet est de s'emparer de Ploermel, Auray et la Roche-Bernard; de piller, assassiner les autorités constituées et de se séparer ensuite.

» Ce conseil s'est déclaré indépendant du comité central. Il a en caisse trois cent cinquante mille livres d'assignats

---

(1) L'influence de Georges date de cette époque.

faux. Ces assignats sont fabriqués en Angleterre, ainsi que les proclamations. Les Chouans ont partout des relations, et dans toutes les villes.

» Une lettre du 15 janvier, adressée à M. Caqueray, commandant dans les environs de Rochefort, porte ce qui suit :

« Monsieur, les bleus inquiétant continuellement nos jeu-
» nes gens, le conseil et le chef de canton du Morbihan ont
» décidé qu'au premier jour on commencerait à *chouanniser*
» un peu en grand dans ce pays. Comme nous ne voulons pas
» avoir toutes les troupes républicaines sur le corps, vous vou-
» drez bien faire de votre côté tout ce que le nombre de vos
» gens vous permettra d'entreprendre, ayant soin que tou-
» jours les rassemblemens que vous ferez soient dispersés au
» moins deux jours après l'exécution, afin que cela n'ait pas
» l'air d'une guerre en règle. Prenez cependant vos précau-
» tions de manière que vous soyez toujours en état d'empê-
» cher vos jeunes gens et vous de tomber au pouvoir de la
» nation.

Note additionnelle.

» Le plan est de rester séparés et de se réunir à des momens fixes.

» Boulainvilliers est sommé de se réunir au comité du Morbihan (1); le projet est de le faire assassiner (2). Ils ont des intelligences au port Liberté d'où ils tirent de la poudre. Les deux matelots qui ont livré le bateau près Vannes sont avec eux, les autres détenus sont innocens. Les Chouans tirent des draps de Lorient. Leur projet, s'ils ne réussissent pas, est de mettre le feu à une ou deux petites villes, pour déterminer les indifférens. Il y a plus de trois millions d'assignats faux déposés à Dinan, beaucoup à Rennes et à Saint-Malo.

---

(1) Il était depuis long-temps détaché auprès du comité central pour la correspondance.

(2) Ce projet s'accomplit en effet.

Les neuf mille trois cent quatre vingt-cinq livres, déposées au district de Ploermel par le déclarant, étaient envoyées à Caqueray, avec la lettre. »

Du 24. = *Le représentant Brue, au comité de salut public.*
(*Vannes.*)

« Je compare avec amertume les derniers rapports faits à la Convention, sur la situation de la Vendée, avec les assassinats, les pillages, les attentats de tout genre qui m'environnent, surtout depuis qu'on a dégarni l'armée des côtes de Brest pour renforcer celle de l'Ouest.

» On me mande de Saint-Brieuc, qu'on a été forcé, sur la sommation de Boishardy, de relâcher deux de ses officiers dont l'arrestation a coûté la vie à trois officiers municipaux de campagne saisis comme otages. Les rapports de l'état-major ne sont pas plus satisfaisans. On y voit partout des assassinats, des incendies, des pillages, et pas de moyens de faire des approvisionnemens. On y joint même la dérision, et la défection des campagnes est presque générale.

» Je craindrais peut-être de faire connaître tout ce qui se passe, si mes lettres devaient avoir une plus grande publicité; mais je dois vous dire la vérité.

» Cormatin a adressé à Labourdonnaye, chef de brigands, commandant dans ce département, une lettre cachetée, pour faire, dit-on, cesser les hostilités. Elle est envoyée par le général en chef au général de division, avec ordre de la faire remettre sur-le-champ à sa destination. Puisse cette lettre avoir un heureux effet (1)! »

Godefroy (*prince de Bouillon*) *au comité central de l'armée catholique et royale.* (*Ile des Amis*, Jersey.)

« Je vous envoie un de nos amis, nommé André, porteur de dépêches, pour tâcher de me procurer de vos nouvelles. Il

---

(1) Hoche regardait comme inviolable et sacré le secret des lettres.

remettra chez le correspondant quatre millions trois cent cinquante mille livres.

» Je vous prie de m'envoyer l'indication des lieux où l'on pourrait communiquer avec vous, numérotés de manière que s'il arrivait quelque accident au premier, il fût convenu de se porter ensuite à un autre numéro. »

Du 25. = *Le général Hoche, au général Varin.* (Rennes.)

« Veuille bien, citoyen, ne pas perdre de vue le principe qui est que le peuple qui pardonne ne transige pas. Il est de la morale et de la politique d'accorder la liberté de conscience à tout être pensant. Une religion quelconque tient quelquefois lieu, à l'homme le moins instruit, des affections les plus chères. Elle peut être pour lui la récompense de ses travaux et le frein de ses passions. Il n'en est pas ainsi de ses opinions politiques : nul, dans la république, ne peut en énoncer une qui tende au royalisme. Je recevrai toujours avec plaisir de tes nouvelles : je t'invite à purger le pays entre la Loire et la Sarthe des brigands qui l'infestent. »

Du 26. = *Le même, au comité de salut public.* (Rennes.)

« Je profite du repos que me procure la cessation momentanée des hostilités, pour faire les préparatifs convenables, dans le cas où l'on serait forcé de renouveler la guerre. J'ai fait faire divers mouvemens dans la position des troupes.

» Je ne puis vous dissimuler que le retour de la paix éprouvera beaucoup d'obstacles. J'aime assez mon pays pour dire la vérité, la voici : il est encore une infinité d'hommes, dans les administrations, qui regrettent le régime de la terreur. Ils s'aperçoivent que le flambeau de la justice va éclairer leur ancienne marche, et faire connaître leurs concussions épouvantables ; ceux-là ne veulent point la paix.

» Je dois dire aussi que dans le cas où la guerre civile se rallumerait, elle serait puissamment secondée par la différence et la multiplicité des opérations. Ici, les sectateurs de

Jésus sont protégés; là, ils sont poursuivis : dans ce département, on jouit d'une paix profonde, parce qu'on ne commet aucun acte arbitraire; dans le département voisin, il se fait des visites domiciliaires toutes les nuits. On laisse à un canton les hommes de la réquisition; dans un autre, ils sont traités comme des conspirateurs. Vous le dirai-je enfin? Un représentant arrive dans un département pour y rétablir l'ordre; deux ou trois intrigans révolutionnaires l'entourent, surprennent sa bonne foi, et, sur leur rapport, les côtes, les ports sont dégarnis; et au moment où je crois pouvoir compter sur une garnison, elle est à trente lieues de là, sans que j'en sois informé.

» Je suis très-fâché d'avoir un pareil rapport à vous faire; mais lorsque quinze à seize personnes me donnent des ordres contraires, je crois devoir le faire connaître au gouvernement. Plusieurs représentans, tels que Bollet, Boursault, Brue, etc., souvent témoins de l'embarras où je me suis trouvé par le conflit des pouvoirs, ont gémi avec moi du déchirement qui en résultait. Je vous prie donc d'ordonner qu'en soumettant mes opérations à deux, quatre ou six représentans près ces armées, les dix ou douze autres répartis sur divers points n'ordonnent pas de mouvemens, surtout lorsque les circonstances ne le demandent pas. Mon cœur souffre de voir qu'avec des moyens surabondans, en faisant des dépenses énormes, la république ne puisse écraser une poignée de vils assassins, et ce, parce qu'elle est servie avec trop de chaleur.

» Le comité verra, par la copie d'un arrêté du 23 de ce mois, que le représentant Legot ordonne de faire des visites domiciliaires, et place la très-importante garnison de Cherbourg dans les districts d'Avranches et Mortain. Remarquez que, par cette manœuvre, toute la presqu'île du Cotentin se trouve à découvert, et laisse la plus grande facilité aux débarquemens partiels.

» J'attends les douze mille hommes de l'armée du Nord. »

Du 27. = *Le représentant Brue, au comité de salut public.*
(*Vannes.*)

« Je vous envoie copie de trois pièces trouvées sur le nommé Le Labourier, de la commune de Saint-Jean de Brevelay, capitaine d'une compagnie de cinquante hommes.

» La première est une délibération originale du conseil des brigands, du 12 juillet 1794 (1), pièce curieuse, en ce qu'elle annonce jusqu'où il faut faire remonter l'organisation des rebelles dans ce département. Lotidoux, l'un des signataires, rentré sur les premières proclamations de Boursault, et qui se trouvait ces jours derniers à Vannes, l'a reconnue et assuré qu'elle avait été arrachée du registre déposé entre les mains de Boulainvilliers.

» La deuxième est une commission de capitaine donnée à ce Labourier (2).

» La troisième, enfin, est une prétendue lettre tombée du ciel (3).

» Un émissaire du conseil des rebelles, qui s'est rendu à Ploermel pour profiter de l'amnistie, a donné les renseignemens que je vous ai adressés le 22 (4), auxquels il faut ajouter les suivans :

» Puisaye, l'agent le plus dangereux du gouvernement britannique, est en Angleterre pour y combiner ses plans avec Pitt. La désunion existe entre les chefs des rebelles ; le comité central qui, dès le mois d'août dernier, s'était établi dans les environs de Saint-Malo et Rennes, n'est plus reconnu par les autres chefs.

» Les mêmes excès continuent toujours dans les districts. Il est bien nécessaire de faire juger et punir les scélérats cou-

---

(1) Voir à cette date la pièce dont il s'agit.
(2) Voir à la date du 14 août 1794.
(3) Elle est par trop ridicule pour qu'on s'en occupe.
(4) Voir à cette date.

verts de sang dont les prisons regorgent : leur trop longue impunité révolte. »

Du 27. = *Le représentant Génissieu, au comité de salut public. (Paris.)*

« Je m'empresse de vous transmettre des pièces annonçant de nouveaux brigandages dans la commune de Calais, le district de Fresnaye, et le canton de Rames, département de l'Orne. Ce qui concerne ce dernier canton mérite d'autant plus d'attention, que jusque-là le département de l'Orne, sauf le district de Domfront, avait paru respecté. »

Du 28. = *L'administration, au comité de salut public. (Saint-Brieuc.)*

« Les Chouans n'ont profité des amnisties et des trêves qu'on leur a accordées, que pour grossir leur parti et tout désorganiser. S'ils n'ont pas assassiné depuis quelques jours, ils ne cessent de parcourir les campagnes, de poursuivre les fonctionnaires publics et les patriotes qui sont dans la nécessité d'abandonner leurs demeures pour se soustraire à la mort. Les habitans des campagnes effrayés sont forcés de s'enrôler avec eux. Tout est dans la plus complète anarchie »

Allègre de Saint-Fons, au comité du Morbihan. (Jersey.)

« J'ai beaucoup à me louer de l'accueil que m'a fait le prince (de Bouillon), ce qui me fait bien augurer de la mission dont le comité a bien voulu me charger. Sitôt mon arrivée là-bas (à Londres), et mon entrevue avec le grand *Joseph* (de Puisaye), j'aurai soin de vous instruire de tout ce qui peut vous intéresser.

» Tenez toujours la même marche; les succès de la nation font sa ruine, la chose est facile à concevoir : pour asseoir la révolte de Hollande, elle est forcée d'abandonner l'intérieur, c'est ce qu'il nous faut. ».

Du 29. = *Godefroy (prince de Bouillon) au comité catholique et royal. (Ile des Amis, Jersey.)*

« Je vous annonce l'heureux retour de *Jonas* et de ses camarades ; eux et leurs dépêches sont partis aussitôt pour la capitale (Londres), auprès du général (Puisaye).

» Cette dépêche vous sera remise par MM. le marquis de Pange, le baron de Boisbaudron et le comte de Vasselot, chargés d'une mission particulière qui doit tendre à renforcer nos moyens pour rétablir l'autel et le trône.

» Mes bateaux iront bien exactement lorsque le temps le permettra, au *défaut* de la lune, aux points indiqués, y déposer les secours que j'ai à ma disposition et chercher vos dépêches. »

Le même, au comité du Morbihan. (Ile des Amis.)

« J'ai fait passer au général et au ministre vos deux camarades, ainsi que leurs paquets. Ne doutez pas, je vous supplie, de l'inclination ni des moyens qui vont être mis en activité par ma patrie, pour soutenir votre noble dévouement dans la cause de la vôtre. »

Le représentant Boursault, au comité de salut public.
(*Rennes*.)

« Depuis mon retour de Nantes, les mouvemens des Chouans, leurs pillages, leurs massacres journaliers, ne me laissent plus douter du piège dans lequel les chefs de ces scélérats ont voulu nous entraîner par cette prétendue trêve du général Humbert, adoptée et suivie contre mon vœu. Je vous épargne le récit de cent rapports plus affligeans les uns que les autres.

» Depuis le 21, je n'ai reçu aucune nouvelle de Nantes. Je crains, faute d'instructions, d'agir en sens contraire de vous ou de mes collègues.

» La conduite des généraux est une énigme pour moi : depuis trois semaines l'armée est paralysée ; des bruits inquiétans sur Saint-Malo me forcent de m'y rendre promptement. Je suis presque certain que les Anglais avaient en vue une descente.

» L'arrêté de mes collègues Guezno et Guermeur, du 13 de ce mois, a réveillé ici et dans les départemens circonvoisins, le besoin de messes ; déjà on demande l'ouverture des églises.

» Le général Hoche ignore aussi ce qui se passe à Nantes et paraît très-embarrassé.

» Je vous préviens que tous les terroristes et mauvais sujets de ces départemens se rendent à Paris, sous divers prétextes. »

Du 29. — *Le représentant Brue, au comité de salut public.*
(*Vannes.*)

« L'explosion que je ne cesse d'annoncer depuis mon arrivée vient d'éclater de la manière la plus affligeante. Le Guemené vient d'être envahi par une multitude de brigands ; une partie du détachement qui s'y trouvait a été égorgée ; le reste est bloqué dans le château.

» Voilà donc le résultat de ces pourparlers, de ces conférences entamées avec les rebelles et qui m'ont toujours été suspects, comme pouvant cacher quelques pièges, quelque perfidie de la part des chefs. Il est enfin temps de mettre un terme à cette suspension d'armes qui n'a produit que des maux. Je fais partir, de concert avec Danican, des ordres pour qu'il se fasse, dans les départemens des Côtes-du-Nord et du Morbihan, un mouvement général de troupes. Ces mesures sont réclamées par Guezno et Guermeur qui ont donné des ordres pour faire porter des secours au Faouet menacé. Je vais me rendre à Pontivy avec le général Danican. Il n'y plus que de la vigueur et des forces imposantes qui puissent sauver ce malheureux pays. »

L'agent national, au comité de salut public. (*Mortain*)

« Depuis deux décades, grâce aux sages dispositions du

représentant Legot, les Chouans n'ont fait aucune incursion dans le district. Beaucoup de rebelles sont rentrés. Ceux qui avaient été arrêtés sont traités avec humanité et indulgence. Il ne restera désormais à combattre que les prêtres réfractaires qui ne rentrent que pour prêcher la révolte et allumer la guerre civile. »

Du 30. = *Robineau, commandant temporaire, au comité de salut public. (Saint-Brieuc.)*

« Le Guemené a été pris par les Chouans dans la nuit du 27 au 28 de ce mois. Il y avait, dans ce chef-lieu de district, l'état-major et la compagnie des grenadiers du deuxième bataillon de la dix-septième demi-brigade. Un grand nombre a péri.

» Depuis la trêve conclue avec le général Humbert, Boishardy n'a plus fait attaquer nos convois; mais, en revanche, il a envoyé ses sous-chefs dans toutes les communes, pour enrôler de force les habitans; les sept huitièmes sont maintenant dans ce parti. Plusieurs patriotes se sont présentés, il y a deux jours, à l'administration pour réclamer des secours, et sur la réponse qu'il n'y en avait pas, ils ont déclaré, en pleurant, que pour conserver leur vie ils allaient être forcés de s'enrôler dans les Chouans. »

CHAPITRE XXIV.

Février 1795.   Du 13 pluviôse, au 10 ventôse } an III.

§ Ier. Lettre du régent, à Charette. — Rapport de l'administration de Nantes sur les suites de l'amnistie. — Bollet annonce à son collègue Boursault, qu'il doit y avoir une entrevue avec les chefs, le 12, et que l'amnistie est prorogée jusqu'au 18. — Propositions présentées par les chefs vendéens dans l'entrevue du 12. — Deuxième réunion le 17; arrêtés pris par les représentans pour la pacification. — Déclarations des chefs qui se soumettent à la république. — Les arrêtés pris pour la Vendée applicables aux chefs chouans qui se soumettront. — Lettre de Trotouin à Stofflet et à son conseil. — La déclaration de Charette, signée par plusieurs chefs de l'armée de Stofflet. — Déclaration signée, au nom des Chouans, par Cormatin, Solilhac, de Scépeaux, Dieusie, Gourlet et Menard. — Adresse de Charette et autres chefs, aux habitans des campagnes de la Vendée. — État de l'armée de Stofflet par divisions. — Les représentans pacificateurs annoncent à la Convention la pacification de la Vendée. — Arrêté des représentans qui distrait de l'armée de l'Ouest la rive droite de la Loire. — Rapport de Bézard, au comité de salut public; soumission des principaux chefs de Chouans.

Suite des événemens dans la Vendée.

Charette fixait l'attention et l'espoir de la coalition hors de France. Le régent lui écrivit de *Vérone le* 1er. février :

Du 1ᵉʳ. = « Enfin, monsieur, j'ai trouvé le moyen que je désirais tant : je puis communiquer directement avec vous; je puis vous parler de mon admiration, de ma reconnaissance, du désir ardent que j'ai de vous joindre, de partager vos périls et votre gloire ! je le remplirai, dût-il m'en coûter tout mon sang. Mais, en attendant ce moment heureux, le concert doit régner avec celui que ses exploits rendent le second fondateur de la monarchie et celui que sa naissance appelle à la gouverner. Personne mieux que vous ne connaît l'utilité des démarches que je puis faire relativement à l'intérieur. Vous penserez sans doute qu'il est bon que ma voix se fasse entendre partout où l'on est armé pour *Dieu et le roi*. C'est à vous à m'éclairer sur les moyens d'y parvenir. Je confie cependant à votre prudence l'expression d'un sentiment que je ne puis plus retenir, à présent que je puis parler moi-même à vos braves compagnons d'armes. Si cette lettre est assez heureuse pour vous parvenir à la veille d'une affaire, donnez pour mot d'ordre *Saint-Louis*, ralliement, *le roi et la régence*. Je commencerai à être parmi vous, le jour où mon nom sera associé à un de vos triomphes (1). »

Du 4. = *L'administration de Nantes, au comité de salut public.* (*Nantes.*)

« Le péril n'est point sur les frontières, mais dans les départemens de la Vendée, de la Loire-Inférieure, de Maine-et-Loire, etc.

» L'amnistie a déjà coûté la vie à six cents fonctionnaires publics, à douze cents patriotes, et à un plus grand nombre de soldats isolés. Ce mal n'est rien encore en le comparant aux ressources et aux moyens que l'amnistie a procurés aux rebelles. Les Chouans, sans chefs, sans liaisons entre eux, ont actuellement un général en chef, un état-major, un gé-

_____

(1) Il paraît que cette lettre ne parvint à Charette que vers le mois de juin, on peut voir sa réponse au 10 de ce mois.

néral divisionnaire par département, etc. Ils ont concerté leurs projets avec les Vendéens. Leur projet est de gagner du temps, en faisant espérer qu'ils se rendront, et cependant ils profitent de l'amnistie pour massacrer impitoyablement les fonctionnaires publics et les patriotes, et affamer les grandes cités et l'armée (1). »

Du 5. = *Le représentant Bollet, à son collègue Boursault.*
(*Nantes.*)

« Les affaires continuent à prendre une bonne tournure ici, et nos espérances se soutiennent. Il doit y avoir le 12 de ce mois une entrevue entre les représentans du peuple et Charette, accompagné des principaux chefs de la Vendée. Cette entrevue aura lieu à trois quarts de lieue de Nantes (2), sur le territoire occupé par les troupes de la république. La cessation d'armes est continuée jusqu'au 18. »

Du 9. = *Le représentant Boursault, au comité de salut public.* (*Rennes.*)

« Rennes est maintenant tranquille (3); il n'en est pas de même des Chouans qui profitent du relâche que leur a donné cette *trêve monstrueuse* pour se montrer avec plus de force et d'audace. Partout le sang ruisselle, j'ai les mains liées et n'ose agir, ne connaissant pas ce qui se passe à Nantes. Je gémis d'une mesure qui coûtera peut-être bien des pleurs. Mes regards tournés vers la Vendée, j'attends avec impatience la nouvelle de la plus belle victoire qu'ait jamais remportée la clémence et l'humanité de la Convention nationale.

» Bollet m'annonce à l'instant que l'entrevue qui devait avoir lieu avec Charette le 6 est remise au 12 et la cessation des hostilités prolongée jusqu'au 18. »

Cette entrevue eut lieu en effet le 12. Cormatin

---

(1) Le comité de salut public était alors sans force et sans énergie.
(2) A la Jaunais.
(3) Voir la date du 1er. février (Chouannerie.)

soumit aux représentans les réflexions suivantes, sous le titre de *paroles de paix* :

Du 12. = *Les royalistes de la Bretagne, ceux de la Normandie, du Maine, de l'Anjou et des autres provinces de la France*, persuadés qu'un gouvernement entièrement populaire est sujet à de fréquentes et de grandes commotions, et qu'elles se font toujours aux dépens du repos d'un État et du bonheur de tous, sont convaincus que les Français, d'après leur caractère physique et moral, ne pourront jamais être heureux que sous le gouvernement d'une monarchie. Ils demandent qu'entre Français il s'établisse un oubli particulier, général, entier et réciproque du passé; la liberté illimitée du culte et des opinions religieuses; le respect des individus; le respect des propriétés; la cessation de tous actes arbitraires; l'exercice des lois civiles et criminelles; la protection la plus efficace pour le cultivateur et l'habitant des campagnes, qui sont les premiers soutiens d'un État; que le commerce de l'intérieur et de l'extérieur, protégé, encouragé, puisse recouvrer son ancien éclat, c'est la source de nos richesses et le seul moyen qui nous reste peut-être pour rétablir nos finances; que l'artisan et l'industrie individuelle jouissent de la plus grande liberté dans l'exercice de leurs arts et métiers.

» Les royalistes et autres auxquels le courage et les talens ont mérité des rangs, des places et des honneurs, doivent les conserver, n'importe l'opinion passée. Chez les Français, la valeur guerrière ne doit jamais s'oublier.

» Les royalistes de la Bretagne, de la Normandie, du Maine et des autres provinces de la France, ne peuvent témoigner d'une manière mieux prononcée leur attachement inviolable aux royalistes de la Vendée, qu'en souscrivant à tout ce que fera le général Charette pour établir l'union, la paix et la concorde entre les Français (1). Il suffira seulement que

---

(1) Tout était convenu et arrangé à l'avance.

l'on promette, avec garantie de les remplir par la suite, ceux des articles dont on ne pourrait pas pour le moment obtenir l'exécution. Ce n'est que par des nuances douces et insensibles que les Français doivent se flatter de ramener le bonheur parmi eux.

» Alors, plus d'anarchie, plus de guerre civile; les Français, rendus à eux-mêmes, devenus doux, humains, bons parens, amis sensibles, et relevant par leur active industrie les arts et le commerce, étonneraient l'univers, tant par leurs fautes passées, que par la manière dont ils les auraient réparées ; ils ne reprendraient les armes que pour aller défendre les limites qu'ils se seront tracées par leur courage et leur valeur, et dans lesquelles leur sagesse saura les renfermer.

» Que l'on soumette ce projet de pacification à l'Europe entière; qu'on en pèse bien les expressions, et l'on verra que ce sont de vrais Français qui, la branche d'olivier à la main, prouvent qu'ils veulent le bonheur du peuple pour base et fondement de la paix qu'ils signeraient de leur sang.

» *Signé*, le baron de Cormatin, maréchal-de-camp, major-général et chargé des pouvoirs de l'armée catholique et royale de Bretagne. »

« Dans la même séance, Charette remit, au nom de son armée et de celle du centre, les propositions suivantes :

» Article premier. La liberté des opinions religieuses étant un droit imprescriptible, il sera permis aux habitans de la Vendée d'avoir le libre exercice du culte catholique dont les frais seront uniquement supportés par ceux qui en feront profession. La sûreté et la protection la plus spéciale sera accordée aux ministres de ce culte qui n'ont point prêté le serment, avec faculté de rentrer dans leurs domaines patrimoniaux.

» Art. II. Les traitemens ci-devant accordés aux religieux et religieuses seront continués tant à ceux et celles qui existent parmi nous, qu'aux autres qui, dispersés par la persécution, voudraient y habiter.

» Art. III. Les habitans de la Vendée s'engagent sur leur parole d'honneur, à ne jamais porter les armes contre la république. Il ne sera employé, pour avoir ces armes, aucun moyen violent; on persistera seulement dans l'offre qui a été faite de les rembourser à ceux qui les rapporteront.

» Art. IV. L'intérêt pressant de l'agriculture et des arts, la nécessité de faire disparaître l'opinion alarmante qui a long-temps circulé que l'on détruirait ou chasserait du pays les anciens habitans pour les remplacer par des colons étrangers et de nouveaux propriétaires, réclamant l'emploi de tous les bras, la Vendée jouira de l'exemption la plus complète des milices et ne sera sujette à aucune réquisition.

» Art. V. Si néanmoins une puissance ambitieuse et rivale tentait ouvertement d'usurper le trône, les braves habitans de la Vendée n'oublieraient pas qu'ils sont Français. Ils prennent l'engagement solennel de mourir comme tels.

» Art. VI. La France entière ayant partagé avec nous l'horreur qu'inspirent les atrocités des Carrier, des Robespierre et adhérens, on ne recevra dans la Vendée aucun individu qui aurait secondé leurs criminels projets. Nul absent n'y sera par conséquent admis, à moins d'épuration de sa conduite, ou qu'il ne soit réclamé par la paroisse de son domicile (1).

» Art. VII. Les besoins indispensables des armées ayant exigé une grande consommation de bestiaux pris tant sur les domiciliés que sur les absens, et la perception de quelques parties des revenus de ces derniers, il ne sera fait à ce sujet aucune recherche ni perquisition. L'abandon des domaines de ces

---

(1) Cet article concernait les réfugiés. On avait vendu leurs meubles, on jouissait de leurs propriétés, on avait intérêt à ce qu'ils fussent de nouveau proscrits comme partisans de Robespierre.

mêmes absens nous ayant aussi engagés, pour l'intérêt de l'agriculture, à consentir des baux à courts termes, les preneurs seront maintenus pour l'année courante, en remplissant les conditions.

» Art. VIII. Tous les habitans de la Vendée rentreront de suite, et par le seul fait de la pacification, dans la jouissance pleine et entière de tous leurs droits et propriétés. La conservation des biens, ainsi que des prétentions héréditaires des enfans ou parens de ceux qui ont péri victimes de jugemens illégaux et prononcés dans des temps d'oppression, est aussi expressément stipulée.

» Art. IX. La Vendée sera indemnisée le plus promptement possible et dans le délai de trois mois, à dater de la signature du présent, des incendies et toutes autres pertes causées par la guerre désastreuse dont elle a été le théâtre, et d'après une vérification contradictoire.

» Art. X. Tous les bons signés par les chefs, leurs commissaires aux vivres et autres délégués, seront remboursés dans le même délai de trois mois, ainsi que les assignats dont les habitans de la Vendée seraient possesseurs, et qui se trouveraient supprimés par des décrets.

» Art. XI. Les habitans de la Vendée jouiront de l'exemption de tous impôts quelconques pendant l'espace de dix ans, et tous les encouragemens nécessaires pour le rétablissement des manufactures qui la rendaient florissante, leur seront accordés.

» Art. XII. Les indemnités et les encouragemens donnés aux habitans de la Vendée pouvant faire naître des jalousies préjudiciables à la solidité de la paix, si le pays était mélangé pour l'administration avec les portions des départemens voisins, il sera formé un département pour toute la contrée insurgée.

» Art. XIII. La dénomination de districts et de municipalités pouvant inspirer de l'effroi et renouveler des mouvemens d'inquiétudes et de craintes, on y substituera des établissemens plus susceptibles d'obtenir la confiance.

» Art. XIV. Les membres qui composeront ces divers établissemens seront choisis et présentés par les chefs de la Vendée et commissionnés par les représentans du peuple.

» Art. XV. Les circonstances exigeant impérieusement l'établissement d'une force armée répressive des désordres, il sera formé dans le plus bref délai, par les chefs de la Vendée et sous leur commandement, un corps de troupe suffisant et à la solde du département.

» XVI. Les habitans de la Vendée ne voulant heurter les principes de qui que ce soit, mais décidés, au contraire, à observer la neutralité la plus exacte, ne seront assujettis à aucune marque extérieure.

» Art. XVII. La république retirera ses troupes de tous les postes de l'intérieur de la Vendée, dans lesquels sont compris ceux de Machecoul, de Challans, etc. ; elle conservera néanmoins le passage libre pour ses troupes par les routes ordinaires pour communiquer aux Sables et à la Rochelle, sans pouvoir s'étendre dans l'intérieur, ni séjourner plus de deux jours dans les lieux de repos.

» Art. XVIII. La plus grande latitude sera donnée à la liberté du commerce, et les convois de la république seront hautement protégés par la force armée sous les ordres des chefs de la Vendée.

» Art. XIX. On accordera aux républicains qui ont passé dans la Vendée la liberté d'y rester, et s'ils veulent rentrer dans leurs foyers, ils auront sûreté pour leurs personnes et la jouissance de leurs propriétés.

» Art. XX. La même sûreté et la participation aux mêmes avantages seront données aux émigrés qui sont venus se joindre aux habitans de la Vendée.

» Art. XXI. Les habitans de la Vendée, convaincus que les émigrés ont toujours le cœur français, et que la persécution seule les a forcés à fuir sur un sol étranger, sollicitent la Convention de leur accorder la faculté de rentrer dans leur patrie pour y jouir des bienfaits de la pacification. Ils réclament la même faveur pour les ministres du culte catholique qui ont été déportés.

» Art. XXII. Le présent traité sera ratifié par la Convention nationale. »

Tous ces articles furent soumis à une longue discussion. On trouvait dans cette série des dispositions qu'il était impossible d'admettre, sans abandonner le territoire de la Vendée à l'autorité et à la discrétion de ses chefs qui prétendaient se rendre indépendans du gouvernement. On convint que l'on se réunirait de nouveau avant l'expiration de la trêve fixée au 18.

Le général Canclaux ne fut point appelé à cette conférence : la prudence l'obligeait à se tenir éloigné des chefs de la Vendée et des Chouans, surtout depuis qu'on lui avait donné connaissance de la lettre de Puisaye. Il avait refusé de recevoir Cormatin chez lui, et n'avait consenti à le voir que chez les représentans et en leur présence.

Le 17 fut le jour fixé pour la seconde réunion dans laquelle on devait décider de la paix ou de la guerre. Une tente avait été préparée dans la plaine vis-à-vis de la maison de la Jaunais où se tenaient les chefs vendéens. On était convenu d'avance des positions qu'occuperaient de part et d'autre les détachemens servant d'escorte, et de leur nombre. Les représentans se rendirent à cette tente ; le général Canclaux qui les accompagnait resta avec quelques officiers de son état-major et quelques chasseurs d'ordonnance, sur la route, ayant la maison de la Jaunais sur sa gauche, à cent toises environ en avant, et la tente sur sa droite. La journée fut très-pluvieuse.

Bientôt on vit sortir de la maison les chefs qui se dirigeaient vers la tente. Charette se détacha d'eux, s'avançant par la grande route vers le général Canclaux qui sur-le-champ donna à son aide-de-camp l'ordre d'aller dire au chef vendéen qu'il se trompait sans doute, et que les représentans étaient sous la tente où Charette se porta.

On vit arriver, pendant la conférence, quelques cavaliers qui descendirent à la maison de la Jaunais; mais peu de temps après on les vit sortir à cheval, s'éloignant au galop. C'était Stofflet avec Bernier et leur suite. Les représentans avaient fait inviter Stofflet à se trouver à cette réunion. Il apprit que tout était terminé sans lui ; il exprima, dit-on, son mécontentement d'une manière très-énergique.

Lorsqu'on fut d'accord sur tous les points, on vint annoncer au général Canclaux que les représentans l'invitaient à se rendre près d'eux; il y alla et se trouva pour la première fois au milieu des chefs de la Vendée. Ainsi finit cette journée qui devait terminer les horreurs de la guerre civile, et qui n'eut d'autre effet que de les suspendre ou les voiler pendant quelques instants.

Il n'y eut point de convention écrite et signée sous forme de traité. Les représentans s'y refusèrent (1). Ils n'exigèrent des chefs vendéens qu'une déclaration de soumission à la république, après avoir réglé les droits et les prétentions des Vendéens par les cinq arrêtés suivans, qui renfermaient la plus grande partie des propositions soumises dans la conférence du 12.

Premier arrêté.

» ARTICLE PREMIER. Tout individu et toutes sections de citoyens quelconques peuvent exercer librement et paisiblement leur culte.

» Art. II. Les individus et ministres de tout culte quelconque ne pourront être troublés, inquiétés ni recherchés pour l'exercice libre, paisible et intérieur de leur culte.

» Art. III. Les autorités civiles et les commandans de la force armée sont chargés de tenir la main à l'exécution du présent.

Deuxième arrêté.

» ARTICLE PREMIER. Les personnes des chefs et des habitans insurgés de la Vendée, qui se soumettent aux lois de la république une et indivisible, sont à l'abri de toutes recherches pour le passé.

» Art. II. Il sera accordé des secours et indemnités aux habitans de la Vendée, pour leur aider à exister, et relever

---

(1) Il ne fut point question du rétablissement de la royauté. Les chefs royalistes insistèrent beaucoup sur le rappel des émigrés sans pouvoir rien obtenir. (Extrait des mémoires de M. Gibert.)

On trouve dans les mémoires de Napoléon, écrits par M. de Montholon (tom. VI, pag. 278), une suite d'*articles secrets du traité de la Jaunais.* Cette pièce paraît supposée, comme tant d'autres fabriquées postérieurement par Cormatin.

leurs chaumières et maisons, pour y rétablir l'agriculture et y faire revivre le commerce.

» Art. III. Tous les Vendéens, soit patriotes réfugiés, soit insurgés et rentrés dans le sein de la république, ont un droit égal à ces secours et indemnités.

» Art. IV. Les baux des biens des Vendéens patriotes réfugiés, qui ont pu être affermés par les Vendéens insurgés, sont annulés : les fruits et productions pour l'année courante seront partagés moitié par moitié, entre le propriétaire ou ayant droit, et ceux qui auront ensemencé : les baux des maisons sont annulés et n'auront cours que jusqu'au prochain terme: les prix des loyers seront payés aux propriétaires.

» Art. V. Les réfugiés, propriétaires de fermes dans les pays insurgés, seront indemnisés, sur les fonds destinés au secours pour la Vendée, du défaut de paiement des fermages courus depuis le mois de mars 1793, et de la perte de leurs bestiaux pris pour le service des armées vendéennes.

» Art. VI. Les jeunes gens de la réquisition restent dans la Vendée pour y rétablir l'agriculture et faire fleurir le commerce.

Troisieme arrêté.

» ARTICLE PREMIER. Les habitans de la Vendée rentrent de fait dans la propriété et possession de tous leurs biens, meubles et immeubles, par leur soumission aux lois de la république une et indivisible.

» Art. II. Il sera donné main-levée du séquestre à ceux des Vendéens qui sont rentrés dans le sein de la république, et qui sont inscrits sur la liste des émigrés.

» Art. III. Il sera donné aux enfans et héritiers des Vendéens condamnés par des tribunaux, sans déclaration de jury, main-levée du séquestre qui aurait pu être apposé sur les biens tant meubles qu'immeubles des condamnés.

Quatrième arrêté.

» ARTICLE PREMIER. Les Vendéens, qui n'ont aucune profession ni état, sont libres d'entrer dans les troupes de la république.

» Art. II. Ceux d'entre eux qui étaient naturels et habitans de la Vendée avant le mois de mars 1793, seront organisés en gardes territoriaux et soldés par le trésor public.

» Art. III. Ces gardes territoriaux n'excéderont pas le nombre de deux mille : ils seront soumis aux autorités constituées, civiles et militaires.

» Art. IV. Leur organisation sera faite par les représentans du peuple; ils seront divisés en compagnies et distribués sur tous les points du territoire français (ci-devant district de la Vendée), sans pouvoir en sortir.

Cinquième arrêté.

» ARTICLE PREMIER. Tous les bons signés par les chefs, dans les deux armées du centre et du bas de la Vendée, par le commissaire aux vivres et autres délégués par eux, seront remboursés jusqu'à concurrence de deux millions.

» Art. II. Toutes les mesures d'exécution seront prises pour s'assurer de la sincérité des bons qui seront présentés à l'effet du remboursement.

» *Signé*, DELAUNAY, POMME, BRUE, LOFFICIAL, CHAILLON, BOLLET, RUELLE, JARY, MENUAU, DORNIER, MORISSON. »

De leur côté, les chefs de la Vendée, dans les armées du centre et du Pays-Bas, firent la déclaration suivante :

« Des attentats inouïs contre notre liberté, l'intolérance la plus cruelle, le despotisme, les injustices, les vexations les plus odieuses que nous avons éprouvées, nous ont mis les armes à la main.

» Nous avons vu avec horreur notre malheureuse patrie livrée à des ambitieux qui, sous les apparences du patriotisme le plus pur, sous le masque séduisant de la popularité, aspiraient à une dictature perpétuelle. Pouvions-nous, en discernant leurs projets à travers le voile dont ils s'enveloppaient, ne pas tenter les derniers efforts pour replacer l'autorité dans des mains que nos principes légitimaient ?

» Tant que le gouvernement oppressif a privé nos concitoyens de leurs droits les plus précieux, nous avons soutenu les nôtres avec constance et fermeté ; nous avons puisé dans nos malheurs de nouvelles forces ; le désespoir est venu nous prêter son affreux secours, et nous rendant insensibles aux considérations qui attendrissent les cœurs les plus farouches, il avait gravé dans les nôtres la résolution de mourir plutôt que de vivre sous une pareille tyrannie.

» Enfin, le règne de sang a disparu ; les coryphées de la scène impie qui couvrit la France de deuil et de cyprès, ont payé de leur tête leurs criminels desseins.

» Le représentant Ruelle, ami de l'humanité et des lois, est venu parmi nous apporter des paroles de paix. La confiance, si fort altérée par les actes de barbarie qui ont précédé sa mission, a commencé à renaître. A son aspect, nous n'avons eu aucune répugnance pour des rapprochemens capables de mettre fin aux calamités qui nous déchirent :

» De nouveaux représentans, dignes de notre estime et de nos éloges, ont été adjoints au premier. Nous leur avons fait connaître à tous nos intentions et le désir d'une pacification sincère, garantie par l'honneur.

» Dans les conférences que nous avons eues avec eux, nous nous sommes appliqués à leur faire connaître ce qui intéressait le bonheur de notre pays, et ce qu'il était de leur prudence et de leur sagesse d'accorder pour atteindre le but si désirable de la paix. Réunis sous une même tente avec les représentans du peuple, nous avons senti plus fortement encore, s'il est possible, que nous étions Français, que le bien général de notre patrie devait seul nous animer.

» Et c'est dans ces sentimens que nous déclarons solennellement à la Convention nationale et à la France entière nous soumettre à la République française, une et indivisible ; que nous reconnaissons ses lois, et que nous prenons l'engagement formel de n'y porter aucune atteinte.

» Nous promettons de remettre le plus tôt possible l'artillerie (1) et les chevaux d'artillerie qui sont entre nos mains, et nous prenons l'engagement solennel de ne jamais porter les armes contre la république.

» Fait sous la tente, le 29 pluviôse (17 février 1795), l'an 3 de la république.

» *Signé*, Charette, Fleuriot, Couetus, Sapinaud, Cormatin, Debruc, Guérin aîné, Caillaud, de Foignard, Goguet, Lépinay, Sauvaget, Baudry, Guérin jeune, Solilhac, Bejary, Debruc jeune, Prudhome, Rejeau, de la Roerie, Rousseau, Bossard le jeune, Auvinet fils aîné. »

Les représentans traitaient avec plusieurs chefs de Chouans qui n'avaient pas été appelés à la conférence. Cormatin et Solilhac seuls figuraient parmi les signataires de la déclaration. Ils prirent l'arrêté suivant :

« *Les représentans du peuple*, etc.

» Arrêtent que les arrêtés précédemment pris par eux le 29 pluviôse (17 février 1795), relatifs à la pacification de la Vendée, au nombre de cinq, s'appliqueront, dans leurs dispositions, aux Chouans qui se soumettront aux lois de la république, une et indivisible, et promettront de ne jamais porter les armes contre elle, ainsi que l'ont fait ledit jour 29 pluviôse Charette et les chefs de la Vendée.

» *Signé*, Delaunay, Lofficial, etc. »

Ils traitaient en outre avec plusieurs chefs de

---

(1) On savait qu'il n'existait plus d'artillerie et que l'on manquait de poudre.

division de l'armée de Stofflet, envoyés à Nantes pour suivre les négociations et demander un délai. Ils espéraient obtenir un résultat favorable, et ils en attendaient le succès pour rendre compte à la Convention.

C'est dans cette circonstance que le major-général Trotouin écrivit à Stofflet et à son conseil, le 22 février :

Du 22. = « Général et messieurs, —Une affaire importante m'empêchant de partir avec mes collègues, députés auprès des représentans du peuple, je vous dois compte de mon opinion : ils vous rendront bien plus sensiblement que moi tout ce que l'on a dit et les motifs de refus du délai d'un mois que l e conseil avait demandé ; mais je ne puis, je ne dois me soustraire à émettre mon vœu, puisque le conseil est obligé de prononcer entre la guerre et la paix.

» Je vais donc m'expliquer avec la franchise et la loyauté dont je suis susceptible ; mais je commencerai par vous observer que dans votre conseil vous n'avez pas la véritable liberté d'opinion, et celui qui ose montrer des sentimens d'humanité et de justice, est soupçonné d'être malhonnête homme. En ôtant la liberté des opinions, les Marat, les Robespierre ont intimidé les honnêtes gens, et ensuite exercé les plus grandes cruautés.

» Les réflexions sages des représentans du peuple m'ont déterminé. Étranger et sans propriété dans la Vendée, je n'ai pas le droit de conduire des milliers de victimes à la mort, lorsqu'on leur accorde une paix honorable et bienfaisante.

» Le peuple de la Vendée a pris les armes pour deux raisons : la première, sa religion, on la lui laisse ; la seconde, pour s'exempter de tirer à la milice, on le laisse tranquille dans ses foyers ; jamais il ne s'est armé pour son roi ; le genre de gouvernement lui importe peu, pourvu qu'on ne l'opprime pas, pourvu qu'il puisse s'occuper de ses intérêts. Le paysan aime mieux son bœuf que son roi, que sa femme, que ses enfans.

» On donne à nos gens un gouvernement sage, modéré et juste. On leur laisse l'exercice de leur religion; on les indemnise de leurs pertes; on rétablit leurs maisons; on les laisse tranquilles chez eux; on procure du service à ceux qui ont ce goût; on leur laisse leurs armes pour résister à une nouvelle oppression.

» Qu'importe pour eux la source d'où découlent tant de biens? Je n'y résiste plus, et je me reprocherais toute ma vie d'en faire périr un seul en voulant résister à ces offres.

» Je ne chercherai point à me prolonger dans une place pour avoir le temps d'y faire fortune : mes mains et mon cœur sont purs. Je quitte la Vendée avec quatre cent cinquante livres de papier et quinze livres de numéraire (1). Ceux qui penseront comme moi ne pourront être soupçonnés de poltronnerie.

» M. Charette est aussi brave qu'aucun de ceux du conseil, et M. Charette a accepté la paix. La bravoure n'est point une vertu; l'humanité en est une : il est temps que le sang des Français cesse de couler.

» Il n'y a que des hommes méchans par caractère, ou qui aient envie de s'enrichir des désastres de la guerre, qui puissent s'y refuser; et pour la prolonger, ils se servent du prétexte de la royauté.

» Déjà deux armées ont transigé; quels sont vos moyens pour résister? quelques chasseurs, quelques dragons, voilà votre armée; car vos gens, assurés d'une vie tranquille, ne se battront plus.

---

(1) La complaisance de Trotouin fut assez bien payée, ainsi qu'on le verra bientôt.

» Mais je vous demande, messieurs, en ma qualité de major-général de l'armée d'Anjou et du Haut-Poitou, que le procès-verbal de votre séance soit rédigé; que les noms de ceux qui se refuseront à la paix soient inscrits au procès-verbal, afin que le peuple de la Vendée, toujours juste, puisse connaître ceux qui ont été véritablement attachés à son bonheur, et puissent un jour même punir ceux qui, par des moyens cachés, s'y sont opposés.

» Je demande que le conseil signe sur deux colonnes, et ceux qui pencheront pour ce sentiment si doux à l'honnête homme pourront me compter parmi eux (1).

» Je suis, messieurs, votre compagnon d'armes, votre frère, votre ami.

» *Signé*, Trotouin. »

Le 26, les officiers de la Vendée, faisant partie de l'armée de Stofflet, signèrent la déclaration de Charette, dans l'ordre suivant : *Trotouin, de la ville de Baugé, Renou, Martin aîné, Martin jeune, Tristan Martin* et *Gibert. Prudhome*, commandant la division du Loroux, l'avait déjà signée le 17.

Le même jour, une semblable déclaration fut signée au nom des Chouans, par *Cormatin, Solilhac*, de *Scepeaux, Dieusie, Gourlet* et *Menard*, chefs de Chouans.

Cependant Delaunay et quelques autres officiers de Charette, mécontens de cette pacification, cherchaient à exciter des troubles dans la Basse-Vendée. Charette s'y transporta promptement, et fit

---

(1) Trotouin dit, dans un mémoire justificatif, que cette lettre a servi à le sauver en 1795. (*Papiers saisis à Bareuth, pag.* 205.)

l'adresse suivante aux habitans des campagnes de la Vendée :

« Braves habitans, de vils séducteurs, d'infâmes intrigans, des hommes ambitieux et pervers, qui fondent leurs jouissances et leur bonheur sur les débris de la fortune publique, et qui sacrifieraient sans remords à la réussite de leurs coupables desseins la vie et les biens de leurs semblables, cherchent aujourd'hui à vous égarer. Ils prêtent à nos démarches des motifs déshonorans, ils dénaturent nos intentions bienfaisantes, et présentent le traité que nous avons conclu sous des couleurs fausses et perfides; ils répandent impudemment des bruits capables de semer dans tous les cœurs la défiance, la terreur et la division.

» Songer à vos intérêts, oublier les nôtres (1), faire votre bonheur sans le concours d'aucune considération personnelle, voilà la tâche glorieuse que nous nous sommes proposée : nous croyons avoir parcouru cette honorable carrière. Puisque des malveillans osent maintenant élever sur notre conduite des doutes, des soupçons injurieux, les dissiper, vous éclairer et vous instruire, voilà notre devoir : nous allons le remplir.

» Nous connaissons, braves habitans, les raisons puissantes qui vous provoquèrent à l'insurrection et qui vous mirent les armes à la main. On avait porté à la liberté de vos opinions religieuses les plus terribles coups; de nouveaux pontifes, un nouveau culte avaient été érigés sur les ruines du vôtre ; partout l'intolérance cherchait des coupables, et aimait à trouver des victimes. Le despotisme orgueilleux des autorités établies pour vous protéger, des corvées de toute espèce, des vexations de tout genre, venaient encore charger cet affligeant tableau.

---

(1) On verra jusqu'à quel point les chefs oubliaient leurs intérêts particuliers.

» Lorsque le principe d'un mal dangereux est entièrement détruit, les conséquences fâcheuses qui en dérivent ne doivent plus exister ; la nécessité d'en faire cesser les tristes résultats existe, et dans vos besoins les plus pressans, et dans vos obligations les plus sacrées.

» L'exercice paisible de votre religion vous est accordé : vous pouvez user avec sécurité de ce droit imprescriptible qu'on n'avait pu vous arracher sans méconnaître les vôtres. Il vous est libre dès ce moment d'offrir à l'Être suprême, d'après vos anciens usages, vos hommages et votre reconnaissance.

» Votre malheureux pays a été dévasté, la flamme a dévoré vos habitations, une soldatesque effrénée a exercé sur vos personnes et vos propriétés les plus horribles brigandages; eh bien ! la Convention nationale contracte aujourd'hui l'engagement de vous indemniser de vos pertes et de réparer, s'il se peut, tous les maux causés par un régime de proscription et d'injustice.

» Des secours vous sont accordés pour rebâtir vos chaumières ; des bestiaux vous seront rendus pour faire revivre l'agriculture et vous procurer les aisances de la vie ; vous ne regretterez pas long-temps la privation de vos instrumens de travail ; vous ne payerez des impôts qu'au moment où une position plus heureuse vous fournira les moyens de subvenir aux besoins de l'État.

» Que la veuve éplorée et le père infirme et caduc ne tremblent point sur le sort de leurs enfans que les lois pourraient appeler au secours de la république. Eh quoi ! pourraient-elles se résoudre à priver l'infortune de son appui, la vieillesse respectable de ses soutiens ? Non, la nation vous dispense d'aller protéger ses frontières ; elle ne vous impose que la tâche facile de travailler dans vos campagnes, pour l'aider à nourrir ses défenseurs.

» Vous avez fourni pour la subsistance des armées le fruit de vos sueurs et de vos économies ; nous vous en avons donné des reconnaissances ; la Convention nationale vous en acquitte le montrant.

» Que vous reste-t-il à désirer ? Quelles inquiétudes peuvent encore agiter des cœurs aigris si long-temps, il est vrai, par le ressentiment et le malheur ? Craindriez-vous d'être opprimés de nouveau par des autorités indignes de votre confiance ? Rassurez-vous, braves habitans ; que la sécurité renaisse dans vos âmes, qu'elle en chasse l'affreux désespoir. Ces hommes dont vous redoutez avec raison le joug odieux, ces hommes qui étaient autant les ennemis de leur patrie que les vôtres, ne seront plus les dépositaires du pouvoir dont ils faisaient un si cruel abus. Les représentans du peuple veulent bien nous consulter sur le choix qu'ils doivent faire pour les remplacer; nous leur indiquerons des gens que vous connaissez, des gens qui ont acquis votre estime et la nôtre ; des gens enfin qui, pour adoucir votre existence, sont prêts à sacrifier leurs plaisirs, leurs jouissances, leur fortune.

» Auriez-vous donc pensé, braves habitans, que nous pouvions trahir lâchement vos intérêts? Après les avoir soutenus avec tant de chaleur, deviez-vous croire un instant que nous étions capables de démentir la conduite que nous avons constamment tenue? Ah! si ces sentimens injurieux partaient de vos cœurs, si nous ne les imputions pas à la jalousie et à la malveillance, combien notre âme en serait cruellement déchirée ! Comment supporterions-nous l'affreuse idée qui nous convaincrait qu'en voulant faire des heureux, nous fîmes des ingrats ?

» Mais, quoi! vos intérêts ne sont-ils pas les nôtres? Nos amis, nos femmes, nos enfans, ne sont-ils pas parmi vous? Nos possessions n'avoisinent-elles pas vos champs? Oui, sans doute, et quelque précieux que soient ces rapports, ne croyez pas qu'ils aient fourni les motifs qui nous ont déterminés. Nous n'avons songé qu'à vous, nous avons tout sacrifié à votre bonheur ; et en l'établissant sur des bases solides et durables, nous ne nous sommes réservé que l'inestimable avantage d'en être les témoins.

» *Signé*, Charette, Fleuriot, Sapinaud, Debruc. »

Le 27, les officiers de Stofflet, signataires de la déclaration, remirent aux représentans l'état suivant de l'armée d'Anjou par divisions :

1°. *Division de Montfaucon.* Monnier, commandant.

» Cette division s'étend tout le long de la Sèvre, par Getigné, Boussay, Tiffauge, Roussai, la Renaudière, Saint-Macaire, Saint-Philbert, la chapelle du Genêt, Gesté, la Chaussaire, la Renaudière, etc.

» *Force.* Environ deux mille hommes, un quart armé de fusils de munition, un quart de fusils de chasse, et la moitié de piques et bâtons. Quinze dragons, vingt cavaliers et cinquante chasseurs à pied.

» 2°. *Division de Beaupréau.* L'Huillier, commandant.

» Cette division s'étend jusqu'à la Loire, sur la rive gauche de la Divate, revient par Saint-Florent, le Menil, Montjean, la Pommeraye, Sainte-Christine, le fief Sauvin, Andrezé, Bellefontaine, la Jubaudière.

» *Force.* Environ trois mille huit cents hommes, un tiers armé de fusils de munition, un tiers de fusils de chasse, le reste de piques et bâtons. Quinze dragons, vingt cavaliers, quarante chasseurs à pied.

3°. *Division du Loroux.* Prudhome, commandant.

» Cette division commence au fief Sauvin, et s'étend sur sa droite jusqu'à la Loire. La Divate la sépare de celle de Beaupréau. Elle s'étend sur sa gauche jusqu'à la Moiselle, et vient joindre la grande route de Clisson à Nantes, par la Chapelle-Hulin, haute et basse Goulaine et Saint-Sébastien, en remontant par la Varenne, Chantoceau, jusqu'au Marilais près Saint-Florent.

» *Force.* Environ cinq mille trois cents hommes, un quart

armé de fusils de munition, la moitié de fusils de chasse, le surplus de piques et bâtons. Quinze dragons, quarante cavaliers, soixante et quelques chasseurs à pied. »

4°. *Division de Chollet.* николаs, commandant.

« Cette division comprend la Romagne, le Longeron, Mortagne, Évrune, Saint-Hilaire, le Puy Saint-Bonnet, la Tessouale, Moulin, les Échaubrognes, la forêt de Vezin, Chanteloup, Vezin, Coron, la Salle-de-Vihiers, etc.

» *Force.* Environ trois mille deux cents hommes, un tiers armé de fusils de munition, un tiers de fusils de chasse, un tiers de piques et bâtons. Quinze dragons, quinze cavaliers, vingt chasseurs à pied. »

5°. *Division de Chemillé.* chalon, commandant.

« Cette division s'étend tout le long du Layon jusqu'à Vihiers, reprend à Chalonnes, Saint-Laurent, Nevi, la Poitevinière, la Chapelle Rousselin, Saint-Georges du Puy-de-la-Garde, Trementines, Latour-Landry, Cossé, la Salle-de-Vihiers, le Voide, Cernusson, la Fosse de Tigny, etc.

» *Force.* Environ quatre mille cinq cents hommes, un tiers armé de fusils de munition, un tiers de fusils de chasse, le surplus de piques et bâtons. Douze dragons, trente cavaliers, cinquante chasseurs à pied. »

6°. *Division de Châtillon.* renou, commandant.

« Cette division commence à Châtillon, file le long de la grande route de Bressuire, sur la gauche de la route, s'étend de l'autre côté par Saint-Aubin de Baubigné, les Aubiers, Saint-Clementin, la Coudre, Moutiers, Sainte-Radégonde.

» *Force.* Environ dix-huit cents hommes, un tiers armé de fusils de munitions, un tiers de fusils de chasse, un tiers de piques et bâtons. Quinze dragons, vingt cavaliers, trente chasseurs à pied. »

7°. *Division d'Argenton.* guichard, commandant.

« Cette division commence à Izernay, s'étend d'un côté

par la Plaine Saint-Hilaire-du-Bois, Vihiers; de l'autre côté par les Cerqueux, Étusson, Boesse, Argenton.

» *Force.* A peu près mille hommes, un tiers armé de fusils de munition, un tiers de fusils de chasse, le reste de piques et bâtons. Quinze dragons, vingt à vingt-cinq cavaliers, vingt à vingt-cinq chasseurs à pied. »

8°. *Division de Cerizais.* RICHARD, commandant.

« Cette division s'étend le long de la Sèvre par Saint-Amand, jusqu'à la Pommeraie; et de l'autre côté, depuis Bressuire, par la grande route, jusqu'à Rorthais, en retournant par Combran, Cerizais, etc.

» *Force.* Environ cinq mille hommes, moitié armés de fusils de munition, un quart de fusils de chasse, le surplus de piques et bâtons. Cinquante cavaliers, trente chasseurs à pied. »

Du 27. = *Les représentans du peuple près l'armée de l'Ouest, des côtes de Brest et de Cherbourg, à la Convention nationale.* (Nantes. — Extrait.)

« La Vendée est rentrée dans le sein de la république. Charette et tous les chefs des armées *dites* du Centre et du Pays-Bas, viennent de déclarer solennellement qu'ils se soumettent aux lois de la république une et indivisible.

» Stofflet, commandant l'armée vendéenne *dite* de l'Anjou, n'a pas encore montré les mêmes dispositions; mais huit de ses principaux chefs l'ont quitté et se sont réunis à Charette. Si Stofflet persiste dans sa rébellion, il ne peut être dangereux. L'habitant des campagnes est fatigué de cette guerre, nous le savons à n'en pas douter.

» Ces malheureuses contrées ont besoin d'une nouvelle vie; nous allons les parcourir, ranimer l'agriculture et relever le commerce. Plusieurs de nos collègues vont se rendre auprès des comités de gouvernement pour les instruire des mesures et des moyens qui ont amené des résultats aussi heureux.

» La rentrée des Vendéens au sein de la république entraîne avec elle le retour des Chouans. Deux de leurs chefs viennent de reconnaître le gouvernement républicain. Ils rassemblent les autres chefs pour souscrire la déclaration de Charette et des Vendéens; des ordres ont été donnés par eux derechef pour faire cesser toute hostilité. »

Arrêtés des représentans du peuple. (*Nantes.*)

« ARTICLE PREMIER. Les places de Nantes, Ancenis, Angers, et tous les postes et cantonnemens intermédiaires, sur la même ligne, à la rive droite de la Loire, cessent dès ce jour de faire partie de l'arrondissement de l'armée de l'Ouest, et sont réunis à celui des côtes de Brest.

» Art. II. Outre les forces qui garnissent ces postes, le général de l'armée de l'Ouest donnera les ordres nécessaires et les plus prompts pour faire passer six mille hommes à l'armée de Brest. »

Du 28. = *Le représentant Bezard, au comité de salut public.*
(*Angers.*)

« Les principaux chefs des Chouans sont dans les mêmes dispositions que Charette. MM. Turpin de Crissé, Dieusie, de Meaulne, de Scepeaux, Lion, Bataillon, Sans-Peur, Joli-Cœur, Monte-à-L'assaut et Coquereau, ont déclaré acquiescer à tout ce qui a été fait par Charette. Je me suis rendu certain qu'ils ont donné les ordres les plus positifs à toutes leurs bandes d'observer rigoureusement la suspension d'armes. Coquereau y a même ajouté la peine d'être fusillé, en cas de contravention. On doit beaucoup, dans cette circonstance, aux soins de la citoyenne Turpin de Crissé, belle-sœur et tante de deux chefs, que j'avais fait mettre en liberté depuis plusieurs mois.

» J'ai en conséquence recommandé aux généraux Canuel et Lebley de donner les ordres nécessaires pour que la troupe restât sur une défensive surveillante.

» Le 26, tous les chefs des deux armées de Charette ont signé la déclaration qu'il avait faite le 17. »

Chouannerie.

§ II. Rapport de Boursault, au comité de salut public; insurrection à Rennes; — de Brue, au même; le Guemené évacué par les Chouans; attaque sur le Faouet repoussée. — Hoche, au comité de salut public; entraves qu'il éprouve.—Le même, aux habitans de Rennes; il défendra les magistrats du peuple. — Au comité; émeute à Rennes. — Les Chouans ont repris les armes dans les environs de Candé. — Tout annonce un violent orage dans le district de Roche-Sauveur. — Le prince de Bouillon, au comité central de l'armée catholique; mission du comte de Vasselot. — Le même, à Charles. — Le comité de salut public, aux représentans en mission dans les départemens de l'Ouest; au représentant Dubois-Dubais et au général Hoche. — Rassemblement de Chouans dans la forêt de la Guerche. — Hoche, au général Duhesme; difficultés que présente la guerre des Chouans.—Boursault, au comité; la cessation des hostilités prolongée jusqu'au 18. — Les Chouans deviennent redoutables dans le district de Châteaubriand. — Le prince de Bouillon, au comité central de l'armée catholique; envoi d'assignats et d'or. — Rapport du représentant Baudran, au comité de salut public; quittances données par les Chouans aux fermiers de biens nationaux. — Réflexions de l'administration de Saint-Malo adressées au comité; situation du pays. — Rapports des représentans Brue et Baudran, au comité. — Rapport de Magallon, chef de l'état-major. — Le prince de Bouillon, au comité de l'armée catholique.—Renseignemens sur le chef de Chouans Coquereau, transmis par le représentant Baudran. — Boursault annonce au comité qu'il se dispose à retourner à Paris. — Les Chouans tirent leur nom des nommés Cottereau, contrebandiers. — Continuation des excès des Chouans

ET DES CHOUANS. — *Février* 1795.

dans toutes les parties du Morbihan. — Hoche demande vingt officiers pour un service particulier. — Ordre au général Lebley de poursuivre sans relâche les Chouans qui ont oublié qu'ils sont hommes et Français. — Hoche témoigne à l'administration de Segré l'indignation que lui a inspirée une lettre de Turpin; il transmet copie des pièces au représentant Boursault. — Magallon, promu au grade de général divisionnaire, remplacé par l'adjudant-général Cherin. — Arrestation de dix émigrés avec une correspondance importante, annoncée au comité de salut public, par l'administration de Saint-Malo, le général Rey et le représentant Boursault. — Ordre à l'armée; pacification de la Vendée. — Hoche, au général Kricq. — Le même, à MM. Boishardy, de Chantereau, de la Roche. — L'agent national de Vire, au comité de salut public. — Rapport de Boursault au comité sur l'arrestation des émigrés et leur correspondance. — Arrêté du représentant Dubois-Dubais adressé au comité. — Le général Lebley annonce au général Hoche les démarches de Turpin pour disposer à la paix. — Réflexions de Hoche adressées à Bollet. — Compte qu'il rend au comité de salut public. — Rapport de l'adjudant-général Champeaux, au même. — De Hoche, au même. — Instructions particulières aux commandans des colonnes mobiles. — Conduite des Chouans dans le district de Vire.

Du 2. = *Le représentant Boursault, au comité de salut public.* (*Saint-Malo.*)

« Le peuple de Rennes, travaillé par les Chouans de la ville, s'est insurgé le 30 et le 31 janvier, sous prétexte du pain. Des cris de *vive le Roi* se sont fait entendre. Marseille et le Midi communiquent à la ci-devant Bretagne par les intermédiaires de Paris. Pareil mouvement était près de se faire sentir à Saint-Malo lorsque j'y suis arrivé; je l'ai prévenu.

» Je crains de vous parler des Chouans, me trouvant en

opposition avec Bollet sur les effets de cette trêve monstrueuse. Faut-il vous dire qu'ils se rassemblent plus que jamais; qu'ils ont ri de cette missive du général Humbert, signée Cormatin; que je ne suis pas bien content du général Hoche; enfin qu'il est temps, plus que temps d'agir.

» Le silence de mes collègues de Nantes m'afflige. Depuis le 21 janvier, j'ignore ce qui se passe, et je crains d'agir en opposition avec eux.

» Hoche est parti de Rennes le 31 janvier, pour se rendre à Nantes. Je vous répète que beaucoup de mauvais sujets se rendent à Paris sous divers prétextes; prenez-y garde. »

Du 3. — *Le représentant Brue, au comité de salut public.*
(*Vannes.*)

« Je suis rentré hier soir à onze heures. Les brigands ont perdu une quarantaine d'hommes, un grand nombre de blessés et beaucoup de prisonniers.

» Le Guemené n'a été que quelques heures au pouvoir des assassins; la femme de l'agent national a été égorgée. Le fameux Boishardy était à leur tête. Voilà l'effet de ces négociations, de ces trèves, de ces amnisties tant vantées.

» La faible garnison de la petite ville du Faouet, composée de quatre-vingt-huit hommes en tout, secondée des habitans de l'endroit, a résisté courageusement à l'attaque de deux mille brigands, dans la nuit du 29 au 30 janvier, et les a repoussés. Le chef de la bande et cinq à six de son état-major ont été pris.

» Je demande avec instance qu'on prenne une détermination sur la compétence à attribuer au tribunal qui doit juger les rebelles saisis les armes à la main. Le peuple et les soldats murmurent hautement. Il faut enfin que les assassins, au nom de la catholicité et de Louis XVII, soient punis, et que les mânes de nos frères égorgés par eux soient vengés.

» Comme il est urgent de poursuivre les rebelles, afin de

tâcher de saisir les chefs, j'ai pris, de concert avec Guermeur qui se trouve ici, un arrêté pour tirer mille hommes de la garnison de Belle-Isle, en attendant l'arrivée des secours annoncés. La force de l'armée des côtes de Brest et de Cherbourg n'est que de cinquante-trois mille hommes, dont quarante-cinq mille au plus disponibles, pour une étendue immense de pays.

» On se plaint dans les feuilles publiques que les représentans en mission dans ces départemens n'instruisent pas la Convention de leur situation; j'ai pensé qu'il était impolitique de s'adresser directement à la Convention, ne doutant pas que le comité étant instruit, il ne manquerait pas de communiquer ce qu'il jugerait utile. »

Du 4. == *Le général Hoche, au comité de salut public.*
(*Rennes*.)

« Le représentant Dubois-Dubais, envoyé en mission dans les départemens de l'Orne et de la Sarthe, a écrit de Paris, le 27 janvier, au commandant de la place d'Alençon, pour lui enjoindre de retenir trois mille hommes de la colonne du Nord, en lui désignant l'emplacement de ces troupes. Ainsi, il dispose à son gré de trois mille hommes : il ignore sans doute que les troupes qu'il place dans tel ou tel lieu seront à peu près inutiles où il les met.

» Je prie le comité de se faire représenter ma dernière dépêche, il jugera quelles sont mes peines. S'il était possible que le comité me fît servir ailleurs, en quelque qualité que ce soit, je lui en conserverais une bien parfaite reconnaissance. Je le prie aussi de me dicter ce que j'ai à faire, sans quoi je me regarderai comme très-inutile à la tête de cette armée, puisque partout on me prouve que je n'ai aucuns ordres à donner. »

Le même, aux habitans de Rennes. (*Rennes.*)

« Je déclare qu'il est faux que j'aie jamais promis de faire distribuer le pain de six livres à trente sous ; chose impossible, vu la cherté des grains et les difficultés des transports ;

» Je déclare que je soutiendrai et défendrai de tout mon pouvoir les magistrats du peuple ;

» Je déclare aux royalistes, aux terroristes, leurs confrères, aux partisans de Capet, ainsi qu'à ceux de Carrier, qu'ils ne m'ébranleront jamais dans la ferme résolution que j'ai prise de rendre le calme aux départemens, dans l'arrondissement de l'armée que je commande, et que je méprise la calomnie et les calomniateurs. »

Du 5. = *Le même, au comité de salut public.* (*Rennes.*)

« Il y a eu des émeutes à Rennes dans les journées des 30, 31 janvier et 1er. février.

» Le 30, premier jour de l'émeute, le pain a été distribué dans un seul endroit ; des citoyens ont été obligés d'attendre leur tour pendant trente-six et quarante heures, par un temps affreux. J'étais prévenu que l'on voulait faire armer le peuple contre la troupe, faire des visites domiciliaires, et en venir peut-être au pillage ; j'en ai instruit les représentans. Ce jour-là, passant dans une rue pour aller à une revue, je fus assailli de pierres : une foule de femmes et d'enfans étaient aux prises avec des grenadiers prêts à se servir de leurs armes qu'on voulait leur enlever... Je fends la foule, je mets pied à terre : on me demande la liberté de trois femmes qui venaient d'être arrêtées pour avoir demandé du pain ; je les rends à la liberté, et j'en suis quitte pour en embrasser quarante à cinquante.

» Le 31, je partis pour Nantes, où j'avais un rendez-vous avec le général Canclaux.

» Le 1er. février, la scène changea : on remarqua dans la foule des femmes ivres qui demandaient du pain à trente sous au lieu de cinquante les six livres ; des cris de *vive Charette* furent entendus d'un côté, tandis que de l'autre on disait que *lorsque Carrier était à Rennes* le peuple n'y manquait pas de pain. Heureusement il n'a pas été répandu une goutte de sang.

» Depuis ce temps-là le pain est distribué dans chacune des sections, et aucune plainte ne s'est fait entendre. Des malveillans m'ayant prêté quelques propos, j'ai cru devoir faire les déclarations publiques dont je joins ici un exemplaire.

» Le comité, d'après ces événemens, sera sans doute convaincu que les partis qui semblent opposés tendent souvent au même but, et qu'il est difficile de faire au gré de tout le monde. Quoi qu'on ait pu lui écrire sur le même sujet, il saura apprécier toutes ces manœuvres. Nous n'en marcherons pas moins à la paix, à travers les entraves de tout genre ; et après avoir pacifié les campagnes, ramené au sein de la patrie des hommes égarés, s'il reste encore quelques voleurs, quelques assassins, la république, victorieuse partout, saura les anéantir. »

Du 5. = *L'administration, au comité de salut public.*
(*Candé.*)

« La campagne est levée en armes : les brigands qui, à la faveur de l'amnistie, étaient rentrés à Candé, sont partis et ont repris les armes. Ces faits sont très-vrais. »

Du 6. = *L'administration, au comité de salut public.*
(*Roche-Sauveur.*)

« Tout annonce un violent orage ; les Chouans commettent tous les jours des vols, des assassinats, des pillages. La terreur est telle que les patriotes des campagnes se cachent ou prennent la fuite ; que les municipalités n'agissent plus, et ne peuvent plus agir sans une mort certaine. Nous craignons un soulèvement général, et nous n'avons que cent vingt-cinq hommes pour nous défendre. »

Du 7.=Godefroy (prince de Bouillon), au comité central de l'armée catholique et royale. (Ile-des-Amis. — Jersey.)

« J'ai chargé M. le comte de Vasselot de vous remettre quatre cents louis en or. La difficulté d'en trouver ne me permet pas de vous en envoyer davantage. Je tâcherai de m'en procurer, et vous ferai passer les autres effets dont vous pouvez avoir besoin. »

Le même, à Charles (membre du comité royaliste).

« Je vous annonce le comte de Vasselot, le marquis de Pange et le baron de Boisbaudron, tous officiers de distinction, chargés de missions particulières auprès du comité central, de la part de Joseph (Puisaye) et du gouvernement. Ces messieurs vous témoigneront, respectables associés dans la cause du trône et de l'autel, combien je désire vous prouver la haute estime que vous m'avez inspirée.

» Le comte de Vasselot dira les dispositions que j'ai faites pour vous livrer différens effets que je crois pouvoir vous être utiles.

» *Bibi* est arrivé avec ses camarades. »

Le comité de salut public, aux représentans dans les départemens de l'Ouest.

« Vous êtes informés, chers collègues, que douze mille hommes des armées du Nord et de Sambre-et-Meuse sont rendus en ce moment dans l'arrondissement de l'armée des côtes de Brest et de Cherbourg. Nous croyons devoir vous prévenir, à cet égard, que rien ne serait plus dangereux que la disposition partielle de ces forces, et que, si chacun des représentans voulait, sans le concours de ses collègues, attirer les forces dans tel ou tel département, il en résulterait une incohérence pernicieuse et des tiraillemens sans nombre, semblables à ceux qui jusqu'à ce jour ont fait de si grands maux à la république. Nous vous faisons ces observations, parce que nous avons reçu beaucoup de plaintes sur le peu d'ensemble qui règne dans les divers mouvemens de l'armée. Il est donc essentiel que la direction de ces mouvemens soit exclusivement confiée au général en chef, en lui faisant connaître l'urgence des besoins respectifs des départemens confiés à votre surveillance.

» Vous savez que c'est à vous à juger de l'instant où vous penserez que l'amnistie est censée expirée ; et, dans tous les cas, à repousser la force par la force, vos pouvoirs ayant toute la latitude possible. »

Du 7. = *Le même, au représentant Dubois-Dubais.*

« Le général en chef nous a instruits que tu avais disposé d'une portion des troupes venant du Nord. Nous ne voyons que deux moyens d'éviter cette incohérence d'action et ces tiraillemens qui ont fait de si grands maux à la république.

» Le premier est que les représentans envoyés près d'une armée se réunissent tous, et arrêtent en commun le plan général d'opérations.

» Le second est d'abandonner la direction de ces opérations au général en chef, en se bornant à lui fournir des instructions et des avis sur la situation des affaires. Ce dernier parti nous paraît le seul praticable à l'égard de l'armée des côtes de Brest et de Cherbourg, dont l'arrondissement est très-vaste, et où il y a un très-grand nombre de représentans. Nous t'invitons donc avec instance à remettre au général en chef l'entière disposition des troupes, en lui faisant connaître l'urgence des besoins des départemens confiés à ta surveillance. »

Le même, au général Hoche.

« Nous avons reçu la dépêche par laquelle tu nous informes que notre collègue Dubois-Dubais a disposé seul de trois mille hommes, sur les douze mille tirés des armées du Nord et de Sambre-et-Meuse ; nous écrivons à notre collègue pour l'inviter à te laisser exclusivement la direction générale de ces forces, afin que rien n'altère l'ensemble de tes opérations. C'est donc à toi de prendre des renseignemens exacts pour connaître les besoins respectifs des divers départemens compris dans l'arrondissement de l'armée que tu commandes, pour y porter des forces proportionnées à l'urgence.

» Les plaintes les plus multipliées nous viennent principalement du Morbihan, des côtes du Nord, de la Sarthe et de la Mayenne. Les massacres, les pillages, les crimes de toute espèce s'y multiplient et appellent toute ta sollicitude, comme celle des représentans du peuple.

» On se plaint que les généraux et officiers particuliers, éloignés du quartier-général, se trouvent paralysés par la difficulté où ils sont de correspondre et recevoir tes ordres à chaque fois qu'ils doivent agir. Il est indispensable que dans une guerre de postes, telle que celle que l'on fait aux Chouans, où les troupes doivent agir à la manière de la gendarmerie, les officiers particuliers aient la faculté d'agir par eux-mêmes, et d'opérer directement tous les mouvemens de médiocre importance dans leurs arrondissemens respectifs, sauf les comptes qu'ils doivent en rendre au général en chef. Tu te conformeras donc à cette disposition, autant que peut le comporter la nécessité d'un grand ensemble.

» Nous te recommandons de plus en plus le maintien de la discipline; les troupes tirées du Nord sont disposées à en donner l'exemple.

» Nous avons lu avec satisfaction ton règlement sur la conduite à observer par les divers corps de troupes (1). »

---

(1) Ce règlement ou instruction comprend huit titres : 1°. des escortes; 2°. des détachemens contre les Chouans; 3°. des reconnaissances de jour; 4°. des reconnaissances de nuit; 5o. des marches nocturnes; 6°. des patrouilles; 7°. des cantonnemens; 8o. devoirs des chefs de corps et de cantonnemens.

Tous les conseils de la prudence, de l'humanité, de l'art militaire se trouvent réunis dans cette instruction.

Du 8. = *L'administration, au comité de salut public.*
(*La Guerche.*)

« Il existe un rassemblement de Chouans dans la forêt de la Guerche. Un détachement de Saint-Germain du Pinel, escortant un convoi de vivres, a été attaqué et taillé en pièces. Nous n'avons point de forces à opposer à ce torrent. »

Le général Hoche, au général Duhesme (1). (*Rennes.*)

« La guerre que nous faisons ici, général, ne ressemble en rien à celle que tu viens de faire. Il est possible que de six mois tu ne voies pas un ennemi, il est possible qu'à la première sortie que tu feras, tes ordonnances soient fusillées à tes côtés, sans que tu saches d'où part le coup.

» Un ramas de contrebandiers, d'assassins, de prêtres, d'émigrés, d'échappés des galères, quelques fanatiques, et beaucoup d'hommes qui se sont soustraits à la première réquisition, voilà l'armée que nous avons à combattre : et je ne te dissimulerai pas, général, que l'apprentissage de cette guerre est aussi difficile que l'apprentissage de celle que tu viens de faire (2).

» Tantôt sur un point, tantôt sur un autre, disséminés par pelotons de six, douze, trente, ou rassemblés au nombre de deux cents, voilà la tactique des Chouans. Certains de trouver partout des vivres et des amis, ils ne portent rien que leurs armes dont ils se servent très bien. Ils ont partout des agens, dans les administrations, dans les clubs. Tu ne mettrais pas la tête à la fenêtre que leurs chefs n'en soient instruits par leurs nombreux émissaires.

» Peut-être touchons-nous au moment de finir cette malheureuse guerre ; peut-être allons-nous la recommencer avec plus de fureur. Dans ce cas, nous devons veiller à la sûreté

---

(1) Commandant la colonne tirée des armées du Nord et de Sambre-et-Meuse.

(2) Kleber regardait la guerre des frontières comme un jeu auprès de celle de la Vendée et des Chouans.

des grandes routes, protéger les enlèvemens de grains qui se font dans les campagnes, pour nourrir les habitans des villes; garder celles-ci, et ensuite faire des détachemens ou de grosses patrouilles dans toutes les métairies et bourgs du pays; faire fouiller les greniers, étables, et autres endroits où peuvent se retirer ces brigands qui se tapissent partout. »

Du 9. = *Le représentant Boursault, au comité de salut public.* (*Rennes.*)

« Rennes est maintenant tranquille; il n'en est pas de même des Chouans qui profitent du relâche que leur a donné cette *trêve monstrueuse* pour se montrer avec plus de force et d'audace. Partout le sang ruisselle; j'ai les mains liées et n'ose agir, ne connaissant pas ce qui se passe à Nantes. Brue, mon brave collègue Brue, correspond avec moi de cœur et d'esprit; nous pensons, nous agissons de même, et nous gémissons également d'une mesure qui coûtera peut-être bien des pleurs. Cependant, mes regards tournés vers la Vendée, j'attends avec impatience la nouvelle de la plus belle victoire qu'aient jamais remportée la clémence et l'humanité de la Convention nationale.

» Bollet m'annonce à l'instant que l'entrevue qui devait avoir lieu avec Charette le 6 de ce mois, est remise au 12, et la cessation des hostilités prolongée jusqu'au 18. Cette prolongation ne fait qu'augmenter l'embarras de ma position. »

Du 10. = *L'agent national, au comité de salut public.* (*Châteaubriand.*)

« Les Chouans deviennent plus redoutables et plus nombreux que jamais; ils sont maîtres de toutes les campagnes. Il est impossible de tirer des vivres pour alimenter l'armée et les villes. Ils font des magasins de grains qu'ils enlèvent partout, ainsi que les bestiaux et chevaux. Hier un détachement de cent hommes, escortant douze charrettes chargées de grains, a été attaqué par des forces supérieures, et repoussé avec une grande perte d'hommes; le convoi a été enlevé, et Chateaubriand est sans pain. »

Du 12. = *Godefroy (prince de Bouillon), au comité central de l'armée catholique et royale. (Ile des Amis.—Jersey.)*

« Je vous préviens que je vous fais passer pour onze millions en assignats, et environ cent trente-cinq à cent quarante mille livres en or. J'ai des choses précieuses à vous faire passer par la première occasion. M. le comte de Vasselot et compagnie vous en feront part. »

Du 13. = *Le représentant Baudran, au comité de salut public. (Laval.)*

« C'est parce qu'on n'a pas été bien instruit sur la véritable situation de la Vendée, que l'on n'a employé jusqu'ici que des palliatifs qui n'ont fait qu'augmenter le mal. Des forces et des subsistances, voilà ce qu'on réclame de tous côtés.

» Je transmets au comité trente-cinq nouvelles quittances, données par les Chouans à différens particuliers, pour paiement de fermes de biens nationaux. On peut en juger par le modèle suivant du 2 de ce mois :

Quittance à compte.

» Nous, capitaine, receveur provisoire des deniers provenant des biens nobles et ecclésiastiques, reconnaissons avoir reçu de notre mère tutrice, la république, par les mains de notre fermier ou acquéreur, le républicain Fernay, la somme de trois mille livres, laquelle somme sera par nous employée, tant pour l'achat des munitions de guerre que pour l'entretien de nous et de nos soldats, dont quittance, nous réservant seulement à notre prochaine majorité, nos droits et actions, ce que de raison. A Veaucé.

» *Signé, Joseph*, capitaine royaliste; *salut et bon sens; sic vos non vobis, Pierrot.* »

Du 13. = *L'administration, au comité de salut public.*
(*Saint-Malo.*)

« Le citoyen Le Mée, administrateur du district de Saint-Brieux, vient de nous adresser la note suivante :

» Le département des Côtes-du-Nord a été dégarni de forces (1) au moment où il en avait le plus grand besoin... Humbert a cru qu'en ces circonstances il était indispensable de conclure une suspension d'armes entre les troupes de la république et les Chouans, à la tête desquels se trouvait Boishardy dans le district de Saint-Brieux. Cette trêve a produit un effet très-contraire aux vues qu'on s'était proposées. Les Chouans, un grand nombre d'émigrés, de prêtres déportés, se sont introduits partout, ont répandu beaucoup d'argent, ont fait signer des enrôlemens dans toutes les communes, payant à tous quarante sous par jour, en argent, dès la signature, et promettant trois francs par jour à l'ouverture de la campagne. Ils assassinent journellement des officiers municipaux, des patriotes honnêtes. Les municipalités n'osent plus se rassembler; elles sont dans un état de désorganisation complète, et les lois sans exécution.

» Les Chouans font déjà monter à plus de vingt-cinq mille hommes le nombre des enrôlés. Les assignats sont sans aucune valeur, le mal est à son comble. Ils attendent, le 4 mars prochain, quatre mille hommes de troupes anglaises, et quantité de fusils et de munitions. Pour faciliter ce débarquement, ils doivent s'emparer de l'un des ports de la baie de Saint-Brieux. Déjà ils ont désarmé les canonniers et volontaires qui défendaient la batterie de Roselier, dont ils ont enlevé les poudres. »

Du 14. = *Le représentant Brue, au comité de salut public.*
(*Vannes.*)

« Je suis parti le 12 de Quimperlé pour Hennebon, ac-

---
(1) Pour passer à l'armée de l'Ouest.

compagné de vingt-et-un chasseurs, soixante-huit grenadiers et cent hommes de divers corps. Ces troupes escortaient le nommé *Calan*, de Plumelian, surnommé *Salomon*, chef de brigands, avec cinq autres prisonniers pris à l'affaire du Faouet. Ce chef avait assassiné plus de cinquante patriotes, et a été, il y a huit ans, condamné à être pendu. Nous avions à protéger un convoi de dix mille cartouches et d'autres effets.

» A Hennebon, six prisonniers ont été réunis aux autres. Nous sommes partis le 13, à neuf heures du matin. Vers midi, à une petite lieue de Landevant, les éclaireurs ont été attaqués par deux cents hommes, quatre ont été blessés; on a marché au pas de charge; les Chouans ont été repoussés et poursuivis pendant plus d'une heure; trente hommes seulement étaient restés à la garde du convoi.

» Calan a été fusillé, ainsi que 5 autres pris armés; j'en étais convenu avec mes collègues Guezno et Guermeur, en cas d'attaque. Les autres prisonniers ont été conduits dans les prisons de Vannes.

» Et moi aussi, mes collègues, je respecte les principes; je ne vois pas couler le sang sans frémir; j'abhorre l'arbitraire; je ne veux pas que l'on se joue de la vie ni de la liberté des hommes; le règne de la terreur m'est odieux; ma conduite et mes actes en sont des preuves. J'ai fait infliger des peines sévères, publiques et infamantes aux soldats qui s'écartaient de leurs devoirs, tandis que je faisais porter aux rebelles, pris les armes à la main, tous les secours que l'humanité réclame; enfin, j'ai pris sur ma tête des mesures de douceur et de clémence, dont la pureté des motifs et le but peuvent seuls m'empêcher de paraître coupable; mais cependant mon devoir m'ordonne de repousser la force par la force, et de venger le sang et les horreurs commises contre ceux qui ne voient que la république et son triomphe. Partout il se commet des pillages et des meurtres. Dans un endroit, ces prétendus catholiques, ces vrais brigands, tondent les officiers municipaux; dans un autre, ils leur coupent les oreilles, les assassinent, etc., etc.; partout ils enlèvent les armes.

» Certes, l'indulgence nationale doit être déployée envers ceux qui n'ont été que séduits ou égarés; mais ceux qui, de sang-froid, de guet-apens, restent patiemment embusqués pour attendre leurs victimes, afin de les assassiner !.... Certes, le sang des hommes doit être épargné; mais est-ce celui des scélérats qui se jouent de la bonté nationale, du pardon généreux qu'on leur offre inutilement depuis quatre mois, et qui ne veulent vivre que de brigandages et de crimes.

» Pour excuse, on veut faire passer ces atrocités sur le compte d'hommes qui, dit-on, n'appartiennent pas à la vraie masse catholique et royale; mais, en attendant, le crime se perpétue, et chaque jour voit ses patriotes enlevés à la république.

» C'est après avoir essuyé trois fois le feu des brigands, qu'investi par deux décrets de pouvoirs illimités pour terminer la guerre des Chouans, et notamment par celui du 16 janvier dernier, j'ai agi de cette manière. »

Du 14. = *Le représentant Baudran, au comité de salut public.* (*Laval.*)

« D'après les renseignemens qui m'ont été donnés par l'administration du district, on porte le nombre des Chouans, dans son arrondissement, à environ quinze cents. Ils ont pour chefs : *Coquereau*, *Cottereau*, dit *Chouan*, *Picot*, *Moulin* (1) et autres. On présume qu'ils ne sont qu'en sous ordre (2). Ils marchent quelquefois au nombre de six et huit cents. Ils ont pris naissance dans les communes de Bourgon, Bourgneuf, etc. Sur quarante-huit communes, quarante-

---

(1) Chef de canton, mentionné dans la lettre confidentielle de Cormatin, du 14 janvier.

(2) Leur organisation n'était pas encore terminée.

cinq sont en leur pouvoir ou dans leurs intérêts. Les communes d'Andouillé, Louverné et Montflour, leur ont résisté. Ces rassemblemens ont pris naissance à l'époque où le clergé refusa le serment. La conspiration a de l'affinité avec celle de la Rouarie en Bretagne; les prêtres y jouent un grand rôle. Le plan saisi sur Retrie fils, puni de mort, annonce que leur intention était de désarmer les bourgs et les villages, assassiner tous les patriotes, empêcher toute communication avec les villes, les affamer, en défendant la circulation des subsistances.

» Pour purger le pays, il faudrait quatre mille hommes de troupes dans ce district. »

Du 15. = *Magallon, chef d'état-major, au comité de salut public.* (*Rennes.*) Rapport.

« Le cantonnement de Guemené a été surpris le 29 janvier, huit grenadiers ont été tués.

» Le 31, l'ancien maire et un officier municipal de Fougeray, district de Bain, ont été assassinés. »

Godefroy (prince de Bouillon), *au comité central de l'armée catholique et royale.* (*Jersey, Ile-des-Amis.*)

« De nouveaux effets et des personnes zélées m'arrivent pour rejoindre le comité. Je demande qu'on m'indique un point de côte sûr, où l'on trouvera des bras pour enlever et des hommes pour assurer le débarquement. Ne négligez donc pas un instant à rapprocher vos forces de la côte où on livrera les effets précieux. »

Le représentant Baudran, au comité de salut public. (*Laval.*)

« *Coquereau*, qui a fait partie des brigands de la Vendée, est natif de Daon; il habite Marigné, district de Châteauneuf. Il est peu intelligent, mais cruel et sanguinaire. *Fleur-d'Épine*, qu'on suppose être le ci-devant abbé Lépine, est du district d'Évron. Ces détails viennent du district de Château-gontier. »

» On regrette, dans le département de la Mayenne, le général Danican qui, dit-on, a été enlevé au moment où il était sur le point de terminer cette guerre. On se plaint des généraux Rossignol et Beaufort, et partout on demande de nombreux cantonnemens. »

Du 15. = *Le représentant Boursault, au comité de salut public.* (*Rennes.*)

« Mes pouvoirs cessent le 22 du courant, je compte partir d'ici le 19. J'ai passé trois jours à Fougères où j'ai renouvelé toutes les autorités constituées. Des administrateurs, à la façon de Carrier, avaient aigri les habitans des campagnes. Je les ai destitués, et tout le monde parait satisfait.

» Il sera difficile de réparer les maux que cette trêve impolitique, absurde, ridicule et meurtrière a faite à ce pays. Je ne parle que de la trêve avec les Chouans; celle avec la Vendée peut encore produire d'heureux effets.

» Je fais partir pour Paris une somme de huit cent mille livres en assignats, et quatre mille trois cent quarante-une livres en numéraire, pris sur les Chouans. »

Du 16. = *Le représentant Baudran, au comité de salut public.* (*Laval.*)

« Il résulte des renseignemens qui me sont parvenus des districts de Craon, Ernée, Lassay, que les Chouans prennent leur nom des nommés *Cottereau*, contrebandiers; ils étaient 4 frères, de la commune de Saint-Ouen, district de Lassay. Les Chouans sont endoctrinés par un grand nombre de prêtres. »

Du 17. = *Le représentant Brue, au comité de salut public.* (*Vannes.*)

« Les brigands répandus dans toutes les parties du Morbihan continuent leurs excès. Chaque jour quelques patriotes, dans les campagnes, sont immolés à leur fureur. Je crains que le général en chef, ne trouvant pas le mal aussi grand qu'il l'est réellement, ne fournisse pas le nombre de troupes nécessaires, quoique Guezno, Guermeur et moi, ne cessions de lui en demander. — L'assignat de cent francs ne vaut pas ici dix francs.

Du 17. = *Ordre de l'armée.*

« Le général en chef désire trouver vingt officiers, seize d'infanterie et quatre de cavalerie, qui, aux connaissances de leur état, réunissent une bonne santé. Ses intentions sont de les affecter à un service particulier, agréable quoique pénible (1). »

Du 18. = *Le général Hoche, au général Lebley.*
(*Rennes.*)

« Je ne me prêterai jamais à ce que les armes de la République soient avilies, et sa puissance méconnue : tu voudras bien redoubler d'activité dans la recherche et la poursuite des brigands. Une plus longue trêve, dans le district de Ségré, serait déshonorante ; je t'ordonne donc de poursuivre sans relâche des scélérats qui ont oublié tout-à-fait qu'ils sont hommes et Français. »

Le même, à l'administration du district de Ségré.

« J'ai dû juger, citoyens, par l'insolente lettre de Turpin (1), que ce misérable chef de voleurs a perdu et le sens et les sentimens humains. Que les coquins qui lui ressemblent rentrent, s'ils le jugent à propos ; je vous déclare que jamais je ne me prêterai à aucun armistice. Les brigands ne peuvent ignorer que Charette doit rentrer. C'est à eux à profiter de la clémence de la Convention nationale, ou à se préparer à monter sur l'échafaud ; je vous prie de rendre ma lettre publique. Je m'en rapporte, pour le surplus, à votre prudence et à votre patriotisme. »

---

(1) Service de partisans, colonnes mobiles.
(2) Turpin semblait vouloir dicter des conditions, en demandant une prolongation d'armistice.

Du 18. = *Le même, au représentant Boursault.*

« Je te fais passer, citoyen, copie des pièces que m'ont envoyées les administrateurs du district de Segré, et copie de ma réponse et de mes ordres. Je ne puis souffrir les rodomontades d'un voleur qui a l'air de s'intituler le maître du pays. »

Ordre de l'armée. (Rennes.)

« Le général en chef annonce à l'armée que le gouvernement vient de récompenser d'une manière éclatante les services qu'a rendus le général Magallon, en lui conférant le grade de général divisionnaire. Cet officier, chargé par le gouvernement d'une mission particulière, a remis les fonctions de chef de l'état-major des deux armées à l'adjudant-général chef de brigade Cherin. »

L'administration, au comité de salut public. (Saint-Malo.)

« Dix émigrés, parmi lesquels il y a des chefs, ont été arrêtés débarquant à Erquy, district de Lamballe, avec une correspondance qui sera adressée au Comité. »

Le général Rey, au comité de salut public. (Saint-Malo.)

« Dix individus, porteurs de lettres et de la correspondance des Chouans avec l'Angleterre et la Vendée, ont été arrêtés sur la côte. J'enverrai, par le prochain courrier, copie de toutes ces pièces (1). »

Du 19. = *Le représentant Boursault, au comité de salut public. (Rennes.)*

« Je m'empresse de transmettre au comité les pièces originales saisies le 17 sur dix émigrés débarqués d'Angleterre. J'ai donné l'ordre de les conduire à Rennes.

« Bollet m'annonce que la Vendée est rendue : je crains le séjour des chefs dans ces contrées. »

---

(1) On les a classées suivant leurs dates.

Du 19. = *Le général Hoche, à l'armée.* (*Rennes.*)

« Le général en chef annonce à l'armée, avec un plaisir bien vif, que l'empire de la raison vient enfin de rendre à la patrie tous ses enfans, et que le jour où tous les Français ne doivent former qu'une famille est arrivé.

» Charette et les principaux officiers de son armée, au nom des Vendéens; Cormatin, au nom du parti connu sous la dénomination de Chouans, viennent de signer un acte par lequel ils déclarent aux représentans du peuple français, que leurs intentions sont de vivre désormais sous les lois de la république une et indivisible, et qu'ils s'engagent à remettre leurs armes et munitions de guerre et de bouche.

» Mais tandis que ces citoyens rentrent dans le sein de la patrie, il est des brigands de profession qui, ne connaissant d'autre parti que celui du meurtre et du pillage, exécutent des forfaits inouis et semblent en méditer de nouveaux. L'instant est arrivé où tous les bons citoyens doivent se réunir pour détruire leurs ennemis communs. »

Le même, au général Kricq (1). (*Rennes.*)

« Je vous félicite de votre fête, j'attends pour en donner une, que la paix soit bien assurée. Ah! mon ami, que vous êtes heureux! mon espèce de misanthropie ne me permet guère de goûter le bonheur : je le vois toujours loin de moi, sans pouvoir l'atteindre, et je ne le goûterai que chez moi, au sein de ma famille et de l'obscurité. Si chacun donnait, comme vous, l'exemple de la fraternité, les troubles cesseraient bientôt; mais l'orgueil, mais l'ambition rongent des têtes qui en rendent d'autres malheureuses, lorsqu'elles ne les font pas tomber (2). »

---

(1) Le général Kricq commandait les cinquième, sixième et neuvième divisions. Son quartier-général était à Redon.

(2) Cette lettre porte l'empreinte du caractère de Hoche, que la

Du 19. = *Le même, à MM. Boishardy, de Chantereau, de la Roche. (Rennes.)*

« J'étais à Nantes, à une heure après midi M. Solilhac m'a assuré que M. Richard était allé vous joindre. Personne ne l'a arrêté (1). Sans doute en ce moment il est auprès de vous, et vous connaissez la manière loyale avec laquelle la pacification s'est faite. Obligez-moi, messieurs, de me faire connaître vos véritables intentions; une incommodité m'empêche de sortir; sans elle j'aurais été à Moncontour, et fait un effort pour conférer avec MM. Boishardy et Chantereau dont les noms me sont les plus connus. Je désire beaucoup voir deux de vous, et je vous engage ma parole d'honneur que les personnes qui viendront retourneront aussi librement qu'elles seront venues. Je fais passer votre lettre à M. Cormatin. Venez, messieurs, venez voir ce que sont les républicains ; ils vous tendent les bras. Consultez vos envoyés, ils vous indiqueront le degré de confiance que vous devez avoir en des hommes qui désirent vous embrasser comme des frères et comme des amis. »

Du 20. = *L'agent national, au comité de salut public. (Vire.)*

« Les brigandages continuent dans quelques communes : on espère cependant que la soumission de Charette et de quelques autres chefs ramènera la tranquillité. »

Du 21. = *Le représentant Boursault, au comité de salut public. (Rennes.)*

« Hier, dans la nuit, j'ai reçu une correspondance de la plus haute importance : trahisons, manœuvres odieuses, plan pour soulever toute la ci-devant Bretagne. Tout semble nous

---

moindre contrariété affectait vivement. Ce qu'il dit de l'orgueil et de l'ambition est relatif aux représentans dont il avait à se plaindre.

(1) On avait fait courir le bruit de l'arrestation de leurs envoyés.

avertir de nous tenir sur nos gardes, et de ne traiter avec les Chouans et les brigands qu'avec une entière connaissance de cause. Hoche est parti sur-le-champ pour Nantes; Brue est invité de se rendre à Rennes. Je compte partir demain pour porter ces pièces au comité.

» A l'instant arrive le marquis de Pange, le comte de Vasselot, le chevalier de Boisbaudron, et sept autres débarqués il y a cinq jours. Je vais passer la nuit à les interroger. — Des millions sont introduits et doivent s'introduire encore. — J'ignore toujours ce qui se passe à Nantes : la correspondance qui sera remise au comité va dessiller les yeux de quelques-uns, ou du moins donner matière à réflexion. »

Du 22. = *Le représentant Dubois-Dubais, au comité de salut public.* (*Alençon.*)

« Vous trouverez ci-joint un arrêté que l'intérêt de mon pays et les circonstances m'ont fait prendre.

» Enlever des troupes qui servaient de barrière aux Chouans, c'est entrer dans les vues contre-révolutionnaires de ceux qui ne veulent que voir leur nombre se grossir. Je ne peux m'y résigner sans un nouvel ordre du comité. Hoche a donné l'ordre le plus ridicule pour arrêter les Chouans. Faire des promenades de grands chemins, sur une étendue de vingt-cinq lieues de long, sur une circonférence de plus de soixante!.... Je vous jure que je souffre bien d'ordres aussi ridicules. Combien de malheureuses communes vont être livrées aux Chouans, si l'on fait partir les troupes qui les arrêtent!.... Il y a tant de généraux, qu'on ne sait auquel obéir : général Duhesme, général Varin, général Lebley, général Josnet, etc. etc. Un bon général de division, le commandant temporaire d'Alençon, celui du Mans, et un autre pour Mayenne, suffiraient pour conduire cette guerre de Chouans, qui n'est qu'une misère, si l'on veut y mettre de la bonne foi, et une tactique de caporal. Au nom de la patrie, ayez quelque confiance dans ce que je vous écris (1). »

Arrêté du 21, joint à la précédente.

« Vu les nombreuses réclamations des communes dans lesquelles sont placés les cantonnemens des troupes destinées à la défendre contre les brigandages et assassinats des Chouans;

« Vu qu'il est impossible que le général Hoche, de son quartier général à Rennes, puisse juger des dispositions purement locales qu'exige la défense d'un pays contre des brigands disséminés par bandes sur un terrain d'une très-grande étendue, dont les attaques et marches particulières veulent un système de guerre particulier, duquel la direction entière, pour être plus efficace, pourrait être confiée à un officier sur les lieux mêmes, de concert avec les autorités constituées;

» Considérant que tout autre système ne peut obtenir de succès, et ne peut que faire dégénérer la guerre des Chouans en une Vendée;

» Considérant que la présence des troupes et leur activité ont déjà, telles qu'elles sont disposées, opéré les plus heureux effets;

» Arrête, vu l'urgence, que les troupes distribuées dans les différens cantonnemens de l'Orne et de la Sarthe, y resteront provisoirement jusqu'à ce que le comité de salut public en ait ordonné autrement. Il est enjoint aux généraux, à tous commandans militaires, et aux autorités constituées, de tenir la main à l'exécution du présent. »

Du 24. = *Le général Lebley, au général Hoche.*
(*Châteaugontier.*)

« Turpin court les différens cantonnemens des Chouans, pour les disposer à la paix; il est accompagné de Bancelin.

---

(1) Dubois-Dubais arrivait à Alençon, loin du théâtre de la guerre, et sur-le-champ il sait mieux que personne ce qu'il convient de faire !...

Mon aide-de-camp Leclercq m'écrit qu'avant-hier il était avec Turpin et plusieurs chefs qui acceptent le traité signé par Charette. Turpin lui communiqua la lettre qu'il a reçue de Cormatin, qui annonce que l'on attend Stofflet et un autre chef de la Vendée, pour le signer également; que dans quelques jours on conviendrait d'un lieu de rassemblement des chefs des Chouans pour le signer aussi, et qu'il l'en instruirait. Il lui marque encore que Charette va se rendre à Paris, pour faire ratifier le traité par le gouvernement, afin de donner plus de poids et de sûreté aux conditions acceptées. Mon aide-de-camp est chargé d'aller trouver Coquereau pour Châteauneuf, Sablé, Châteaugontier, etc. L'ordre de suspendre les hostilités pour quelques jours ne peut que produire un bon effet; j'espère que tu ne le désapprouveras pas. »

Du 24. = *Le général Hoche, au représentant Bollet, à Nantes. (Rennes.)*

« Les réflexions que j'ai faites depuis hier m'absorbent, et je crois devoir vous en faire part avant de rien faire.

» Ne craignez-vous pas que les gardes territoriales, que vous formez dans la Vendée, ne soient un noyau d'armée, auquel viendront se réunir les brigands, lorsque l'idée de reprendre les armes leur passera par la tête (1)?

» Si les Chouans nous travaillent avec force, ils ont craint, ce me semble, que vous n'ayez retenu leurs trois envoyés. Ils ont formé des rassemblemen considérables, et Boishardy m'a écrit qu'il me priait de rendre la liberté à Cormatin et autres. Je lui ai répondu de suite qu'ils étaient libres; que nous agissions avec loyauté. Enfin, ma lettre (2) est conforme aux circonstances, et, afin de gagner du temps, je lui ai de-

---

(1) Hoche avait raison : en créant des gardes nationales sous l'influence des chefs vendéens ou chouans, c'était autoriser des rassemblemens.

(2) Du 19.

mandé une entrevue à Rennes où ma présence est très-nécessaire. J'attends sa réponse, tu sais que son aide-de-camp a a été arrêté ici ; je ne me permettrai pas de prononcer.

» Les brigands sont un composé de propriétaires qui veulent la paix, de fripons, de têtes exaltées, de gens sans aveu qui veulent de l'emploi et qui n'ont d'autre ressource que la guerre. Le comité de salut public t'a autorisé en particulier à en former des légions. Ce moyen est puissant sur eux, il flatte leur ambition et pourvoit à leurs besoins.

» Faites-le, vous ne pouvez vous dissimuler qu'on ne saurait tirer trop d'hommes de ce pays ; et pourvu que ceux-ci servent ; je crois qu'il leur importe peu de savoir qui. Nos ressources vont être épuisées ; la marine, ainsi que nous, manque de subsistances. Les Anglais nous menacent d'une descente prochaine ; ils n'ont plus que cette ressource pour se sauver. Je suis persuadé qu'ils vont faire des efforts incroyables pour le mois prochain. Ne perdez donc point de temps à terminer, et faites-moi passer deux mille hommes au moins, d'ici à 10 jours. Je ne puis m'étendre autant que je le voudrais : suppléez à mes idées ; mais terminez, fût-ce même par la guerre. Rien n'est cruel comme l'incertitude. »

Du 25. — *Le même, au comité de salut public.* (*Rennes.*)

« Si les trois mille hommes retenus à Alençon ne sont pas à leur destination, il n'y a nullement de ma faute : le comité pourra en juger par l'arrêté de Dubois, que je joins ici. (1).

» Il est certain que de Rennes je ne puis pas juger si trois mille hommes sont utiles dans un pays où il ne se fait aucun brigandage ; mais je juge parfaitement, par les rapports que je reçois de toutes les divisions de l'armée, qu'elles ont besoin de renforts.

» Je ne fais aucune disposition particulière, je donne les

---

(1) Voir à la date du 22.

principes généraux relativement aux localités, après quoi les officiers généraux agissent.

» De nouveaux malheurs arrivent tous les jours. Les fausses démarches écrasent la troupe de fatigues..... Il est temps que la paix vienne, afin que nous puissions être ici d'accord sur la manière de faire la guerre, et en vérité, quoiqu'on ait cherché à me faire peur, j'ai la hardiesse de la croire très-prochaine. »

Du 26. = *L'adjudant-général Champeaux, chef de l'état-major de la 5ᵉ. division militaire, au comité de salut public.* (*Vannes.*)

« La position de ce département devient plus embarrassante de jour en jour. A chaque instant on apprend de nouveaux assassinats de toutes parts ; on annonce que les rassemblemens généraux vont s'effectuer ; on est à la veille d'une insurrection complète. Des patrouilles de 25 hommes, allant porter des ordres dans les cantonnemens, sont attaquées ; toute communication est interrompue ; les courriers sont assassinés ; les patriotes sont depuis long-temps réfugiés dans les chefs-lieux ; il faut une escorte nombreuse pour voyager et des forces imposantes pour approvisionner les magasins militaires. Il existe des bandes d'égorgeurs. En l'absence du général Kricq, j'ai instruit le général en chef du projet formé de *Chouanniser* en grand : voici la réponse que j'ai reçue du général Cherin :

« Je t'invite à faire connaître au général Kricq, qui com-
» mande supérieurement la 5ᵉ. division, le besoin où tu te
» trouves d'une augmentation de forces, afin qu'il prenne les
» mesures nécessaires, et soumette au général en chef la
» demande d'un accroissement de troupes, s'il le juge con-
» venable. »

» Je ne puis voir sans amertume la manière dont on agit dans ces malheureuses contrées. Au nom de la patrie, venez au secours du Morbihan, ou bien il est enlevé à la liberté.

Du 26. = *Le général Hoche, au comité de salut public.*
(*Rennes.*)

« L'adjudant général Quantin m'annonce que Bézard et Lebley sont à Ségré. Tout présage le prochain retour de la pacification. Je ne dissimule pas que pendant que les chefs de quelques bandes rentrent, d'autres assassinent et arrêtent les voyageurs. Je dois dire aussi qu'on les y provoque, en annonçant que leeul moyen de finir cette guerre cruelle est de noyer, brûler et égorger; en disant que la Convention nationale ne ratifiera pas l'acte de pacification, et mille autres propos de ce genre.

» Tandis que les représentans travaillent à Nantes à pacifier, je me mets en mesure de continuer la guerre, si la nécessité l'exige. Le représentant Bollet a accordé une gratification à vingt officiers destinés à faire le métier de partisans, chacun à la tête de deux cents hommes d'élite. Les colonnes vont se mettre en marche dans les arrondissemens où les brigands n'ont annoncé aucunes dispositions pacifiques. Je leur donne des instructions particulières et secrètes.

» Nous éprouvons une grande pénurie de subsistances. Le courage et le patriotisme des troupes est sans exemple. Aucun murmure ne se fait entendre dans l'armée. La discipline commence à être bien en vigueur. »

Instructions particulières aux commandans des colonnes mobiles. (*Rennes.*)

« Je te préviens, citoyen, que tu es admis au nombre des citoyens demandés à l'ordre du 17 de ce mois. En conséquence, après avoir pris congé du chef de ton bataillon, tu voudras bien te rendre auprès du général ...., commandant la .... division, pour y recevoir ses instructions particulières et les troupes dont le commandement t'est confié.

» Rappelle-toi sans cesse, citoyen, pendant le cours de ton honorable mission, que ta conduite doit être celle d'un patriote éclairé, d'un homme vertueux, d'un officier républicain et français. Tu restes responsable de celle des hommes qui te sont confiés. Habitue-les à la fatigue, au feu, à la victoire, et surtout à respecter l'innocent habitant des campagnes, opprimé par des hordes de Cannibales. Habitue les républicains que tu commandes à respecter les propriétés et à être sobres. Que jamais on ne puisse te reprocher un acte arbitraire, une vexation. Je ne te parlerai pas de bravoure, cette vertu et l'amour de ton pays doivent seuls t'animer. Évite les pourparlers avec les ennemis, tu ne dois que les combattre. S'ils veulent parler d'accommodement, envoie-les au général commandant la division. Cependant sois toujours bon, humain, prêt à recevoir l'homme égaré qui, abjurant son erreur, viendrait se jeter dans tes bras. Inspire aux habitans la confiance nécessaire pour vivre en bonne intelligence avec les troupes. Fais aimer la république et respecter ses armes.

» Si, pendant le jour, tu as fouillé quelques villages, reviens dans l'un d'eux par contre-marche au milieu de la nuit. Fais-le entourer soigneusement et arrête les brigands qui s'y trouveraient. Ordinairement ils se tiennent dans les métairies, marches-y, et jamais par les chemins qui conduisent d'un bourg à un autre; mais bien par les sentiers, afin de te fournir les moyens de les connaître. Je t'autorise à requérir des guides du pays.

» La plupart des généraux de la république ne doivent leur avancement qu'à leur infatigable zèle pour la patrie. Plusieurs ont dû leur grade au métier de partisan que tu entreprends. Marche sur les traces de tous, et fais voir que l'on ne doit pas se repentir de t'avoir accordé une grande confiance. Les récits de tes travaux iront frapper les oreilles de nos législateurs; ils sont justes, et, indépendamment de la gloire dont tu peux te couvrir, tes peines seront récompensées. Salut. »

Du 28. — *L'agent national, au comité de salut public.*
(*Vire.*)

« Les Chouans, pendant cette décade, ont encore exercé leurs brigandages dans plusieurs communes de ce district. Des maisons de patriotes ont été pillées, les papiers des administrations brûlés, les arbres de la liberté renversés ; rien n'est sacré pour eux. »

CHAPITRE XXV.

Mars 1795.

Du 11 ventôse au 11 germinal } an III.

§ Ier. Rapport du représentant Gaudin au comité de salut public. — Arrêté de Stofflet et de ses officiers réunis en conseil, contre les signataires de la pacification. — Rapport des représentans Delaunay, Dornier, Morisson et Menuau, au comité de salut public. — Nombre des armées de la république. — Adresse du conseil de Stofflet aux habitans des pays conquis, en réponse à l'adresse de Charette. — Le général Lebley, au général Hoche; fête de la réunion et de la fraternité. — Arrêté du représentant Gaudin. — Lettre de Charette aux représentans, sur le parti qu'il se propose de prendre. — Rapport de Delaunay et Ruelle à la tribune de la Convention; les arrêtés de pacification sont approuvés. — Lettre de Coquereau, chef de Chouans dans le district de Château-Gontier, au comité de salut public. — Rapport de Maignan au même. — Prise de Chalonnes et Saint-Florent annoncée par le représentant Bézard. — Combat à Saint-Florent. — Le général Beaupuy, à l'adjudant général Savary. — Réponse. — Rapport des représentans Ruelle, Delaunay et Bollet au comité de salut public; tableau des sommes promises aux chefs de l'armée de Stofflet. — Rapport de Canclaux au comité. — Arrêté des représentans Dornier, Menuau, Jary, Lofficial, contre le pillage. — Rapport des représentans Bézard et Lofficial au comité. — Du général Canclaux au même. — Le général Caffin, au général Beaupuy. — L'adjudant-général Beker, au même. — Bézard, au comité. — mort de Rateau et Bardon. — Rapport de l'administration de Segré au comité; nouveaux troubles. — Genet au général

Beaupuy. — Ordre pour le mouvement du camp de Ragon. — Canuel, à Beaupuy. — Stofflet et ses officiers, au général Canclaux.

Suite des événemens dans la Vendée.

Du 1ᵉʳ. = *Le représentant Gaudin, au comité de salut public.*
(Sables.)

« Je n'ai pu assister à la pacification, parce que ma présence était nécessaire aux Sables. La division de l'armée rebelle qui avoisine les districts de Challans et des Sables ; aux ordres de Delaunay (1), n'a jamais eu des intentions pacifiques, et se livre à tous les excès.

» Il y a eu deux débarquemens d'émigrés sur la côte le 17 février. »

Le 2, Stofflet réunit ses officiers à Jallais, pour émettre leur opinion sur la situation présente. L'arrêté suivant y fut pris :

« Nous, général en chef et officiers généraux, membres du conseil militaire de l'armée catholique et royale d'Anjou et du haut Poitou, et officiers des deux autres armées (2) réunis en conseil ;

» Instruits et vivement affectés du lâche abandon qu'ont fait de leur poste MM. Charette, de Couëtus, Sapinaud, Fleuriot, Debruc, Bejary et Prudhome (3), et de leur réunion aux ennemis de l'état ;

---

(1) Delaunay, menacé par Charette, se retira auprès de Stofflet, dont le mécontentement éclata bientôt contre les signataires de la pacification.

(2) Delaunay, Beauvais et Forestier.

(3) Prudhome, chef de la division du Loroux, fut arrêté et condamné à mort par jugement du conseil militaire du 12 mars, pour crime de trahison.

» Considérant que cette réunion n'a pu s'effectuer qu'à des conditions également contraires au bien général, aux intérêts des peuples et aux droits imprescriptibles et sacrés de l'autel et du trône ;

» Voulant, par des mesures promptes et vigoureuses, arrêter les progrès de la séduction, et offrir aux peuples restés fidèles à Dieu et au Roi, un centre d'union et un point de ralliement ;

» Nous avons unanimement déclaré et arrêté, déclarons et arrêtons ce qui suit :

» ARTICLE PREMIER. Tous officiers fidèles à Dieu et au Roi, existans dans le pays conquis, sont invités au nom de la religion, du roi et de l'intérêt public, à se réunir à nous dans le plus court délai, pour prendre, de concert avec eux, toutes les mesures qui seront jugées nécessaires pour le salut public.

» Art. II. Tous officiers réunis à nous en la manière ci-dessus, conserveront les mêmes droits, rangs, qualités et prérogatives dont ils jouissaient précédemment.

» Art. III. Tous arrêtés qui pourraient retarder ou altérer cette union, et notamment celui pris à Beaurepaire, le 6 décembre dernier (1), et tous autres qui en auraient été la suite, sont déclarés nuls et non avenus.

» Art. IV. Tous individus qui tenteraient de rompre cette union ou d'affaiblir dans le cœur des peuples, par leurs intrigues et leurs discours, l'attachement qu'ils ont voué à la religion, à Dieu et à leurs chefs, ou publieraient des arrêtés ou proclamations venant de la république, de ses chefs ou de ceux qui s'y sont réunis, seront arrêtés de suite, traduits devant le conseil militaire et punis exemplairement.

» Art. V. La proclamation du conseil militaire de l'armée d'Anjou et haut Poitou, adressée aux habitans de son arron-

---

(1) Voir à cette date. (*Vendée*).

dissement, en date du 28 janvier dernier (1), sera publiée dans toutes les paroisses du pays conquis, et les soldats et habitans sommés de se tenir prêts à marcher en armes partout où besoin sera, dès qu'ils en seront requis par leurs officiers respectifs.

» Art. VI. Il est enjoint à tous commandans des postes, soit des frontières, soit de l'intérieur, de prendre sans délai, sur leur responsabilité personnelle et les peines de droit, les mesures les plus promptes et les plus efficaces pour empêcher ou arrêter, soit l'introduction des personnes suspectes dans le pays, soit le passage des habitans au delà des frontières, sans une permission en poche et par écrit.

» Art. VII. La surveillance la plus exacte est recommandée aux chefs de division, leurs lieutenans et officiers, ainsi qu'aux capitaines des différentes paroisses du pays conquis, lesquels seront tenus d'arrêter ou faire arrêter et conduire au premier poste, pour y être interrogés, tous individus, suspects de républicanisme, qui voyageront dans l'intérieur.

» Art. VIII. Toutes personnes, de quelque qualité et condition qu'elles soient, qui seront convaincues d'avoir fait passer, tant aux ennemis de l'État qu'à ceux qui se seront réunis à eux, soit des munitions de guerre, soit des provisions de bouche, seront de suite traduites devant le conseil militaire et punies, tant par la confiscation des provisions de bouche, au profit du dénonciateur, que corporellement, suivant l'exigence des cas et la rigueur des lois.

» Art. IX. Les dispositions contenues dans le présent arrêté seront lues à la tête de toutes les gardes, publiées aux prônes de toutes les messes paroissiales, affichées dans tout le pays conquis, et maintenues par la force des armes contre ceux qui en tenteraient, conseilleraient ou favoriseraient l'infraction ou l'inexécution.

---

(1) Voir à cette date.

» Donné à Jallais, le 2 mars 1795.

» *Signé*, Stofflet, Bérard, de Rostaing, Soyer, major-général (1); Cadi, Barbot, Monnier, Richard, Nicolas, Guichard, l'Huillier, Chalon, Soyer jeune, Robert (2), Blain; Perère, lieutenant; le chevalier De Céris, Baudry, Landré, Perdriau, Courtin; Delaunay, ci-devant commandant général de la division des Sables; De Beauvais, commandant général de l'artillerie; Forestier, commandant dans l'armée du centre; De Jousselin, Dupin, Vannier, David, Bremon, Dumont, De Lusignan, Supiot, Valois, Gauvin, Gabart, Legé, sous-lieutenant, Germain Bez, Humeau, Papin, Menard, Brandeau, Bouchet, Dubillot, La Pierre, Bodet, Avril aîné, Avril jeune, Augereau, Le Dug, Legeai, Charbonnier, Dupouet, Humeaux et Barré, secrétaire général.

» Vu l'arrêté ci-dessus, nous ordonnons qu'il soit lu, etc.
» *Signé* Bernier, curé de Saint-Laud, commissaire général. »

Du 3. = *Les représentans du peuple, au comité de salut public.* (*Ancenis.*)

« Les chefs vendéens et chouans ont protesté à la société populaire de leur dévouement à la république. L'entrevue avec Stofflet n'a pas eu de succès, mais le major-général, deux inspecteurs généraux et trois principaux chefs de son armée l'ont abandonné. Les chefs des chouans lui ont écrit qu'il ne devait pas compter sur eux, et, de concert avec Charette, lui assignent un rendez-vous à Clisson.

» Les marchés de Nantes se garnissent à vue d'œil. Ancenis n'avait de blé que pour quatre jours, les chefs de chouans qui sont ici ont indiqué les communes d'où l'on peut en tirer.

---

(1) Soyer, remplaçait Trotouin dans les fonctions de major-général
(2) Les paysans l'appelaient le marquis de *Carabas*.

En recevant la déclaration de ces chefs, nous avons donné hier à la république les districts d'Angers, Châteauneuf, Château-Gontier, Sablé, Craon, Segré et Ancenis (1).

» Tous les chefs de la chouannerie seront le 30 mars à Rennes pour signer une déclaration générale.

» Nous nous sommes dispersés sur tous les points dans nos arrondissemens. Nos collègues Bollet, Ruelle et Delaunay se rendent près de vous et y seront le 13 du courant.

» *Signé*, Delaunay, Dornier, Morisson, Menuau. »

À cette époque, le nombre des armées de la république fut réduit à huit, savoir :

Armée de Rhin et Moselle. . . Général en chef Pichegru.
  de Sambre et Meuse. . . . . Jourdan.
  du Nord. . . . . Moreau.
  Alpes et Italie. . . . . Kellerman.
  Pyrénées orientales. . . . . Scherer.
  Pyrénées occidentales. . . . . Moncey.
  Îles de l'ouest. . . . . Canclaux.
  Côtes de Brest et de Cherbourg. . . . . . Hoche.

Le 4, Stofflet réunit son conseil à *Saint-Macaire* où fut rédigée l'adresse suivante :

» *Adresse du conseil militaire des armées réunies* (2), *aux habitans du pays conquis, en réponse à celle du 26 février des ci-devant chefs de la Vendée devenus républicains* (3).

» Français, le voile est déchiré ; la vérité paraît dans tout

---

(1) Cette bonne intelligence ne fut pas de longue durée. À cette époque, les Chouans de la rive droite de la Loire suivaient le sort de Charette.

(2) Stofflet ne reconnaissait plus l'autorité de Charette et de Sapinaud qu'il considérait comme transfuges et traîtres à la cause de l'autel et du trône.

(3) Voir au 26 février.

son jour; les traîtres sont connus. Leur main criminelle a signé sans frémir l'arrêt déshonorant qui détruit parmi nous la religion, le trône et la noblesse. Vos chefs, vos vrais amis, ne sont plus, aux yeux des nouveaux républicains, que de *vils séducteurs*, *d'infâmes intrigans*, *des hommes ambitieux et pervers*. Nous, séducteurs !..... Français, nos intentions, nos sentimens vous sont connus : les avons-nous un instant changés ou démentis ? Mais ces hommes prodigues de votre sang, qui, pour sauver leurs jours, ont exposé les vôtres, et dès l'instant où le pardon leur fut offert, transigèrent avec la république, n'ont-ils pas joué le rôle infâme de séducteurs et d'ambitieux ?

» Tels n'ont point été, vous disent-ils, leurs intentions et leurs desseins : *songer à vos intérêts*, *oublier les leurs*, voilà la tâche glorieuse qu'ils se sont imposée. Français ! le croirez-vous ? Sachez que pour séduire et tromper vos chefs, on fit briller à leurs yeux les trésors de la république. Il en est, et vous les connaissez, dont l'âme, aussi pure que la cause qu'ils défendent, les a dédaignés ; mais que penser de ceux qui, d'après les conférences, vous ont lâchement abandonnés ? Dieu, la France et la postérité seront leurs juges.

» *Nous connaissons*, disent-ils, *les raisons puissantes qui vous mirent les armes à la main. On avait porté à la liberté de vos opinions religieuses les plus terribles coups*.... Quel langage ! la religion n'était donc, dans les mains de ces chefs, qu'un levier politique dont ils se servaient pour soulever les peuples; et quand ils ont cru pouvoir l'abandonner sans crainte, ses dogmes sacrés n'ont plus été pour eux que des opinions.

» Diront-ils que l'exercice paisible de votre religion vous est accordé ? Quelle imposture ! La Convention, soi-disant nationale, n'a-t-elle pas déclaré, le 21 février dernier, sur le rapport de Boissy-d'Anglas, *qu'elle ne salarierait aucun culte; que les cérémonies de tous étaient interdites hors de l'enceinte où ils s'exerçaient ; qu'elle ne reconnaissait aucuns* ministres ; qu'aucun citoyen ne pouvait se montrer en public avec les ornemens ou le costume d'un culte quelconque ; qu'aucun signe, aucune inscription ne pouvaient être placés pour le désigner ; que les communes ne pouvaient acquérir ni louer aucun local pour l'exercer, ni former aucune dotation ni taxe pour le salarier. Généreux catholiques ! est-ce là cette liberté des cultes que vous vous promettiez pour prix de vos efforts, et pour laquelle vous avez si long-temps combattu ?

» *La Convention nationale contracte l'engagement de vous indemniser de vos pertes....* Mais vos enfans, vos épouses, vos parens, vos amis barbarement égorgés par ses ordres, cette Convention, devenue si généreuse, vous les rendra-t-elle?

» *Vous ne payerez d'impôts qu'au moment où une position plus heureuse vous en fournira les moyens.* Mais cette position existera dès demain ; l'instant où vous subirez la loi de vos tyrans vous rendra leurs esclaves, et, devenus complices de leurs forfaits, vous acquitterez du fruit de vos sueurs leurs folles dépenses et leurs prodigalités.

» *La Nation vous dispense d'aller protéger ses frontières...* Mais aussi prompte à contracter ces sortes d'engagemens qu'à les révoquer, pourvu qu'elle vous trompe, vous entraîne et vous désarme, peu lui importe à quelles conditions ses vœux seront satisfaits.

» *Vous avez fourni des objets précieux pour la subsistance des armées ; la Convention nationale en acquittera le montant....* Mais craindrait-elle de verser dans vos mains ses trésors, étant assurée de pouvoir vous pressurer un jour à loisir, et vous faire rendre au centuple ce qu'elle aura momentanément sacrifié pour vous corrompre ?

» Telles sont donc, Français, les principales conditions de ce honteux traité ; mais ce qu'on ne vous dit pas, c'est qu'il faut encore abandonner la monarchie, reconnaître avec la république sept cents tyrans, au lieu d'un roi ; livrer votre artillerie, vos grains, vos provisions, vos subsistances, et alimenter, au prix de votre sang, la nation et ses défenseurs. Comment et de quel front vos ci-devant chefs osent-ils après cela vous demander s'ils ont lâchement trahi vos intérêts !... Français ! pouvez-vous en douter ? Parjures envers Dieu et leur roi, après avoir cent fois promis avec vous de venger l'autel et le trône indignement outragés, quels droits pourraient-ils conserver à votre confiance et à votre amour ?

» Dira-t-on qu'ils jouissaient parmi vous d'une confiance justement méritée ? Mais les Lukner, les Rochambeau, les Lafayette n'avaient-ils pas avant la révolution plus d'un genre de gloire ? Que leur a-t-il fallu pour la perdre ? Dans un jour le déshonneur creusa leur tombe, et le lendemain ils y descendirent. Prétendra-t-on qu'ils n'ont fait que céder à la nécessité ? mais le vrai et solide courage ne dépend pas des circonstances ; et pour un cœur généreux et chrétien, trahir son devoir et se déshonorer ne fut jamais une nécessité.

» Français ! si, ce qu'à Dieu ne plaise, il en existait parmi vous que ces motifs ne pussent ébranler, nous leur dirions : écoutez le cri de la religion, la voix de la conscience et celle de l'honneur. Prêtez une oreille attentive aux lugubres accens d'un million de victimes égorgées par ceux mêmes qui vous offrent la paix... Époux ! allez encore répandre quelques larmes sur les restes inanimés d'une épouse chérie qu'ils ont immolée. Les reproches amers qu'elle vous adressera perceront la tombe qui la couvre. Portez ensuite vos regards affligés sur les débris des temples du vrai Dieu ; pensez au sang de ses ministres, répandu par ces monstres ; calculez, s'il se peut, les sacriléges, les abominations dont ils se sont rendus coupables ; dites-vous à vous-mêmes : pouvons-nous, sans frémir, blasphémer notre Dieu, renoncer à sa foi, abjurer son culte, croire au serment des impies, violer les nôtres, oublier nos promesses, trahir un roi malheureux, délaisser nos amis, abandonner nos chefs, voler dans les bras de nos tyrans ?...

Et après cela traitez, si vous l'osez, avec la république. (1)

» Arrêté unanimement à Saint-Macaire, le 4 mars 1?

» Signé, STOFFLET, BÉRARD, etc.

» Vu, etc., à Maulévrier, le 4 mars.

» Signé, BERNIER, curé de Saint-Laud, commissaire-général. »

Du 8. = *Le général Lebley, au général en chef Hoche.*
(*Châteaugontier.*)

« J'arrive de Ségré. Hier s'est célébrée dans cette commune la fête de la réunion et de la fraternité. Beaucoup de Chouans et plusieurs de leurs chefs des arrondissemens de Ségré, Craon, Châteauneuf et Châteaugontier se sont rendus à Ségré pour y fraterniser avec nous; un détachement de la douzième demi-brigade, accompagné de la musique, alla au-devant d'eux; les habitans de la commune se portèrent en foule à leur rencontre. La musique exécuta cet air chéri : *où peut-on être mieux qu'au sein de sa famille..?* Leur entrée se fit aux cris de *vive la paix! vive l'union!* Un repas fraternel, préparé chez le citoyen Bancelin, et des danses terminèrent la journée.

» Les chefs vont parcourir différentes communes, et se rendront de suite du côté de Laval, pour tâcher de reconnaître les chefs qui commandent dans cette partie, avec lesquels les autres royalistes de l'Anjou ne correspondent pas directement. Ceux qui existent dans les environs de la Flèche jusqu'au Mans sont dans le même cas. On prendra les mêmes précautions à leur égard.

» Déjà beaucoup de Chouans, des chefs même, sont rentrés dans leurs foyers. Nous sommes instruits que des agitateurs travaillent sous main pour contrarier nos opérations, mais nous espérons déjouer leurs perfides complots. »

---

(1) Cette production était l'ouvrage du curé Bernier qui vendit ensuite son parti pour avoir un évêché. Déplorables tragédies dans lesquelles le peuple crédule est toujours sacrifié!

Cependant les passions, loin de se calmer, prenaient chaque jour plus de violence dans le sein de la Convention. On s'accusait réciproquement, sans songer que le parti royaliste ne manquerait pas de profiter des résultats de cette lutte prolongée. Dans la séance du 8, les représentans mis hors la loi furent rappelés dans le sein de la Convention : c'était un acte de justice ; mais on méditait de nouvelles proscriptions qui devaient tuer la république.

Du 9. = *Arrêté du représentant Gaudin. (Sables.)*

« Considérant qu'on n'a plus à espérer que de faibles secours de Nantes pour alimenter les garnisons qui sont dans le district de Challans, et qu'il est impossible d'en tirer du district des Sables qui se trouve épuisé ;

» Considérant que lorsque tous les habitans de la Vendée rentrent dans le sein de la république, pour ne former avec les autres Français qu'un peuple de frères, les habitans du district de Challans s'empresseront de donner aux troupes républicaines toutes les subsistances dont ils peuvent disposer;

Arrête :

» ARTICLE PREMIER. Tous les grains du district de Challans sont mis en réquisition pour alimenter les troupes de l'armée de l'Ouest.

» Art. II. On aura soin de laisser aux habitans de ce district les blés nécessaires pour les nourrir jusqu'à la récolte prochaine ; le reste sera enlevé, mis en magasin et payé comptant au moment de l'enlèvement.

Art. III. Ceux qui contreviendraient aux dispositions du présent arrêté, et vendraient du blé pour être exposé hors de l'étendue du district, seront réputés de mauvais citoyens qui veulent affamer leurs frères, et seront provisoirement arrêtés. »

Du 13. — *Charette, aux représentans du peuple, près l'armée de l'Ouest, (Belleville.)*

« Vous désiriez être instruits du parti que je vais prendre et de la marche que je dois tenir dans la circonstance critique où nous nous trouvons (1). Pour répondre à ces questions intéressantes, il me suffira de vous faire l'exposé simple et vrai de ma position relativement aux intentions de mon armée et à l'esprit qui règne assez généralement dans le pays. Il existe encore des craintes mal fondées, un fond de ressentiment et quelques préjugés. Je m'occupe à détruire les efforts des intrigans et les fausses interprétations que l'on a données à l'adresse que j'ai fait répandre dans toutes les divisions.

» Je vous dirai, avec la même franchise, que l'intention bien prononcée de ceux qui composent mes troupes est de concourir de tout leur pouvoir à ce qui peut maintenir la tranquillité publique, et de conserver les heureux fruits de la pacification ; mais qu'il répugne néanmoins à leurs cœurs d'attaquer ouvertement leurs anciens compagnons d'armes qui, en s'abandonnant aux promesses de chefs ambitieux, sont certainement plus égarés que coupables. Le résultat de mes observations est qu'il serait dangereux de me résoudre à agir offensivement contre Stofflet ; mais je prendrai des mesures pour protéger le pays réconcilié à la république. »

Le 14, les représentans Delaunay et Ruelle se présentèrent à la Convention et firent un rapport sur les résultats de leur mission. On y donna lecture des déclarations souscrites par les chefs de la Vendée et des Chouans, ainsi que des arrêtés relatifs à la pacification (2).

---

(1) Pour éloigner Stofflet des conférences, Charette avait offert aux représentans de le réduire par la force des armes.

(2) On voit par ce rapport que Charette se faisait passer pour le généralissime de la *Vendée* sans en porter le titre.

« Stofflet, ajouta-t-on, n'a pas montré les mêmes dispositions pacifiques, et n'a pas suivi l'exemple de ses voisins. Ce royaliste ne peut être dangereux pour la chose publique.

» A l'instant où nous vous parlons, notre armée s'ébranle pour entrer sur le territoire occupé par Stofflet. Dans cet instant même, Charette et les Vendéens soumis, de concert avec nos collègues et le général en chef, ont repris les armes ; ils marchent sur lui (1). »

» Ruelle se plaignit des bruits que la malveillance se plaisait à répandre sur la conduite des pacificateurs de la Vendée, qui, disait-on, *avaient favorisé les royalistes, promis aux Vendéens de leur livrer des places, pris des arrêtés secrets en conséquence*; qu'il n'y avait qu'une trêve de conclue, et que bientôt la guerre allait renaître.

Ruelle donna ensuite lecture d'une lettre adressée à la société populaire de Nantes par les chefs de la Vendée; en voici l'extrait :

« Oublions, s'il se peut, tant de scènes désolantes pour l'humanité ; et puisque la paix vient verser un baume salutaire sur nos blessures, ne les envenimons pas au lieu de les guérir : ne songeons à nos maux que pour employer tous les moyens qui nous restent à les réparer.

» Les Français ont trop de raisons de s'estimer pour être long-temps ennemis les uns des autres : il est temps que leurs malheureuses dissensions cessent ; qu'ils n'aiguisent pas contre eux-mêmes des armes destinées à les défendre contre leurs ennemis communs. Qu'auraient-ils à se contester ? la gloire des armes est une propriété nationale qu'ils doivent partager en commun, et non se disputer en rivaux.

» Soyons donc amis, citoyens, de cœur et d'affection ; rassemblons nos efforts pour seconder les vues sages et bienfai-

---

(1) Delaunay avait trop compté sur la parole de Charette.

santes de la Convention nationale, pour aider aux représentans qu'elle a envoyés parmi nous à finir d'extirper jusqu'aux dernières racines de la tyrannie qui a couvert la France de deuil et de misère. Tous les bons citoyens, tous les hommes d'honneur, de courage et de probité ont le plus grand intérêt à s'estimer, à se concilier, à s'entendre, pour opérer le bonheur et le salut de notre commune patrie. Tels sont nos sentimens à votre égard, et nous éprouvons le plus grand plaisir à vous en donner l'assurance.

» Les généraux et officiers de la Vendée,
» *Signé*, Charette, Fleuriot, Couetus, Debruc, Renou, Trotouin, Martin aîné, de la ville de Beaugé, Gibert, Martin jeune. »

Ruelle donna ensuite lecture d'une lettre datée de Nantes le 9 mars, dans laquelle on disait que Rostaing avait abandonné Stofflet (1); que Charette était à la tête de quinze mille hommes bien armés, outrés des ravages de Stofflet; que déjà cette armée avait fait un mouvement en avant; que Charette était à Beaurepaire et qu'il allait provoquer une affaire. « Autant, ajoutait-on, il y a de scélératesse et de perfidie d'un côté, autant il y a de loyauté et d'honneur de l'autre.

Enfin le président donna lecture de la lettre suivante adressée le 28 février par les chefs de la Vendée au représentant Ruelle. »

« Citoyen représentant, personne ne mérite plus que vous de recevoir de notre part tous les témoignages particuliers de la reconnaissance que nous ont inspirée vos soins assidus et votre zèle pour la pacification de la Vendée. Nous nous

---

(1) Rostaing n'avait point abandonné Stofflet, ainsi qu'on le verra par les délibérations postérieures des chefs. Ruelle ne débita qu'une fable.

empresserons toujours de saisir les occasions qui pourront donner à ce sentiment toute la publicité qu'il doit avoir; et puisque vous êtes celui qui sûtes nous inspirer avec la confiance le désir de faire cesser une guerre affligeante, soyez aussi celui auquel nous nous adressons pour les faire passer à la Convention nationale, comme le gage de notre réconciliation sincère. Ces gages sont en même temps les monumens d'une victoire qui doit être bien douce pour votre cœur; cette victoire est le fruit d'une négociation pacifique. Nous désirons que les citoyens Bureau et Blin (1), qui ont secondé depuis long-temps vos heureux desseins, soient chargés par vous de faire hommage à la Convention nationale de nos drapeaux: ils ont passé avec nous assez de temps pour connaître nos vrais sentimens; ils sauront les exprimer dans toute leur sincérité; et, persuadés d'avance que vous nous accorderez cette satisfaction, nous leur écrivons pour leur en faire part.

» *Signé*, CHARETTE, FLEURIOT, SAPINAUD, COUETUS et DEBRUC. »

A la suite de ce rapport, la Convention approuva à l'unanimité les arrêtés pris par ses commissaires à l'armée de l'Ouest, et prorogea leurs pouvoirs auprès de cette armée.

Il s'était élevé dans la séance du 7 mars une discussion dans laquelle Boursault avait parlé avec peu de ménagement des Chouans. Le 15, Coquereau, chef du district de Châteaugontier, l'un des signataires de la pacification, écrivit au comité de salut public: (2)

---

(1) C'étaient les deux *citoyens* de Nantes qui, selon Ruelle, *ne consultant que leur amour pour la patrie, avaient pénétré, non sans courir de grands risques, jusqu'au camp de Charette. Ces risques* étaient encore une fable imaginée pour donner de l'importance à Charette.

(2) Il écrivait aussi au nom du chef du district de Châteauneuf.

« Du 15. = C'est pour répondre à ce que votre collègue Boursault a dit à la tribune de la Convention nationale dans la séance du 17 ventôse (7 mars), que nous croyons devoir vous donner des renseignemens dont nous sentons la nécessité, et qui seront utiles à notre patrie, parce que nous sommes persuadés qu'ils seront bien accueillis.

» Boursault vous disait *qu'il était étonné qu'on eût accordé une trêve aux Chouans, et qu'il était nécessaire d'envoyer un représentant sur les lieux pour éteindre cette guerre.* Ou la Convention est dans l'intention de rendre la paix et la tranquillité à nos malheureuses contrées, ou elle veut leur destruction entière ; car, quoi qu'on en dise, cette guerre, différemment organisée que celle de la Vendée, dérive des mêmes causes: on aura beau vous dire que l'Angleterre soudoie les émigrés et les vomit sur nos côtes, il n'en est pas moins vrai que très-peu sont parmi nous. Nous ne disconviendrons pas d'avoir fait des achats de poudre en Angleterre, mais le ministère britannique n'y a jamais eu d'autre part que celle de les tolérer et de désirer bien sincèrement nos succès ; et, nous le disons avec franchise, ceux-là sont bien les amis de l'Angleterre qui disent qu'il ne faut point accorder de trêve aux Chouans.... Sommes-nous donc des hommes d'une autre espèce que ceux de la Vendée? N'avez-vous pas eu autant de raison de dire que les Vendéens étaient d'intelligence avec l'Angleterre, lorsqu'ils se portèrent sur Granville, dans l'attente de l'escadre anglaise qui, en effet, n'en était pas bien éloignée? Quels motifs nous ont mis les armes à la main, sinon le mauvais choix des autorités dans le principe? Quelles fausses interprétations ne donnaient-elles pas à vos décrets, en nous tourmentant de toutes les manières par leur intolérance et leurs injustices, et par les entraves mises à nos opinions religieuses? Telles ont été les causes de notre insurrection. La Vendée eut-elle jamais d'autres motifs? Nous vous le demandons....

« Vos dignes collègues à Nantes ont fait un traité d'union avec les chefs de la Vendée; ils ont, en votre nom, accordé un pardon général ; enfin, ils ont terminé cette guerre affreuse, et nous sommes tentés de croire que celui dont les proclamations ont été infructueuses à notre égard (Boursault), parce que la Convention ne s'était pas encore prononcée en notre faveur, comme elle l'a fait depuis, n'a pas vu de bon œil le succès qu'ont obtenu Ruelle et ses collègues. Nos chefs, dans les personnes de Cormatin, Turpin, Dieuzie, etc., ont obtenu les mêmes conditions et y ont accédé, en promettant de faire de leur côté ce que les chefs de la Vendée ont fait du leur. Déjà les ordres sont donnés à tous nos chefs de canton de suspendre les hostilités et de remonter les charrettes ; déjà nous nous sommes rendus dans les districts de Ségré, Châteaugontier, Craon et Laval, où nous avons fraternisé avec les républicains, nos frères et nos amis. Là, nous leur avons juré paix, union et fraternité, et avons tous signé dans chaque district et promis que nous tiendrions le traité d'union signé par nos chefs. Demain nous partons pour les districts de Châteauneuf, Sablé, la Flèche et Baugé; enfin, nous emploierons tous les moyens qui sont en notre pouvoir pour rétablir le calme et la tranquillité.... Et c'est lorsque nous sommes de bonne foi, lorsque nous posons les armes, qu'on vous propose de rompre la trêve et d'organiser en grand une seconde Vendée dont les suites deviendront mille fois plus funestes à la république que celles de la première.... Qu'ils vous trompent ceux qui vous disaient, il y a quelques mois, qu'ils avaient parcouru le pays des Chouans, sans en avoir vu, et que leur nombre n'était pas de plus de deux cents! qu'ils vous trompent encore ceux qui vous disent que cette guerre n'a rien d'alarmant! Vous ont-ils dit, ceux qui voudraient éterniser cette guerre cruelle, comment elle est organisée, et ce qu'ils pensent sincèrement des suites qu'elle peut avoir ? Eh bien ! c'est nous qui allons le dire à la

Convention, nous qui désirons la paix et de qui il ne dépend pas qu'elle ait lieu.

» Dans les quatorze départemens à peu près insurgés, il n'y a pas un district, pas un canton, pas une commune qui n'ait ses chefs et ses troupes, et ces troupes sont les habitans des campagnes sans exception. Toutes ont été forcées de se réunir à nous, tant par la terreur que nous leur avons inspirée, que par leur mécontentement particulier. Si nous avons quelquefois fait des pertes, elles ont toujours été réparées au double par le grand nombre de vos déserteurs qui nous viennent en foule, ce que l'on ne vous a pas sans doute encore dit; par une infinité de mécontens des villes, qui bientôt réduits à périr de faim par les mesures que nous avons prises à cet effet, viennent se réunir à nous pour éviter une mort certaine.

» Nous vous dirons aussi que nous n'avons jamais manqué de munitions, parce que vos troupes nous en ont toujours fourni, soit à prix d'argent, soit avec des assignats. Nous vous dirons que toute espèce de voitures et de charettes ont été démontées, et que nous avions fait défense de porter aucune denrée dans les villes. Nous vous dirons aussi qu'au moment du traité d'union avec la Vendée, nous étions décidés à couper tous les ponts de communication sur toutes les routes, afin que les habitans des villes, manquant de tout, fussent obligés de faire cause commune avec nous ou de porter, en fuyant, la famine dans les autres départemens.

» Telles sont les vérités qu'auraient dû vous dire ceux que vous avez envoyés sur les lieux (1).

» Nous croyons aussi nécessaire de vous dire que le pillage et le désordre auquel se livrent vos troupes, ont beaucoup contribué à aliéner les campagnes. Il est surtout une espèce de troupe dont l'institution pouvait être excellente, s'il eût été possible d'en atteindre le but : ce sont les gardes nationales ou gardes

---

(1) On peut juger de la vérité de ce tableau par les rapports sur la chouannerie.

soldées, composées pour la plupart de tous les fainéans et mauvais sujets des villes. La suppression de ces troupes qui font mal le service le jour et font aussi les chouans la nuit, ne peut que contribuer à la tranquillité (1).

» Que le traité de la Vendée soit commun avec nous, et nous nous chargeons, ainsi que les Vendéens, de la destruction de tous les voleurs qui ne se sont enrôlés avec nous que dans l'espoir du pillage.

» Nous croyons devoir répondre à votre collègue Boursault, lorsqu'il nous compare à l'oiseau de nuit, que ce n'est pas de là que dérive le nom qui nous a été donné, mais bien des trois frères *Chouan*, contrebandiers et habitans des environs de Laval, premiers chefs des bandes qui n'eurent jamais d'autres motifs d'insurrection que ceux du pillage. Lorsqu'il vous dit que nous sortons à six heures du soir pour commettre nos massacres pendant la nuit, sans doute c'est pour que vous ne soyez pas surpris qu'il ne nous ait pas rencontrés pendant le jour; et certes, son collègue Bézard, en mission à Angers, ne vous dira pas la même chose. Nous lui dirons aussi qu'une partie des massacres qui nous sont attribués ont été commis par des agens secrets de Robespierre et de ses successeurs envoyés parmi nous; nous lui dirons qu'il n'est pas un individu dans nos départemens qui ne soit dans le cas de vous assurer que nous nous battons plus le jour que la nuit, et que plus de deux cents cantonnemens républicains ont été battus en plein jour et mis en déroute complète, en nous abandonnant armes et bagages; et si vos généraux sont de bonne foi, ils vous diront qu'ils nous ont vus quelquefois au nombre de mille et douze cents sur un même district.

» Le régime affreux de Robespierre nous a fait organiser, la destruction de son système sera aussi la nôtre, si, comme nous n'en doutons point, la Convention y consent. Qu'elle se

---

(1) Ces gardes nationales ou territoriales s'organisaient en vertu d'un arrêté de Boursault : c'était la terreur des Chouans.

défie donc des nombreux partisans qui lui restent encore, et surtout de ceux qui, rendant justice à leur peu de talens, savent bien qu'avec la paix ils rentreront dans la classe des simples particuliers.

» Quant à nous, sensibles à l'amnistie qui nous est accordée, charmés de l'exercice libre de notre religion, débarrassés des entraves et des vexations de toute espèce que nous éprouvions, nous tiendrons nos sermens, et ce sera alors que la France tranquille au dedans pourra dicter à la coalition telles conditions de paix qu'elle voudra. Alors aussi nous crierons avec sincérité : *vive la paix !* vive la *Convention nationale! vive même la République* !.... »

Du 15 = *Maignan, agent national au comité de salut public.*
(*Châteaugontier.*)

« Les Chouans font cause commune avec les Vendéens ; on n'en peut douter, puisque le traité fait par Charette a été concerté avec Cormatin.

» Voici les détails que je tiens d'un chef de Chouans (Coquereau).

» En cas de non-pacification, les Chouans doivent couper tous les ponts, intercepter toute communication, détruire les moulins inutiles à la mouture de leurs subsistances, couper les jarrets des bœufs et chevaux employés au transport des vivres et fourrages, tuer tout fonctionnaire exerçant, massacrer tout individu obéissant aux réquisitions, obliger, sous peine de mort, tout habitant de la campagne à les suivre ; enfin leur intention est de faire une pacification ou de ne laisser les armes qu'après avoir contribué à faire de la France un vaste cimetière.

» D'après cela vous pourrez juger si la proposition du représentant Boursault est impolitique. »

Cependant il était décidé que Stofflet serait attaqué et poursuivi avec vigueur par l'armée républicaine. Déjà les troupes étaient en mouvement pour pénétrer dans la haute Vendée, tandis que le pays de Charette était occupé par la division des Sables, commandée alors par le général Beaupuy dont le quartier général était à Machecoul.

Du 16. = *Le représentant Bézard* (1), *au comité de salut public.* (*Saumur.*)

« Chalonnes, avec une salpétrière considérable, est en notre pouvoir sans tirer un coup de fusil.

» Plusieurs colonnes entreront le 20 dans le pays de Stofflet. »

Du 17. = *Le même, à la Convention nationale.*
(*Saint-Florent.*)

« J'ai la satisfaction de vous annoncer que bientôt M. Stofflet et son conseil seront obligés de demander à genoux le pardon que vous avez eu la générosité de leur accorder et qu'ils refusent insolemment.

» Mes collègues près l'armée ont été assez heureux pour reconquérir des hommes égarés dans la partie de la Vendée qu'occupaient les troupes de Charette, mais dans celle que commande Stofflet il faut montrer la baïonnette.

» Les deux premiers succès dont je vais vous rendre compte nous en garantissent d'autres.

» Le 14 de ce mois, les troupes républicaines, sous le commandement de l'adjudant-général Haudeville, entrèrent dans Chalonnes sans tirer et en criant : *vive la République !*... On poursuivit l'ennemi sur les hauteurs où la colonne s'établit après une fusillade assez vive pendant 3 heures. Nous avons eu 5 hommes blessés, mais nous n'avons perdu personne.

» J'ai visité ce malheureux pays dévasté et incendié ; j'y ai trouvé une salpétrière assez considérable, j'ai pris un arrêté pour la faire enlever sur-le-champ, afin que l'ennemi ne pût en profiter et ne fît même aucune tentative pour nous en priver.

» Le 15 et le 16, les royalistes sont venus inquiéter le poste ; ils ont paru à plusieurs reprises au nombre de six à sept

---

(1) Il était chargé de la surveillance de la Loire.

cents hommes avec un peu de cavalerie. J'ai recommandé au général Boussard ce poste important, et je n'ai aucune inquiétude à cet égard.

» La même colonne qui s'était emparée de Chalonnes est partie pour attaquer le poste important de Saint-Florent, en passant par la Pommeraye, tandis que le général divisionnaire Canuel embarquait des troupes à Varades, pour attaquer par la Loire. A cinq heures du matin, le 16, Saint-Florent était à nous. Un poste ennemi de cent hommes prit la fuite.

» Nous avons eu le bonheur, le représentant Jary et moi, de délivrer deux femmes malheureuses que les brigands tenaient en prison depuis six mois; je leur ai distribué des secours que leurs pressans besoins rendaient indispensables. Nous avons aussi laissé en liberté deux particuliers que les brigands forçaient de monter la garde, et qui seront utiles pour établir la confiance dans le pays et prouver aux habitans que les colonnes ne marchent ni pour massacrer ni pour piller.

» Aujourd'hui la journée a été consacrée à une fête républicaine. Un drapeau tricolore a été placé sur l'église des Bénédictins, et l'arbre de la liberté a été planté aux cris de *vive la République ! vive la Convention nationale !*

» Si je ne suis pas rentré au sein de la Convention depuis le 8 de ce mois que mes pouvoirs sont expirés, c'est que mes collègues Delaunay, Morisson et Dornier m'ont forcé à rester par un arrêté qu'ils ont pris à leur passage à Angers. Au retour de Delaunay, je me rendrai à Paris (1). »

Du 18. = *Le général Beaupuy, à l'adjudant-général Savary.*
(*Nantes.*)

Il faut ajourner la théorie, mon cher Savary; il faut encore se contenter de notre vieille routine : les circonstances le commandent; mais dis à nos élèves que l'ajournement ne sera pas long et que je m'empresserai de les rappeler aussitôt que le moment sera venu.... Six mille hommes de ma division que je dois réunir dans le camp de Ragon dans l'espace

---

(1) Les pouvoirs de Bézard furent prorogés par la Convention.

d'une décade! (1)... Aussitôt que Cambray sera rendu à Machecoul, tu viendras me trouver ici. Dis à Delaage que je lui écrirai, ou qu'il se rende à Nantes, ce qui vaut mieux encore. Adieu; au plaisir de te voir. »

Du 18. = *L'adjudant-général Savary, au général Beaupuy.*
(*Machecoul.*)

« Votre ordre relatif au mouvement des troupes qui doivent se rendre au camp de Ragon m'a été remis aujourd'hui. J'ai pris de suite les mesures nécessaires pour son exécution. Je me tiendrai prêt à vous aller rejoindre à l'arrivée de Cambray. J'avoue que je suis fâché d'interrompre notre cours de théorie; la plupart des officiers ont fait des progrès rapides, plusieurs savent déjà les trois écoles; mais les circonstances commandent, il faut bien s'y soumettre. — J'ai fait rassembler ce soir la troupe composant la garnison de Machecoul, et je lui ai donné lecture de la loi relative à la rentrée de la Vendée dans le sein de la République. J'en avais prévenu les administrateurs du district qui se sont réunis à nous. Nous avions aussi pour témoin M. de Couetus, l'un des chefs de la Vendée; il était arrivé hier ici, et il a retardé son départ pour assister à la fête de la paix. La lecture de cette loi a été suivie de vives acclamations inspirées par l'amour de la république et de la paix. Cependant un petit incident est venu me donner quelques inquiétudes. Un officier vendéen, qui m'a dit être de l'état-major de Charette, et qui accompagnait M. de Couetus, m'a proposé en particulier de lui procurer de la poudre *pour faire des réjouissances et célébrer la paix.* J'ai prié M. l'officier de partir sur-le-champ, pour sa propre sûreté. Adieu, mon cher général, portez-vous bien. »

Du 19. = *Le représentant Bézard, au comité de salut public.*
(*Angers.*)

« Hier le bivouac de huit cents hommes établi sur les

---

(1) Cette troupe était destinée à se porter dans la partie de Stofflet.

hauteurs de Chalonnes a été attaqué par trois colonnes commandées par Stofflet. Chaque colonne pouvait être de six à huit cents hommes, avec cent vingt hommes de cavalerie; nos troupes ont été forcées de se replier sur Chalonnes et de l'évacuer. L'adjudant-général Bardon a été blessé ; cependant les grenadiers de la Sarthe et de Chartres se battaient en désespérés dans la place. Le général Boussard arrive , rallie environ cent hommes, marche à leur tête au secours des deux compagnies de grenadiers , met en fuite les brigands, et nos troupes reprennent leur position ; tout cela est l'affaire de trois heures.

» Boussard a reçu deux blessures au bras, ce qui ne l'empêche pas de marcher aujourd'hui avec le bataillon de la Dordogne sur Chalonnes menacé de nouveau.

» Le bataillon de l'Unité s'est montré dans cette affaire aussi lâche qu'à l'ordinaire ; notre perte est de soixante-dix hommes , tant tués que blessés. »

Du 20. = *Savary , au commandant de la force armée à Challans. (Machecoul.)*

« Je reçois à l'instant une lettre de Charette qui m'annonce qu'il a eu un entretien avec Dabbayes, qu'il l'a trouvé dans les meilleures dispositions pour entretenir la paix et la concorde ; que si sa conduite a offert quelques irrégularités, on ne doit l'attribuer qu'à l'ignorance où il était des arrêtés pacifiques. Il espère que désormais les bataillons qui l'avoisinent vivront avec lui en bonne intelligence. Je pense que tu emploieras tous les moyens possibles pour entretenir cette bonne intelligence. Je fais passer la lettre de Charette au général Beaupuy. »

Du 20. = *Les représentans Delaunay , Ruelle , Bollet, au comité de salut public. (Paris.)*

« En pacifiant la Vendée, nous avons cru qu'il était de la prudence et même de notre devoir de faire des sacrifices pécuniaires pour éteindre une guerre qui coûtait un million par jour à la nation. Deux d'entre nous, Ruelle et Delaunay avec Bézard, nous fîmes part, le 17 janvier dernier, au comité de salut public, de la nécessité de cette mesure. Les membres à qui nous en parlâmes, entr'autres Pelet et Carnot, sentirent que nos observations étaient fondées; ils nous dirent que ces articles seraient pris sur les dix millions de dépenses secrètes accordés au comité. Il nous fut ajouté que si nous étions obligés, par les circonstances, d'accorder du numéraire, nous devions avoir l'attention de ne pas dépasser la somme de trois cent mille livres en numéraire. Jusqu'à présent nous n'avons rien accordé aux Vendéens du centre et du pays bas, mais nous savons que la plupart de ceux d'entr'eux qui ont aidé puissamment à la pacification sont dans le besoin, et qu'ils vont probablement nous former des demandes pécuniaires auxquelles la politique ne permet pas qu'on se refuse. Il nous a fallu désorganiser l'armée vendéenne de l'Anjou et Haut-Poitou; voici le tableau des sommes promises et les noms des individus qui doivent les recevoir :

	Numéraire.	Assignats.
1°. Trotouin, major-général de Stofflet (1).	50,000	50,000
2°. Deux frères Martin, l'un inspecteur et l'autre commandant.	10,000	90,000
3°. Renou, chef divisionnaire.	. . . .	100,000
4°. De la Ville de Beaugé, membre du conseil militaire.	. . . .	75,000
5°. Gibert, secrétaire général du conseil.	. . . .	50,000
TOTAUX. . . .	60,000	365,000

---

(1) Dans un mémoire adressé au roi, Trotouin avoue avoir reçu cinquante-quatre ou cinquante-cinq mille livres; il témoigne ses regrets en disant : « Je sais que j'eusse dû mourir de faim plutôt que de rien prendre. » (*Papiers saisis à Bareuth*, pag. 208.)

» Nous demandons qu'il soit pris des mesures pour le versement de ces sommes, sous la déduction de trente-six mille livres payées par Dornier à ces six chefs vendéens. Il en est parmi eux qui désirent passer en Suisse, il est essentiel de leur délivrer des passe-ports. Dans ce cas, au lieu de numéraire, nous tâcherions de les décider à prendre des lettres de change sur l'étranger.

» Plusieurs chefs de Chouans sont vraisemblablement dans le même cas. Nous nous attendons qu'à Rennes, le 30 courant, ils peuvent nous faire des demandes pécuniaires. Nous désirons savoir quelle sera l'étendue des sacrifices pécuniaires qui seront pris sur vos dix millions de dépenses secrètes (1). »

Du 21. — *Le général en chef Canclaux, au comité de salut public.* (*Thouars.*)

« Je donne l'ordre de faire passer trois à quatre mille hommes dans le département du Morbihan, sous les ordres du général Avril.

» Je prends des dispositions contre Stofflet.

» J'ai fait retirer la troupe de l'autre côté de la ville et du pont de Chalonnes, et renforcer le poste de Saint-Florent. »

Les séances de la Convention étaient toujours fort orageuses; chaque jour on voyait éclore des dénonciations, des accusations nouvelles sous le nom d'*humanité* et de *justice*, la plupart excitées et payées par l'or de l'étranger. La séance du 23 fut surtout remarquable par le courage que Carnot et R. Lindet montrèrent dans la défense de plusieurs membres du comité de salut public,

---

(1) Voir, pour les paiemens effectués, à la date du 6 mai, les demandes soumises au comité de salut public par les représentans pacificateurs.

accusés sur le rapport de Saladin, l'un des députés proscrits et rappelé depuis peu à la Convention.

Les représentans du peuple qui accompagnaient le général Canclaux prirent à Thouars, le 23, l'arrêté suivant :

« Considérant qu'en ce moment la confiance et la sécurité doivent conquérir plus de Vendéens que la valeur et la force des armes républicaines, et que ceux que la Convention nationale veut faire rentrer dans le sein de la république à force de bienfaits, pourraient encore en être éloignés par l'indiscipline des troupes,

» Arrêtent :

» ARTICLE PREMIER. Tout militaire et tout individu à la suite de l'armée, qui se livrera au pillage, sera puni de mort.

» Art. II. Tout officier et sous-officier qui sera convaincu d'avoir eu connaissance de ces délits, et qui n'aura pris aucun des moyens que les lois mettent à sa disposition pour les réprimer, faire saisir et punir les coupables, sera dégradé et remplacé sur-le-champ.

» Art. III. Tout officier qui sortira du camp sans la permission par écrit du chef de bataillon, visée par le commandant, sera destitué.

» Art. IV. Tout sous-officier ou soldat qui sortira du camp sans la permission de son chef de bataillon, sera mis pendant huit jours à la garde du camp, et si le sous-officier ou soldat, sorti du camp avec la permission de son supérieur, s'était livré au pillage ou à quelques excès envers les personnes et les propriétés, celui-ci en sera personnellement responsable.

» Art. V. Les généraux de division, ou ceux qui commandent en leur place, sont en conséquence autorisés à nommer des commissions qui jugeront dans les vingt-quatre heures les délits de ce genre qui pourraient être commis sur le territoire occupé par les troupes à leurs ordres.

» Art. VI. Les commissions seront composées de neuf militaires, savoir : 4 officiers, deux sous-officiers et trois soldats.

» Art. VII. Les commissions ne pourront prononcer la peine de mort qu'à la majorité des deux tiers de leurs membres.

» Art. VIII. Les commissions ne pourront jamais connaître que d'une affaire et seront dissoutes après le jugement.

» *Signé*, DORNIER, MENUAU, JARY, LOFFICIAL. »

Du 23. = *Le représentant Bézard, au comité de salut public.*
(*Angers.*)

« MM. Turpin de Crissé et Dieuzie m'ont engagé à me trouver à Rennes, le 30 ; les routes d'Ingrande, de Ségré, Châteaugontier et Châteauneuf sont sûres, mais il n'en est pas ainsi au-dessous d'Ingrande où commence l'armée de Bretagne. J'en confèrerai avec mes collègues.

» La disette est extrême à Durtal et environs. »

Le représentant Lofficial, au comité de salut public.
(*Ancenis.*)

« Stofflet, à la tête de trois mille hommes, a attaqué hier Saint-Florent ; il a été repoussé et a perdu la seule pièce de canon en bronze qui lui restait avec six chevaux, enlevés par les chasseurs francs. Il a trouvé son salut dans la fuite, avec perte d'une trentaine d'hommes ; sept ont été pris, un chef est de ce nombre. Nous avons un homme tué et sept blessés.

» Le rapport des prisonniers est que Stofflet a mis en réquisition tous les hommes du pays qu'il occupe, depuis dix-sept jusqu'à quarante-cinq ans ; qu'il ne pourrait effectuer au plus que sept à huit mille hommes, dont six mille à peine armés, et qu'il manque absolument de poudre. Le jour de l'attaque de Saint-Florent, il n'avait fait distribuer que deux cartouches à chacun de ses soldats. »

Du 24. = *Le général Canclaux, au comité de salut public.*
(*Thouars.*)

« Demain se fait notre première marche. Chollet, Chemillé,

Maulevrier, sont les points sur lesquels je dirige trois colonnes. Je marche avec celle qui se dirige sur Maulevrier par Bressuire et Châtillon. »

Du 25. = *Le général Caffin, au général Beaupuy.*
(*Soulangé.*)

« Tu m'annonces que les cantons qu'occupe ta division commencent à se ressentir des bienfaits de la paix. Tu dois bien jouir d'être le témoin d'un changement si heureux. Le pays où je suis est loin d'être aussi tranquille, et si on rebâtit dans les environs, ici on détruit. Stofflet a formé des rassemblemens, et déjà il a livré aux flammes des habitations de pauvres *métayers*. J'espère que ces crimes ne resteront pas long-temps impunis ; le général en chef a pris les mesures les plus vigoureuses pour arrêter le cours de ces brigandages. »

Du 27.—Le comité de salut public donna l'ordre au général Canclaux de faire passer six mille hommes à l'armée des côtes de Brest, outre les quatre mille envoyés dernièrement. Cet ordre força le général Canclaux a dégarnir le pays de Charette.

L'adjudant-général Beker, employé près le général en chef, au général Beaupuy. (*Chollet.*)

« Je commence à croire, mon cher général, que nous parviendrons à pacifier cette partie de la Vendée sans être forcés de recommencer les hostilités. Aucun rassemblement de Vendéens ne s'est présenté sur notre route de Thouars ici. Nos troupes, que l'on maintient dans les bornes d'une discipline sévère, n'inspirent plus la même terreur aux habitans de ces contrées, et la confiance semble renaître. Je désire que vous trouviez les mêmes dispositions sur votre direction.

» J'ai vu de près Stofflet et son conseil, voici comment :

» Les représentans du peuple et le général en chef voulant

faire connaître au chef vendéen, d'une manière toute particulière, leurs intentions pacifiques, en lui faisant porter des paroles de paix par un officier de l'état-major, j'ai été désigné pour remplir cette mission qui pouvait avoir ses dangers ; mais, je vous l'avoue, l'aspect des ruines encore fumantes de la Vendée ne me permettait guère de réfléchir sur ses suites. C'était le 26, nous étions à Bressuire ; on n'avait pu se procurer aucun renseignement sur la retraite de Stofflet. Je m'abandonnai donc au hasard sur la route de Châtillon, seul, couvert d'une vieille redingote, compagne de nos bivouacs. Je ne tardai pas d'être arrêté ; on me conduisit à Châtillon où se trouvait un officier de Stofflet auquel je fis part de l'objet de ma mission, en lui demandant d'être conduit devant son général. Après différentes questions qui annonçaient quelque défiance, on me dit que l'on allait lui expédier une ordonnance, et qu'il fallait attendre ses ordres. La réponse fut favorable à ma demande, et l'on me conduisit mystérieusement à Cerizais. Là se trouvait le général vendéen avec son conseil composé d'une quinzaine d'officiers. Je n'ai aperçu d'autre rassemblement que la garde du quartier-général vendéen. Après quelques momens d'attente, sous la surveillance d'un officier, je fus introduit dans la salle du conseil, et j'annonçai le motif de ma mission avec ce ton de franchise propre à inspirer la confiance. Cette confiance, ou plutôt la situation désespérée de Stofflet qui ne pouvait parvenir à faire de nouveaux rassemblemens, détermina le conseil à me faire accompagner par deux officiers de son état-major, chargés de s'assurer par eux-mêmes des dispositions des représentans, auprès desquels ils ont trouvé, à notre retour, un fort bon accueil. Ils ont pu reporter à leur chef l'assurance la plus positive de nos intentions pacifiques.

» J'ai reconnu parmi les membres du conseil un officier avec lequel j'avais servi ; il m'a avoué, dans un entretien particulier, que son parti était désormais sans ressource.

» Adieu, mon cher général, au plaisir de vous voir bientôt et de vous embrasser de bon cœur. »

Du 30. = *Le représentant Bézard, au comité de salut public.* (*Saint-Lambert.*)

« Je me défie des ennemis de la république, lors même qu'ils signent la soumission à ses lois. Je ne parle pas de Charette dont je crois la rentrée sincère, mais d'une partie des chefs de Chouans qui n'ont profité de l'amnistie et de la suspension d'armes que pour grossir leurs bandes, augmenter leurs munitions et leurs armemens.

» Je me suis rendu hier au camp du Breuil qui a été levé cette nuit pour se porter sur Saint-Lambert. La troupe est partie à trois heures du matin sur trois colonnes, celle de gauche se dirigeant par Rablay, celle de droite par Saint-Aubin et celle du centre par le pont Barré. Bardon, commandant la droite, avait avec lui le chef d'escadron Rateau avec cent hussards du onzième régiment. Le brave Rateau a été tué d'un coup de feu, et Bardon, après avoir reçu une balle dans le bas-ventre, a été tué d'un coup de baïonnette. Ces deux guerriers pleins de bravoure méritent nos regrets. Nous avons eu sept à huit hommes blessés légèrement. Vingt brigands sont restés sur le champ de bataille; leur poste était de quatre cents hommes.

» La colonne se rend demain à Chemillé; elle est commandée par le général Caffin. Je ne pourrai la suivre, parce que les Chouans, qui font cause commune avec Stofflet, rendent ma présence nécessaire à Angers. »

L'administration du district de Ségré, au comité de salut public. (*Ségré.*)

« Tout se préparait pour la paix, il vient de s'opérer un changement subit. Des émissaires de Stofflet, secondés par des prêtres, ont soulevé les Chouans contre leurs chefs. Ceux des districts de Laval, Craon, Ségré, des bords de la Loire, Châteaugontier, Sablé, la Flèche, Châteauneuf, Evron, le Mans, sont retournés à leurs bandes. Il a été arrêté que les Chouans se battraient, si Stofflet se battait. Turpin et Dieuzie ont été destitués. Le 26, il s'est tenu une conférence où se trouvaient quatorze prêtres, dont le vœu est le rétablissement de l'ancien régime, et que la force seule pourra soumettre.

» A l'instant nos troupes sont en déroute et repoussées jusqu'aux portes de Ségré. Des détachemens de Vern et de Chazé, au nombre de près de deux cents hommes, revenaient à Ségré avec environ cent quintaux de grains, quinze cents cartouches et cent fusils; deux cents hommes allaient à leur rencontre pour les protéger; ils ont été attaqués par mille hommes et repoussés avec perte d'environ soixante hommes tant tués que blessés. Le convoi a été enlevé, il ne nous reste plus de vivres. »

Du 30. = *Genet, capitaine adjoint, au général Beaupuy.* (*Challans.*)

« Il est bien urgent de découvrir les routes dans cette partie de la Vendée pour en éloigner les personnes qui y arrêtent continuellement; les volontaires et les voyageurs sont tous les jours désarmés, dévalisés et souvent tués. Les rebelles se conduisent comme avant la paix. Dabbayes est rentré dans le marais avec un renfort, et depuis le départ de nos troupes de Saint-Jean de Mont, il occupe ce poste. »

Du 31. = *Ordre pour le mouvement du camp de Ragon.*

« La troupe se mettra en marche à huit heures du matin, sous les ordres de l'adjudant-général Savary, commandant le camp, pour se porter sur les hauteurs du Palet. — Les citoyens Cailhava, Dubois, Bonneval et Lapouyade seront reconnus provisoirement comme chefs de brigade, en vertu d'un arrêté des représentans du peuple, le premier commandant en cette qualité l'avant-garde, le deuxième la demi-brigade de droite, le troisième la demi-brigade de gauche, le quatrième la réserve. — Le citoyen Deschamps sera reconnu comme chef de bataillon et commandant le deuxième bataillon de Paris. — Les officiers et sous-officiers seront constamment à leur place de bataille. Jamais ils ne pourront la quitter sans la permission de leur supérieur. — Dans la marche ou dans le camp, soit que l'ennemi nous attaque, soit que nous l'attaquions, jamais il n'y aura un coup de fusil de tiré sans commandement. Celui qui manquerait à cet ordre sévère, serait dénoncé à l'armée comme un lâche. Ce ne sera jamais que l'arme au bras que nous recevrons l'ennemi, et que nous marcherons sur lui; mes, enfin, camarades, mon premier ordre, ma plus grande recommandation, c'est en faveur de l'humanité et du sang français (il a bien assez ruisselé)!... Jusque dans la chaleur du combat, laissez la vie à ceux qui ne se défendront pas, et qu'ils la reçoivent de vous aux yeux d'un représentant du peuple, aux cris mille fois répétés de *Vive la république* (1)!

Signé, le général divisionnaire BEAUPUY.

Du 31. = *Le général Canuel, au général Beaupuy.*
(*Ancenis.*)

« Je suis chargé par le général en chef d'occuper les postes de la rive gauche de la Loire vis-à-vis Oudon et Ancenis. Les Chouans, qui nous inquiètent continuellement, ne me permettent pas de tirer des troupes de la rive droite; et, pour mon opération sur la rive gauche, je compte me servir de celles de Saint-Florent. Ainsi tu vois, mon cher camarade, que nous ne pouvons te seconder que faiblement (2). »

---

(1) La colonne se mit en marche le 1er. avril, passa par Vallet, la la Chapelle-du-Genêt, et arriva le 3 à Chollet, sans avoir été inquiétée dans sa route. Elle forma la première division dont le quartier-général fut fixé à Chollet. Il fut établi un camp sur les hauteurs du côté du May. Elle fournit des postes à Vezin, Nuaillé, Maulevrier, Montfaucon, Beaupreau, Saint-Florent, Mortagne, etc.

(2) Le général Beaupuy avait reçu l'ordre de se porter de Mache-

Stofflet et ses officiers, au général Canclaux. (Camp de .....).

« Monsieur, à l'instant où nous nous disposions à marcher à votre rencontre (1), une invitation de nous rendre à Rennes, pour une conférence, nous est parvenue. L'amour d'une paix faisant le bonheur général, étant le plus fort mobile de nos sentimens, nos députés ont été nommés et sont déjà en marche. MM. Palierne, de Beauvais et Errondelle, ce dernier comme secrétaire, porteurs de nos pouvoirs et partageant nos sentimens, feront, nous l'espérons, tout ce qui sera nécessaire pour concilier les esprits. Vous voudrez bien nous communiquer vos intentions par le député chargé de la présente dépêche; et si vous êtes véritablement porté pour la paix et la justice, nous osons croire que, pour le moins, vous voudrez bien évacuer, jusqu'à la fin de l'entrevue, un pays où votre présence annonce des intentions hostiles. — Nous avons l'honneur d'être, etc.

» *Signé*, Stofflet, Bérard, de Rostang, Nicolas, Lhuillier, Delaunay, Valois, le chevalier de Levis, Forestier, Guichard, le chevalier de Beaurepaire, Laloy, Chalon, Cesbron, Monnier, Barré, secrétaire général.

Chouannerie.

§ II. Conduite des Chouans dans le district de Domfront et dans le département de la Mayenne. — Arrêté du comité de salut public qui met sous le commandement d'un général divisionnaire les trois départemens de la Sarthe, de la Mayenne et de l'Orne. — Situation du district de Vire. — Rapport du représentant Baudran au comité. — Hoche, au comité de salut public et à Mermet. — Baudran, au comité. — Réflexions de Hoche adressées au représentant Brue. — Hoche, au gé-

---

cdul sur Chollet, par la route de Beaupreau, avec une colonne de quatre à cinq mille hommes.

(1) Stofflet était alors en marche sur Beaurepaire contre Sapinaud.

ral Valletaux. — L'administration d'Argentan, au comité de salut public. — Rapport de Chérin au comité. — Du général Hoche au même : pièces jointes. — Le représentant Baudran, au comité. — Le comité de salut public, au général Hoche; toute latitude de confiance, toute latitude de pouvoir lui est laissée. — Hoche, au représentant Bollet, au comité de salut public, au général Lebley, aux officiers-généraux. — Réflexions sur les prêtres et la tolérance. — Baudran, au comité. — Rapport de Hoche au comité. — Du représentant Lozeau au même. — De Baudran, de l'administration de Fresnay-sur-Sarthe, de l'agent national de Vitré, au même. — Rapport de l'agent national d'Ernée au représentant Baudran. — Le comité de salut public, au général Hoche. — Conduite des Chouans dans le département de la Mayenne. — Rapport de l'administration d'Alençon au comité de salut public. — Le comité de salut public, au général Hoche et au représentant Baudran. — Le représentant Lozeau, au comité. — Rapport du général Varin au comité. — Avis à l'armée que les chefs des Chouans doivent se réunir le 30 à Rennes pour prêter le serment de soumission aux lois de la république. — Lettre de Lasseux, chef de Chouans, à l'administration d'Ernée. — Conduite des Chouans dans le district d'Évron. — Rapport de Hoche au comité de salut public.

Du 1er. Mars. = *L'Agent national, au comité de salut public.*
(*Domfront.*)

« Les Chouans font de jour en jour des progrès rapides : des volontaires massacrés, des particuliers assassinés, les lois brûlées, les arbres la de liberté abattus dans plus de vingt communes, les officiers municipaux en fuite, telle est notre position. Les rassemblemens plus nombreux se montrent avec plus d'audace que jamais, marchent le jour précédés de tambours. Il est impossible de se faire une idée du mauvais effet que les succès des Chouans et l'impunité de leurs brigandages ont opéré dans l'esprit des campagnes. On s'imagine que la contre-révolution est faite, parce qu'on voit les lois impuissantes et les républicains pillés, égorgés impunément.

» La nouvelle de la reddition de Charette et de Cormatin, loin de faire cesser le désordre, semble lui avoir imprimé plus d'activité. Je ne sais à quoi attribuer cet effet si contraire à celui qu'on attendait. Les prêtres réfractaires sont les seuls auxquels les citoyens attachés au culte aient confiance. Ce sont eux qui égarent les esprits et les provoquent à la révolte. Ils ne consentiront jamais à nous laisser en paix. Nous avons le plus grand besoin de secours.

Du 3. = *Le représentant Baudran, au comité de salut public.*
(Laval.)

« La situation du département de la Mayenne devient de jour en jour plus alarmante. Le général Duhesme est arrêté dans ses opérations militaires par la suspension d'armes de Bézard. Voici le rapport que vient de faire le citoyen Boudier-Fontaine, en présence des généraux Duhesme et Dutertre; il déclare qu'il a été forcé de rester ' .t jours avec les Chouans, pour sauver sa vie ; que dar ce moment ils s'organisent en compagnies, se nomment les chefs et se recrutent dans les paroisses; que les rassemblemens sont formés des habitans des campagnes voisines et d' un grand nombre d'étrangers; que les prêtres non-sermentés sont à la tête, et que près de deux cents travaillent les campagnes en tous sens.

» Le Comité sentira combien la nouvelle suspension d'armes nous est funeste, et il nous donnera sans doute les secours dont nous avons besoin. »

Arrêté du comité de salut public.

« ARTICLE PREMIER. Les trois départemens de la Sarthe, de la Mayenne et de l'Orne seront sous le commandement d'un général divisionnaire.

» Art. II. Il y aura un général de brigade par département.

» Art. III. Le général divisionnaire et les généraux de brigade sont autorisés à prendre, chacun dans leur arrondissement, les dispositions et les mesures que les circonstances exigeront pour la défense et la sûreté du pays, à la charge d'en rendre compte au général en chef.

» Art. IV. Le général divisionnaire Tilly se rendra dans les départemens ci-dessus désignés, pour prendre le commandement des troupes qui s'y trouvent.

» Art. V. Les représentans Dubois-Dubais et Baudran désigneront les trois généraux de brigade qui commanderont dans ces départemens, et agiront de concert dans les dispositions militaires.

» Art. VI. Ils organiseront sur les lieux le plus de forces qu'il sera possible.

» Art. VII. Le général en chef fera passer dans ces départemens les forces dont il croira pouvoir disposer, sans nuire à la défense et à la sûreté de la côte (1).

Du 6. = *L'administration, au comité de salut public.* (*Vire.*)

» L'amnistie et la pacification de la Vendée n'ont point ralenti les brigandages des Chouans. Les fonctionnaires publics, les commissaires, les acquéreurs de domaines nationaux, et en général tout ce qui tient à la révolution, est victime de leur scélératesse. La disette nous menace, nous demandons des secours. »

Du 6. = *Le représentant Baudran, au comité de salut public.*
(*Laval.*)

« Je propose au comité de mettre en subsistance, dans les communes soulevées, un nombre de troupes suffisant, jusqu'à ce qu'elles soient rentrées dans l'ordre, je demande pour cet objet quatorze à quinze mille hommes.

---

(1) Cet arrêté semble plutôt un acte de complaisance, une espèce de concession faite à la demande de Dubois-Dubais, qu'une mesure utile, puisque Hoche restait le maître de disposer des troupes. Le général Tilly ne parut pas à l'armée.

» L'armistice est illusoire, nos troupes sont attaquées par les Chouans. J'ai à me plaindre de ce que le général Lebley n'a pas voulu exécuter un arrêté pour l'approvisionnement de la troupe, pour ne pas contrevenir à un article de la trêve, portant qu'il ne sera fait, pendant sa durée, aucune réquisition en grains sur les habitans des campagnes, que les chefs de la chouannerie appellent leurs soldats. Cet état de choses ne peut durer. J'attends une réponse du comité. »

Du 7. = *Le général Hoche, au comité de salut public.*
(*Rennes.*)

« J'ai reçu l'arrêté du comité, du 3, qui met sous les ordres du général Tilly les troupes des départemens de la Sarthe, de l'Orne et de la Mayenne. Je vais les augmenter de deux régimens de cavalerie, en attendant que je puisse disposer d'un plus grand nombre de troupes. »

Du 9. = *Le même, au citoyen Mermet.* (*Rennes.*)

« L'on dit ici de toutes parts que les Anglais préparent une descente. Rassure le comité de salut public sur cette nouvelle, à laquelle je crois peu ; mais s'ils étaient assez audacieux pour l'entreprendre, ils ne s'en retourneraient jamais.

» Danican tient ici de très-horribles propos; annonce-les officiellement à Bollet, s'il le faut ; mais cet homme, excessivement dangereux, serait mieux placé à une autre armée qu'ici. »

Du 10. = *Le représentant Baudran, au comité de salut public.*
(*Laval.*)

« Le général Duhesme m'informe que les Chouans ont fait deux attaques, l'une dans la journée du 8 et l'autre dans la nuit du 8 au 9. Il m'observe qu'il ne sait comment concilier ces hostilités continuelles avec les nouvelles de paix que lui a données le général Lebley (1). De mon côté, je ne sais que ré-

---

(1) Les Chouans, dans cette partie, ne formaient encore que des bandes commandées par des chefs particuliers et indépendans.

pondre, n'ayant de nouvelles, ni de mes collègues dans les départemens environnans, ni du comité. »

Du 10.=*Le général Hoce, au représentant Brue.* (Rennes.)

« Pourquoi n'essaies-tu pas de faire parler quelqu'un à Labourdonnaye? Cet homme est très-dévot et faible. Un prêtre serait bien ton affaire. Sa femme est malheureuse en Angleterre, et peut-être qu'en lui procurant à lui-même les moyens d'aller la trouver avec quelques secours, se débarrasserait-on de celui-là. Il faut prendre les autres par l'intérêt, l'honneur, et enfin mille moyens que ta prudence et ta sagesse pourront te fournir mieux que ma logique. Nous devons considérer l'impossibilité de faire la guerre par la pénurie de subsistances et les grands desseins que le gouvernement paraît avoir. Au surplus, et avant tout, je pense pourtant que les armes de la République doivent être respectées. »

Le même, au général Valletaux (1). (Rennes.)

« Je suis bien fatigué, général, de voir une poignée de brigands promettre sans cesse de rentrer dans le devoir, et exécuter des attentats inouïs. Il faut enfin se décider promptement : s'ils ne rentrent pas dans le devoir, qu'ils mordent la poussière. Je t'invite à t'informer exactement du premier rassemblement et de la première patrouille qu'ils feront, et de les écraser. Concerte-toi à ce sujet avec le général Rey auquel tu donneras connaissance de la présente.

» Mais autant nous devons mettre de vigueur dans la poursuite que nous en ferons s'ils n'écoutent pas la voix de la patrie, autant nous devons mettre de bonne foi s'ils redeviennent Français. Alors, traite-les comme des hommes égarés qui ont écouté les avis de l'indulgence nationale. »

Du 11.= *L'administration, au comité de salut public.*
(*Argentan.*)

« Plusieurs communes de ce district ne cessent d'être en

---

(1) Ce général commandait du côté de Cherbourg.

proie aux ravages des Chouans. La source de ces brigandages est dans la rareté des subsistances, dans le fanatisme qui est plus intolérant que jamais, et dans la perversité des chefs qui ne respirent que vengeance et crime. »

Chérin, chef de l'état-major-général, au comité de salut public.
(Rennes.)

» La série des faits contenus dans le rapport de la première décade, découvre le système des Chouans. Le comité verra que leur projet est de couper les communications les plus importantes, et de bloquer en quelque sorte les villes. La disette des subsistances se fait vivement sentir sur tous les points. On s'est vu forcé de retirer la cavalerie d'une partie des divisions, et de créer un nouveau mode de correspondance par le moyen de l'infanterie. »

Du 12.— *Le général Hoche, au comité de salut public.*
(Rennes.)

« Je laisse à d'autres le soin d'aigrir les esprits et d'attiser la plus cruelle guerre civile qui ait ensanglanté la terre (1). C'est parce que je connais la profondeur de l'abîme que je dois contribuer à le combler. Je ne parlerai pas cette fois des assassinats que nous avons à déplorer : je mettrai sous les yeux du comité des pièces qui lui prouveront que tout n'est pas désespéré. J'ajouterai que deux des principaux chefs de Chouans sont arrivés dans cette ville ; que Moncontour, Loudéac et Lamballe retentissent des cris de *vive la Convention, l'union et la paix!* que le général Humbert qui, cette nuit, m'a apporté ces nouvelles, a quitté hier matin les chefs de l'armée chouanne, et qu'il m'a assuré qu'ils étaient tous disposés à rentrer.

» J'ai transmis les pièces ci-jointes au représentant Brue,

---

(1) Hoche connaissait alors par les faits cette guerre infernale, mais n'avait pas encore découvert le but des chefs.

en l'invitant à se rendre à Rennes. Le comité pensera sans doute qu'il est indispensable d'y envoyer aussi les représentans qui ont commencé l'œuvre, afin de la terminer promptement. Ruelle, Bollet, Delaunay, sont attendus ici avec impatience. »

Pièces jointes à l'envoi du général.

« 1°. Lettre du général Lebley, du 8 mars (1).

» 2°. Cormatin, au général en chef Hoche.

» Général, nous avons vu un instant le général Danican; il allait à Saint-Brieuc. Tant qu'il me restera une goutte de sang dans les veines, je serai le même; vous avez ma parole, la Convention a ma signature, je ne puis vous en dire plus. Il serait indigne, infâme d'un homme d'honneur de chercher à tromper celui qu'on estime. Tant que vous me verrez en place, cela sera ainsi : si cela était autrement, je me retirerais. Quelques phrases du général Danican me font supposer que cette lettre est nécessaire pour parer aux inconvéniens de l'éloignement.

» *P. S.* Les deux pièces ci-jointes vous feront connaître notre loyauté :

« 1°. *Le capitaine Dufour, à M. Cormatin.* — Loudéac, 9 mars.

» Je me suis rendu, d'après vos ordres, à Loudéac, sous l'escorte du général Carbon qui m'a fait toutes les amitiés que je pouvais désirer, ainsi que les habitans de cette ville, qui, flattés d'une nouvelle aussi agréable, m'en ont témoigné satisfaction la plus complète, et tous ensemble m'ont répété mille et mille fois que leurs désirs étaient enfin accomplis.

» 2°. *Extrait de l'ordre donné par le comité central pour le Morbihan, du 7 mars.*

» Vous ferez cesser sur-le-champ toutes hostilités. Les ré-

---

(1) Voir à cette date (Vendée.)

publicains ont les ordres les plus formels de n'en commettre aucune. Vous résisterez seulement à l'agression, si elle avait lieu. Arrivez près de nous le plus tôt possible, car les instans sont précieux, pour éviter une plus grande effusion de sang. »

Du 13. = *Le représentant Baudran, au comité de salut public. (Laval.)*

« Les généraux Duhesme et Lebley sont arrivés ici le 11, avec une vingtaine de chefs, pour engager ceux de ce district et des districts voisins à signer la déclaration de Charette, d'après laquelle nos collègues de Nantes ont pris cinq arrêtés le 17 février.

» Je ne saurais être tranquille tant que les hommes qui ont des domiciles s'y retireront avec leurs armes, auront auprès d'eux, pour gardes territoriales, des hommes qui ont partagé leur révolte, et se refuseront aux cris de *vive la république!* qui doivent être les seuls cris de paix, d'union et de ralliement entre les citoyens français. Cette pacification, si je ne me trompe, est beaucoup plus spécieuse que solide. La révolte n'est pas étouffée, elle couvera sous la cendre; une intrigue, un mécontentement quelconque pourront la réveiller. Elle s'enflammera à la première étincelle du royalisme, si l'on n'a pas soin de la comprimer dès l'instant même, par des cantonnemens nombreux, par l'éloignement de ceux qui sont sans domicile, par le désarmement des domiciliés, et par toutes les mesures accessoires que doivent inspirer la sagesse et la prudence (1). »

Le comité de salut public, au général Hoche. (Paris.)

« Le gouvernement et la Convention ont vu avec la plus entière satisfaction, tendre vers sa fin la guerre désolante de la Vendée. Ils portent le même intérêt à voir se terminer celle des Chouans, qui désole dix à douze départemens. Toute

---

(1) Ces réflexions étaient très-sensées.

latitude de confiance, toute latitude de pouvoir t'est laissée pour parvenir à une fin si désirée.

» Si tes agens secondaires ne remplissent pas le degré de confiance nécessaire, il faut que tu les désignes; ils seront sur-le-champ remplacés, non pas comme autrefois en les destituant, mais en les réformant.

» La disposition des troupes te regarde seul; on va écrire aux représentans pour les en prévenir.

» Le comité désire que toute la partie occupée par les Chouans soit divisée en plusieurs grands arrondissemens commandés par des officiers-généraux, et subdivisés ensuite sous les ordres d'officiers supérieurs qui, sans avoir égard au grade, réuniront les qualités convenables à ce genre de guerre. Esprit de conciliation, courage et moralité, voilà ce qu'il faut. Il convient de mettre dans chaque chef-lieu de district une force suffisante pour faire respecter les autorités constituées, et d'établir, par un cordon de troupes, une ligne de démarcation entre les pays occupés par les Chouans et ceux qui les avoisinent.

» Le gouvernement ne te borne à rien; c'est à toi de mériter toute la confiance qu'il te donne et que tu lui inspires; mais comme il ne voit que toi, tu deviens responsable de la négligence qui pourrait s'introduire dans le service.

» Le comité approuve l'établissement des colonnes mobiles; il t'envoie le décret qui te confirme dans le commandement de l'armée des côtes de Brest et de Cherbourg.

» Le comité a appris qu'un convoi d'armes, d'habits uniformes, etc., parti de la Gravelle sans escorte, a été attaqué et enlevé par les Chouans; prends des renseignemens à ce sujet. »

Du 14.=*Le général Hoche, au représentant Bollet.* (Rennes.)

« Tout ce que j'apprends, tout ce que je vois, n'est pas la paix. D'un côté on se réjouit, de l'autre il se passe des événémens affligeans. Dans tel endroit, il se commet des meurtres, des brigandages; dans tel autre, on est comprimé par la crainte. Plus je réfléchis sur la situation de ce pays, plus je sens la nécessité d'une opération décisive. »

Du 16. = *Le même, au comité de salut public.* (*Rennes.*)

« Je suis sensible à la confiance que veut bien me témoigner le comité par sa lettre du 13; je n'en userai que pour le bien; mes moyens moraux et physiques y seront consacrés.

» J'avais prévenu les intentions du comité : l'armée est partagée en quatorze divisions, chacune divisée en districts, subdivisés eux-mêmes en cantons. Chaque chef-lieu de district est suffisamment gardé : le reste des troupes, réparti en cantonnemens, le sera bientôt en petits camps très-multipliés, pouvant se défendre et se secourir au besoin.

» Indépendamment des colonnes mobiles, je ferai faire le même service aux compagnies de grenadiers que j'ai pris sur moi de compléter à cent hommes. Ces troupes n'agiront que lorsque je serai certain que la guerre doit recommencer.

» L'amnistie fait rentrer chaque jour à la grande famille des enfans égarés; il faut de la patience et de la fermeté, nous ne manquons ni de l'une ni de l'autre.

» Je demande que le comité rende à l'armée des côtes de Brest la rive droite de la Loire. Cette mesure avait été prise par les représentans à Nantes; d'autres viennent de l'annuler; cependant la nature et les circonstances semblaient avoir posé les limites de notre armée sur les rives de la Loire.

» Dans le cas de la reprise des hostilités, je demande une augmentation de dix à douze mille hommes.

» Jusqu'à ce moment, je n'ai pas à me plaindre de mes camarades : quelques adjudans-généraux sont peu capables; j'en ai pris note (1).

---

(1) Hoche n'imitait pas la conduite de Turreau, il ne dénonçait personne.

« Je n'ai point de chef d'état-major (1) ; je demande Hédouville, ancien chef de l'état-major de l'armée de la Moselle, dont les talens égalent le patriotisme.

» Je vais prendre des renseignemens sur la perte du convoi enlevé par les Chouans, et je ferai justice. »

Du 17. = *Le même, au général Lebley.* (*Rennes.*)

« Courage, mon bon ami, courage; que la religion ne t'arrête pas. Fais dire la messe et assistes-y, s'il est nécessaire. »

Le même, aux officiers-généraux.

« Parmi les moyens que vous devez employer pour ramener la tranquillité dans le pays que nous occupons, celui de l'intermédiaire des prêtres entre vous et l'habitant des campagnes n'est pas à négliger. Si nous parvenons à rétablir la confiance par leur moyen, la chouannerie tombera sur-le-champ. Vous connaissez, citoyen, la loi salutaire que la Convention nationale vient de décréter sur la liberté des cultes (2). Proclamez-la, répandez-la avec profusion dans les campagnes, et surtout ne dédaignez pas de prêcher vous-même la tolérance religieuse. Les prêtres, certains qu'on ne les troublera pas dans l'exercice de leur ministère, deviendront vos amis, ne fût-ce que pour être tranquilles. Leur caractère les porte naturellement à aimer la paix ; ils peuvent tout sur l'esprit de l'homme non éclairé. Voyez-les donc ; insinuez-leur que par la continuation de la guerre ils seront sans cesse chagrinés, non par le gouvernement républicain qui respecte leurs opinions religieuses, mais par les chefs de Chouans, qui ont l'ambition de dominer sur tout ; qui ne connaissent ni Dieu ni loi, et qui veulent piller sans cesse. Il en est parmi eux de pauvres, et en général ils sont intéressés. Ne négligez pas de leur présenter quelques

---

(1) L'adjudant-général Chérin en remplissait les fonctions.
(2) Décret du 21 février, sur la liberté des cultes; rapport de ssy-d'Anglas.

secours, mais sans ostentation, et avec toute la délicatesse dont vous êtes susceptibles. Ces gens-là vous donneront d'excellens renseignemens; et, en en soldant quelques-uns, vous connaîtrez toutes les manœuvres des chefs des divers partis. Leur influence est telle, que s'ils sont amenés à vous donner leur confiance, ils défendront aux paysans de marcher contre les troupes de la république; et avec un peu d'adresse vous parviendrez bientôt, par leur canal, à vous faire obéir de tous. Vous penserez sans doute qu'il faut employer, pour atteindre ce but, la douceur, l'aménité, la franchise, afin de leur inspirer de la vénération pour les troupes. Engagez, sous main, quelques officiers et soldats à assister à leurs cérémonies religieuses, messes, etc.; faites attention surtout que jamais elles ne soient troublées (1). La patrie attend de vous le plus entier dévouement; tous les moyens de la servir sont donc bons, lorsqu'ils s'accordent avec les lois, l'honneur et la dignité républicaine.

» Voyez souvent les campagnes, consolez-en les habitans; répandez à propos un peu d'argent et des assignats: parlez de Dieu avec révérence; faites sonner bien haut que Dieu ne laisse pas impuni le meurtre, le pillage, la révolte, etc., etc.; dites enfin tout ce que l'amour de la patrie vous suggérera : la guerre des Chouans doit toucher à son terme.

» Dans le cas où vous auriez occasion de voir ces derniers (les Chouans), vos soins doivent vous y porter; peignez-leur avec horreur le vol et l'assassinat; allez plus loin, divisez-les entr'eux, désorganisez-les par toutes les voies permises; engagez-les à rentrer dans le sein de leurs familles. Je laisse à votre prudence à faire le reste. »

---

(1) Puisaye et Hoche avaient, à cette époque, la même inspiration. Les émigrés, destinés à passer dans la Chouannerie, étaient tenus de prendre l'engagement de ne se permettre ni souffrir aucune insulte ou raillerie contre le culte et ses ministres. (Voir ses mémoires, tom. 3, pag. 331 et suiv.)

Du 17. = *Le même au comité de salut public.* (*Rennes.*)

« La paix pourrait être bientôt faite, si des entraves de tout genre ne venaient s'y opposer. Aristocrates, royalistes, terroristes, s'agitent en tous sens. Joignez à cela les administrateurs non régénérés, les commissions centrales, militaires, révolutionnaires, philantropiques, et mille autres encore, et vous aurez le complément des intéressés à ce que le désordre existe.

» Les prêtres réfractaires du Mont-Saint-Michel ont été mis en liberté ; ils disent des messes, et chacun vit tranquille dans ce pays. Ceux de Guingamp sont encore incarcérés. Je demande, pour l'uniformité, qu'on les rende au peuple breton qui soupire après eux. Ce serait un grand moyen de le ramener à la république.

» Les prêtres.... C'est par eux que j'espère organiser la partie secrète : il ne faut qu'en voir quelques-uns et leur lâcher quelques écus. L'amour-propre et l'intérêt remplaceront sans scrupule le patriotisme ; et, lorsqu'il s'agit de servir son pays, on ne doit négliger aucun moyen. »

Du 19. = *Le représentant Baudran, au comité de salut public.* (*Laval.*)

« Je ne puis m'empêcher de témoigner au comité mon étonnement de ce qu'on retire des troupes de cet arrondissement, tandis qu'on devrait les renforcer. Je reçois de toutes les administrations environnantes des plaintes amères contre les excès que les Chouans continuent de commettre. Tout semble nous faire craindre une insurrection générale. »

Du 20. = *Le général Hoche, au comité de salut public.*
(*Rennes.*)

« Ce que j'ai pu découvrir des projets des Chouans est assez important pour affliger un républicain de bonne foi. Affamer les villes pour les faire soulever, intercepter toute communication, assassiner les patriotes et les fonctionnaires publics, tirer d'Angleterre de faux assignats, de l'or; acheter nos soldats, nos matelots et le secret de nos opérations; s'emparer des arsenaux, organiser une armée considérable, faire chouanner sur toute la surface de la république, commander partout la terreur, voilà le résumé de leurs projets atroces. Quel abîme affreux!... Leur nombre est considérable : leurs chefs sont des nobles, des officiers de marine et de terre. Ils ont, disent-ils, cent mille hommes à leur disposition, et l'opinion générale. La vérité est qu'ils peuvent avoir trente-cinq mille hommes depuis Brest jusqu'à Avranches, Alençon et Saumur, et que ce pays est en contre-révolution; qu'il n'y a dans toute la Bretagne que deux partis, les Chouans, qui veulent tout envahir, et les terroristes, qui veulent tout brûler. Voilà les dangers, voyons les remèdes.

» Hâter le moment de la pacification avec les chefs des Chouans, les traiter avec douceur et fermeté, leur inspirer la confiance qu'ils paraissent ne point avoir, agir avec eux de bonne foi.

» Quant aux avantages qui leur seront accordés : mettre en liberté les prêtres réfractaires, leur laisser dire messes et complies, les acheter, s'en servir contre les chefs du parti ; diviser ces derniers en achetant les uns, flattant l'amour-propre des autres; confier à ceux-ci la partie de la police de l'intérieur du pays (1), qu'ils pourraient faire avec les gardes territoriales qu'on veut créer, et en les faisant surveiller par des républicains de bonne trempe; placer ceux-là dans des corps aux frontières ; répandre habilement de l'argent parmi la chasse indigente; faire circuler des écrits sagement rédigés, calmans, religieux et patriotiques; entretenir dans le pays un corps de vingt-cinq mille hommes, campés sur différens

---

(1) La pacification de Charette, qui devait servir de règle pour la chouannerie, ne permettait pas de s'écarter de cette mesure impolitique.

points; environner nos côtes de Normandie et de Bretagne de chaloupes canonnières qui changeront tous les dix jours; conserver de l'infanterie sur nos côtes pour s'opposer aux petits débarquemens; faire retirer les munitions des arsenaux des villes, et les porter dans ceux des places fortes; tirer peu du pays où il n'y a presque rien; s'emparer de Jersey et Guernesey; établir une chouannerie en Angleterre; réorganiser d'une manière conforme aux principes de justice, les administrations; enfin, imposer publiquement silence aux malveillans qui détruisent la réputation et attaquent la confiance que le peuple doit avoir en des républicains qui journellement se dévouent à la mort pour servir leur patrie. »

Du 21. = *Jubé, chef de brigade, inspecteur des côtes de la Manche, au comité de salut public. (Cherbourg.)*

« D'après un rapport du chef de légion Bacilly, daté d'Avranches le 17 de ce mois, les Chouans ne cessent d'assassiner, de piller, brûler les papiers des administrations, tondre les patriotes; ils n'épargnent pas même les aristocrates.

» La côte n'est pas en sûreté, il ne s'y trouve pas assez de forces pour la défendre. »

Le représentant Lozeau, au comité de salut public. (Caen.)

« Le général Carteaux, commandant la douzième division, a trop peu de troupes pour garder la côte et contenir les malveillans qui s'agitent en tout sens. Il n'a à sa disposition que six mille cent deux hommes pour une étendue de terrain de cent cinquante lieues. »

Le représentant Baudran, au comité de salut public. (Laval.)

« J'avais envoyé ce matin deux commissaires dans les communes de Martigné et autres, pour procurer à celle de Laval des grains, par marché libre. Ces commissaires sont revenus avec la déclaration suivante :

État-major des Chouans. — Au nom du roi.

« Nous, capitaine commandant le cantonnement de Meslay, après avoir entendu la demande des commissaires qui nous ont été envoyés, voulons que toutes les troupes de la république soient levées de leurs camps et cantonnemens, et qu'il ne soit envoyé aucune escorte sur les grandes routes, ni patrouilles qui puissent nous inquiéter; ce ne sera que d'après l'accomplissement de nos demandes que nous commencerons à apercevoir votre bonne foi : faites cela et nous vous ferons passer après-demain trois mille boisseaux de grains. Si, après le 30 de ce mois, les accords ne sont pas faits, vous pourrez nous regarder comme vos ennemis les plus acharnés ; mais vous pouvez compter sur notre parole d'honneur que, d'ici au 30, nous observerons la trêve, si vous retirez toutes vos troupes. Nous espérons que l'ordre en sera donné ce soir, pour qu'elles partent demain matin, sans quoi dès demain midi nous attaquerons (1).

» Fait en notre cantonnement de Meslay, le 21 mars 1795.

» *Signé*, HECTOR, secrétaire royal; SANS-PEUR, capitaine; LECHANDELIER, commandant provisoire. »

Du 22. = *L'administration, au comité de salut public.* (*Frenay-sur-Sarthe.*)

« L'insurrection est à son comble dans notre district. De quarante-sept municipalités, trente ont déjà vu dévorer par les flammes tous leurs papiers. Ces expéditions sont accompagnées d'atrocités qui font frémir. »

L'agent national, au comité de salut public. (*Vitré.*)

« Le bourg de Louvigné vient d'être incendié par les Chouans qui continuent leurs atrocités dans ce district. »

---

(1) Cette déclaration ne fut pas connue de Hoche qui n'était pas d'humeur à souffrir des menaces.

Du 22. = *L'agent national, au représentant Baudran. (Ernée.)*

« Les Chouans viennent de brûler la maison de l'agent national d'une commune où ils ne s'étaient pas encore montrés. Six volontaires ont été enlevés. La crainte fait déserter les campagnes. »

Du 23. = *Le comité de salut public, au général Hoche.*
(*Paris.*)

« Le comité a appris avec peine l'enlèvement d'un convoi d'habits et d'armes ; c'est une négligence coupable. Tu voudras bien nous nommer sans délai le général de division ou de brigade dans l'arrondissement duquel s'est passé cet événement. C'est à toi à punir de suite et à nous dénoncer les négligens. Il ne suffit pas de faire des plans, il faut que celui qui a la direction de l'autorité ait aussi la force de la faire exécuter. Nous ne te dissimulons pas qu'on se plaint beaucoup de la négligence avec laquelle le service se fait dans cette armée, et malheureusement voilà un événement qui le confirme.

» *Signé*, Lacombe (1). »

Du 24. = *Le même, au même.*

« Lorsque nous apercevrons une négligence évidente dans le service, nous devons t'en témoigner notre mécontentement; c'est ainsi que nous te marquerons notre surprise de l'événement du 9 mars. Une diligence doit-elle jamais marcher sans escorte dans un pays aussi malheureux par les ravages de la guerre civile ? Nous t'enjoignons de mettre à l'ordre que tous les services publics soient escortés, convoyés par la force armée. Nous te demandons compte de la punition que tu auras infligée aux hommes coupables. »

---

(1) Lacombe venait de remplacer Carnot au comité de salut public. Hoche était en tournée; à son retour, il s'aperçut facilement du changement de ton dans la correspondance.

Du 24. = Le représentant Baudran, au comité de salut public.
(Laval.)

« Le général Duhesme me fait remettre le rapport suivant :

« Dans tout le midi du district de Laval les Chouans ont, à la vérité, cessé les hostilités ; mais ils vont de poste en poste, prennent connaissance de la force et des positions, montrent des portefeuilles remplis d'assignats, paient à boire aux soldats, et cherchent à les débaucher par tous les moyens possibles. Depuis ces entrevues, qui cependant sont défendues, le soldat murmure, le service languit. Déjà deux soldats ont passé aux Chouans et ont ensuite écrit une lettre très-insolente à leur capitaine.

» Au nord du district, on n'a pu faire parvenir les paroles de paix à certaines compagnies de Chouans qui sont sur la route de Mayenne et à la droite de celle de Rennes. D'autres, qui sont entre Laval et Évron, sont bien éloignées de se soumettre, et ont répondu très-insolemment.

» Quant au reste du département, les Chouans, d'après les rapports du général Gency, n'entendent et ne répondent à aucune invitation de paix, et les hostilités continuent. Il paraît même que tous les mauvais sujets du midi du département ont reflué de ce côté-là pour se joindre aux autres ; de sorte que l'on est obligé de faire marcher des colonnes agissantes dans les districts de Lassay, Sillé, Évron, etc. »

L'administration, au comité de salut public. (*Alençon.*)

« Les troubles continuent dans plusieurs communes : dans celles de Mesnil-Guyon où l'arbre de la liberté a été abattu pendant la nuit, on a trouvé l'affiche suivante :

« Ah ! que le monde est affligé d'avoir abandonné sa religion
» pour la république qui est la cause de notre malheur ! On
» vous a fait planter des arbres de liberté à la place de la croix
» où notre Seigneur a été cloué. Vous comptiez avoir la li-
» berté, vous avez la famine, et vous mourrez tous de faim.

» Retournez à Dieu, et demandez-lui la religion, vous man-
» gerez le pain à deux sous la livre, et vous serez heureux.
» Fait à l'état-major des honnêtes gens, ce 18 mars 1795. »

Du 25. = *Le comité de salut public, au général Hoche.*
(*Paris.*)

« Les départemens de la Sarthe, de la Mayenne et de l'Orne se plaignent de l'insuffisance des troupes employées pour leur défense. Nous écrivons à nos collègues de l'armée de l'Ouest de te faire passer six mille hommes qui, avec les quatre mille qu'on a dû envoyer dans le Morbihan, doivent suffire. »

Du 26. = *Le même, au même.*

« Le comité a reçu tes lettres des 16 et 17. Tu peux compter sur la plus grande confiance de sa part. Il désire ardemment que les Chouans, abjurant leur erreur, se réunissent à la grande famille; mais il n'admet point les délais qui pourraient donner aux malveillans le temps d'organiser leurs moyens de guerre ; il compte en conséquence sur ta fermeté, ta prudence et ta vigilance. Avec celle-ci, on met les malintentionnés hors d'état de rien entreprendre, et l'amnistie ne doit nullement ralentir les patrouilles destinées essentiellement à empêcher le mal et à repousser l'agression. »

Le comité de salut public, au représentant Baudran.

« Nous pensons que tous les moyens de persuasion doivent être employés pour terminer cette guerre ; à défaut de ceux-là, on doit faire agir la force. »

Du 28. = *Le représentant Lozeau, au comité de salut public.*
(*Caen.*)

« Les progrès effrayans des Chouans dans le district de Vire et même dans celui de Falaise, m'ont décidé à prendre un arrêté que je vous invite d'approuver, à l'effet de retenir partie du seizième régiment de chasseurs dans lequel j'ai confiance et qui vient de recevoir l'ordre de se porter sur Rouen et sur Caen. On m'a successivement enlevé tout ce que j'avais de cavalerie disponible dans ce département ; j'attends votre décision. »

Du 29. = *Le général Varin, au comité de salut public.*
(*La Flèche.*)

« Tout a bien changé depuis quelques jours ; les Chouans, au lieu de se tenir tranquilles pour consommer la conciliation entamée, ont employé de grands moyens pour augmenter leur nombre et proclamer, partout où ils sont, qu'ils ne reconnaissent point de Convention nationale. Des prêtres et des émissaires les portent à cette rébellion.

» L'adjudant-général, qui commande à Châteaugontier, m'annonce que l'étendard de la révolte est levé dans les environs de cette place, et que les émissaires de Stofflet et les prêtres ont réussi dans leur mission sanguinaire. Je me suis assuré hier par moi-même, à Sablé, qu'à une lieue de là il existait un rassemblement de quatre mille personnes guidées par des prêtres. Il se forme d'autres rassemblemens dans plusieurs points des districts de La Flèche, le Mans, Sillé, Frenay, la Ferté-Bernard et Mont-sur-Loir. Je vais me porter au Mans pour être au centre ; mais je n'ai que très-peu de troupes.

» Je reçois de Châteaugontier l'avis de faire rentrer les cantonnemens isolés dans les principales places, pour garder les dépôts et escorter les convois ; je donne les ordres en conséquence. »

Ordre de l'armée. (*Rennes.*)

« L'armée est instruite que demain, 30 mars, les principaux chefs des rebelles, connus sous le nom de Chouans, se réunissent à Rennes pour y prêter, entre les mains des représentans, le serment d'être soumis aux lois de la république, et de ne plus porter les armes contre elle. »

Du 30. = *Pierre Lasseux, dit Joseph, chef de division des Chouans, aux administrateurs du district d'Ernée. (Quartier-général de la Prévalaye* (1).

« Citoyens, je vous prie de m'excuser si j'ai manqué à la parole que je vous avais intermédiairement donnée de me rendre en votre ville. Un certificat qu'on m'a délivré à Mayenne, *et sans conférence*, m'a paru plus certain et moins embrouillé, c'est pourquoi je m'y suis rendu.

» Il semblerait à M. Letournus, dit général de la garde territoriale du prétendu département de la Mayenne, et les autres dits généraux de place et force armée, que j'ai changé, en leur écrivant, de façon de penser ; non, les autorités constituées, à peu près prosélytes de Robespierre, sont encore en place, et on les *jacobinisera*, si l'accord n'a pas lieu. Cependant, à mon prochain retour, si l'épuration des mauvais sujets est faite, je pourrai avoir l'honneur de vous voir et de fraterniser avec vos successeurs.

» *Signé*, Joseph, chef de Division. »

Du 31. = *L'agent national, au comité de salut public.*
(Évron.)

« Les Chouans continuent leurs brigandages et se disposent à les étendre ; voici des faits : depuis trois jours, une horde de brigands a pillé et dévasté le Montguyon, commune de Saulge, brisé ce qu'elle n'a pu voiturer, fait la même chose dans plusieurs endroits. Hier, une autre troupe de cinq à six cents s'est portée sur la commune de Châtres, a maltraité plusieurs personnes, femmes et enfans, et a pillé. Depuis cinq à six jours ils parcourent les campagnes et enlèvent de force les domestiques et les enfans des laboureurs, pour grossir leur armée. Ils somment les habitans, sous peine

---

(1) La Prévalaye était le lieu de réunion des chefs de la chouannerie pour traiter de la pacification.

de mort, de les suivre. On assure qu'ils peuvent être au nombre de trois mille autour du chef-lieu. »

Du 31. = *Le général Hoche, au comité de salut public.*
(*Rennes.*)

« Je m'empresse de répondre aux différentes lettres qui me sont parvenues du comité de salut public (1).

» J'arrive de Saint-Brieuc, point intermédiaire entre la mer et le quartier-général des Chouans. La garnison est de quatre cents hommes, et sur toute la côte il y a un cordon de postes d'infanterie; *je les ai vus.*

» La position d'un général dont l'armée est divisée par pelotons de soixante, quatre-vingts ou cent hommes, sur une surface de quatre mille lieues carrées, n'est assurément pas brillante; elle est malheureuse, si en redoublant tous les jours d'efforts pour faire le bien, il est accusé de faiblesse et de négligence par le gouvernement auquel il est dévoué, tandis que les ennemis l'accusent hautement de mettre trop de rigueur dans sa conduite.

» Soixante chefs de Chouans sont en ce moment à Rennes; ils vont sans doute y signer l'acte de leur soumission. Je me renfermerai dans les instructions que me donneront les représentans du peuple; et en conséquence j'attendrai l'ordre de faire la paix ou la guerre. Que l'on consulte les représentans Guezno, Guermeur, Brue et Bollet, qui connaissent l'état de l'armée. La pacification serait finie si toutes les personnes qui y ont été employées avaient voulu s'entendre et ne s'étaient pas contrariées, et si l'on avait à parler à des êtres raisonnables et instruits; mais persuader des têtes bretonnes et ignorantes, faire entendre raison à des hommes qui méprisent la mort et n'entendent que très-peu le français, n'est pas l'affaire d'un jour.

» Je ferai fouiller; je trouverai les habitans des campagnes

---

(1) Des 23, 24 et 25 mars.

dans leurs champs ou dans leurs maisons; et, quoique persuadé qu'ils sont Chouans, je ne pourrai les faire arrêter s'ils sont désarmés. C'est ce qui arrive toujours, et pour les battre il faut saisir le moment de leurs rassemblemens que la connaissance de la marche des troupes dissipe sur-le-champ. Qui, plus que moi, a intérêt à finir cette guerre? J'attends avec impatience ce moment pour rentrer dans mes foyers.

» La neuvième commission avait annoncé que le convoi enlevé arriverait par Mayenne, et les charretiers l'amenèrent par Sablé, prétendant n'avoir point eu d'ordre de route et n'avoir pas besoin d'escorte.

» Il ne m'a été fourni aucun rapport d'arrestation de voitures, de messageries, ni de diligences.

» Je suis éloigné de manquer de nerf pour l'exécution des ordres donnés; je n'ai pas craint jusqu'à ce jour de dire hautement la vérité, et vous avez pu vous en convaincre par les ennemis que je me suis faits. Je pourrais répondre à ceux-ci; mais je ne donnerai pas aux ennemis de ma patrie le spectacle d'une lutte avantageuse pour moi, et scandaleuse pour le public. Lorsque, retiré du service, on attaquera mon honneur ou mes opérations, je saurai que répondre. »

CHAPITRE XXVI.

Avril 1795. Du 12 germinal au 11 prairial } an III.

§ᵉʳ. Réponse de Canclaux à Stofflet et à ses officiers. — Rapport des représentans Dornier et Morisson au comité de salut public. — Du général Caffin au représentant Bézard. — Du général Cambray au général Beaupuy. — Lettre de Sapinaud au général Cambray. — De Sapinaud au général Charette. — De Cambray à Charette. — Avis du comité de salut public aux généraux de l'Ouest, sur les projets de l'Angleterre. — Avis aux représentans du mouvement du premier avril dans Paris. — Compte rendu par l'adjudant-général Savary au général Beaupuy. — Jugement de quatre chasseurs par la commission militaire. — Déclaration de soumission de plusieurs chefs vendéens adressée au comité par les représentans Dornier et Morisson. — Circulaire de l'accusateur public aux administrations du département de Maine-et-Loire. — Canclaux, au représentant Lacombe et au comité de salut public. — Rapport de Caffin au général Canclaux. — De Populus au général Beaupuy. — Lettre de Forestier et Delaunay aux députés de l'armée catholique de Bretagne. — De Populus aux députés. — Rapport de l'administration du district de Challans au comité de salut public. — Canclaux, à Beaupuy. — Effrayante situation de la ville de Nantes. — Lettre de Darbefeuille au représentant Lesage, d'Eure-et-Loire. — Rapport des représentans près l'armée de l'Ouest, à la Convention nationale. — Ordre de Canclaux pour la reprise des mesures actives. — Rapport du représentant Delaunay au comité; il demande à rentrer à la Convention. — Sort des réfugiés dans les environs de Nantes. — Lavary, au général Canclaux. — Rapport de Canclaux au comité de salut public; fouille dans la forêt de Vezin. — Des représentans Bézard et Delaunay à la Convention nationale. — Adresse des mêmes représentans aux habitans de la Vendée. — Rapport de Savary au général Canclaux. — Rapport de Canclaux au comité de salut public; découverte de l'arsenal de Stofflet. — De Bancelin au même; circulaire de Scepeaux pour annoncer la paix. — De Savary au général Canclaux.

Suite des événemens dans la Vendée.

Du 1er. = *Réponse du général Canclaux, à Stofflet et à ses officiers* (1). (*Chollet.*)

« Messieurs, un de vos députés m'apporte à l'instant votre lettre du 31 mars 1795 (v.s.). Je la communique aux représentans Dornier et Morisson qui ont été à l'entrevue de la Jaunais; ils me chargent de vous répondre que la conférence qui a lieu à Rennes n'a d'autre but que d'ajouter quelques signatures à celles qui ont été déjà données par plusieurs chefs des Chouans; que vos intentions étant pacifiques, vous pouvez vous rendre de suite près d'eux, et que vous les trouverez toujours disposés à faire tout ce qui sera convenable pour la paix et la tranquillité d'un pays trop long-temps malheureux, et dans lequel ils ne sont entrés que pour en réparer les maux et y répandre des bienfaits. Je vous envoie un officier de l'armée pour vous accompagner au lieu où seront les représentans. — Salut, union et paix.

» *Signé*, Canclaux. »

Les représentans Dornier et Morisson, au comité de salut public. (*Chollet.*)

« Le 25, les colonnes républicaines sont entrées dans la

---

(1) Voir la lettre de Stofflet, du 31 mars (Vendée.)

Vendée; elles se sont emparées, sans aucune résistance, de Cerizais, Bressuire, Châtillon, Maulevrier et Chollet où l'avant-garde est arrivée à sept heures du soir pour se porter aujourd'hui sur Mortagne.

» Caffin est entré hier à Chemillé; Beaupuy a dû arriver de son côté à Beaupreau.

» Nous avons reçu aujourd'hui à deux heures du matin, par un envoyé de Stofflet, une lettre dont nous vous envoyons la copie, ainsi que de la réponse du général Canclaux.

» Stofflet n'a pu faire de rassemblement; vous pouvez, pour cette fois, dire que la Vendée est rentrée dans le sein de la république, puisque les troupes républicaines en occupent le cœur et les principaux points. »

Du 1er. = *Le général Caffin, au représentant Bézard.*
(*Chemillé.*)

« Je suis arrivé hier soir à Chemillé. En passant à Saint-Lambert on nous a tiré quelques coups de fusil qui n'ont tué personne.

» J'ai rencontré, une lieue plus loin, un convoi que les brigands avaient attaqué; à mon arrivée ils ont pris la fuite, et tout est arrivé à sa destination.

» Nous n'avons trouvé aucune résistance à Chemillé; nous sommes bivouaqués un quart de lieue au-dessus de la ville.

» Nos patrouilles vont jusqu'aux Gardes, Trementine et Jallais. On ne rencontre personne, si ce n'est quelques hommes épars. Je vais tâcher de faire rentrer les femmes chez elles; je les protégerai. Quelques-unes sont déjà rentrées ce matin.

» *Signé*, Caffin. »

Le général Cambray, au général Beaupuy. (*Montaigu.*)

« Malgré toutes les entraves, je suis heureusement arrivé avec le convoi de cinquante mille rations de pain. Vous trouverez ci-joint copie d'une lettre du général Sapinaud et de la mienne au général Charette. Aussitôt votre arrivée à Mortagne ou dans ses environs, faites-m'en part, pour que je puisse faire filer de suite ce convoi.

» N'ayant aucune nouvelle du mouvement de nos colonnes, j'ai fait arrêter le second convoi à Saint-Hermand. »

Sapinaud, au général Cambray. — 31 *mars, onze heures du soir. (Beaurepaire.)*

« Général, le courrier que nous avions envoyé à Mortagne est de retour; il n'a point rencontré votre colonne; on lui a dit qu'elle marchait sur Maulevrier.

» J'ai appris aussi que Stofflet était passé de ce côté-ci de la Sèvre, et qu'il devait coucher ce soir à Saint-Malo, environ deux lieues de Beaurepaire; qu'il avait avec lui Delaunay, Forestier et environ quatre cents hommes. Il paraît qu'il cherche à nous surprendre. Je ne serais point surpris qu'il eût été prévenu par ces *trouble-paix* qui ont contrarié aujourd'hui votre marche, que vous vouliez diriger sur Mortagne un convoi considérable; d'après cela, ils pourraient chercher à vous inquiéter. Je crains bien que vous n'ayez beaucoup de peine par l'autre route. Si vous pouviez avoir le temps de vous assurer du passage, vous feriez bien d'y envoyer mes cavaliers pour voir si le chemin est praticable avant de vous mettre en marche.

» Nous partons cette nuit, M. de Fleuriot et moi, pour aller trouver M. Charette (1), lui faire part de tous ces contre-temps, et aviser aux moyens de les faire cesser bientôt. Nous serons à Chauché sur les dix heures du matin, et nous nous rendrons ensuite à Belleville.

» Si vous ne craignez pas la dépense, je crois que vous fe-

---

(1) Il était temps : à peine étaient-ils partis, que Stofflet parut à Beaurepaire avec sa troupe et y commit quelques dégâts.

riez bien de donner quelque chose aux courriers porteurs de la présente.

» Votre très-humble serviteur.

» *Signé*, Sapinaud. »

Sapinaud, au général Charette. (*Saint-Fulgent*, 31 *mars.*)

« Le passage du convoi sous les ordres du général Cambray a produit des mouvemens parmi les mauvais sujets de mon commandement. Plusieurs se sont embusqués dans la forêt du Parc pour l'empêcher de passer et s'en emparer. J'ai fait tous mes efforts pour les faire rentrer dans l'ordre, ce qui a été inutile; en conséquence, j'ai conseillé au général Cambray de faire filer le convoi sur Montaigu, ce qu'il a fait; il est bien malheureux de trouver de semblables entraves; mais j'ai craint d'aigrir les esprits, et le général Cambray a craint qu'un coup de fusil ne fût une étincelle capable d'allumer un grand incendie. Votre présence, général, est absolument nécessaire dans nos cantons. L'amour de l'ordre et de la paix qui nous anime, l'exige impérieusement.

» Votre ami.

» *Signé*, Sapinaud. »

Le général Cambray, au général Charette. (*Montaigu.*)

« Les lettres de M. Sapinaud vous feront juger de ma position. J'ai donné ordre à un second convoi de rester à Saint-Hermand jusqu'à votre réponse. Veuillez me faire connaître cette nuit, à Montaigu, les moyens que je dois prendre et ceux que votre prudence vous dictera pour protéger l'arrivée de ce convoi.

» *Signé*, Cambray. »

Du 2. = *Le comité de salut public, aux généraux de l'Ouest et de Brest.* (*Paris.*)

« Un avis que nous recevons d'Angleterre porte que les Anglais se disposent à secourir par des troupes la Vendée et les

Chouans. Il est en conséquence nécessaire de vous concerter ensemble pour déjouer ces projets. Les représentans près les armées, ayant des pouvoirs illimités, pourraient, dans un cas aussi inattendu, procurer, par des moyens extrêmes et prompts, ce que le gouvernement ne peut procurer que par des moyens lents.

» *Signé*, Lacombe. »

L'orage qui depuis long-temps grondait dans le lieu des séances de la Convention, éclata le 1er. avril. Le comité de salut public écrivit le lendemain aux représentans près les armées de l'Ouest et des côtes de Brest :

« Nous vous annonçons, chers collègues, que les espérances des ennemis sont encore déjouées.

» Depuis quelque temps toutes les correspondances étrangères annonçaient qu'il y aurait un mouvement dans Paris. La pénurie factice des subsistances en était le prétexte. Le royalisme levait audacieusement la tête; mais la Convention nationale, ferme à son poste, épiait le moment où elle pourrait frapper sur ces instigateurs; c'est hier qu'elle l'a fait.

» Hier, plusieurs sections sont venues à la barre pour une pétition relative aux subsistances : tandis qu'elles y étaient, une foule égarée, au mépris du respect dû à la représentation nationale, viola le lieu de ses séances; et, par le mouvement et la foule, les malveillans *rencognèrent* les représentans dans leurs bancs, et se mêlèrent parmi eux; mais au signal de ralliement, à la générale battue, les bons citoyens se portèrent en masse autour de la Convention : l'ordre fut rétabli dans le lieu de ses séances, et la tranquillité publique maintenue dans Paris.

» Les quatre représentans du peuple, dont le procès depuis long-temps était un sujet de discorde, ont été condamnés à la déportation. La Convention nationale a fait mettre en arrestation, au château du Ham, les représentans *Choudieu, Foussedoire, Huguet, Leonard Bourdon, Ruamps* et *Châles. Amar* et *Duhem* ont été arrêtés.

» Maintenez la tranquillité dans vos armées, elle n'a pas été un moment troublée ici. L'attitude ferme de la Convention nationale en a imposé à tous les malveillans. Tous les instigateurs du royalisme et du terrorisme seront recherchés avec soin, et les autorités constituées en seront purgées.

» Observez avec soin le mouvement des armées qui sont devant vous; nous avons lieu de croire que c'est un mouvement combiné. Il est possible que l'ennemi ait voulu faire correspondre le mouvement de l'intérieur avec ceux de l'extérieur. L'ensemble est rompu; nous avons déjoué les premiers, et nous nous reposons sur vous pour déjouer les derniers.

» Le général Pichegru a été nommé commandant en chef de la force armée de Paris tant que durerait le mouvement. Dans quelques jours il va se rendre à l'armée du Rhin.

» Nous vous prions de faire mettre notre lettre à l'ordre de l'armée (1).

» Les membres du comité de salut public.

» *Signés*, J.-P. Lacombe, J.-P. Chazal, Merlin de Douai, Marec, Sieyes, Reubell, Dubois Crancé. »

Du 4. = *L'adjudant-général Savary, au général Beaupuy.*
(*Chollet.*)

« Je me félicite, mon cher général, de n'avoir aucune plainte à vous faire sur la discipline et la marche de la colonne sous mes ordres, depuis notre départ du camp de Ragon jusqu'ici. Nous n'avons été contrariés que par les mauvais chemins; heureusement tout est arrivé sans encombre. J'ai vu

---

(1) Elle fut mise à l'ordre de l'armée le 8; un décret du 2 ordonna l'examen de la conduite de tous les représentans qui avaient abusé de leurs pouvoirs illimités.

avec plaisir que les habitans ne fuyaient plus à notre approche. Si j'ai eu à souffrir, c'est du spectacle des ruines qui couvrent le pays; mais j'ai éprouvé un instant de jouissance bien douce en approchant des murs de la Regripière. La vue de ces murs m'a rappelé qu'au mois d'octobre 1793, dans notre marche de Beaupreau sur Nantes, tandis que vous vous portiez sur Angers, nous avions trouvé, Kléber, Marceau et moi, près de ces murs, deux petites filles renfermées dans des paniers, que la frayeur des parens avait fait abandonner. Ces enfans furent conduits à Nantes et confiés aux soins d'une famille que je connaissais particulièrement. Désirant me procurer quelques renseignemens à ce sujet, je me suis approché d'un habitant du village, qui travaillait tout près de là, et après quelques propos pour le rassurer sur nos intentions, je lui ai parlé de ces deux enfans abandonnés dans des paniers, et je lui ai demandé s'il en avait entendu parler. — Oui bien, m'a-t-il dit, ces pauvres petites appartenaient à un riche meunier de mes voisins. Le père et la mère ont été en grande désolation de leur perte, ils n'en sont pas encore consolés. — Eh bien! ai-je repris, ils les retrouveront.... J'ai aussitôt écrit au crayon l'adresse de la famille qui en avait soin.... Remettez ce papier au meunier; dites-lui que ses petites filles se portent bien et qu'il pourra les aller chercher quand il le voudra. Adieu, puissions-nous vivre en paix!

» Ce brave homme ne savait comment exprimer sa joie et son étonnement. »

Du 6. = *Le président de la commission militaire, au général Beaupuy. (Chollet.)*

« Je te rends compte que la commission vient de rendre un jugement contre les quatre chasseurs à cheval du quinzième régiment qui ont été traduits devant elle. L'un d'eux est condamné à mort, les trois autres subissent la détention (1).

»*Signé* Thomas. »

---

(1) Le général Beaupuy commandait la première division à Chollet;

Stofflet ne s'était point rendu à l'invitation du général Canclaux. Le représentant Dornier, naturellement confiant, parvint à réunir quelques-uns des chefs à Saint-Macaire où il se rendit seul. Là fut signée la déclaration suivante qui fut adressée au comité de salut public :

Chollet, 8 avril.

« Nous vous adressons la déclaration de plusieurs chefs vendéens.

» *Signé*, Dornier et Morisson. »

Déclaration de soumission faite par cinq membres du conseil de l'armée d'Anjou et haut Poitou, avec plusieurs officiers réunis.

« Des attentats inouïs contre notre liberté, l'intolérance la plus cruelle, le despotisme, les injustices, les vexations les plus odieuses que nous avons éprouvées, nous ont mis les armes à la main.

» Tant qu'un gouvernement oppressif a privé nos concitoyens de leurs droits les plus précieux, nous les avons soutenus avec constance et fermeté; nous avons puisé dans nos malheurs de nouvelles forces; le désespoir est venu nous prêter son affreux secours; il avait gravé dans notre cœur la résolution de mourir plutôt que de vivre sous une pareille tyrannie.

» Enfin ce régime de sang a disparu : les hommes qui couvraient la France de deuil et de cyprès ont payé de leurs têtes leurs atrocités et leurs cruels desseins. Des représentans du

---

la seconde était commandée par le général Caffin à Chemillé, et la troisième par le général Bonnaire à Bressuire; la troupe manquait de pain depuis plusieurs jours; les chasseurs furent accusés d'en avoir enlevé dans une maison habitée ; on pensa qu'un exemple était nécessaire, et l'arrêté des représentans du 23 mars reçut son application.

peuple, amis de l'humanité et de la justice, nous ont inspiré de la confiance; nous leur avons fait connaître nos intentions et le désir d'une pacification sincère garantie par l'honneur. Nous avons senti plus fortement encore, s'il est possible, que nous étions Français, et que le bien de notre patrie devait seul nous animer.

» C'est dans ces sentimens que nous déclarons formellement à la Convention nationale et à la France entière nous soumettre à la République française une et indivisible; que nous reconnaissons ses lois, et que nous prenons l'engagement formel de n'y porter aucune atteinte, et de ne jamais porter les armes contre la République.

» *Signé*, BER'ARD, ROSTAING, MONNIER, LHUILLIER, LEGEAY, GERMAIN BEZ, DESORMAUX le jeune. »

Cette défection des principaux officiers de Stoffiet mettait ce chef dans la nécessité de se soumettre lui-même.

L'explosion du 1er. avril donna lieu à une nouvelle inquisition. On en pourra juger par la circulaire suivante de l'accusateur public près le tribunal criminel du département de Maine-et-Loire, aux administrations de ce département, en date du 9 avril 1795.

« Citoyens, la Convention nationale, en rappelant dans son sein ceux de ses membres qui ont échappé à la vengeance des dictateurs, et en déployant toute son énergie contre ceux qui la déshonoraient, a déchiré le voile qui couvrait peut-être encore, aux yeux des moins apercevans, la faction impie et scélérate qui produisit les journées des 2 et 3 septembre, des 31 mai et 2 juin.

» Je n'ai pas besoin de vous rappeler tous les malheurs qui ont été la suite de ces fatales journées. Le département de

Maine-et-Loire n'a que trop senti la puissance tyrannique de ces dictateurs en sous-ordre, de ces hommes barbares qui portaient partout la flamme et la mort, qui ont violé toutes les lois, qui ont si cruellement outragé la morale publique, et qui rivaient les fers du peuple en lui parlant de liberté. Puissent ces horreurs s'effacer des pages de l'histoire de la révolution ! Que les citoyens égarés, qui ont servi les projets liberticides de ceux qui les faisaient mouvoir, reconnaissent leur faute, qu'ils pleurent d'avoir été trompés et qu'ils restent en paix.

» Mais, citoyens, s'il faut avoir de l'indulgence pour l'erreur, le crime doit être poursuivi : l'impunité enhardit, et la journée du premier avril est une grande leçon. Les factieux qui ont tenté un dernier effort pour ressusciter le régime de sang et tous les crimes, ont des agens et des complices dans les départemens, qui soupirent en secret et attendent le moment de se ressaisir des poignards qu'on leur a arrachés. La société exige la punition des coupables, la Convention le veut. Le comité de législation vient de me donner des ordres pour rechercher tous ceux qui, sous la dernière tyrannie, ont trafiqué de la vie et de la fortune de leurs concitoyens ; qui ont abusé des noms sacrés de liberté et d'égalité pour couvrir des trames criminelles, des assassinats, des dilapidations et des concussions de tout genre.

» Je dois être secondé dans ces recherches par tous les amis de l'humanité, de la justice et des lois. Je m'adresse donc à vous pour avoir les renseignemens suivans :

1°. Quels sont les différens commissaires civils qui ont suivi les armées dans vos cantons ? Au nom de qui agissaient-ils ?

» 2°. Quels sont les membres des comités révolutionnaires existant lors du 9 thermidor ? Par qui avaient-ils été nommés ?

» 3°. Comment les uns et les autres se sont-ils comportés ?

» 4.° Quelle morale prêchaient-ils ?

» 5°. Ont-ils ordonné des évacuations de cantons, des désarmemens, et par quel ordre?

» 6°. Ont-ils fait protéger les personnes et le transport de leurs effets les plus précieux?

» 7°. N'ont-ils point favorisé le pillage et les massacres, en ne donnant pas aux malheureux habitans le temps et les moyens de se sauver et d'enlever leurs effets?

» 8°. Se sont-ils immiscés dans l'administration des effets appartenants à la République, et en ont-ils rendu compte, en exécution de la loi du 13 frimaire an 3 (3 décembre 1794)?

» 9°. Y a-t-il eu des noyades ou des fusillades, et qui les a commandées?

» 10°. Que sont devenus les effets des malheureuses victimes? Qui sont ceux qui les dépouillaient?

» 11°. Tous ces commissaires ou agens n'ont-ils point commis d'actes arbitraires, exigé des sommes ou autres objets pour protéger les uns et mettre en liberté les coupables?

» Je vous engage, citoyens, à me faire parvenir tous ces renseignemens le plus promptement possible, à y joindre les pièces au soutien, et les déclarations qu'ont pu faire ou pourraient faire les citoyens qui ont des connaissances particulières sur quelques faits graves.

» J'attends tout de votre zèle, de votre haine pour la tyrannie, de votre amour pour la liberté et la patrie (1). »

Du 9. = *Le général Canclaux, au représentant Lacombe Saint-Michel. (Chollet.)*

« Je viens de diriger deux mille hommes sur Laval, ainsi que l'a demandé le général Hoche. Il ne faut pas trop dégarnir la Vendée de troupes dont la présence est nécessaire pour consolider la confiance que les habitans commencent à prendre. — La poursuite de Stofflet recommence aujourd'hui. »

---

(1) Cette nouvelle inquisition, ordonnée par le comité de législation, devait nécessairement amener la journée du 13 vendémiaire, et par suite celles des 18 fructidor et 18 brumaire.

Du 9. = *Le même, au comité de salut public.* (*Chollet.*)

» Le succès des marches que l'armée vient de faire doit sans doute contribuer à déjouer les projets de l'ennemi extérieur; je n'en prendrai pas moins des précautions contre toute tentative de débarquement, quoique je n'en craigne aucune.

Du 10. = *Le général Caffin, au général Canclaux.*
(*Saint-Pierre de Chemillé.*)

« Hier le troisième bataillon d'Ille-et-Vilaine escortant un convoi de Saint-Lambert ici, a été attaqué vers midi; il s'est battu avec courage, a repoussé l'ennemi et a rapporté un drapeau orné d'un écusson représentant saint Jean-Baptiste, avec cette légende : *ecce agnus Dei qui tollit peccata mundi.*

» Pour dissiper un rassemblement qui inquiétait nos convois, j'ai fait partir la nuit dernière plusieurs colonnes; l'une sur Névi, qui n'a trouvé qu'un faible poste qui a pris la fuite; deux autres sur Chanzeau, lieu signalé depuis quelques jours par le meurtre de plus de trente volontaires en route, et par l'attaque d'un convoi qui a été pillé et dont les chevaux ont été tués.

» Les brigands, qui étaient dans le village de Chanzeau, se sont réfugiés dans le clocher d'où ils ont fait un feu très-vif qui a coûté la vie à deux officiers du quatorzième bataillon d'Orléans et à plusieurs soldats. On a menacé de mettre le feu au clocher, alors il en est sorti des hommes et des femmes qui ont trouvé parmi nous un accueil favorable; cependant dans cette action, qui a duré cinq heures, il a péri treize ou quatorze personnes dont un prêtre ci-devant vicaire de Concourson. Les prisonniers ont été amenés à Chemillé et les vieillards ont été de suite remis en liberté avec des secours que leur a donnés un représentant qui se trouvait à Chemillé. »

Populus, chef de bataillon, au général Beaupuy.
(*Beaupreau.*)

« Dans ce moment se présente un courrier de MM. Forestier

et Delaunay, porteur d'une lettre adressée *à MM. les députés de l'armée catholique et royale de Bretagne.*

» J'ai sur-le-champ fait assembler le conseil militaire et d'après l'avis de tous, la lettre a été décachetée; nous vous en envoyons copie, ainsi que de celle que le conseil a cru devoir écrire aux députés de l'*armée catholique de Bretagne.* Je crois, général, que je ne me suis pas trop avancé en renvoyant de suite l'ordonnance à sa destination, imaginant qu'il ne s'agit que d'un rassemblement de chefs pour traiter de la paix. »

Du 10. = *Lettre de Forestier et Delaunay aux députés.*

« Messieurs, d'après l'invitation faite à M. Stofflet de se rendre à la Poitevinière, il s'y est rendu de suite; la nouvelle de votre départ l'a engagé à se porter dans un endroit où sa présence était nécessaire, et nous nous sommes rendus, M. Forestier et moi, au lieu où vous conduira le porteur; là M. Stofflet arrivera demain de grand matin.

» Nous avons l'honneur, etc.

» *Signé*, Forestier et Delaunay. »

Lettre de Populus aux députés, etc. (Beaupreau.)

« Messieurs, à l'instant où nous vous écrivons, arrive un courrier appelé Jean Pineau, porteur d'une lettre que vous trouverez ci-jointe. Il a été arrêté par les avant-postes, et le conseil militaire de cette colonne a cru devoir prendre connaissance de cette lettre.

» Il en résulte, Messieurs, que nous croyons voir avec toute la satisfaction qui doit caractériser tous les Français, que l'entrevue qui doit avoir lieu demain à la Barotte finira une guerre honteuse et déshonorante pour tous ceux qui pensent.

» Nous croirions entraver les opérations des armées, si nous retenions votre ordonnance, et nous ne balançons point à vous faire passer la dépêche qui vous est adressée. Nous nous disons d'avance,

» Vos frères et amis,

» *Signé*, Populus, etc. »

Du 10. = *L'administration du district de Challans, au comité de salut public. (Challans.)*

« Le traité conclu avec les chefs des révoltés n'est point connu ; le pillage et les assassinats continuent contre les républicains.

» Savin commande aux environs de Palluau ; Dabbayes, dans le marais, a son quartier-général à Saint-Jean de Mont ; Pajot est du côté de Beauvoir. On peut dire que depuis l'île Bouin jusque près de Saint-Gilles, toute la côte reste au pouvoir des révoltés. En vain adresse-t-on des plaintes à Charette ; il a dit depuis peu à ses soldats, cantonnés à Belleville, qu'il était toujours dans les sentimens qu'ils lui avaient connus précédemment ; qu'il n'était nullement le partisan de la République, et qu'il n'y avait que la disette des blés qui l'empêchait de rassembler toutes ses forces ; ainsi, qu'ils eussent à prendre patience. Dans toutes les communes des environs, et même dans celles réputées libres jusqu'à ce jour, les révoltés établissent des comités qui agissent au nom du roi. Il y a des listes de proscription où sont inscrits les noms de ceux qui ont servi la République. »

Du 11. = *Le général Canclaux, au général Beaupuy. (Chollet.)*

« Le représentant Dornier, qui arrive au moment, m'enjoint de prescrire qu'il ne soit fait en cet instant et jusqu'à nouvel ordre aucun mouvement. Vous en ferez prévenir vos différents cantonnemens et postes (1). »

Du 13. = *L'agent national de Nantes, au comité de salut public. (Nantes.)*

« Je ne puis me défendre de l'inquiétude qu'inspire l'effrayante situation de la ville de Nantes. Les habitans de la

---

(1) Le même jour, des ordres furent donnés pour rétablir les fours et moulins.

Vendée y viennent journellement s'approvisionner, sans que nous recevions rien d'eux en échange. D'un autre côté, les Chouans défendent aux paysans de rien apporter. La livre de beurre se paye vingt livres, les autres denrées en proportion. Ils se réunissent et s'organisent dans ce moment pour nous attaquer. »

Du 15. = *Darbefeuille, au représentant Le Sage d'Eure-et-Loir. (Nantes.)*

« On a annoncé à la tribune que la Vendée était pacifiée....., et cependant les réfugiés rentrés sont assassinés; aucun habitant de Nantes ne peut sortir hors des portes de la ville, et les Vendéens viennent journellement dans nos murs, achètent subsistances, armes, munitions, effets, sans qu'il leur soit permis de nous apporter même un œuf. La consigne la plus sévère à cet égard est donnée à leurs avant-postes qui touchent la ville.

» Quant aux Chouans, c'est encore pire : ils ont ordonné une levée dans toutes les campagnes depuis l'âge de seize jusqu'à quarante ans. Ils achètent la poudre cent livres la livre. Le 12, il y a eu une assemblée dans chaque arrondissement de cinq communes, les armes ont été bénites, etc. Sur trente volontaires qui escortaient la diligence entre Varades et Ancenis, vingt-huit ont été pris, emmenés à quelque distance, forcés de creuser eux-mêmes leurs fosses, enfin fusillés.

» Que penser d'après cela du rapport fait à la Convention nationale ? Charette se plaint, dit-on, qu'on n'ait pas rendu public le traité. Pourquoi ne pas le publier ? Des gens inquiets et défians disent que s'il n'était pas honteux, on s'empresserait de le faire connaître. »

Les représentans près l'armée de l'Ouest, à la Convention nationale. (Chollet). (Extrait.)

« Réunis depuis quelques jours à Chollet, nous avons vu avec une douce satisfaction que l'entrée des colonnes dans les parties de la Vendée soumises à la tyrannie de Stofflet, assurait la paix générale dans ces malheureuses contrées.

» C'est par des actes de bienfaisance qu'il faut réparer les malheurs qu'un système de dévastation, de pillage et d'incendie a multipliés d'une manière affligeante. Les anciennes villes, les bourgs, les hameaux et les fermes isolées ne présentent plus que des monceaux de cendres et de décombres.

» L'armée a puissamment concouru à établir la confiance : le bon exemple des chefs, l'amour de la paix et la bravoure rendent bien précieuse dans ce pays la présence des troupes. La pureté des principes de la Convention lui assure les cœurs des Vendéens.

» *Signé*, Menuau, Delaunay, Bézard, Dornier, Morison, Lofficial. »

Les mouvemens de troupes étaient suspendus depuis le 1er ; le représentant Dornier avait réuni à Chollet, dans un dîner, un grand nombre de chefs, parmi lesquels se trouvait l'abbé Bernier. On assura que Stofflet était décidé à signer la pacification et que sous peu de jours il se rendrait au lieu qui serait désigné. Dornier s'aperçut enfin qu'on le trompait, et que l'ennemi cherchait à profiter de l'inaction de la troupe pour former de nouveaux rassemblemens et enlever les chevaux qu'on était obligé de faire vivre dans les prairies, faute de fourrage. Il fut décidé que l'on recommencerait une surveillance active, et le général Canclaux donna l'ordre suivant :

Vihiers, 21 *avril*.

« La nécessité de poursuivre sans relâche ce qui reste de

malveillans dans la Vendée conduit à des mesures actives, fortes et assurées. Pour cela chaque général commandant les divisions qui occupent maintenant ce pays, après avoir pris les renseignemens qui pourront éclairer journellement sa marche par des moyens de découvertes et particulièrement d'espionnage, aura sous sa main une troupe de trois cents hommes bien choisis pour la bonne conduite, pour la discipline, pour l'agilité et pour la bravoure; il y sera attaché vingt-cinq hommes de cavalerie. Cette troupe sera commandée par un officier choisi. Il faut que cet officier ait des connaissances locales, de l'activité et de la fermeté. Il fera le métier de partisan dans l'intérieur de la division, se retirant sur les divers cantonnemens, soit pour la nuit, soit en cas d'attaque et qu'il fût repoussé. Il tendra des embuscades à tous les rebelles qui veulent chouanner, se les faisant indiquer par les gens du pays qui doivent aussi les craindre, et dont il gagnera la confiance par la bonne discipline de sa troupe, ne leur causant aucune inquiétude, et par le respect de leurs propriétés, ne prenant rien, ni pour lui, ni pour les troupes, ni pour les chevaux, sans le payer comptant; il lui sera remis des fonds en conséquence. Ces mêmes fonds, dont il rendra compte, lui serviront à payer des espions, des courses, etc.

» Cette troupe aura, à la fin de sa campagne, une gratification proportionnée au succès de la tournée qu'elle aura faite et dont le commandant de la division fixera la durée. Le commandant de chaque colonne rendra compte journellement au commandant de division, ainsi qu'au représentant du peuple le plus voisin, de sa marche et de ses opérations.

» Les rassemblemens armés seront dissipés par la force. Les prisonniers faits en pareil cas seront, ainsi que leurs armes et leurs chevaux, envoyés au cantonnement le plus voisin du lieu de l'expédition, d'où on les fera passer à la résidence la plus prochaine d'un représentant du peuple.

» Aucune femme ne sera arrêtée, à moins qu'elle ne se portât à des excès coupables envers la troupe.

» Le général en chef,

» Signé CANCLAUX. »

Du 21. = *Le représentant Delaunay, au comité de salut public. (Angers.)*

« Après avoir assisté aux premières conférences ouvertes à Rennes, je me suis rendu dans la Vendée pour détruire quelques obstacles qui paraissaient entraver la pacification. Je viens de parcourir cette contrée, les routes sont libres et la confiance se rétablit. Les autorités constituées se réorganisent.

» Nous avons arrêté entre nous à Chollet, le 15 de ce mois, la division du territoire de la Vendée pour la surveillance; en voici le tableau :

MENUAU à Saumur, Vihiers et Thouars.
LOFFICIAL à Bressuire, La Chataigneraye et Parthenay.
MORISSON à La Roche-sur-Yon, Challans et Montaigu.
GAUDIN à Fontenay, les Sables et les Côtes.
CHAILLON à Paimbœuf et Machecoul.
RUELLE à Nantes et Clisson.
DELAUNAY et BÉZARD à Angers.

» Je demande à rentrer à la Convention, et je vous invite à envoyer dans le département de Maine-et-Loire un représentant avec mission pour l'armée des côtes de Brest et de Cherbourg. Je vous désigne pour cette mission Bodin, d'Indre-et-Loire. Je ne me permettrai pas de concourir à la distribution des indemnités, parce que mes propriétés et celles de ma famille ont été ravagées. »

Du 22. = *Le représentant Revellière-Lépeaux, au citoyen Creuzé Latouche, membre du comité de salut public. (Paris.)*

« Je m'empresse de te transmettre une lettre que je reçois

du citoyen Bousseau, datée d'Angers, le 18 de ce mois; en voici le contenu :

» J'arrive de Nantes; il me serait impossible de retracer ici toutes les horreurs que les brigands se permettent, notamment contre les réfugiés dont ils se sont approprié les biens. En voici quelques traits : on a forcé dans les environs de Vallet deux vieillards rentrés à creuser leurs fosses et on les y a ensevelis. Il semblerait qu'ils ont droit de vie et de mort sur les patriotes. Une vingtaine tant hommes que femmes et enfans, mourant de faim à Nantes, sont retournés à Clisson; on les a noyés dans la Sèvre. Quelle paix, grand Dieu! »

Du 22. = *Savary, commandant la première division* (1), *au général Canclaux.* (*Chollet.*)

« Le citoyen Mathelon est rentré hier soir de son expédition dans la forêt de Vezin. Je l'ai engagé à vous faire par écrit son rapport que je joins ici. Il va retourner à Maulevrier pour continuer sa fouille dans toute cette partie de la forêt où l'on soupçonne qu'il y a beaucoup d'effets cachés. Stofflet et Delaunay ont quitté la forêt, déguisés et à pied; j'ignore où ils se sont retirés, mais j'en préviens les chefs des cantonnemens, en leur prescrivant de redoubler de surveillance.

» Le fameux *marquis de Carabas* rôde dans les environs de Beaupreau; j'écris au commandant de ce poste pour lui recommander de le faire chercher, afin de le réduire à l'impossibilité de faire du mal.

Du 23. = *Le général Canclaux, au comité de salut public.* (*Angers.*)

« Une fouille a eu lieu dans la forêt de Vezin et de Maulevrier; Stofflet poursuivi s'est sauvé seul à pied. Son homme

---

(1) Il remplaçait le général Beaupuy parti pour l'armée du Rhin.

de confiance, son chirugien, son tonnelier et quelques chasseurs ont été arrêtés.

» Je vais faire passer sur la rive droite trois mille hommes sous les ordres du général Beauregard, pour couvrir Angers contre les Chouans. La Vendée a besoin de forces pour y maintenir la tranquillité. Je vais établir mon quartier-général à Doué. »

Du 23. = *Les représentans Bézard et Delaunay, à la Convention nationale.* (*Angers.*)

« L'entrée triomphante des colonnes républicaines dans la partie de la Vendée qu'occupait Stofflet, assure de plus en plus la paix et la tranquillité : les rassemblemens se dissipent d'eux-mêmes.

» S'il est douloureux pour les représentans du peuple de ne trouver que des ruines dans les villes et les villages qu'ils parcourent, il est bien doux pour eux de contribuer à ramener les cœurs à la Convention, et de faire chérir le gouvernement républicain dans un pays totalement ravagé par le royalisme, l'incendie et le pillage. Nous nous occupons du mode de distribution des secours que vous nous avez promis de répandre, et la Convention peut croire que nous ne négligerons rien pour ranimer l'agriculture et le commerce. »

Adresse des représentans Delaunay et Bézard, aux habitans de la Vendée. (*Angers.*)

« La marche des colonnes républicaines vous annonce que le peuple français ne voit aujourd'hui que des frères dans la Vendée. Les secours que la Convention accorde pour réparer vos maux vous prouvent que tous sont égaux en droits et doivent participer aux bienfaits qu'elle répand.

» Lorsque les défenseurs de la patrie fraternisent avec vous, lorsqu'ils partagent ce qu'ils ont avec vos femmes et vos enfans, pourquoi en est-il parmi vous qui hésitent à rentrer dans leurs foyers ?

» Le règne de sang est passé; la justice est pour tous, et l'humanité veut que les plaies soient fermées.

» Lisez les arrêtés qui ont été pris pour faire votre bonheur; nous vous les adressons. Vous saurez ce que l'on veut vous laisser ignorer; vous saurez que les cultes sont libres, et que les jeunes gens de la réquisition restent avec vous pour ensemencer vos champs ravagés par la guerre, et vous aider dans vos ateliers et vos manufactures.

» Lisez ces arrêtés et le décret suivant de la Convention nationale du 24 ventôse (14 mars 1795) qui les confirme, et croyez à la bienfaisance nationale :

» Après avoir entendu le rapport des représentans du peu-
» ple envoyés près l'armée de l'Ouest, *pour pacifier la guerre*
» *de la Vendée*, et la lecture des arrêtés pris par ces repré-
» sentans, relatifs à cette pacification ;

» La Convention nationale déclare qu'elle approuve lesdits arrêtés.

» *Signé*. P.-M. DELAUNAY et BÉZARD. »

Du 23. = *L'adjudant-général Savary, commandant la première division, au général Canclaux.* (*Chollet.*)

« Le représentant du peuple Dornier doit partir demain matin pour se rendre à Beaupreau, afin de s'approcher du lieu désigné pour l'entrevue avec Stofflet (1).

» Les Francs et une partie de Cassel continuent aujourd'hui la fouille dans la forêt de Vezin, mais malheureusement les habitans de la campagne refusent de fournir des voitures. Ils sont tellement effrayés des menaces des chasseurs de Stofflet, qu'ils seraient, disent-ils, égorgés s'ils fournissaient des charrettes.

» Stofflet a certainement quelques magasins difficiles à découvrir. Je ne désespère pas du succès de nos recherches. J'at-

---

(1) Après sa fuite de la forêt de Vezin, Stofflet fit demander une entrevue avec les représentans.

tends ce soir le rapport de Mathelon (adjoint à l'état-major) ; si nous pouvons faire quelque découverte, vous en serez bientôt instruit. »

Du 26. = *Le général Canclaux, à l'adjudant-général Savary.* (*Saumur.*)

« C'est à Saint-Florent, ou pour mieux dire au château de la Baronière, que Stofflet doit avoir son entrevue avec les représentans. Le résultat n'en peut être que satisfaisant pour l'humanité. Dans l'état où il est réduit, il est trop heureux qu'on l'admette à signer une pacification qu'il ne veut que par force. N'importe, il faut en finir. Je pense que Dornier sera à l'entrevue de Stofflet, où se rendront ses collègues de Nantes, peut-être aussi ceux d'Angers, et que nous saurons promptement le résultat de cette entrevue.

» Le général Beaupuy est venu coucher hier ici ; il part pour l'armée du Rhin. Dites à Mathelon que j'ai reçu ses lettres et qu'il continue ses fouilles jusqu'à nouvel ordre. »

Du 29. = *L'adjudant-général Savary, au général Canclaux,* (*Chollet.*)

» Hier soir, deux cavaliers de Stofflet ont été arrêtés par les avant-postes ; ils étaient munis d'un passe-port de Stofflet qui les envoyait aux Cerqueux chercher ses chevaux pour se rendre le 1er. mai à l'entrevue des représentans du peuple. Ils m'ont dit qu'ils avaient ordre de parler aux chefs de division et d'arrêter toute espèce d'acte hostile. J'ai visé le passe-port, parce que j'avais connaissance de l'entrevue.

» Tout va bien dans les campagnes, la confiance s'établit, mais la peur domine encore. On n'aime pas Stofflet, on déteste ses chasseurs, on les craint, on tremble, et nous formons encore deux classes d'hommes étrangers les uns aux autres. Que l'on favorise l'agriculture, que l'on rétablisse le commerce, et la paix est faite.

» Un seul objet m'inquiète, c'est le sort des réfugiés ; ils ont besoin d'une protection soutenue ; je crois qu'ils la méritent. Les habitans des campagnes les désirent, ceux des bourgs qui se sont emparés de leurs propriétés les repoussent et les égorgent impitoyablement. Saint-Christophe, La Séguinière, La Romagne, Saint-André, etc., etc., ont donné des exemples de leur fureur contre les réfugiés. Si vous voulez me donner des ordres, je trouverai des coupables ; mais dans ce moment j'ai cru que l'intérêt général devait suspendre mes recherches. »

Du 29. = *Le général Canclaux, au comité de salut public.*
(Saumur.)

« Je m'empresse de transmettre au comité le rapport suivant du citoyen Mathelon, adjoint aux adjudans-généraux, que vient de m'adresser le commandant de la première division. Il est daté de la forêt de Vezin, du 26 du courant :

« Enfin, dit Mathelon, j'ai découvert l'arsenal de Stofflet.
» Il consiste en trois pièces de canon, dont une formée d'un
» cylindre, une de quatre en bronze, et la troisième de fer ;
» trois caissons, dont un garni de ferraille, beaucoup de pa-
» piers et quelques autres objets.

» Je suis très-satisfait du chirugien et du tonnelier, ci-de-
» vant brigands. Ils m'ont donné des renseignemens tels, que
» je les crois absolument convertis et rentrés dans le sein de la
» république. Ils méritent des égards. »

Bancelin, au comité de salut public. (Ségré.)

« Les chefs de Chouans, députés à Rennes, ont été mal accueillis à leur retour. Heureusement les prêtres se sont réunis à eux. Le 27, il s'est tenu une assemblée générale à Pontron, où se sont rendus les chefs des districts de Laval, Craon, Châteaugontier, Châteauneuf, Laflèche, Sablé, le Mans, Angers, Ancenis, Loire inférieure et Châteaubriand, qui ont adhéré à la déclaration signée à Rennes, le 1er floréal (20 avril.) Je joins ici copie d'une circulaire de Scepeaux, leur général, aux commandans de la force armée républicaine.

Ségré, le 27 avril 1795.

« Monsieur, la paix est enfin signée et il faut trouver les moyens de la consolider. Les réfugiés des campagnes en ville désirent rentrer dans leurs foyers, et leurs désirs me paraissent bien fondés. Cette réintégration dans leurs propriétés ne peut avoir de solidité auprès de nos soldats que lorsque tous vos cantonnemens de troupes auront évacué le pays. Cette opération terminée, je peux leur promettre sûreté et *inviolation à leurs personnes et leurs maisons ;* les ordres les plus exprès ont été donnés aux chefs de division et aux capitaines. Ils ont même ratifié de leur signature les mêmes ordres, pourvu que les réfugiés rentrent dans le pays *sans armes.* Ces deux objets remplis, nous trouverons le moyen d'organiser nos troupes selon le vœu du général; jusqu'à ce moment, que des vues réciproques tendent à arrêter toutes hostilités quelconques, et ne perdons pas dans un instant tout *le fruit des travaux qui doivent ramener l'ordre et la tranquillité.*

» J'ai l'honneur, etc.

» *Signé,* le vicomte de Scepeaux, général en chef. »

Du 30. = *L'adjudant-général Savary, commandant la première division, au général Canclaux.* (Chollet.)

« Je fus prévenu hier soir qu'il se faisait de petits rassemblemens dans différentes communes, et que ces rassemblemens étaient la suite d'une invitation adressée par Stofflet aux habitans de la campagne. Cette invitation portait que tous les amis de la paix eussent à se rendre à Chaudron pour le vendredi 1er. mai, *avec leurs armes en bon état.* J'ai bien pensé que Stofflet n'avait pas d'intentions hostiles, mais seulement le désir de présenter un certain appareil à l'entrevue, pour se donner un air d'importance.

» J'ai appris que les habitans de la campagne avaient reçu cette nouvelle de paix avec la plus grande joie ; que dans cette vue, il s'en trouverait un grand nombre au rendez-vous, et que c'est le seul motif qui les a engagés à se réunir. Ce qui m'étonne, c'est qu'on leur ait recommandé de s'y rendre *avec leurs armes en bon état* et de prendre du pain pour trois jours.

J'ai voulu m'assurer de la disposition des esprits; pour cela j'ai fait sortir du camp, ce matin, trois détachemens assez forts commandés par des officiers prudens. Je leur ai tracé la marche qu'ils devaient tenir, avec défense expresse au soldat de s'écarter de son corps et d'entrer dans aucune maison, sous peine d'être arrêté.

» J'ai ajouté que si, dans la marche, on rencontrait quelque rassemblement armé, le commandant tâcherait d'en découvrir le motif et n'agirait hostilement qu'en cas d'attaque ou de violence; enfin que cette marche n'avait pour objet que de faire des découvertes, et de s'assurer de la disposition actuelle des habitans des campagnes.

» Les rapports que j'ai reçus s'accordent à présenter la disposition des esprits comme très-satisfaisante pour la tranquillité et la paix. »

Chouannerie.

§ II. Rapport de Hoche au comité de salut public et aux représentans. — Conduite des Chouans dans le district de Dinan. — Réflexions de Hoche, au comité de salut public. — Rapport de Baudran au même. —Charles-Auguste, aux chefs royalistes du Mans.— Le représentant Dubois, à son collègue Lacombe. — Un convoi parti de Châteaugontier enlevé par les Chouans. — Rapport de Baudran au comité de salut public. — Adresse de la quatre-vingt-cinquième demi-brigade à la Convention.— Le comité de salut public, aux représentans près l'armée. — Hoche se met en mesure pour s'opposer au débarquement des Anglais. — Rapport de Chérin et de Jubé au comité. — Lettre de Baudran au général Hoche.— Conduite des Chouans dans les districts de Bellême, de Sablé et de Domfront. — Rapport de l'administration d'Ernée, au représentant Baudran. — De Baudran, au comité de salut public. — Le comité de salut public, à Baudran. — Lettre de Coquereau, chef de Chouans, au général Lebley. — Le représentant Baudran, au comité. — Rapport de Chérin au même ; Situation politique et militaire de l'armée. — Hoche, à Lagastine. — Conduite des Chouans dans les districts de Châteauneuf, d'Évron et de Vire. — Rapports des représentans Baudran et Dubois-Dubais au comité. — Renseignemens sur l'organisation des Chouans, transmis au général Hoche par le général Lebley. — Position difficile du général Lebley. — Rapport au représentant Baudran. — Rapport de Courbe, officier de police de sûreté militaire, et de Clouet, chef d'escadron de gendarmerie, au comité de salut public, sur les enrôlemens faits par Geslin, chef de Chouans. — Baudran, au comité. — Rapport du capitaine Dubois, au représentant Dubois-Dubais. — De Baudran, au comité ; pièces jointes. — Conduite des Chouans et des prêtres réfractaires dans le district de Domfront. — Dans celui d'Alençon. — Rapport de Baudran, au comité de salut public. — Lettre de Hoche au général ***. — De Baudran au comité. — De Lozeau au même. — De l'agent national de Mortagne au même. — De Trottier, accusateur public, au comité de législation. — Opinion du représentant Bouret sur la pacification de Charette, etc. — Arrêté des représentans pacificateurs concernant la mise en liberté de plusieurs chefs détenus. — Ordre extraordinaire de l'armée ; signature de la pacification par les chefs des Chouans. — Cette nouvelle annoncée au comité de salut public par les représentans. — Baudran, au comité. — L'administration de la Ferté-Bernard, au même ; la ville de Bonnestable envahie par les Chouans. — Hoche, à Lanjuinais et Defermon. — A Laugier. — Kricq, au comité de salut public. — Rapport d'Aubert Dubayet, commandant l'armée de Cherbourg, au comité. — Hoche, à Aubert Dubayet. — A Lanjuinais et Defermon. — Rapport de l'administration de Vitré au comité. — Lettre de Coquereau aux commandans de la force armée. — Ordre de l'armée; division du territoire entre les armées de Brest et de Cherbourg. — Aubert Dubayet, au représentant Lesage; tableau affligeant qu'il a aperçu. — L'administration d'Argentan, au comité de salut public. — Lettre de Cormatin aux représentans du peuple. — Déclaration de Leveneur, Palierne et Guignard le jeune, signataires de la pacification.

Du 1er. == *Le Général Hoche, au comité de salut public.*
(*Rennes.*)

« Stofflet nous fait le plus grand mal; les lenteurs nous perdent. La guerre, allumée par les prêtres auxquels on n'a pas fait d'attention, recommence vers la Loire: plusieurs chefs de Chouans qui ont signé la pacification sont ou fusillés ou en fuite, et leur retraite la plus sûre est parmi nous. Les subsistances nous manquent totalement, et les campagnes s'insurgent lorsque l'on fait des réquisitions. Trop de personnes se mêlent de la paix; beaucoup d'agens maladroits ruinent nos affaires.

» Je remercie le comité de la confiance qu'il veut bien m'accorder (1); je lui observe cependant que je ne suis pas le maître d'agir, les représentans dirigeant les opérations pacifiques ou guerrières. Les Chouans demandent un délai de huit jours pour envoyer une députation à Stofflet; s'il leur est accordé, nous sommes perdus. On veut nous affamer entièrement, et déclarer ensuite que, pour avoir la paix, il faut un roi. J'ai hier déclaré à vos collègues que mon opinion est qu'on fasse la guerre, si les Chouans ne veulent pas se rendre demain même.

» J'ai donné des ordres pour faire porter la garnison de Belle-Isle à cinq mille six cents hommes. Je vais faire passer des troupes sur les côtes de la Manche et dans le département de l'Orne. »

---

(1) Voir la lettre du comité, du 26 mars.

Du 1ᵉʳ. — *Le même, aux représentans, à Rennes.*

« Je rougis d'avoir à vous dire qu'une infinité de personnes se rendent à la Prévalaye pour y faire la cour aux Chouans, et que quelques-unes sont assez déhontées pour ôter leur cocarde nationale..... Réfléchissez, citoyens, n'est-il plus temps de finir? »

L'Agent national, au comité de salut public. (Dinan.)

« Les hostilités continuent dans nos cantons : les patriotes sont menacés, pillés, désarmés, tondus et forcés de se réfugier dans les villes. »

Le Général Hoche, au comité de salut public. (Rennes.)

« La première entrevue a eu lieu hier entre les représentans du peuple et quelques chefs de Chouans ; j'ai eu lieu de me convaincre de la mauvaise foi de ces derniers, et j'ai travaillé toute la nuit en conséquence. Je dois dire que nous sommes peu adroits ; ces messieurs veulent sauver Stofflet et gagner du temps ; je pense que l'on doit écraser ces deux partis. Stofflet est un scélérat....

» Les malveillans répandent ici le bruit que la Convention nationale a voulu sortir de Paris avec la trésorerie nationale, et qu'on l'en a empêchée. Je n'en crois rien ; cependant, fidèlement attaché au gouvernement, je le prie de me compter, dans toutes les circonstances, au rang de ses plus fermes défenseurs. »

Le représentant Baudran, au comité de salut public. (Laval.)

« Nous manquons de subsistances, d'habits, de souliers, etc. ; la misère est souvent une mauvaise conseillère ; elle est de plus, dans toutes les occasions, un très-méchant instrument. On fait rarement de bon cœur le bien avec elle. La division réclame hautement la ration entière de pain, réduite de quatre onces par un arrêté de Boursault (1). »

---

(1) Boursault avait quitté l'armée le 22 février, pour se rendre à Paris.

Du 1er. = *Charles-Auguste, commissaire général, à MM. les chefs des royalistes du Mans et lieux circonvoisins.*

« Messieurs, je vous fais passer des copies des déclarations et des arrêtés que nous avons reçus de la Vendée, au moment où je me disposais à partir de Chateaugontier pour me rendre à Craon où devaient se trouver M. Coquereau et les autres chefs des royalistes cantonnés dans toutes ces contrées, et celles qui ont été faites, soit pour la discipline militaire, soit pour les *pataux*, etc. (1). Il serait superflu de vous marquer le sujet de notre refus d'aller jusqu'à Rennes, puisque les pièces que je vous fais passer vous en instruisent.

» Tous les jeunes gens, à commencer depuis Sablé, s'enrôlent en foule : les *bleus* même désertent et se rendent dans les camps des royalistes avec armes et bagages. Je vais repasser secrètement dans quelques jours du côté de Laval et de la Bretagne, pour le bien général de votre parti.

» Je vois avec satisfaction que tous les jeunes gens se lèvent en masse pour se réunir à nous de notre côté ; c'est la même chose à Sablé, Laval et la Bretagne; la Vendée se bat toujours.

» Faites-nous passer le plus de poudre que vous pourrez, nous vous enverrons des fonds. »

Du 3. = *Le représentant Dubois-Dubais, à son collègue Lacombe. (Chartres.)*

« Les Chouans ne sont rien moins que dans de bonnes dispositions. Combien le général Hoche a eu tort de lever des cantonnemens qui mettaient à couvert le département de la Sarthe! En rassemblant autour de lui toutes les troupes pour les réduire, ainsi que je l'ai remarqué depuis long-temps, à la nullité, il a inspiré de la méfiance aux chefs de Chouans, et les a empêchés de se rendre à Rennes, ainsi qu'il était convenu.

---

(1) *Bleus*, *pataux*, républicains, étaient synonymes.

» Je l'assure que la conduite de ce général me devient de plus en plus suspecte ; car, jusqu'à présent, je n'ai reconnu, de sa part, ni aucun ordre ni aucune disposition qui ne tende qu'à favoriser la chouannerie et ses odieux brigandages. Il est temps enfin que nous ne soyons plus les dupes des ignorans et des ambitieux, et que la république ne soit plus servie que par des hommes éclairés, loyaux, et qui mettent toute leur gloire, non pas dans la puissance et l'éclat de leur généralat, mais en procurant promptement la paix à leur pays.

» Le comité verra dans sa sagesse ce qu'il convient de faire ; mais tu ne peux douter un instant qu'il ne soit nécessaire de déterminer Hoche à agir enfin efficacement contre les Chouans, ou à quitter son généralat qui, jusqu'à présent, n'a pas valu un Chouan de moins à la république, et lui en a fait au contraire par milliers, en leur assurant l'impunité (1). »

Du 4. = *Le commissaire des guerres, à l'ordonnateur.*
(*Châteaugontier.*)

« Un convoi parti hier, escorté de deux cents hommes pour enlever des grains de réquisition de la commune de Houssay, a été attaqué par les Chouans qui se sont emparés de trente-neuf chevaux et neuf voitures de transports militaires ; trente hommes ont été tués. Il reste à peine pour cinq jours de vivres. »

Le représentant Baudran, au comité de salut public.
(*Laval.*)

« Le 2, deux cents hommes escortant un convoi de grains pour Laval ont été attaqués près de Vaiges par trois colonnes de Chouans, formant quinze cents hommes. Après un

---

(1) Dubois-Dubais ne connaissait ni Hoche, ni la guerre des Chouans. La nuit du 3 au 4 fut marquée à Rouen par une grande fermentation dont les subsistances étaient le prétexte. Elle fut apaisée par la fermeté des magistrats secondés par la troupe.

combat de cinq heures, les Chouans ont été repoussés et mis en déroute avec une grande perte.

» Le gouvernement ne viendra à bout de ces bandits, qui se sont beaucoup grossis pendant la prétendue pacification, qu'en envoyant dans ce département des forces imposantes. Je ne cesse de faire, ainsi que le général Duhesme, la demande de quatre à cinq mille hommes de renfort; sans cela les Chouans qui se recrutent toujours finiraient par écraser le peu de troupes qu'on leur oppose.

» Vous accordez toute latitude de pouvoir et toute latitude de confiance au général en chef Hoche, pour la disposition des troupes. Je dois croire qu'il mérite toutes ces latitudes, et je respecte vos motifs; mais la confiance que vous lui avez donnée ne peut pas être exclusive, je revendique celle qui m'est due; je l'ai justifiée, en vous annonçant, dès le principe, et ce qui arrive et ce qu'il aurait fallu faire pour le prévenir. J'ai encore aujourd'hui le coup d'œil aussi bon, et je vous prédis que si vous n'employez pas votre autorité pour forcer le général en chef et tous autres de nous envoyer l'augmentation demandée de quatre à cinq mille hommes, les Chouans arriveront au point de mettre sens dessus dessous ce département et ceux qui l'avoisinent, et dans un état pire, s'il est possible, que la Vendée.

» Le général Duhesme m'annonce que les Chouans commencent à exécuter leur projet de couper les ponts et les chemins.

» Vous voyez quelle confiance on doit ajouter à la lettre lue par Boursault à la tribune de la Convention, portant que les Chouans mettent bas les armes (1). »

Du 5. = *La quatre-vingt-cinquième demi-brigade, à la Convention nationale. (Mayenne.)*

« Nous ne pouvons nous défendre de témoigner à la Con-

---

(1) Séance du 31 mars.

vention notre surprise de ce que le représentant Boursault a dit, à la tribune, que *les chefs Chouans et cinq cents des leurs* étaient venus se rendre à Mayenne pour y déposer leurs armes et se soumettre aux lois de la République. Le fait est que six d'entre eux sont entrés à Mayenne avec la cocarde blanche qui a été arrachée. On a dit qu'ils venaient *pour fraterniser ;* la vérité est qu'ils venaient pour corrompre les soldats. Dans ce moment ils font tous leurs efforts pour accroître leur nombre : levées forcées, hostilités, tout est mis en usage. »

Du 5. = *Le comité de salut public, aux représentans près l'armée.*

« Le 30 mars est passé, et aucune lettre de vous ne nous annonce que l'affaire des Chouans soit finie. Nous en recevons une, au contraire, du général en chef qui nous confirme ce que toutes nos relations de l'étranger nous annoncent, c'est que les chefs cherchent à nous amuser et à gagner du temps. Nous pensons donc que tout délai serait funeste à la chose publique. Il faut reprendre sans délai les hostilités contre ces royalistes ; et certes notre modération a été assez grande, puisque nos troupes ont respecté un armistice que les Chouans ont violé journellement. Il est temps d'en finir ; il faudra néanmoins proclamer qu'en poursuivant les rebelles, vous recevrez au pardon les citoyens trompés qui, reconnaissant leur erreur, viendront déposer leurs armes et vivront tranquilles dans l'obéissance et la soumission aux lois. »

Le général Hoche, au comité de salut public. (Rennes.)

« J'ai reçu l'avis qu'a bien voulu me donner le comité, au sujet d'un débarquement projeté par les Anglais. Je vais être en mesure, et ne suis embarrassé que par le défaut de subsistances. »

Du 6. = *Chérin, chef de l'état-major, au comité de salut public.* (Rennes.)

« Boisguy, chef de Chouans, a écrit au commandant de

Fougères pour demander une suspension d'hostilités, ce qui a été accordé provisoirement.

« La disette de subsistances se fait vivement sentir ; on sera forcé d'avoir recours à des expédiens qui blessent le respect dû au droit de propriété, au moyen de préhension chez l'habitant des campagnes. »

Du 8. = *Jubé, chef de brigade, au comité de salut public.* (*Cherbourg.*)

« Pour avoir un prétexte de calomnier la Convention nationale, les *Terroristes* répandent sur nos côtes le bruit que les ordres sont donnés de laisser débarquer librement les prêtres déportés, et ils font tous leurs efforts pour accréditer cette fable absurde et criminelle. J'ai fait une circulaire pour déjouer ces manœuvres.

» Un rapport que j'ai reçu annonce qu'une division de bâtimens ennemis continue sa croisière le long des côtes de la Manche, et qu'un lougre de Jersey, commandé et monté par des Français, fait des voyages fréquens dans la baie de la Fresnaye, près le cap Saint-Cast et celui de Frehel, et qu'il y débarque des émigrés et des déportés. »

Le représentant Baudran, au général Hoche. (*Laval.*)

« Depuis l'époque de mon arrivée à Laval, je n'ai cessé de solliciter une augmentation de forces pour le département de la Mayenne. Il était évident, à qui voulait ouvrir les yeux, que l'insuffisance de forces a soumis aux Chouans les communes villageoises ; que, pour faire la paix ou la guerre, il fallait leur en imposer par le nombre ; enfin il n'était pas douteux, à qui voulait calculer les probabilités et les vraisemblances, que ceux des Chouans qui avaient quelque chose à perdre ou à conserver seraient les seuls à profiter de l'amnistie ; qu'ils ne se croiraient point liés par leurs chefs de bande, parce qu'ils n'étaient ni à leur solde ni en leur dépendance, etc.

» Vous avez reçu les ordres de pourvoir aux besoins de la

Mayenne et des départemens environnans. Au lieu d'envoyer des troupes dans la Mayenne, vous en avez retiré d'abord un bataillon, puis deux compagnies de grenadiers, puis un autre bataillon. Cette manœuvre a favorisé les Chouans qui se sont recrutés de toutes les manières; ils recrutent même pour Stofflet avec qui ils font cause commune. Dans le district de Laval, sur quarante-huit communes, il n'en reste plus que trois qui ne soient pas *chouannisées*. Les autres districts sont dans le même cas; je demande une augmentation de quatre à cinq mille hommes. »

Du 9. = *L'agent national, au comité de salut public.*
(*Belléme.*)

« L'esprit public se perd entièrement : les Chouans augmentent, ils abattent les arbres de la liberté, brûlent les archives. Quatre communes ont eu ce sort dans cette décade, même en plein jour. Nous n'avons point de forces à opposer.

» Des prêtres insermentés, des prêtres qui se rétractent publiquement de leur serment, jettent le trouble dans les consciences et dans les familles : point de subsistances, voilà notre position. »

L'administration, au comité de salut public. (*Sablé.*)

« Malgré la suspension d'armes arrêtée par l'assemblée réunie à Rennes, nos maux augmentent. Le comité jugera des dispositions des Chouans par les deux pièces suivantes : »

1°. *Bourbon, capitaine chouan, aux habitans de Doillé.*
(*Cossé, 5 avril.*)

« Citoyens, nous le sommes tous en Jésus-Christ : sur les bons récits qu'on nous a faits des dispositions où vous étiez de prendre les armes pour le rétablissement de la religion et de la royauté, nous irons vous voir pour vous en témoigner notre reconnaissance, pour *fraterniser* avec vous, vous offrir nos secours, et vous demander les vôtres, en cas de besoin, pour faire rendre les rebelles. Il s'en trouve encore d'assez aveugles pour ne pas ouvrir les yeux; voilà le moment favorable, il ne faut pas balancer. Il est temps de se battre pour le soutien de la religion ; nous n'avons pas d'affaire plus intéressante, puisqu'il s'agit d'un bonheur éternel; mais vous savez que cette religion ne peut être florissante qu'il n'y ait un souverain. Vous n'ignorez pas les calamités qui nous accablent depuis la république; c'est pourquoi nous devons sacrifier jusqu'à la dernière goutte de notre sang pour rétablir la royauté, et nous le jurons tous, au nom de toutes les armées catholiques réunies. Nous demandons réponse tout de suite. Envoyez-nous un exprès avec une lettre au capitaine Bourbon. »

2°. *Picot, commandant les Chouans, au commandant la force armée à Sablé. (Au camp, 8 avril.)*

La Religion. — Le Roi ou la mort. — Paix et union.

« Si vous faites aucune sortie pour enlever nos magasins, enfin si vous quittez vos murs, nous verrons qui criera *vive la république* ou *le roi*! Nous sommes royalistes : la religion et le roi, c'est ce que veut celui qui s'appelle Coquereau chef. Vive le roi Louis XVII! mort aux *pataux*! etc.

Du 10. = *L'agent national, au comité de salut public.*
(*Domfront.*)

« Les brigandages continuent dans ce district; l'esprit public y est absolument perverti. Les mesures de douceur, que l'on prend pour impuissance, ne font qu'accroître l'audace des Chouans et grossir le nombre de leurs partisans. Loin d'augmenter les forces, on a retiré quelques cantonnemens, et sur-le-champ les Chouans s'y sont portés et ont commis des excès.

» Conformément aux arrêtés des représentans Guezno et Guermeur, j'ai accordé des congés à un grand nombre de jeunes gens de la réquisition, et j'ai mis en liberté les prêtres réfractaires ; je ne crois pas que ces mesures bienfaisantes aient produit aucun effet.

» Les enfans et les domestiques des laboureurs sont forcés de se réunir aux Chouans. »

Du 10. = *L'administration, au représentant Baudran.*
(Ernée.)

« Depuis huit jours, les Chouans se sont portés chez une infinité de citoyens acquéreurs ou fermiers de biens nationaux; ils ont pillé, volé, maltraité, brûlé les archives de plusieurs municipalités, maltraité les officiers municipaux et percepteurs, exigé de fortes sommes, enlevé des bestiaux et chevaux, forcé tous les jeunes gens, depuis dix-huit jusqu'à trente-cinq ans, de marcher avec eux. Ils commettent tous ces brigandages impunément, puisque la troupe qui est dans nos murs dit qu'elle n'a pas l'ordre de les empêcher.

» Un de leurs chefs, qui a été au congrès à Rennes, parcourt dans ce moment toutes les communes de ce district, sous prétexte, dit-il, de faire cesser les hostilités; mais, dans le fait, pour organiser sa horde et lever une cavalerie.

» Presque toutes les municipalités du district ont abandonné leurs fonctions. L'administration vient de requérir la force armée, sous sa responsabilité, d'agir pour s'opposer aux désordres. »

Le représentant Baudran, au comité de salut public. (Laval.)

« J'ignore si le général Lebley qui traite, comme de puissance à puissance, avec les Chouans, et comme le ferait un ennemi vaincu, procède en vertu de pouvoirs émanés du comité ou des représentans, ou du général en chef Hoche, à qui vous avez accordé toute latitude de pouvoir et toute latitude de confiance (1). Ce qu'il y a de certain, c'est que je n'ai donné aucun avis au général Lebley qui ne me communique rien.

---

(1) Le général Lebley était autorisé par le représentant Bézard, et rendait compte au général Hoche.

» Il y a une foule de représentans dont les missions se croisent. Je vois souvent affichés ici des arrêtés pris tantôt par deux, tantôt par trois et quelquefois par cinq de nos collègues que je ne connais pas et avec qui je n'ai pas conféré. Si, au lieu de m'en tenir à faire exécuter les lois, j'avais la manie de faire des arrêtés, je pourrais me trouver en contradiction avec mes collègues. Les administrations ne savent plus à qui s'adresser pour expliquer ou interpréter ces arrêtés ; souvent on voit paraître des décisions partielles, contradictoires, etc. etc. Le moyen de remédier à ces désordres et à bien d'autres, c'est de rappeler à leur poste primitif la majeure partie des représentans en mission, et de n'y laisser que le plus petit nombre possible, en leur recommandant expressément de se borner à une surveillance active; de faire faire par les autorités constituées ce qu'elles doivent; de leur renvoyer les demandes de leurs justiciables ou de leurs administrés ; telle a été ma conduite. Je n'ai jamais substitué ma volonté à celle de la loi; j'ai tâché d'être juste, bon, inflexible comme elle. Personne ne pourra se flatter d'avoir obtenu une faveur de ma part ; mais aussi personne ne pourra m'accuser d'une injustice.

» Quant aux Chouans, je n'ai aucune mission *ad hoc*. Elle a été conférée aux collègues Guezno, Guermeur, Menuau, Delaunay, Gaudin, Lofficial, Morisson, Chaillon, Ruelle, Bollet, Dornier, Bézard et peut-être à d'autres. C'est sans doute d'après l'autorisation de quelqu'un d'eux, que le général Lebley, commandant à Châteaugontier, continue de traiter avec les Chouans sans m'en faire part, quoique déjà il en ait été la dupe.

» Les trois mois de ma mission sont près d'expirer, alors j'irai donner au comité tous les renseignemens qu'il pourra désirer.

» *PS*. Un rapport que je reçois à l'instant annonce que quarante à cinquante Chouans ont été rencontrés le cinq, près

Saint-Leger, par un détachement, et que vingt-cinq au moins ont été tués. »

Du 10. = *Le comité de salut public au représentant Baudran.* (*Paris.*)

« Nous t'engageons à te concerter avec nos collègues, à Rennes, pour les secours en troupes que tu réclames. Il y a plus de soixante mille hommes effectifs à l'armée des côtes de Brest et de Cherbourg; nous avons donné des ordres pour l'augmenter de dix mille hommes tirés de la Vendée; que pouvons-nous de plus? Il faut que le gouvernement mette des forces à la disposition du général en chef; mais ce n'est point à lui à faire des dispositions particulières, et c'est aux représentans du peuple à être d'accord sur les mesures, et à donner un ordre collectif.

» La paix est faite avec la Prusse; une fois ratifiée, il nous sera facile de faire rentrer des troupes des armées, et nous seconderons tous vos efforts.

» *Signé* LACOMBE (du Tarn), MAREC, LEVASSEUR, RUHL, LAPORTE, MERLIN (de Douai.) »

Coquereau, chef de Chouans, au général Lebley. (*Au Camp de l'Honneur.*)

« Monsieur, je suis mortifié que des affaires inattendues m'aient privé de la conférence qui s'est tenue à la Chaufournaye, entre vous et M. de Scepeaux. J'aurais pu vous entretenir des désordres que vos troupes commettent, chaque fois que vous les envoyez pour lever des grains; c'est ce qui nous met dans l'impossibilité de satisfaire à votre demande, ainsi qu'à celle qui nous est faite par le district. Tâchez de vous en procurer (des grains) par ailleurs, si pouvez : Nous en avons fait faire le recensement, et il est certain, d'après cette opération, qu'il n'y en a pas pour subsister jusqu'à la récolte. Vous devez être persuadé que je ne suis point l'ennemi de la paix, je la désire, mais je ne puis y croire que lorsque je verrai un roi. *Mort aux pataux!* »

Du 11. — *Le représentant Baudran, au comité de salut public.*
(*Laval.*)

« Hoche n'envoie point d'augmentation de forces au général Duhesme, et le département de la Mayenne va devenir une nouvelle Vendée.

» Certains généraux ont-ils intérêt à terminer la guerre promptement ? Sont-ils bien surveillés, quand les surveillans sont en si grand nombre que ceux-ci peuvent, ou ne pas se connaître, ou agir contradictoirement, ou se reposer les uns sur les autres ? Sans des forces imposantes, on ne fait avec succès ni la paix ni la guerre, et l'on enhardit son ennemi.

» Le commandant de Craon annonce que la route de Craon à Châteaugontier est interceptée ; que les ponts sont coupés par les Chouans, et que plusieurs soldats et particuliers ont été massacrés sur les routes.

» Voici ce que m'écrit le commissaire ordonnateur Goussé-
» Lalande : « Le général Lebley tient ici une conduite qui
» doit écarter tout soupçon. Il avait vu avec satisfaction
» quelques Chouans qu'il croyait disposés à rentrer de bonne
» foi dans le sein de la République ; il reconnaît aujourdhui
» la perfidie du plus grand nombre et paraît très-disposé à
» les combattre ; mais il pense avoir les bras liés, jusqu'à ce
» qu'il ait reçu les ordres de continuer la guerre. Il a levé
» fort prudemment ses cantonnemens qui devaient être atta-
» qués par des forces supérieures. Une autre cause encore,
» c'est que les soldats, séduits et corrompus par ces scélérats,
» abandonnaient la patrie et se retiraient au milieu d'eux. »

Du 12. — *Chérin, chef de l'état major, au comité de salut public. (Rennes.) Rapport sur la situation politique et militaire de l'armée.*

« La force de l'armée est de soixante-huit mille six cent quatre-vingt-quinze hommes ; il s'y trouve un grand nombre de recrues sans instruction.

» Le genre de guerre est bien différent de celui qui se fait aux frontières. Là, l'ordre des divisions et des brigades est observé, on se tient rassemblé, on marche en corps, on se déploie sur le terrain, on combat en masse ; ici au contraire, l'armée, obligée d'être partout, se trouve distribuée en une infinité de fractions sur un territoire d'une immense étendue, et hors les places qui ont garnison, le reste des troupes est répandu dans la campagne, pour ainsi dire, en tirailleurs.

» Les causes de l'affaiblissement de l'armée sont : 1°. les pertes journalières dans les différentes actions ; 2°. Les maladies ; 3°. Les désertions ; 4°. Les embarquemens ; 5°. les secours portés à l'armée de l'Ouest.

» Il ne se passe pas de jour qu'il n'y ait plusieurs militaires tués. Environ douze mille hommes sont aux hôpitaux. Les désertions, faciles et fréquentes, sont occasionées par les besoins. L'absence de vingt mille hommes, passés à l'armée de l'Ouest, a déterminé la consistance de la Chouannerie ; le mal est fait, il est irréparable. Les subsistances manquent, les magasins d'effets d'habillement sont dans un état de dénûment absolu.

Étendue et difficultés du pays.

» L'arrondissement de l'armée des côtes de Brest et de Cherbourg est composé de treize départemens, savoir : Ille-et-Vilaine, les Côtes-du-Nord, le Finistère, le Morbihan, la Loire-Inférieure, Maine-et-Loire, la Sarthe, Mayenne, Orne, Manche, Calvados, Eure, Seine-inférieure, ce qui présente une surface de quatre mille lieues carrées environ, sur un développement de côtes de près de trois cent cinquante lieues. Si l'on en excepte les départemens de la Seine-Inférieure, de l'Eure, du Calvados, de la Manche et du Finistère, tout le reste est insurgé et peuplé de Chouans. Ceux-ci, dans un pays couvert, rempli de forêts, coupé par des défilés, par la connaissance particulière qu'ils ont des localités, ont un avantage incalculable sur nos soldats. Une poignée d'hommes instruits à leur genre de guerre arrêtera la plus forte colonne en marche, lui détruira du monde, et mettra le militaire le plus consommé en défaut. Du moment que la nature favorise de cette sorte notre ennemi, il devient très-difficile de le combattre avec succès, et de lui opposer les ressources de l'art. Il faut un génie prodigieux pour triompher de tant d'obstacles. Dans la Vendée, Canclaux vient de vaincre Stofflet, mais il ne l'eût pas aisément réduit, sans la défection des naturels du pays, et s'il ne l'eût pas d'ailleurs accablé par des forces supérieures.

Dispositions des habitans.

» La majeure partie des départemens insurgés, et particulièrement ceux de la ci-devant province de Bretagne, Maine et Anjou, fournissent aux rassemblemens des Chouans, ou les favorisent d'une manière ouverte, soit par inclination, soit par terreur. On compte dans ces contrées peu d'hommes éclairés; l'ignorance et le fanatisme règnent là, comme dans les siècles du régime féodal. Les mots de *liberté et d'égalité* ne sont point compris; aussi l'armée n'est-elle entourée que d'ennemis ou d'espions. Les administrations ont passé long-temps pour être généralement mauvaises et composées de terroristes ou d'aristocrates. Le peuple tient moins, ce semble, à l'idée du royalisme qu'à ses préjugés religieux : l'essentiel est de le contenter sur ce dernier article. Ce peuple est ici bon de sa nature comme ailleurs; il est égaré, il faut le plaindre, s'attacher à le guérir de ses erreurs, le traiter avec douceur et l'éclairer.

» Les prêtres et les nobles ont excité de concert l'insurrection, mais les premiers jouissent sur les esprits d'un pouvoir plus absolu que les autres (1); il dépend d'eux en quelque

---

(1) Les nobles n'ont eu d'empire sur l'esprit d'un peuple superstitieux qu'en affectant des sentimens de piété et de religion.

sorte de faire la paix ou la guerre. On sent combien il est difficile d'agir dans un pays où l'esprit des habitans est entièrement tourné contre vous. Il faut des forces immenses pour réussir, et tirer ses subsistances de ses derrières. On est fondé à croire que l'établissement de la liberté des cultes, la rentrée des jeunes gens de réquisition dans leurs foyers et la continuation des moyens de douceur, employés jusqu'ici pour pacifier ces départemens, achèveront peu à peu, avec le secours d'une surveillance très-active, d'y rétablir le calme et une tranquillité parfaite.

» Si les mesures d'humanité et de justice étaient épuisées sans aucun fruit, il ne resterait plus, on le déclare avec douleur, qu'à tourner contre les rebelles des forces majeures et verser des torrens de sang. Cette supposition, qui répugne à la nature, fait frémir, et le ciel nous préservera sans doute de la voir jamais se réaliser.

Idée du nombre et du caractère des ennemis.

» Je ne préciserai point le nombre des Chouans : cette supputation, si on la voulait exacte, est impossible à faire. On doit présumer que leur armée est considérable, à en juger par la quantité de départemens où elle exerce journellement ses ravages, et les forces républicaines qu'elle tient pour ainsi dire en échec.

» On connaît le caractère des Chouans : leur manière de faire la guerre, appropriée aux localités, est de s'éparpiller par petites troupes, de s'embusquer derrière les haies, de marcher par des chemins couverts, d'attaquer avec trahison, et de ne combattre qu'avec la certitude d'échapper aux poursuites de leurs adversaires, si ceux-ci avaient l'avantage.

» Le plan des chefs est d'affamer les villes et les troupes, de désorganiser les autorités constituées, d'être maîtres du plat pays. Leurs moyens d'exécution sont : le pillage, le meurtre, l'incendie. Ils assassinent pour comprimer le parti des patriotes par la terreur. Pour augmenter leurs complices, ils caressent les préjugés religieux, se disent les protecteurs des campagnes contre les entreprises des républicains, les soldats de la religion, et affectent de s'opposer à ce qu'on enlève des denrées chez l'habitant.

» Le noyau des rassemblemens a, dans l'origine, été formé de contrebandiers, de brigands de profession, de déserteurs. Ces rassemblemens, grossis par l'intrigue des prêtres et des nobles, désespérés de la révolution, ont pris de la consistance lors de la déroute des brigands qui avaient passé la Loire, et plus encore par l'effet des atrocités commises sous le régime de la terreur. Depuis que les maximes de justice, d'humanité et de tolérance ne sont point un vain nom, et que le gouvernement les met en pratique, on s'aperçoit que les feux de la guerre civile se ralentissent; que l'exaspération des esprits s'apaise, et que les symptômes de convulsion, auxquels ces départemens étaient en proie, prennent un caractère moins effrayant.

» Assigner le terme où ces malheureuses contrées seront entièrement rendues à la République, serait une chose téméraire. Les hostilités sont suspendues dans un grand nombre de cantons; mais elles se soutiennent dans d'autres. Plusieurs chefs sont rentrés; mais il en reste d'armés. La plupart de ceux qui demandent à traiter (qu'on me passe ce terme) se présentent sous les dehors de la bonne foi; mais qui sait, disent certaines personnes, s'ils ne cherchent pas à amuser et à gagner du temps?.... Le désarmement des Chouans n'est point opéré, jusque-là il n'y a point précisément de garantie pour la pacification. Au surplus, si l'on me demandait mon opinion personnelle, je dirais : je crois fortement à la pacification; elle me paraît comme inévitable et la suite naturelle de la direction marquée que reprennent les esprits par les idées de réconciliation et de paix. J'ajouterai seulement : cela demande un concert parfait entre les mesures politiques et militaires, et surtout du temps, par la raison qu'après de grandes agitations, les pas rétrogrades que l'on fait vers la paix sont nécessairement lents. Pour accélérer la pacification, il est de la politique de se montrer sur un pied très-respectable, et de déployer, sans agression, des forces supérieures.

» Rétablissez la paix dans l'intérieur, elle devient bientôt générale dans toute l'Europe, et tous les rois, déjà humiliés de leurs défaites, se prosternent à vos pieds.

» Les Chouans ne sont pas les seuls ennemis que l'armée ait à combattre. Suivant les rapports qui arrivent, on est menacé d'une descente des Anglais. Le général en chef a donné des ordres pour mettre les côtes en état de défense. »

Du 13. = *Le général Hoche, au citoyen Lagastine.*
(*Rennes.*)

« Notre guerre tire à sa fin : les conférences avec les Chouans ont toujours lieu ; elles se termineront par la paix, au moins je l'espère. Les Anglais semblent vouloir nous chagriner ; je suis en mesure pour les bien recevoir. »

L'agent national, au comité de salut public. (*Châteauneuf.*)

« Les ponts de Laval à Châteaugontier et de Châteaugontier à Châteauneuf sont rompus. Coquereau était convenu d'envoyer ici les grains achetés de gré à gré, et dont on lui remit la note ; il n'en a pas envoyé un grain, les a fait enlever et distribuer aux gens de son parti. Ainsi nous avons été privés de cette ressource sur laquelle nous comptions pour les besoins de dix communes affamées. »

L'administration, au représentant Baudran. (*Évron.*)

« Les enrôlemens se continuent ; la nuit dernière on a enlevé vingt jeunes gens dans une seule commune. Les Chouans ont déjà deux camps de huit cents hommes chacun. Ils enlèvent les bestiaux, la désolaton est à son comble. »

Du 13. = *Le général Duhesme, au même.* (*Laval.*)

« Notre position est cruelle, et pour en augmenter l'horreur, je viens de recevoir l'ordre de faire partir sur-le-champ toutes les compagnies de grenadiers de ma division, et de les diriger sur la route de Saint-Malo à Rennes. J'annonce que si cette mesure est exécutée, le pays est perdu. Il faudra lever le reste des cantonnemens, et nous ne pourrons pas même nous approvisionner. Les Chouans organisent une cavalerie. »

L'administration, au représentant Lozeau. (*Vire.*)

« La disette et les horreurs des Chouans nous désolent. Plus de sûreté pour quiconque a montré de l'attachement au gouvernement républicain. Plus de fonction municipale; les acquéreurs de biens nationaux pillés, maltraités, assassinés, incendiés, etc., etc.

» Depuis la rentrée des prêtres insermentés, l'esprit public est entièrement anéanti. »

Le représentant Baudran, au comité de salut public.
    (*Laval.*)

« Plus le mal va en augmentant et plus Hoche nous dégarnit de troupes. Au moment où je reçois les rapports les plus affligeans, le général Duhesme a reçu, par courrier extraordinaire, du général Hoche, l'ordre de lui envoyer toutes les compagnies de grenadiers de la division. C'étaient cependant les seuls qui osaient faire tête aux Chouans. Les patriotes font entendre des plaintes amères. *On nous avait vendus*, disent-ils, *on nous livre aujourd'hui : mieux aurait valu n'avoir jamais été protégé, s'être fait Chouan*, etc.

» Je ne sais que penser de tout cela. A-t-on résolu de perdre cet infortuné pays pour le reconquérir ensuite? Et dans quel temps, et par quels motifs (1)? Sera-ce quand *les bois*

---

(1) Hoche avait deux motifs; le premier de repousser la descente qui se préparait; le second d'accélérer le terme de la pacification par l'appareil de la force.

couverts de feuilles et les champs de moissons, on ne pourra plus en déloger les brigands ? Je m'y perds : il y a je ne sais quelle main invisible..... »

Du 13. == *Le représentant Dubois-Dubais, au comité de salut public.* (*Chartres.*)

« Il y a long-temps que je vous ai mandé que je m'apercevais sensiblement, par les ordres et les différentes mesures proposées par Hoche, qu'il s'efforçait d'organiser une nouvelle Vendée dans les départemens de l'Orne et de la Sarthe, confiés à ma surveillance. Pour y réussir, malgré mes efforts et la situation critique de ces départemens, il a retiré, bataillon par bataillon, le peu de troupes qui les défendaient des brigandages ; et, ainsi que je l'ai prévu, il a réussi à rassembler autour de lui toutes les troupes, pour les réduire à la nullité. Aujourd'hui les vœux de Hoche sont entièrement remplis. Le département de la Sarthe est en entier au pouvoir des Chouans, ainsi qu'une grande partie du département de l'Orne. Il ne leur manque plus que les chefs-lieux de districts ; mais ils commencent à se réunir en force pour les attaquer. La Ferté-Bernard a été attaquée, il y a quatre jours, par huit cents Chouans qui, heureusement, ont été repoussés par vingt-cinq soldats que je venais d'y faire passer, et auxquels les habitans se sont réunis. Douze Chouans ont été tués et trente-sept pris.

» Hoche aura-t-il toujours de vous une confiance qu'il ne mérite pas ? Ce qu'il a fait pour l'Orne et la Sarthe, il l'a fait pour la Mayenne. On le croirait plutôt dans les intérêts des Chouans que dans ceux de la République, car il n'épargne rien pour favoriser leurs entreprises. Non, je ne puis rester plus long-temps témoin passif et impuissant des horreurs qui se commettent. Si l'on veut encore sauver l'Orne et la Sarthe, je demande quatre à cinq mille hommes, sans lesquels on aura dans peu de temps une nouvelle Vendée. »

Du 14. = *Le général Lebley , au général Hoche.*
(*Châteaugontier.*)

« Voici des renseignemens que je reçois d'un prisonnier rentré ; ils confirment ce que j'avais déjà appris :

» Il y a par division de Chouans un conseil d'administration présidé par le commandant de la division. On lève des contributions sur les biens des patriotes et sur ceux des émigrés pour les frais de la guerre. Il s'est établi depuis peu une correspondance suivie entre toutes les bandes de Chouans. On s'occupe d'une levée en masse prête à marcher au premier signal. Le chef *Jambe-d'Argent* a fait, il y a cinq jours, un nombreux rassemblement auquel on a donné lecture des instructions, et qui s'est ensuite dispersé. Les Chouans s'étendent jusqu'à Orléans et au delà de Caen. Ils ont dessein de surprendre Châteaugontier dans peu de temps. Il paraît que les mouvemens de Paris influent beaucoup sur la situation du pays.

» La misère nous fait beaucoup d'ennemis ; les cartouches se vendent ; les rebelles sont en force, très-audacieux, et nos troupes, la plupart de réquisition, sont peu aguerries. Presque toutes les ordonnances sont arrêtées, fusillées, ou renvoyées sans armes et sans chevaux. Il ne reste plus de route libre. »

Le même , au même. (*Châteaugontier.*)

« Je reçois ton ordre de faire partir mes grenadiers, j'obéirai ; mais je te dois des observations à ce sujet. Je te déclare qu'il m'est impossible de tenir ma position sans eux. Je suis dans la nécessité d'envoyer chercher chaque jour des grains pour vivre le lendemain ; les ponts et les chemins sont coupés ; ma garnison est très-faible, et je ne puis pas compter beaucoup sur des compagnies de fusiliers, la plupart de la réquisition. Réfléchis à cela, et décide. »

Le même , au représentant Baudran (*Châteaugontier.*)

« Je t'adresse copie des lettres que je viens d'écrire au général Hoche. Vois mon embarras, calcule ma position, et juge.

Je ne dis rien que la vérité. Le mal est grand, très-grand ; les Chouans prennent une consistance désolante. Des troupes, mais des troupes aguerries, des subsistances surtout, voilà nos premiers besoins.

» Partout on me demande des forces et des vivres ; que faire ? Aide-moi de tes conseils. Je suis dans le cœur de la Chouannerie qui m'entoure de toutes parts. »

Du 14. = *Courbe, officier de police de sûreté militaire, au comité de salut public. (Le Mans.)*

« En employant des mesures de douceur, on a oublié celles de prudence et de sûreté ; de là l'organisation générale des Chouans et leur accroissement.

» Il y a quelques jours, on vit arriver au Mans un certain général chouan, nommé *Geslin;* il venait, disait-il, pour pacifier ce pays. On a relâché les Chouans détenus, et cet homme de paix a enrôlé publiquement. Les Chouans qui n'étaient auparavant que du côté de Sillé et de La Flèche, entourent maintenant le Mans. *Geslin,* après avoir séjourné six jours, est parti, et l'on ne sait où il est allé. »

Clouet, chef d'escadron de gendarmerie, au comité de salut public. (Le Mans.)

« Les Chouans grossissent chaque jour, notre ville en est pleine. Il est venu ici un de leurs généraux (*Geslin*) qui a recruté *étonnemment;* et, malgré la suspension d'armes et le congrès de Rennes, ils n'ont cessé de courir le pays et de voler. Leur cavalerie s'organise. Hier, vingt-cinq chasseurs à cheval, venant de La Flèche, ont été désarmés et démontés. Nous sommes bloqués à plus de douze lieues à la ronde, et nous n'avons qu'un quarteron de pain par jour, point de bois, ni beurre ni œufs. »

Du 15. = *Le représentant Baudran, au comité de salut public. (Laval.)*

« Le mal qui s'augmente d'une manière effrayante a déterminé le général Lebley à correspondre avec moi depuis hier. Je vous transmets copie de sa correspondance.

» Je dois croire que les intentions de Hoche sont bonnes ; mais les événemens qui se passent sous nos yeux sont très-funestes au département de la Mayenne. Il faudra beaucoup plus de forces pour réparer le mal qu'il n'en eût fallu pour l'empêcher.

» Hoche me marque que l'attente seule d'un grand événement l'a forcé de retirer les compagnies de grenadiers du département de la Mayenne ; qu'au moment où il écrit, il doit y être entré deux bataillons venant de l'armée de l'Ouest, et qu'il ne peut faire mieux. »

Du 15. = *Dubois, capitaine commandant, au représentant Dubois-Dubais, (La Flèche.)*

« L'Hermite et Geslin, commissaires pacificateurs envoyés de Rennes par les chefs chouans, ont prodigué les assignats, et employé tous les moyens de séduction, surtout à Fouilletourte, pour débaucher la troupe. Depuis leur départ, dix dragons stationnés sur la grande route d'ici au Mans, sont passés aux Chouans avec armes, bagages, chevaux et munitions. »

Du 16. = *Le représentant Baudran, au comité de salut public. (Laval.)*

« Le général en chef donne et réitère l'ordre au général Duhesme de lever les cantonnemens pour camper la troupe, ce qui donne aux Chouans la faculté de s'étendre partout, parce qu'il n'y a pas assez de troupes pour multiplier les camps. Il est temps que l'on prenne des mesures pour forcer Hoche à nous envoyer des troupes. Heureusement ma mission touche à sa fin. J'ai eu les bras liés par toute cette latitude de pouvoirs et de confiance accordés au général Hoche.

» Ci-joint deux pièces qui m'ont été adressées :

1°. *La commune d'Argentré-sous-Laval.*

« Dans l'espace de deux heures que notre commune est restée

sans troupes, les Chouans y ont exercé des brigandages atroces : aujourd'hui, qu'on nous menace de lever le cantonnement, à quoi devons-nous nous attendre ? »

2°. *Ordre des Chouans.*

« De par la loi de Jésus-Christ, crucifié pour toi comme pour moi, nous chef des armées catholiques et royales, nous demandons à Ambroise Claime, de la commune d'Argentré, pour ses fermages de la Closerie et deux maisons de la Courbe, appartenant à monsieur De la Touche Rondeloup, ci-devant curé de Genais, la somme de huit cents livres, pour l'année 1794, ou faute de quoi nous formons arrêt sur les biens et revenus. A faute de contribuer, nous entrerons en jouissance, et on vous regardera comme rebelle aux lois du roi.

» *Signé*, MEAULE, premier chef de Chouans. »

Du 10. = *L'administration, au comité de salut public.*
(*Domfront.*)

« Les brigandages, les dévastations, les assassinats continuent autour de nous. Les prêtres réfractaires en sont les principaux moteurs. Quel bien pourrait-on attendre d'une espèce d'hommes qui se fait un mérite de sa désobéissance aux lois ? Les uns refusent de célébrer la messe lorsqu'ils aperçoivent dans le temple une cocarde nationale ; les autres livrent à la persécution ceux qui ont acheté des biens nationaux, ou exercé des fonctions publiques. Tout ce qui n'est pas leur ouvrage, en matière religieuse, est sacrilége. Ils *rebaptisent*, *remarient*, bouleversent l'ordre social. Un d'eux avait réclamé les bienfaits de l'amnistie, ce qui lui fut accordé avec le libre exercice de son culte, à condition de se soumettre aux lois ; il en prit l'engagement, le signa sur le registre de la municipalité, et huit jours après il s'est rétracté et a disparu, après avoir fait égorger plusieurs prêtres constitutionnels ; ils promettent aujourd'hui le pardon et une réconciliation avec le Saint-Père, à ceux qui rétracteront leur serment ; plusieurs l'ont déjà fait. Ils veulent absolument un roi, et pendant qu'à la faveur de l'amnistie ils travaillent à l'obtenir, les républicains, sans défense, sont sacrifiés. »

Du 18. = *L'agent national, au comité de salut public.*
(*Alençn.*)

« Les Chouans viennent de brûler les papiers des municipalités des Landes, de Carrouges, de Goul, et de plusieurs autres communes, où ils se sont livrés au pillage et à tous les excès qui les caractérisent. »

Le représentant Baudran, au comité de salut public. (*Laval.*)

« J'ai appris avec plaisir la détermination que vous avez prise d'avoir une armée séparée pour les départemens de la Mayenne, l'Orne et la Sarthe. Si cette mesure eût été prise plus tôt, les choses ne seraient pas dans l'état où elles se trouvent.

» Par une lettre du 17, le général Lebley retrace au général en chef sa position critique. La troupe ne peut plus faire d'autre service que d'aller chercher des vivres. La désertion est considérable : depuis le 11, quarante-un hommes sont passés aux Chouans. »

Le général Hoche, au général *** à Paris. (*Rennes.*)

« Je suis las, mon cher ami, d'être sans cesse ballotté. Né républicain, je veux vivre tel, et ne pas être soumis au caprice des circonstances. Qu'il vienne, mon successeur, il aura de la besogne (1).

» Sachez à quoi on me destine, et quel reproche on me fait. Est-ce d'avoir dit la vérité ? je la dirai toujours. Hélas ! il y a un an j'étais au fond d'un cachot bien humide pour l'avoir dite : cela ne m'a pas corrigé. »

---

(1) Le comité de salut public, d'après les rapports de Dubois-Dubais et Baudran, prit le parti de séparer de nouveau les deux armées de Brest et de Cherbourg. Le bruit s'était répandu que Hoche était remplacé.

Du 19. = *Le représentant Baudran, au comité de salut public.* (*Laval.*)

« Le chirurgien en chef des Chouans a été arrêté hier, colportant, dans Laval et dans les campagnes, une proclamation de l'état-major de l'armée de Stofflet, commençant par ces mots : *Le voile est déchiré.* Elle est datée de Saint-Macaire, le 4 mars dernier (1).

» *Sans-Peur*, chef de bande, a été tué le 14 près de Baune. On a trouvé sur lui deux cents louis en or et quatre mille livres en assignats dont le partage a été fait entre les grenadiers. Il portait à son chapeau une carte sur laquelle étaient les rimes suivantes :

« Courage, bons soldats, vive la sainte loi;
Vive Louis XVII, c'est notre auguste roi.
Combattons pour les deux, nous aurons la victoire ;
Ou, si nous succombons, nous mourrons avec gloire ;
Oui, l'honneur des héros, mais des héros chrétiens,
Vaut infiniment mieux que la vie et ses biens.
Un Louis ou la mort. »

Le représentant Lozeau, au comité de salut public. (*Caen.*)

« Le district de Vire est dans une situation vraiment alarmante. Je viens d'arrêter la marche du troisième bataillon des Côtes-du-Nord pour l'opposer aux rebelles. Ce bataillon se portait à Rouen où les troubles sont apaisés. »

L'agent national, au comité de salut public. (*Mortagne.*)

« La loi du 10 avril, qui ordonne le désarmement de ceux qui ont participé aux horreurs commises sous la tyrannie qui a précédé le 9 thermidor, vient d'être mise ici à exécution (2). »

---

(1) Voir au 4 mars (Vendée).

(2) On avait soin de désarmer *les terroristes*, et on se plaignait que les patriotes restaient, sans défense, livrés aux poignards des Chouans.

Du 17. = *Trottier, accusateur public, au comité de législation.* (*Alençon.*)

« J'ai écrit le 23 mars pour savoir la marche que je devais suivre contre les Chouans détenus, et je n'ai reçu qu'une réponse insignifiante.

» Depuis cette époque, le mal ne fait que s'accroître; les Chouans, assurés de l'impunité, volent, pillent, assassinent et inquiètent tout le monde. Cependant le gouvernement ne prend aucune mesure, et il n'existe point de loi pour réprimer ou punir. Il est urgent de savoir à quoi s'en tenir. »

Le représentant Bouret, au comité de salut public. (*Avranches.*)

« Je ne crois point à la bonne foi des chefs; ce qui me confirme dans la malheureuse idée que j'ai, c'est la manière dont se continuent les brigandages des Chouans, et la prétendue amnistie ou traité de paix de l'armée de Charette, à qui je ne crois pas, et en qui je n'aurai jamais confiance. Toutes ces démarches ne sont, d'après ma façon de voir, qu'un jeu joué et qui est d'accord avec Pitt. Tout me l'annonce, tout me le prouve. »

Du 20. = *Arrêté des représentans pacificateurs.* (*Rennes.*)

« Cormatin, Bejary et autres chefs exposent aux représentans que les nommés Vasselot, Boisbaudron, Prigent, Bellay, envoyés par eux en Angleterre pour traiter d'affaires avec le gouvernement, ont été arrêtés, porteurs de dépêches relatives à leur mission (1); qu'il ne leur serait pas possible de consentir à une pacification dans laquelle ils ne seraient pas compris, *la vérité, l'honneur et le devoir* leur en faisant une loi

---

(1) On connaissait la mission des détenus, mais on voulait en finir. Lanjuinais et Défermon, qui avaient été proscrits, étaient une autorité dans cette circonstance.

irrésistible; ils demandent en conséquence qu'ils soient mis en liberté.

» Les représentans arrêtent en conséquence que les détenus, à Rennes, soient mis en liberté.

» *Signé*, Guezno, Chaillon, Bollet, Jary, Grenot, Corbel, Guermeur, Ruelle, Lanjuinais, Defermon. »

Du 20. = *Le chef de l'état-major, à l'armée.* (*Rennes.*)
Ordre extraordinaire de l'armée.

« L'armée est instruite que les chefs des rebelles, connus sous le nom de Chouans, réunis sous les murs de Rennes (1), viennent de signer, devant les représentans du peuple, l'acte de pacification, et ont déclaré se soumettre aux lois de la République une et indivisible.

» Les généraux commandant les divisions donneront la plus grande publicité à cet événement, et le communiqueront officiellement aux autorités constituées de leur arrondissement respectif.

» *Signé*, Chérin. »

Les représentans près les armées des départemens de l'Ouest, au comité de salut public. (*Rennes.*)

« Nous vous annonçons, citoyens collègues, l'heureuse issue de nos conférences. La pacification a été signée ce soir à six heures par les chefs des Chouans, qui ont souscrit leur déclaration solennelle de se soumettre aux lois de la république une et indivisible, et de ne jamais porter les armes contre elle.

» Vous recevrez incessamment, par quelques-uns de nos collègues, les arrêtés qui ont été pris, et les détails ultérieurs de ce qui s'est passé (2). Quelques autres resteront ici pour suivre les mesures d'exécution.

» *Signé*, Defermon, Grenot, Guezno, Ruelle, Bollet, Guermeur, Jary, Chaillon, Lanjuinais, Corbel. »

---

(1) A la Mabilais.
(2) La déclaration des chefs chouans et les arrêtés des représentans

« P. S. Voici les noms des chefs signataires de la pacification :

» *Cormatin, Chantereau, Solilhac, Boishardy, Moulé de la Raitrie, Busnel, Bellevue, Geslin, Gourlet, Guignard le jeune, Jarry, Terrien, Lefaivre, de Meaulne, Desilz l'aîné, l'Hermite, Lamberc, Lantivy, de Nantois, Goubert, de la Nourais, Dufour, et Jaimière*, secrétair . »

Le représentant Baudran, au comité de salut public. (Laval.)

« Un détachement de troupes a commis des excès dans la commune de Bazougers, le 17; j'invite le général Duhesme à faire punir sévèrement les auteurs de ces délits.

» Je compte me rendre à Paris dans le courant de cette décade. »

Du 20. = *L'administration, au comité de salut public.*
(*La Ferté-Bernard.*)

« La ville de Bonnestable a été désarmée en plein jour par les Chouans; l'arbre de la liberté renversé, les archives brûlées, des maisons pillées. Les rassemblemens formés de gens du pays, parmi lesquels on remarquait peu d'étrangers, étaient poussés par des prêtres fanatiques. »

Le général Hoche, aux citoyens Lanjuinais et Defermon.
(Rennes.)

« J'ai fait ma profession de foi à la personne qui m'a annoncé mon remplacement. La carrière où vous allez rentrer et les événemens qui arriveront d'ici à six mois, vous mettront dans le cas peut-être de chercher quels sont les ennemis de la patrie. Lorsqu'il faudra défendre les lois, l'État, ou la

---

sont les mêmes que ceux de la pacification de Charette. La Convention, dans sa séance du 27, approuva par un décret les arrêtés relatifs à la Chouannerie. Il fut accordé une somme de quinze cent mille livres *pour rembourser les bons délivrés par les chefs pour les frais de la guerre.*

vertu opprimée par le crime, je serai toujours du nombre; je retrouverai mon épée que je vais déposer avec une sorte de plaisir (1). Puissiez-vous être les maîtres de faire le bien que vous désirez! »

Du 25. = *Le général Hoche, au citoyen Laugier.* (*Rennes.*)

« J'ai aussi quelques projets de retraite, mais je ne suis pas le maître de les exécuter. Je me dois tout entier à ma patrie: puissé-je la servir autant que je l'aime!

» La paix vient d'être enfin conclue avec nos plus cruels ennemis, les Chouans. Elle a été signée le jour même où la Convention me retirait le commandement d'une armée. Je t'assure que cet allégement me fait infiniment de plaisir. »

Le général Kricq, au comité de salut public (*Redon.*)

« Il faut laisser les prêtres réfractaires tranquilles, si on ne veut pas rallumer les feux de la guerre.

» Vos autorités constituées ne sont point encore suffisamment épurées. Le terrorisme et la malveillance y siègent encore çà et là. Je puis parler savamment sur cet article : je connais la plupart des chefs; j'en suis estimé, j'ai leur confiance, j'ai été admis aux conférences de la Prévalaye (2). J'invoque le témoignage de Lanjuinais et de Defermon qui jouissent de la confiance publique.

» Il faudrait aussi purger l'armée des jacobins qui s'y trouvent. »

Du 28. = *Le général Aubert Dubayet, commandant l'armée des Côtes de Cherbourg, au comité de salut public.* (*Alençon.*)

« En acceptant le commandant de l'armée, je me suis bien

---

(1) Hoche croyait qu'on lui retirait le commandement, et ce jour-là même la Convention lui maintenait celui de l'armée des Côtes de Brest, et nommait Aubert Dubayet général en chef de l'armée des Côtes de Cherbourg.

(2) Hoche n'y fut pas admis. Les chefs savaient à qui ils avaient affaire.

convaincu, d'après les instructions du comité, que les moyens de persuasion devaient être plus particulièrement employés dans les querelles d'opinion qui agitent ces contrées. Je ferai tout ce qui dépendra de moi pour remplir ma tâche.

» Je suis depuis quarante-huit heures à Alençon ; j'espère qu'avec le temps et des procédés circonspects et mesurés, je ramènerai ceux de nos frères qui ne sont véritablement qu'égarés, et qu'un régime de sang a, pour la plus grande partie, éloignés de leurs devoirs. J'attends avec impatience l'état des troupes qui doivent être à ma disposition. »

Du 28. = *Le général Hoche, au général Aubert Dubayet.*
(*Rennes.*)

« Je m'empresse de répondre à la confiance que vous avez bien voulu me témoigner. Les renseignemens que je vais vous donner sont certains. Depuis huit mois, j'ai appris à connaître ce malheureux pays et l'esprit de ses habitans.

» La pacification, dont à peine nous commençons à ressentir les salutaires effets, a été signée le 20, avec les chefs principaux des Chouans. Leurs lieutenans sont maintenant occupés à parcourir les divers départemens renfermés dans les ci-devant provinces de Bretagne, Normandie et Maine; j'en attends les plus heureux résultats. Mais nous ne devons pas nous dissimuler qu'il restera long-temps dans ces contrées des bandes de voleurs et d'assassins : elles sont les suites ordinaires de toutes les guerres civiles. Comme la partie dont vous allez prendre le commandement est la moins avancée, n'ayant pu parvenir à faire mouvoir les troupes sans cesse arrêtées par des ordres supérieurs, je vais vous esquisser le genre de guerre que nous ont fait et nous font encore des bandes composées de voleurs, de prêtres, de contrebandiers, d'émigrés, d'échappés des galères et de déserteurs.

» Réunis sous des chefs, qui sont ordinairement du pays, les Chouans se répandent imperceptiblement partout, avec d'autant plus de facilité, qu'ils ont partout des agens, des amis; qu'ils trouvent partout des vivres et des munitions, soit de gré, soit de force. Leur principal objet est de détruire les autorités civiles; leurs manœuvres, d'intercepter les convois, d'assassiner les patriotes des campagnes, de désarmer nos soldats lorsqu'ils ne peuvent les embaucher, d'attaquer nos cantonnemens, postes ou détachemens lorsqu'ils sont faibles, et enfin de faire soulever les habitans des villes mêmes, en les affamant; leur tactique, de combattre derrière les haies, et, ainsi que vous l'avez vu dans la Vendée, de déborder les ailes de la troupe qu'ils ont à combattre, afin de tomber sur un de ses flancs. S'ils sont vainqueurs, ils égorgent et pillent; s'ils sont vaincus, ils se dispersent et assassinent les bons habitans des campagnes, que la terreur et le fanatisme divisent.

» Le plus cruel ennemi est le défaut de subsistances. Souvent nous sommes contraints d'aller enlever à main armée, aux cultivateurs, ce qui leur reste pour attendre la moisson. Cette conduite ne peut qu'augmenter le nombre de nos ennemis. La paix est bien signée; mais si les troupes continuent à aller dans les campagnes prendre le grain, ce qu'elles ne font jamais sans dégâts, nous devons nous attendre à la guerre. Je dois vous dire que, pendant les conférences mêmes, nous nous sommes battus pour avoir des subsistances. Le pays n'est pas abondant, et plus on y enverra de troupes, plus il sera soulevé.

» Je me suis servi avec le plus grand succès des camps; ils ne sont que de deux à trois cents hommes, et placés sur les routes, à portée de secourir les communes principales. »

Du 28.=*Le même, aux représentans Lanjuinais et Defermon.*
(Rennes.)

« Tout est assez tranquille dans notre Bretagne, l'Anjou suit l'exemple; le Maine et la Normandie l'imiteront sans doute. Cependant l'opinion, toujours travaillée, devient chaque jour plus mauvaise: l'on n'assassine pas, l'on n'arrête plus les convois, les marchés s'approvisionnent dans plusieurs endroits, mais nos soldats désertent, l'on recrute pour les Chouans. Le pain nous manque absolument.

» Les préparatifs continuent à Jersey et Guernesey, pour opérer une descente sur nos côtes : je ne suis pas embarrassé des Anglais, si l'on fournit des vivres à l'armée.

» Je n'approuve pas l'article qui accorde un million cinq cent mille livres aux Chouans. Nos soldats, en le lisant, ne manqueront pas de se récrier ; ils sont sans souliers et presque sans pain, de là les désertions.

» Cormatin est toujours en vogue ; il délivre autant de passe-ports qu'une municipalité. Je crois qu'il désire toucher la somme et quitter le pays. »

L'administration, au comité de salut public. (*Vitré.*)

« S'il faut ménager les habitans des campagnes, il faut aussi qu'ils se soumettent, comme leurs chefs, au gouvernement ; et ils en paraissent tellement éloignés, qu'ils ne veulent pas souffrir d'officiers municipaux.

» Quel accommodement avons-nous donc fait, si nous sommes toujours bloqués dans nos murs, si les routes sont interceptées, si nos ennemis se réunissent, si nous ne pouvons nous procurer de subsistances sans leur agrément, si les convois militaires ne peuvent marcher qu'avec leur permission, enfin si tous les jours on crie *vive le roi* autour de nous........ »

Du 29. = *Coquereau, au commandant la force armée de.....*
(*A mon camp.*)

« Monsieur, la paix est signée ; le général Lebley doit vous l'annoncer, mais je vous mande, en son nom, de cesser et faire cesser tout acte d'hostilité. Je vous prie de tenir vos troupes dans le sein de vos murs, et si vous avez quelque besoin, vous pouvez me le mander. Si mes soldats vous manquent, plaignez-vous, et je saurai vous rendre justice ; je pense que vous en ferez de même de votre côté. Nous pardonnons à nos ennemis, mais qu'ils ne s'enivrent plus. Vous n'ignorez pas ce qui nous a mis les armes à la main, c'est la tyrannie; mais comme nous sommes amis de la paix, nous tirons le voile sur le passé. Que les hommes de sang se reconnaissent, et nous saurons leur pardonner. Je sais qu'il faut que votre troupe vive, mais il faut aussi que les miennes vivent. Je vois que notre paix ne sera parfaitement consolidée que quand vos soldats seront rentrés dans leurs foyers. Tel est le vœu de ceux qui ont signé cette paix et le mien.

» *Signé*, COQUEREAU, chef de division, sous les ordres du vicomte de Scepeaux, général en chef. »

Du 30. = *Ordre de l'armée*. (*Rennes*.)

« La Convention nationale a décrété, le 20 avril, que les armées des Côtes de Brest et de Cherbourg seraient de nouveau divisées, et seraient commandées, la première par le général Hoche, et la seconde par Aubert Dubayet.

» D'après cette disposition, le territoire affecté à l'armée des Côtes de Brest, comprend les départemens d'*Ille-et-Vilaine*, *Côtes-du-Nord*, *Finistère*, *Morbihan*, et la partie de ceux de la *Loire-Inférieure* et *Maine-et-Loire*, sur la rive droite de la Loire.

» Les départemens affectés à l'armée des Côtes de Cherbourg sont : *la Seine-Inférieure*, *l'Eure*, *la Sarthe*, *la Mayenne*, *l'Orne*, *le Calvados* et *la Manche*. »

Le général Aubert Dubayet, au représentant Lesage, d'Eure-et-Loire. (*Alençon*.)

« En traversant les différens départemens qui entourent Alençon, j'ai été affligé de la variété bizarre et acrimonieuse des haines qui divisent les citoyens. Des dévots constitutionnels en opposition à des dévots réfractaires; des patriotes, d'abord tous opposés au royalisme en apparence, mais qui, dans leurs discours exagérés, dans leur mécontentement bien connu de ce qu'ils ne gouvernent plus, exhalent une haine bien plus virulente contre les républicains que contre les aristocrates. Bref, je vous jure que l'*imbroglio* politique est à son comble. »

L'administration, au comité de salut public. (*Argentan.*)

« L'esprit public empire chaque jour ; les brigandages se commettent de la manière la plus alarmante ; nous demandons des troupes et des subsistances. »

Du 3o. = *Cormatin, aux représentans du peuple.* (*Rennes*.)

« Personne ne s'est peut-être donné plus de peines, plus de soins que moi, pour arriver au but que je désirerais, celui d'éteindre une guerre civile qui, incontestablement, eût bouleversé la France un jour ou un autre. Eh bien ! je ne suis pas content ; vos maudites autorités constituées entravent nos desseins, elles se remuent en tout sens pour exciter les partis et faire renaître les dissensions et les discordes. La malveillance dort d'un œil, et la bonne foi se repose sur la confiance.

» Vous m'avez inspiré, messieurs, beaucoup d'intérêt : j'ai vraiment senti ce que la franchise sait inspirer.

» M. d'Amphernet, un de mes officiers du Finistère, a été arrêté à Rennes avant-hier par la municipalité, sur la dénonciation de *terroristes* qui abondent ici, et qui finiront par bouleverser le pays. Je l'ai réclamé, il est toujours en prison. Il a déclaré qu'il était chouan depuis quinze mois ; mais il a eu la bêtise de signer *le baron d'Amphernet* ; ainsi, peu de jours après la signature de la paix, ce malheureux, par bêtise (car c'est par bêtise), se trouve privé de sa liberté pour une signature qu'il a faite par inadvertance. On écrit au comité de salut public pour cela ; moi, je le réclame comme mon officier, et ensuite comme faisant partie des quarante qui se trouveront peut-être parmi les Chouans (1). Charette en

---

(1) On avait accordé à Cormatin la faculté de désigner quarante officiers chouans qui devaient jouir des avantages de la pacification. C'était un moyen de favoriser quelques émigrés. M. *d'Amphernet* fut remis en liberté.

a obtenu onze, et moi, qui ai un pays bien plus considérable, j'ai donné ma parole d'honneur que je ne passerais pas quarante. Quand nous marchons d'un pas aussi sûr vers la paix, quand j'ai fait ce que j'ai fait depuis la Vendée jusqu'ici pour la consolider, je ne devais pas m'attendre qu'on me refusât M. d'Amphernet détenu pour un enfantillage. Mettons moins de minutie et marchons droit au but, ou nous ferons de grandes écoles. Au reste, je vous préviens que j'ai réuni et rassemblé tous les esprits, ainsi prenez la douceur, la prudence, et nous arriverons. »

Déclaration de Leveneur, Palierne et Guignard le jeune, signataires de la pacification de la Vendée. (Nantes.)

« Des hommes altérés de sang, une poignée de scélérats que la société vient de proscrire, et qui ne peuvent se sauver qu'à la faveur du désordre et de l'anarchie, impatiens de rallumer les torches de la guerre civile, nous calomnient et cherchent à répandre des doutes sur la pureté de nos intentions.

» Dans leur rage impuissante, ils projettent, ils méditent; ils nous accusent des forfaits qu'ils commettent eux-mêmes.

» Une femme honnête, un citoyen vertueux et tranquille viennent de tomber sous le poignard des assassins.

» La malveillance, qui s'agite sans cesse, accusait déjà les Chouans d'être les auteurs de ce crime, tandis qu'eux-mêmes arrêtaient les assassins, et les remettaient entre les mains des représentans du peuple.

» C'étaient des lâches *terroristes* (1) qui, sous le nom d'un parti qui veut le bien de la France, la déchirent et voudraient la couvrir de deuil et de désolation.

» Amis de l'humanité, de l'ordre et de la tranquillité publique, tandis que d'une main les chefs des Chouans signaient leur pacification avec la république, de l'autre ils prêtaient

---

(1) Les Chouans eurent à cette époque leurs *terroristes*, et ce mot remplaça celui d'assassin.

aux représentans du peuple le serment bien sincère de poursuivre les ennemis du bien public et de purger la France de ses lâches assassins.

» Des ordres sont donnés pour arrêter tous les perturbateurs du repos public qui se sont glissés, ou qui essaieraient de se glisser parmi eux, pour rallumer le flambeau de la guerre civile.

» La France nous connaîtra, son bonheur nous est cher, et pour le cimenter nous verserions jusqu'à la dernière goutte de notre sang (1). »

---

(1) Cette déclaration fut affichée à Nantes.

TABLE

DES CHAPITRES

CONTENUS DANS CE VOLUME.

CHAPITRE XVII. — *Juillet 1794.* (1).

Pages.

§ Ier. Suite des événemens dans la Vendée. 1
§ II. Suite des événemens dans la Vendée. 28
§ III. Chouannerie. 49

CHAPITRE XVIII. — *Août 1794.*

§ Ier. Suite des événemens dans la Vendée. 60
§ II. Suite des événemens dans la Vendée. 76
§ III. Chouannerie. 101

CHAPITRE XIX. — *Septembre 1794.*

§ Ier. Suite des événemens dans la Vendée. 106
§ II. Chouannerie. 122

CHAPITRE XX. — *Octobre 1794.*

§ Ier. Suite des événemens dans la Vendée. 140
§ II. Chouannerie. 155

CHAPITRE XXI. — *Novembre 1794.*

§ Ier. Suite des événemens dans la Vendée. 167
§ II. Chouannerie. 170

---

(1) Chaque mois formant un chapitre, et chaque paragraphe présentant un sommaire des événemens, on se borne à indiquer dans cette table la page de chaque paragraphe : le lecteur y trouvera des détails qu'il serait superflu de répéter ici.

TABLE DES CHAPITRES.

Pages.

CHAPITRE XXII. — *Décembre* 1794.

§ Ier. Suite des événemens dans la Vendée. 192
§ II. Chouannerie. 212

CHAPITRE XXIII. — *Janvier* 1795.

§ Ier. Suite des événemens dans la Vendée. 248
§ II. Chouannerie. 264

CHAPITRE XXIV. — *Février* 1795.

§ Ier. Suite des événemens dans la Vendée. 331
§ II. Chouannerie. 356

CHAPITRE XXV. — *Mars* 1795.

§ Ier. Suite des événemens dans la Vendée. 385
§ II. Chouannerie. 418

CHAPITRE XXVI. — *Avril* 1795.

§ Ier. Suite des événemens dans la Vendée. 442
§ II. Chouannerie. 467

FIN DE LA TABLE ET DU QUATRIÈME VOLUME.

FAUTES A CORRIGER.

Page	ligne	au lieu de	lisez
130	7	cetile	cette.
132	30	protusion	profusion.
144	5	centra	central.
161	29	Dumas	Damas.
173	1	étenus	étendus.
180	32	côt	côté.
216	4	Bou ault	Boursault.
221	26	otte	cette.
268	16	remlie	remplie.
292	31	prêts	prêtres.
293	21	su udre	suspendre.
310	22	signs	signés.
376	3	mid	midi.
378	20	effes	effets.
382	8	leeul	le seul.
395	32	ulent	veulent.
413	10	les	tes.
417	10	mes, enfin,	enfin, mes.
423	3	Hoce	Hoche.
443	1	Lavary	Savary.
471	18	notre	votre.
484	20	préjuger	présumer.
486	18	mesre	mesure.

www.ingramcontent.com/pod-product-compliance
Lightning Source LLC
Chambersburg PA
CBHW051130230426
43670CB00007B/746